中国近代史学文献丛刊
王 东 李孝迁 主编

史学研究法未刊讲义四种

黄人望 柳诒徵 李季谷 姚从吾 撰

李孝迁 编校

上海古籍出版社

上海高校服务国家重大战略出版工程

丛刊缘起

学术的发展离不开新史料、新视野和新方法，而新史料则尤为关键。就史学而言，世人尝谓无史料便无史学。王国维曾说："古来新学问之起，大都由于新发现。"无独有偶，陈寅恪亦以为"一时代之学术，必有其新材料与新问题"，取用此材料，以研求问题，则为此时代学术之新潮流；顺此潮流者，谓之预流，否则谓之未入流。王、陈二氏所言，实为至论。抚今追昔，中国史学之发达，每每与新史料的发现有着内在联系。举凡学术领域之开拓、学术热点之生成，乃至学术风气之转移、研究方法之创新，往往均缘起于新史料之发现。职是之故，丛刊之编辑，即旨在为中国近代史学史学科向纵深推进，提供丰富的史料支持。

当下的数字化技术为发掘新史料提供了捷径。晚近以来大量文献数据库的推陈出新，中西文报刊图书资料的影印和数字化，各地图书馆、档案馆开放程度的提高，近代学人文集、书信、日记不断影印整理出版，凡此种种，都注定这个时代将是一个史料大发现的时代。我们有幸处在一个图书资讯极度发达的年代，当不负时代赋予我们的绝好机遇，做出更好的研究业绩。

以往研究中国近代史学，大多关注史家生平及其著作，所用材料以正式出版的书籍和期刊文献为主，研究主题和视野均有很大的局限。如果放宽学术视野，把史学作为整个社会、政治、思潮的有机组成部分，互相联络，那么研究中国近代史学所凭借的资料将甚为丰富，且对其也有更为立体动态的观察，而不仅就史论史。令人遗憾的是，近代史学文献资料尚未有系统全面的搜集和整理，从而成为学科发展的瓶颈之一。适值数字化时代，我们有志于从事这项为人作嫁衣裳的事业，推出《中国近代史学文献丛刊》，计划陆续出版各种文献资料，以飨学界同仁。

丛刊收录文献的原则:其一"详人所略,略人所详",丛刊以发掘新史料为主,尤其是中西文报刊以及档案资料;其二"应有尽有,应无尽无",丛刊并非常见文献的大杂烩,在文献搜集的广度和深度上,力求涸泽而渔,为研究者提供一份全新的资料,使之具有长久的学术价值。我们立志让丛刊成为相关研究者的案头必备。

这项资料整理工作,涉及面极广,非凭一手一足之力,亦非一朝一夕之功,便可期而成,必待众缘,发挥集体作业的优势,方能集腋成裘,形成规模。华东师范大学历史学系,在史学理论与史学史研究领域有着长久深厚的学术传统,素为海内外所共识。我们有责任,也有雄心和耐心为本学科的发展贡献绵薄之力。在当下的学术评价机制中,这些努力或许不被认可,然为学术自身计,不较一时得失,同仁仍勉力为之。

欢迎学界同道的批评!

目　录

历史研究法/姚从吾

前　言

民国时期几乎所有大学的史学系都开设了与史料搜集、史料考证、史料整理等内容相关的课程，如“历史研究法”、“史学通论”、“史学方法”等，中国史学史、西洋史学史课程除了讲授中西史学演变大势之外，往往辅之于史学方法，以示治史之途径。其他一些专史课程也非常注意史料的搜集与甄别。史学界普遍认为历史专业的学生除了学习基础知识外，还应进一步认识这门学科的理论和方法。是时，史学研究法课程所依据的教材大多来自域外，最流行的有三种：(1) 德国伯伦汉(Ernst Bernheim，1850—1942)《史学方法论》(*Lehrbuch der Historischen Methode*，1889)，为史学方法论一大名著，所涉范围由史学概念至历史哲学，对方法及原理各方面皆有详论；(2) 法国朗格诺瓦(C. V. Langlois，1863—1929)、瑟诺博司(Ch. Seignobos，1854—1942)合著《史学原论》(*Introduction aux Etudes Historiques*，1897)，排斥历史哲学，将史学方法论“技术化”，强调历史学的工作便是搜求史料、考订所搜得的史料、连贯所考订过的史料，声价仅次于伯伦汉《史学方法论》；(3) 日本坪井九马三[①]《史学研究法》(早稻田大学出版部，1903)，所说大体本之伯伦汉，引例甚多，为日本史学方法论之一大名著。这三种外人教材成为民国时期编撰史学方法著作之轨式。本书所收录四种史学研究法未刊讲义，大体可反映国内史学方法论课程的“西化”程度，同时也透示中国史学界摄取方法论知识经历了“坪井九马三时代”向“伯伦

---

① 坪井九马三(1858—1936)，1881 年毕业于东京大学，1883 年在东京大学文学部讲授史学。1887 年 6 月赴德国柏林大学留学，专修史学。1889 年留学奥地利布拉格大学及维也纳大学，后获延期一年，转学瑞士苏黎世大学。前后留学凡四年有余，1891 年获博士学位回国，被任命为东京帝大文科大学教授，讲授史学研究法、西洋史、蒙古史等课程。1892 年起为东京专门学校(早稻田大学前身)讲授史学方法。他与兰克(Leopold von Ranke，1795—1886)再传弟子利斯(Ludwig Riess，1861—1928)在日本宣扬兰克“科学”史学，被视为日本近代史学之父。

汉时代”的转变，这与近代以来国内学术界吸收西学途经日本到直接取自欧美的走向，亦同步一致。

为了让读者更好了解四种讲义，有必要对讲义形成的背景及内容略作说明。

第一种讲义是黄人望[①]《史学研究法讲义》。这本讲义应是1914年他到北京高等师范学校任教之后所编，因为1913年教育部颁发《高等师范学校历史地理部课程标准》，要求高等师范学校在第三学年开设史学研究法课程[②]。这本讲义共52面，分序言、史料编、考证编、史论编，以讲述史料考证为主，内容虽简略，但研究法各环节皆有论及，相当全面。经比对研究，黄编讲义完全根据坪井《史学研究法》，可谓是一个节译本。1905年黄氏留学早稻田大学，或听过坪井的课，回国之后因教学需要，将坪井著作编译成讲义授课。据说他上课很受学生欢迎，“从来不翻教科书，讲课口才极好，上来滔滔不绝地讲，不管是《左传》、《国策》、《楚辞》，还是《史记》、《汉书》、《通鉴》，随口成段背诵，然后讲解。他真有过目不忘的记忆力，能吸住全班的注意。”[③]

在欧美史学方法著作在中国流行之前，坪井《史学研究法》是吾国了解西方史学方法最通行的教材。早在1895年，清学务处编书局得到坪井《史学研究法》讲义下册，以考证编始，交江亢虎翻译，最终是否译成，不得而知。后来中国学生赴日本留学渐多，有人译刊坪井书的部分章节[④]。汪荣

① 黄人望(1880—1948)，浙江金华人，原名国华，字伯珣，又字百新。早年是清代廪生，1905年考取官费留学日本早稻田大学，专习历史地理师范科。1908年毕业回国，历任浙江金华府中学堂、宁波府中学堂历史地理教员，浙江省立第四、第十各中学校长。1914年9月，应聘北京高等师范学校，担任中国史教授。1918年担任北京大学法预科讲师，讲授“中国法制史”。1921年任浙江省立第一中学校校长。1925年在武昌高等师范学校担任历史教授。1927年后弃学从政，历任浙江德清县、兰溪县县长，浙江省政府委员，抗战时任湖州行政督察专员，抗战胜利后为接收杭州委员之一，未几逝世。

② 《高等师范学校课程标准》，1913年部令第27号。

③ 马巽：《回忆母校——高师附中》，见北京师大附中编：《在附中的日子》(上册)，京华出版社2001年版，第9—10页。

④ 1903年《汉声》(原《湖北学生界》)第6、7、8期译刊《史学研究法》第四卷“史论篇”中的一章《史学之根本条件》，1907年张玉涛在《学报》第1年第6、7号译刊《史学研究法》的《序论》和《历史之种类》两章。

宝编译的《史学概论》凡五节[1]:序论、史学之定义、研究法、历史之分类、关于史学之学科,“以坪井九马三《史学研究法》为粉本”[2]。汪荣宝早年留学早稻田大学,攻读历史、政法,而坪井在这所大学讲史学研究法,他或听过坪井的课,与黄人望的情形颇为相似。黄氏在北高师的学生李泰棻,他的《西洋大历史·绪论》(1917)、《中国史纲·绪论》(1917)、《史学研究法大纲》(1920),皆列坪井《史学研究法》为参考书,尤其《西洋大历史》上卷初版引用书目中列有坪井“《东京帝国大学史学研究法讲义》(汉译)”,说明坪井书有中译本。坪井这本书有大量的中国史方面的例证,在民国史学界颇有些读者,如梁启超、柳诒徵、郑师许、吴贯研、李季谷、杨鸿烈等,很受留日(或懂日语)学者的推崇。然而,1920年代以来,留学欧美史家陆懋德、孔繁霱、傅斯年、姚从吾、张贵永等,在国内各大学积极传播伯伦汉史学,直接从西文翻译或编译的各种史学研究法著作先后问世,梁启超和何炳松的《历史研究法》出版,坪井这本书自然显得陈旧,不易吸引大批中国读者,难以产生广泛的影响。

第二种讲义是柳诒徵《史学研究法》。1916年柳氏应南京高等师范学校(1915年创办)校长江谦之聘,在国文部任国文、历史教员。1919年国文部改组为国文史地部,据教育部要求开设“史学研究法”、“东亚各国史”,皆柳氏讲授。今所收录《史学研究法》,系铅印,无版权页,共26面,中缝印有“南京高等师范学校柳”字,编写时间或在1919年前后。讲义约2万字,凡七章:历史之种类、史学之定义、史学之材料、史学之补助学科、史料之整理、史事之考证及批评、历史哲学(理论史学)。柳氏采用一贯的写作方式“纲目体”,纲是论断,目是材料。除大量引用坪井九马三、浮田和民的观点之外,选择了许多中国方面的示例加以说明。柳氏“能博读日本学者之书”[3],《史学研究法》引用日文书有坪井《史学研究法》、高桑驹吉《西洋史参考书略解》、大西林五郎

---

① 汪荣宝(1878—1933),江苏元和(今吴县)人,字衮甫,号太玄。清末拔贡。日本早稻田大学毕业。1903年归国任京师译学馆教员、京师大学堂教习。1911年调任民政部左参议。旋改宪法协纂大臣、资政院议员。民国成立,先后当选为参议院议员和众议院议员。1914年后出任驻比利时、瑞士、日本等国公使。著有《思玄堂诗集》、《金薤琳琅斋文存》、《法言疏证》等。

② 汪荣宝:《史学概论》,《译书汇编》第2年第9期,1902年12月10日。

③ 《吴宓自编年谱》,三联书店1995年版,第228页。

《支那陶磁全书》[①]。柳氏《史学研究法》章节架构渊源于坪井著作，但他只吸收知识技术层面的内容，如史料种类、史学之补助学科等，并不接受坪井的治史宗旨。坪井信奉兰克的名言“据实直书”（wie es eigentlich gewesen ist），主张史学从以往教训伦理或实用式史学中独立出来。柳氏对此无共鸣，强调历史应该“准古镜今，以为人世之法”，对“五四”时期新史家主张为学问而学问，“不肯将史学求得实用，避免政治关系”[②]，很不以为然，认为“史之专重鉴戒，遂垂为数千年定法”[③]，“治学必求实用，及为人群服务，才是最高道德”[④]。因此，他及其门人的史学作品大多具有浓厚的道德说教意味。

第三种讲义是李季谷[⑤]《历史研究法》。此为 1933 年度北平大学法学院讲义，凡四章：导论、历史的概念及认识、历史的原动力及其发达的三阶段、史料。李季谷曾在日本、英国留学，从事历史研究法、日本近代史、西洋近代史研究。这本讲义可追溯到 1930 年 2 月他留英期间所写《历史学与历史学上之问题》一文，发表在《留英学报》（第 5 期），后来成为讲义“导论”一章。李氏用大半篇幅讲授史学的补助科学，如言语学、古文书学、地理学、年代学、考古学、系谱学、古泉学，这部分内容完全编译自坪井《史学研究法》。此外，第二章“历史的概念及认识”，较为详细评论坪井对“历史”概念的看法；第三章讲历史发达“三阶段”，亦采坪井之说。凡此种种，皆可说明坪井《史学研究法》对李季谷的影响。

第四种讲义是姚从吾《历史研究法》。1934 年姚从吾从德国留学回国，接替傅斯年讲授“历史研究法”。姚氏服膺 19 世纪以来德国兰克

---

① 柳诒徵一生只去过两次日本，1903 年（癸卯春）随缪荃孙、徐乃昌等人赴日考察教育两个多月，1919 年 5 月率南高师学生赴日本参观，两次时间都不算长。他最有可能是在江楚编译局或两江师范学堂工作期间学会日语，因为两江师范学堂日籍教习以及日语翻译人员甚多。

② 柳诒徵：《讲国学宜先讲史学》，《柳诒徵史学论文集》，上海古籍出版社 1991 年版，第 502 页。

③ 柳诒徵：《国史要义》，上海古籍出版社 2007 年版，第 236 页。

④ 《第四次纪念周纪略》，《省立河南大学周刊》第 4 期，1932 年 10 月 8 日。

⑤ 李季谷，原名宗武，浙江绍兴人。1924 年日本东京高等师范学校历史系毕业，1929 年留学英国布里斯托（bristol）大学。曾任浙江省立高级中学校长、北京大学、师范大学史学系讲师，国立北平大学女子文理学院西北联大、中山大学、四川大学、复旦大学等校教授兼史学系主任，鲁苏皖豫边区学院教务长、台湾师范学院院长。1949 年后担任华东师范大学世界近代史教授。曾任中央通讯社汉口分社总编辑、北平《华北日报》时评撰述、军事委员会政治训练部编纂科科长、浙江省教育厅厅长等职，曾加入中华学艺社、日本研究会等学术团体。主要著作有《日本史ABC》、《日本通史》、《西洋史纲》、《高中外国史》、《初中外国史》、《近世中日外交史略》、《西洋近世史》等。

史学，方法论上推崇伯伦汉。他认为讨论历史学理论的专书，欧洲大陆尤其是德国，自 19 世纪末叶以来，方法与理论兼顾，方法以外兼说到历史学演进的，当推伯伦汉《史学方法论》一书，“班海穆是现代历史学界兼讲方法与理论的开山大师。许多关于历史学的至理名言，和近代历史学演进的大势，都可从他的这部著作中得识概要，他的这部书流行既广，国际的地位也很高。”[①]姚氏“历史研究法”（或“现代历史学”）课程以讲授伯伦汉史学为主，内容包括：(1) 历史学的性质与任务；(2) 史源学（或史料的研究，为本课主要部分）；(3) 历史学的辅助科学和历史学与其他社会科学的关系；(4) 欧洲近代通行的几种历史观[②]。他在北大开设“历史研究法”的同时，又在辅仁大学讲“历史学原理”。抗战期间，姚在西南联大开设“史学研究法”（或“史学方法”），与他在北大、辅仁所授内容无多差别，仍以方法论和史源学为主，包括直接的史料与间接的史料、有意的史料与无意的史料、何为史料外部的批评与内部的批评、史料的解释、史料的综合与史料的叙述[③]。

姚氏讲义共四编：历史学的性质与任务、史源学、欧洲近代通行的几种历史观、历史学的辅助科学和历史学与其他科学的关系。这本讲义编写时间始于 1929 年，他尚在德国留学。今所收录姚氏讲义，或为 1934 年在北大印行，各编印出时间不一，亦有重复，文字略有出入，当为初稿。他曾说：“班氏又有一部小书，名《历史学导论》（*Einleitung in die Geschichtswissenschaft*）”，尤为有名，“鄙人民国二十三年回国以后，任教北京大学时，曾加以翻译，用于历史方法论的参考讲义。”[④]姚氏在北大和辅仁所授历史研究法或历史学原理，以伯伦汉 1926 年版《历史学导论》（或译“历史学概论”）为主，兼参伯伦汉《史学方法论》、鲍瓦（W. Bauer）《历史研究入门》（*Einführung in das Studium der Geschichte*）、斐德儿（A. Feder）《历史研究法教科书》（*Lehrbuch der Geschichtlichen Methode*）三书，“取人成说，又只撮取大要，故拟名‘述要’”。

① 姚从吾：《欧洲近百年来的历史学》，《中央日报》副刊《文史》第 5 期，1936 年 12 月 6 日。
② 《史学系课程指导书》，《国立北京大学一览》（1934 年度），第 256 页。
③ 姚从吾：《史学方法论》，《姚从吾先生全集》第 1 卷，台北正中书局 1981 年版，第 78 页。
④ 姚从吾：《史学方法论》，《姚从吾先生全集》第 1 卷，第 14 页，注一。

最后交代一下有关讲义的搜集、整理情况。与一般正式出版物有所不同，这些未刊讲义流传自然不广，限于少数学生、友人之间，今人更是罕见。十余年前，我在华东师范大学图书馆发现黄人望编《史学研究法讲义》，查询全国各大图书馆仅此一册，喜出望外，作了初步研究，此前其人其书从未被道及。柳诒徵《史学研究法》是几年前在孔夫子旧书网上高价拍得，由于没有署名，鲜为人知，《柳诒徵史学论文集》亦没有收录。李季谷编《历史研究法》，同样无人论及。姚从吾《历史研究法》倒是很出名，但大多数研究者只知其名未见其书。台北正中书局 1981 年出版《姚从吾先生全集》第 1 卷《史学方法论》，所用的是姚氏在台大期间所写的讲义。姚氏弟子杜维运说："北大时代从吾师讲授历史方法论的大纲，已经不可得而知。民国三十二在昆明西南联大所印发的历史研究法十讲目录尚存，十分珍贵。"[①]所以，整理出版姚氏在北大的讲义，其学术价值自不待言。当年我写《西方史学在中国的传播》一书，只见到国家图书馆所藏姚氏讲义之残本，几年之后在北京大学图书馆始一睹全本。事实上，民国时期史学研究法未刊讲义尚有不少，只是内容缺乏独特性，整理出版价值略逊。此次整理出版之所以选黄、柳、李、姚四家，一方面是为了兼顾各个时段，选择有代表性的讲义，藉此可深入认识西方史学方法论在中国史学界的旅行轨迹，从而对中国现代史学的特质有更准确的把握；另一方面为人物研究提供一手资料，尤其研究柳诒徵、姚从吾的史学思想，早年讲义的出版，对研究史家具有重要的价值，或修正既有的认识，甚或颠覆习以为常的形象。

文献整理的总体原则以保持原貌为主，若遇明显错误，则径为改正，为免烦琐，不出校注。或系讲义的缘故，文字大多不够精炼，错字、别字、衍字和倒误之处甚多，译名随意，这些情况皆径改；原文涉及的西文人名、地名、书名，误拼亦多，大多经核实直接校正；同一种讲义中人名、地名、书名等若前后不一，皆统一处理；原文注释一律改为脚注，方便阅读；按现在通行的出版要求作了标点，原文段落过长，据文意加以分段；讲义中的引文，尽量核对所引据的原书校正；讲义编章节名设置颇为随意，时有时无，为了显目，皆统一处理。此外，尤要说明的是，黄

① 杜维运：《史学方法论 · 后记》，《姚从吾先生全集》第 1 卷，第 78 页。

人望《史学研究法讲义》讲“史学补助学科”第三地理学，分述历史地理学和政治地理学，而原文仅前者，遗漏后者。黄编讲义有三处“参观图”字样，然原文无图，现据坪井九马三《史学研究法》附图补入；姚从吾《历史研究法》第二编“史源学”，原设“史料的保管与编制”一章，但正文无此内容。姚氏讲义文字错误极多，不堪卒读，有些地方只能据文意，略为改动，否则不能读通。

总之，希望讲义的整理出版，能为广大研究者提供一份可信赖的文献资料，为推进中国近现代史学理论与史学史、学术思想史研究，略尽微薄之力。

李孝迁

2015 年秋华东师大历史学系

史学研究法讲义

黄人望　编

第一章　叙　言

大地之上，人类甚众，何以别之？曰：某也文明国民，某也野蛮种族，此无他，亦别之于有历史否耳。盖无历史，既无纪录，则其人种之起原、变迁、进化，必无一可观，故学者名之曰自然的人种；若历史的人种则不然，既知追溯其身世之所自出，又知追溯其文化之所由来。自邃古以至今日，凡兴衰之道，沿革之迹，罔不笔之简端，以示来叶，以为吾人所则效。故吾人现今之思想行为动作，实无一非历史之遗产物也。史之于人，其关系岂不大哉！然则吾人之对于历史也，宜用何法？以古人经过之途径，及文化发达之次第，再加研究，益谋发达，而后鉴其得失，以定取去，可以资治，亦可以厚生，且俾之后人，使有所遵循，又可以益谋人类社会之进步，曰是在史学。

所谓史学者，通常与历史有同一意义之观，而实非也。盖历史者，历代纪录之义也；史学者，就已有之纪录而研究之，明其真相，编以统系。论一人也，必求中正不阿，□断不苟；记一事也，务令首尾相贯，因果毕呈，使读者一目了然，即感趣味，不致使人读未竟一纸，即以欠伸思睡。简括言之，即研究过去人间社会之活动，及其考虑之结果之学问也。然欲研究过去人间社会之活动，于何征之？亦征之于其所留遗之证据物而已。若其时代证据物丰富，则其时代之历史，可得而详，否则反是。无论何国，各时代中所遗留之证据物，多少不一，则历史之详简即异，断不能由后人妄行补充。盖妄行补充，即不成信史矣，此夫子所以有吾犹及史之阙文之赞叹也。虽然，欲解明史学之性质，颇非易易，于是不能不再进解说人间与社会之意义。

（一）芸芸群生，虽智愚贤不肖天禀各有不同，然统而观之，则既同为人类，情同性同，大抵不甚相远也。彼得天独厚，杰出之俊，夫岂多觏哉！则此少数英俊，暂作例外观可也。若普通人类，其初生也，亦蠢然一动物耳，食欲之外，焉有知觉；及其稍长，则随其家庭状态，而渐有所知；更长则与他人初相接触，而则效之，遂养成一种惯性；及其壮也，则能知他人之意向感情，即《诗》所谓"他人有心，予忖度之"是也。于是渐接外界之风潮，而立其所生之时代，渐成为普通社会之人。要之，人间之肉体，虽授之于父母，而人间之性情，实养成于社会也。

人类实一羸弱之小动物耳，既无羽毛鳞介以居寒热，又无爪牙以争食。观吾人身体之构造，亦大弱于他动物，则其不至绝灭也，亦几希矣。而今此小动物，乃竟能驱除他动物而岿然独存者，恃何道也？曰：类有知觉而已。惟有知觉，故能发种种之思想。而发此思想之本，则在食物。食物入人肠胃，渐次消化，变为血与脂肪等，然后再入各器官而为动力。人之思想，由是生焉。故人间之思想，实食物之变形也。晚近哲学家称此思想为自由意志，盖无论何事，皆得自由思念、自由考虑也。虽然，此自由思念、自由考虑，欲见诸实行，则惟在野蛮时代或能之。若既存于社会成立以后，文明稍进之时，则非洞观当时社会之情状，度自己之所行，须适合于社会，为同时代之人所默许者，实不能实行此自由。此屈原、贾谊等所以多赍志以没也。故吾辈人类，名虽自由，实受非常之束缚，个人所思虑之事，不能如意，十常八九者此也。虽然，吾辈苟欲于社会中而永保生命，则此束缚实亦为组织社会所不得免焉。

如前所述，人类亦为一动物，则凡天地间所有动物，皆无不努力于现在之生活与种族之继承。人类亦然，故不可不忍耐劳苦，以与困难相搏战，生存竞争，实动物界之一大原则。适者昌，否者亡，自然之理也。况社会进化，制裁愈严，职业既分，竞争益烈，于是人类不得不互相亲睦，互相扶持，而人间之自由意志，遂因此而益被束缚。现在世界均重国家主义。所谓国家社会主义日益进步，则个人已将归于消灭之数矣。故研究史学，亦不注重个人之活动，当专考察其时代之社会活动也。此自史学上说明个人之意义也。

（二）人间能群之动物也，往往因营共同生活之目的，而集多数之个人于一面积上，所谓社会者，即由是起矣。则社会者，即个人之积也。

而个人者，亦即为组织社会之要素。譬诸人身，社会全体也。个人，器官细胞也。吾人欲求身体健康，必先求器官细胞完全无恙。社会亦然，必个人发达，然后能维持社会，而力谋社会之发达。不然，则为病的细胞，非徒无益，而又有害也。

社会既由动物集合而成，则自共同生活之点言之，人间社会与蜂之社会、蚁之社会，皆相同也，而其谋繁荣继续，亦无以异。虽与地利甚有关系，凡培养基善者，其兴也勃焉，否则亡也忽焉，要皆视社会中个人之意识力如何。析言之，即个人之知识、希望、忍耐等力，盛即繁昌，否则衰亡也。概言之，即人数与金力，实与社会盛衰之关系其最重要者。盖人数少，则劳力无所出，而金力弱，则劳力亦无由集也。

洎乎文化渐进，人智益开，为维持此社会及扩张此社会者费无数之脑力，集各种之考案，然后组织一有力量而且完全之大社会，而他种社会，皆赖其维持保护。所谓社会上之社会者，即国家是也，亦名之曰主权的社会。虽然，社会也，国家也，就表面言之，固同为人间之集合体也，而其目的则不无略异，且其面积亦有甚不同者。盖社会云者，不过自己所生存之区域，而国家者，乃自己所管辖之区域也。故社会未必即为国家，而一国家固包含多数社会于其中，亦有一社会为多数国家所分裂者也。

如上所述，所谓社会及国家，欲维持而扩张之，则必有资乎史学。盖为社会元素之人间寿命极短，其最长者，不过百年。观我国古时以三十年为一世，欧洲人以三十三年为一世，可知其概矣。虽然，人固有生，不能无死，而自社会国家观之，则维构成分子之新陈代谢而已，而社会与国家固依然存在也。故为各人者，不能不努力继承前烈，以维持此社会，并不得不以现时维持社会之方法，垂裕后昆，以供后世子孙之参考，于是乎社会中之记录起矣。虽然，记录非仅限于社会也，有关于国家者，亦有关于各人者，要皆有益于世，非如斯宾塞尔之所谓东家产猫者也。故亦有无纪录而以纪念物代之者，如亚西利亚、巴比伦，古代之大建筑物，皆刻以铭，则亦记录之类也；埃及、波斯之大殿堂，皆立以碑，则亦记录之流也；至于罗马历代执政官之补任录，各将军凯旋之日记，则已由纪念物时代，而进为记录时代矣。其在我国历史之发达最早，黄帝时已设史官，专司记载，仓颉、沮诵，实居其职。惟官虽无阙，而书尚有遗，故史公有言：神农已前，吾不知矣。班固亦曰：颛顼之事，未可明也。唐虞以来，事渐可征，而史亦较详。自是以后，代设专官，纂修国史。自《史记》至《明史》，凡二十四，大都历朝史官所编纂，号称正史者也。盖编纂此等史录，即欲鉴历代经营国家之先例，以定当时设施之方针，并以传至后人，使知前代兴衰理乱之迹，心知忧惧，故由政府编纂之，此历史起源之一原因也。

然正史之编纂，既由政府当其任，则其所采事实，偏重于国家，亦势所使然。于是不得不有弥补其阙者，即从国民之眼光，记社会之事实，所谓稗史者，亦在不可少之列也。如古代神话及韵文等（例如我国之《诗经》、《离骚》等，西洋古时荷马之史诗、希罗多德之记录等），皆由采风问俗所得而集记之者也。其于国家之关系，实不减于正史，此历史起源之又一原因也。吾辈须依据正史与稗史，旁通曲证，提要钩玄，以求过去时代之事实，此之谓史学。故史学云者，非仅如古史所书某年月日某事件而已也，当以研究科学的方法，先事调查，然后笔录，须力求其正确。虽然，此岂易言哉！现今史学研究，尚属初步。如德意志，岂非地球上学术最发达之国乎？其国史经调查者，亦不过学术上之一部分，尚未能及其全体。他如英法等国，方在调查之中，故欲达史学之目的，前途犹甚辽远也。然则所谓史学之科学的调查者，究何如也？曰：当先观当时社会及国家之情态，并其活力之如何。简言之，即观察此动物聚合体，缘合变迁而至此，则（一）以先知社会国家所繁殖之土地，（二）繁殖于此土地上国民之性质为必要，而其调查方法，亦不外以社会及组织社会之人间为实物而研究之。如调查中国史，即不可不以中国之社会为实物也，不然，自己亦为社会之一器官，欲得社会之真相，夫岂易易。盖必远离社会而后可研究社会始得正确也。及研究现今之社会，既有把握，则即以现时之社会状态，及人之性情为基础，进而求之百年以上，或二百年以上之社会状态；及人之性情，大抵不甚相远，更等而上之，纵有变迁，然为社会及国家之本体本性，终不能尽行改去也。所谓殷因于夏，周因于殷，所损益可知者此也。故现今史家，除以研究现今之社会为研究历史之一好基础外，实可谓无他良法矣。

史学一科，近来已为一种专门学问，则自有一定之目的从事研究者，眼光宜大，心志宜中，搜罗宜核实，叙事宜审慎，务求端委详明，不遗毫末，事实正确，不涉纷岐；不得以一己之感情理想，妄加评断；亦不得以人类为万物之灵，妄自尊贵，藐视一切，当以人类为一无足重轻之动物。人为万物之灵者，不过人间之理想。此理想的人物，古今来能有几人？故史学上所当研究者，但求其事业之有关系于社会否，不问其事业所从出之理想及道德之善恶也。盖史学系实事之研究，不可少涉于虚，故学者第一当铭"实事"二字于心而不可忘。叙言止此，试进述历史之种类、定义、区分于后。

（甲）历史之种类

现今地球上除未开化者外，无论何国，自古迄今，皆有其相传之历史。兹就其书之内容区别之，可分为三种：

（一）物语

物语者，亦历史上之一体也，发达最早，在上古者，类多韵文。散文者，后出也。推其起原，即一国民将祖先所经营之事业，恐其湮没无闻，乃笔之于书，以垂诸不朽。若由各人言之，既可深悉祖先活动之状态，且留之子孙，足供后日之参考。其趣旨不外二种：一则仰范前哲，为自己模拟之资；一则贻厥后来，俾子孙遵循之具。其所记载，多出自传闻，类多荒诞不经之事。若衡以今日科学之理，本不及一噱。然在上古智识幼稚之时代，无论何国，此种阶级，皆所必经。学者欲尚论古人，若不设身处地，实难得其真意。况其中究多可采处，如一笔抹煞，视为无足重轻，而欲考察其国民之性质、习惯，岂非缘木而求鱼乎？此荷马及希西沃独之韵文物语，希罗多德之散文物语，所以为世所贵重也。其中希罗多德所著之物语，皆夸耀当时希腊破波斯之战功，尤脍炙人口，实为《历史》之基础，故普通皆称希氏为史家之元祖者是也。而希腊人谓历史为 History，现在欧美各国，虽有多少改变，然其语中包含意义甚广，如研究、探索、调查等意义，皆含其中。更申言之，且包有经验、智识、学术、物语、记事等意义，凡以文字记其本原者，皆可谓 History。故欧洲学者谓希腊造此名词，实甚完美，无不感谢而称道之也。然其初用此语时，实物语也。观希罗多德所编之《历史》，大抵皆采诸见闻，而以己意考定之而已，与吾辈今日所谓史学者大异，然历史即起原于此。故物语者，实历史之一种也，惟行于今日者鲜耳。

（二）鉴

此种历史，吾国发明最早，如《尚书》之二典三谟，皆出于距今四千余年以前，实为此种历史之渊源；在西洋各国，则中世以后始见发达，此吾国之足以自夸于世界者也。及至周代，益见完备，如孔子之《春秋》，虽其中或兼有第一种物语性质者，然其大部分，皆属于此种；西洋发源于罗马，如罗马共和时代，希腊人波里比阿所著之《希腊罗马史》，帝国初年，打基达所著之《人物录》，始为此种历史发轫之初基，后于吾国者已二千余年矣。夫所谓鉴者，皆含有劝善惩恶、兴利除害之意，欲为后世秉国政之君主，及佐国君之宰辅参考之用也。《诗》云："殷鉴不远，在夏后之世。"唐太宗曰："以古为镜，可以见兴替。"皆此义也。故此类历史，皆直书事实，不稍隐晦，此乱臣贼子之所以惧，而褒贬始得其真也。如波里比阿所著者，虽为西人所赞美，然遇恶事则益书其恶，遇善事则益形其善，往往有过于事实者，故尚不能及此。惟我国古来鉴之最有名者，如张九龄之《千秋金鉴录》、司马光之《资治通鉴》，皆为供君主资治而作，实即皇帝斋之教科书也。间尝考之，盖有二义：一曰考兴衰，二曰审沿革。不考兴衰，则三代、隋、唐、宋、明何以享国绵长，秦、魏、南北朝、五代何以历世短促，气节、学术何以与国有益，奸邪、奢侈何以与国有害，不能悉也；不审沿革，则立宪何以异于专制，学校何以异于书院，征兵何以异于召募，不能知也。一按迹而得致治之源，一数典而得为治之具，兼而求之，体用备矣。然此种历史之内容，偏重于政治者，亦其弊之所不免也，故谓为真正之历史，尚有所不可。虽然，今日学校所用之历史教科书，大抵皆属此类，如小学校教科书，仅限于小学生所易知之事实，采辑其中，而将高深之复杂之部分，不得不暂时删去者。盖恐与学生之脑力不合，非徒无益，适以害之也。即供中等教育所用之书，虽较小学为高，然删削之处，仍复不少。此无他，皆定章及学生之光阴、脑力等有以限之，使不得不然耳。故所谓鉴者，至今日仍未失其效用也。

（三）史学

史学者，萌芽于百年以前，近十年来，始稍发达。盖以研究科学之方法而研究之，以其所得之结果，编成历史。此种事业，究非上古知识浅薄之人民所能为，故其发达迟迟者此也。诚以上古之人，未知社会为何物。既不知社会，遑论历史。虽然，社会二字，古时虽未必知，而社会之意义，似已发达于隐隐之中矣。试观《孝经》中，孔子语曾子以孝曰："身体发肤，受之父母，不敢毁伤，孝之始也；立身行道，扬名于后世，孝之终也。"试一熟玩其意义，盖身体即为将来入社会生活之本，人而不爱身体，则当初入社会时，曾遇不得已之事，易致郁忿，或则悄悄而忧，凡事皆抱悲观，或则怯之，靡定随还，毫无主见，急激者甚或至自戕。身既不惜，何有事业？此夫子教人之孝，故以不敢毁伤身体为始也。至于身既立定，既具不折不挠之气，斯壮直前勇之心，道之所在，虽逾汤蹈火，亦所不畏。苟非其道，虽南面其而王，亦所不屑。夫所谓行道者，岂非对于社会而言乎？若仅个人，则道将焉行乎？意谓为社会扶正道，即所以为社会之表率，并使后之人，景仰前贤，得所观感，而己之名，亦不至没世无闻。此夫子以为孝之终，非即指有功社会者而言何？然则古人虽未知社会之名，固已有社会之实矣。惟对于社会谋发达之心，与其责任，未能如今日之祥集耳。吾侪处今日科学发达之时，对于社会观念，年方幼少，对于社会自不能负担何种任务；至于耄老之人，力已衰颓，身体既不自由，器官或不完全，则其动作，自难与壮年同等。则老小二种，不能为社会之细胞，亦无庸多赘也。此外如罪人、盗贼、乞丐、游民等，皆不特无益于社会，而且有害于社会也，即所谓病的细胞也，皆非史学之目的物也。不宁惟是，尚有间接害社会之物，如彼匿迹山林，自号隐逸，徒然偷生斯世，毫无补益于人，不知者几疑为耿介拔俗之标，萧洒出尘之品，以为道德高尚，节操坚贞，而不知黠桀者特借此以藏其拙耳。不然，既为人类，即应尽人类之义务，焉得特异名高，独逭其责乎？若人人如是，则社会无人动作，不几灭绝乎？又有仰承前荫，专事流连，即无知识，又乏才艺，平生徒以声色狗马相高，佚游放荡相尚。耳食者以为不屑司事，称为阔达，而不知衣食住三者，皆仰给于社会，而彼竟毫无报酬，则其有负于社会也，不綦大乎？此二者，皆间接有害社会者也，非病的细胞而何？故所谓为社会之细胞者，即除去上之所述二种，而指现今对于社会苦心孤诣，日事经营之健全者而言也。

呈于人之动作，不问其自觉与否，凡熙熙攘攘尽心营业者，皆直接间接为社会国家尽力者也。曾受中等教育以上之教育者，固知为社会国家尽义务，即未受高等教育之国民，苟能营生不倦，即于不识不知之中，为社会国家所尽者，已不鲜矣。况地球上无论何国何时，一国之中，受高等教育者，皆居少数。故合而观之，贡献社会及国家之分量，自以普通国民为大。至其动作之善恶贵贱，则为伦理学之标准，非史学所应有事也。在史学上，惟研究其人之动作，有影响及于社会国家与否。简言之，史家之眼中，无所谓神，无所谓魔，唯以社会国家细胞中动作之动物实体，视为一种实物而已。

若夫发展，凡一物因内部所含之力，自己伸张变迁种种之形状者是也。如书中之沿革、变迁、推移等，皆属发展一端之语，为史学中最重要也。至如发展之起端，发展之渊源，及应从如何之原则，或向如何之方向，而发展始美等问题，则非史学家所与知。故或因其国家已有衰亡之倾向，或人种骤兴而新成甚大之国，均起非常之变迁者，总名之曰发展。发展者，即为史学之目的物，不发展者，即非史学之目的物也。故史学之着重点，即在乎发展与否而已。

虽然，此定义与从来欧洲之史学，大都不适合，盖欧洲史学之思想，皆以为欧洲以外，无完全之历史。如曾组成跨亚欧而大陆之帝国，骚动全世界之蒙古人，彼等亦不以为史学之目的物，仅视为人种学之一好例。其余如巴比伦、埃及等之文明古国，不过为考古学之一好题。即此虽由于欧洲学者之僻见，然欧洲历史之完全，实亦有非他大陆所能及者，则其自夸也宜矣。至如东亚现正在研究之中，完全成立亦必不远，盖吾辈皆与有其责也。此外美洲，亦研究而未成。澳洲、非洲及南洋群岛、日本之虾夷等，均属史家所弃置，仅为研究人类之材料耳，此比较各大陆而言之也。若小其范围而研究之，冀成一种完全之国别史，是亦一道也。

（乙）史学之区分

考历史者，必当先知空间，此学者之所公认也。盖人间生存于地球之上，必集合于适当之所，始能遂其发达之目的，渐由社会而进为国家，否则反是，则处所与人类之关系，岂不大乎？故研究人类之历史，必以空间与时间为标准者也。盖此二者实犹地理之经纬度，若缺其一，则历史即有失其正确之虞。

兹试就时间一述之。夫社会与国家，大抵非一朝一夕所创成，乃经长年月日继续而来者也。虽其间或因时势之变迁而起内部之变化，然其大体则皆大同小异，断不能尽弃旧惯，而全体求新，此亦自然之理也。故无论何国有前社会以为基础，则今之社会可以生存，有今之社会以为基础，则后之社会始可发达。自古迄今，不知经若干万年之岁月，又不知经若干度数之变化，渐臻复杂，渐成殊异。例如由封建而帝制，由帝制而立宪，而共和。骤观之，似属非常之变迁，实则亦由后之社会，每知前社会之缺点，次第改革所致，并非旦夕间事也。且前时代之社会，与后时代之社会，虽其现象或有不同，而其界限，实非划若鸿沟。如今日之西洋史，皆以罗马灭亡，迄为古代史。而所谓罗马灭亡之时，与次时代之间，夫岂有天然之界限哉？亦不外逐次变迁所致耳。盖所谓人间社会者，自然应周围之事情，且进且变，适者长留，不适者革除，稍有改革，初非急进也。故欲将历史划一时期为某某时代者，自实质上言之，实属难能之事。虽然，凡事必有所自始，原始所以要终，况考历史之始终，尤为重要。

凡人间既由社会而进为国家，则已为史学之目的物。研究之者，自当以搜求证据物件，为入手之不二法门。如既得有证据物件，即当援以为始。简言之，即以所得证据物件之时，为历史之起原可也。而所谓证据物件者，第一当以名称而始，如有一地名，自太古题传至今，虽或仅存其名，而已亡其义，然古时有此一地名已可知矣。人种之名称，亦复如是。盖地球上人种之名，大都不知其意义，如我国古时谓日本为倭，罗马人谓德意志人为日耳曼，赛尔底人谓德意志人为条顿，又罗马人谓今之法兰西北部、意大利、西班牙、英吉利之旧民族为赛尔底人等，即至今日固名实具在也，而其意义如何，究难确实明了。虽或已附解释，然其解释，果能符合当时定名者之意义否，亦在不可知之列。惟既自古有此等名词，传之至今，则已知古时有此地与此人种可矣。且神祇之名，亦多类此。此等皆为第一种证据物件。

其次则为实际之地理。地理亦因年代而有变化，此地质学者所发明，亦地理学者所承认。然其变化，除日本与意大利及太平洋沿岸诸火山急激者外，实非常迟缓。故以人间之时代，与之比较，实无异蟪蛄之与龟鹤，不啻霄壤之别也。则吾人观察所经之变化，尚有何难明之事乎？纵有考较不易，然非不能也。是实际地理，亦为最好之一证据物件也，是为第二种证据物件。

又其次则为时代之遗物。如以金石作成之纪念物，观其工作，或其上所写之字画，往往得知其时代状况之一端。如埃及之金字塔、方尖碑，印度之石柱殿堂等，多自古残留，以为研究历史者，自然好材料。至于吾国之禹鼎、汤盘，及周宣王之石鼓，与累朝之钱币，皆为考史者所征信，且览其字又能辩古文籀篆分隶变迁之形，与其次序，是为第三种证据物件。以上三种，皆自最古之时代，或古时遗传而来，其为历史之证据物，固甚有价值。然其时代与时代之联络，实所难知，则名称、地理、遗物三者，尚未足以推定年代也。无已，更进而求之，则为第四种之古事记，正太史公之所谓旧闻也。凡古时之杂家传记，较诸上三种，似系联络，惜中经秦火之厄，其传者鲜焉。然搜证据物件至此，则联络之点渐可明了。更稍降而求之，则达联络点之充分时代不远矣，由是普通所谓历史者出现矣，史家名此时期曰有史时期。

人类学家往往对于有史前后有所论究，即有史前如何，有史后如何云云，其所论究虽未必即为真理，然却兴趣而历史家则有所不能。盖研究史学，当以实物为根据，于有史前既不能调查确实证据，难明其状况，于有史后亦岂能先定进化途径，预言其情形。况社会国家，非常复杂，所起变化，靡有定程，故预言实难。虽然，吾所谓难者，非谓绝对不能者也。例如财政紊乱，则国必亡，此史学之原则也。而此原则乃观察多数国家之历史由归纳法而出者也，故国家财政紊乱，理固宜亡。此种预言，当然可能，然容或有不中焉，则以其不附条件，尚不能成一完全推理式也。盖国家财政已紊乱，而人民生活力又薄弱，毫无整顿之希望，则其国家之亡，可断言也；若其国家财政虽极紊乱，而其人民之活力甚盛，着手整理，犹为易易，则其国亦何至于遽亡。必于国家财政紊乱之下，加以人民如何之条件，始能论断。由是观之，亦可以知预言之难矣，故史学上对于后事多不置喙者此也。方今历史上普通称谓，皆以今月今日为题目者，即表明自有史时期至今月今日止起，于其间之变化如何，发于其间之事实奚若，共经若干年月等。虽各国不能无异，总而观之，除吾国自有史以来，凡六千余年，为地球上最古之开明国外，其余最古者，大约不过五千年耳。如印度、如埃及所谓世界古文明国者，均不出此数以上，有人间自有史以来即谓五千年可矣。而自人间观之，则生存于五千年间之社会，其寿命不可谓不长。寿命既长，则其所发生之事实必众，所变迁之形必杂，则为便于研究，不能不分割数段，以期少而易举，且易记忆。故历史家考察社会变迁之由来，以其时代之特色为标准，设为种种之区分法。兹述如左：

第一因时而区分者。社会国家之变迁，必由渐至，初非急进，故历史上分划时代，纯由历史家之专断，实无天然之界限也。况事变之生，非突如其来，而其终结又非绝然而止，惟就其一时代中所发生中心的事实以为标准。再因各人之倾向以定分割。有一时期而跨数百年者，亦有一时期而仅数十年者，甚或有一时期而其年甚少者。例如法兰西大革命之期，日本维新之期，即其最短者也。而法兰西大革命之期，仅十数年间，尤短中之短者也。然亦可为一期，以其属于当时最重要之变迁也。若论其长者，例如吾国南北朝时代边外之异族，占据北部，土著之汉人，退守南邦，南北对峙，五百余年，生民涂炭，文物扫地。至隋再归一统，禹域又平，则此南北朝之时期，实几跨二百年之久，若连东晋偏安江东计算，实已二百七十余年。由是至唐，渐渐发达，天下富庶，文物极盛。约三百年，又分裂而为五代十国，此时期却仅五十余年。由是观之，则期之长短，固难匀定明矣。不宁惟是，此种分法，不仅吾国然也，地球上无论何国，约皆大同而小异者也。虽然，分期非如分代，分代之思想，自古有之，而分期之思想，实始于晚近。当十七世纪顷，德意志哈尔大学之教授柘尔利乌斯，始分欧罗巴之历史为三段，即古代、中世代、近代是也。创此分期法，于历史上别开一生面。彼所谓古代者，即自太古至罗马君士但丁帝为止；由是而降，至土耳其攻陷君士但丁堡止为中世代；再由是以来，至于柘氏时为近代。初创此法时，颇招一时之非议，然不久即风行于世。当科学未甚发达之时，而能具此思想，实非容易。至于现在世界史，大抵皆仿其法，间有不同者，然皆不能另创新法而脱其藩篱也。

第二因处而区分者。凡一事之起，无论其有形无形，必有一定之处所，同地而立区分，本极为容易之事。虽然，自古以来，立国于地球上者，不知其数，而至今日有其国已亡而仅存其名者，亦有其国已衰而徒存其形者，亦有后起之国而反兴盛者，情形至为不同，则区分亦不能无异。故欲立一定之区分法，而悉纳入其中，亦为不可能之事，此区分法所以因人而不同也。兹试分第一第二两部述如下：

第一部，将世界各国之历史总括一束而区分之者也。又分为二种：

（甲）俗所谓万国史，即普通所谓文化史。若精确言之，实可称为进化史。此种历史，即自太古以来，凡生息于地球上之人类，苟已由社会而进为国家者，则其种种活动发展之事迹，视为人类全体之事迹，而从事调查者也。然以现在史学之程度言之，此目的实不能达也。盖有史以来，已五千年于兹矣。而此五千年中，世界之人类，实各据一方。除与己国邻近之国，互相交通，稍有关系外，至于其余各国，或风马牛不相及也。则以世界全体之人类，欲作一社会观者，究属难能之事，况实际又不能求其证迹乎，殆所谓言之匪艰、行之维艰者欤。

（乙）普通所谓万国史。详言之，可称为别国史，或各国史，自学术上言之，亦可谓为国家历史也，即由顺序调查上下五千年间，各种人类所建设于各处之国家，不问其相互之关系如何，而分别编述之者也。此种历史，在今日史学之程度，充分可成。然此种分类法，最为幼稚。而此种历史之编纂，亦不外乎一种机械的动作而已。

第二部，不涉及人类之全体，仅就人间活动之一部分而研究之者也。亦分为二种：

（甲）以性质为标准者。

（一）通俗所谓文化史者是也。不以个人为社会之细胞或国家之器官的活动，而究其成绩，仅就各人自身之活动而研究其成绩者也。简言之，即研究社会上人类生活之状态与其思想之表现耳。

（二）普通所谓政治史，亦有称为国民史者，即研究国家之组织及国家生活等之历史也。又有外交史、行政史、立法史、财政史、司法史、兵制史等，为政治史之小别。

（乙）以分量为标准者。种类甚多，罄竹南尽。

（一）抽出文化中之一类，特行编纂之历史也。例如经济史、商业史、风俗史、工艺史、学术史、美术史、法律史、宗教史、教育史、文学史等，及其他类此者，皆是也。是等史中，如更欲分类而研究之，亦属易易事。如经济史之中所包含货币、交通、机关、租税等项，皆各有其变迁，始终分析而究之，即可成各种历史；分析商业史，而对于各种货物之聚散，亦可一一说明其历史。工艺史亦复如是，即其余各史，亦何尝不可如是。故属（一）类历史甚众，推而极之，何啻千百也。

（二）将政治上之区分，再分为各部而研究之历史也。简言之，即将关系最密切之各国特别研究而编纂之者也。例如欧罗巴史、亚美利加史，皆属之。又各国分别而研究之国别史，亦属此类。再小别之，凡何省何县，及降至何镇何乡等历史，皆无不可编纂也。故行政区别类，亦属不鲜。

（三）仅就一地方研究之历史。例如中国古时之府厅州县志，即其类也，惟编之法或不同耳。再细别之，如泰山史、西湖史、某校史、某寺史等，皆无不可另行研究者也。

（四）就某种人间团体而研究之者也。例如一种族之历史，即汉族史、日本族史、印度族史、日耳曼族史等，各人种分别而研究之历史也。再细别之，如日耳曼族中之散喀逊、法兰克等，皆无不可另行研究。推而极之，天地之间，人各有史，即各人亦有历史，是吾国正史中之所谓传也。

（五）就一时期而研究之者，即一时代之历史也。列如《三国志》、《五代史》、汉唐各朝之史，十九世纪史、罗马史、希腊史等言是也。

（六）就重大之事业而研究之者。例如鸦牙战争史、中东战役记、武昌革命记、支那革命运动史、法兰西革命史、南北美战争史、日本明治维新史等，皆因其事之重大而特别为之编纂者也。

以上所举，皆因处而区分之大略也。由今日史学之程度言之，第一部之甲，无完全成立之希望，此吾人之憾事也。由今观之，世界上之人类，似较密切，盖交通既属便利，利害自多共同，如万国邮便制度、万国电信制度，已皆由各国共同经营。其最著明而有功效者，万国子午线会议，酌定标准时，由是而火车、轮船之冲突既免，且达到时期，亦确然可定，此一事也；又万国红十字社共管慈善事业，由是一方虽有极野蛮的杀人之军队，而一方亦有极文明的杀人之团体，使为国捐躯者，于苦痛之余，亦得慰藉之乐，此又一事也。则考之现势证诸事业，以世界人类作一社会观，似无不可。虽然，此等事业，仅成于三四十年以来，非自古而即然也。故欲逆溯上古，一括五千年来生息于各地方之人间社会，而调查其证据物件，今日实有所不能，即将来史学纵发达，亦恐有所不能也。至于第一部之乙，则节录各国史，稍一贯穿，即可成功，极为容易，且极卑近，以史学之定义核之，殆无何等价值。

由是言之，则能成为科学的完全之历史，惟第二部而已。普通史家，尽力考究，由确实之证据物件，编纂完全之历史，即此第二部也。虽然，此第二部之史，能着手编纂者固多，而亦有未能者焉。观世界人类五千年之历史，国民之中，有相互之关系甚不明了，无从查究者，有相互之关系甚明了，易于搜寻者。例如欧罗巴史，自希腊、罗马以来，已有非常致密之关系，故至今日能成一种完全之欧罗巴史。不知者见欧罗巴史较为完全，以为其史学之发达所致，实亦由其所凭藉者易也；其次能明白记载者，则为亚美利加史。自因加帝国亚斯的克王国以来，至今日之北美合众国、加拿大，以及南美之安基拿等国，亦能成系统，编成科学的历史；又其次，虽不能如欧罗巴、亚美利加关系之致密，小有散漫之倾向，然尚有多少之关系，可得编纂者，即亚洲史是也。如亚洲分而为二，则其关系较为密切，亦可编成一种完全之历史，即葱岭、怒江以东之东洋史，与此以西之西域史是也。而南洋各岛，自地理上言之，如言语、物产、工商业等，亦颇重要。况吾国人侨居其地者，日见其增，则将来或可括南洋诸岛而成一种南洋史。

第二章　史料编

（一）史学之材料

古人为史，未有无所资而能成者也。太史公实吾国史家之鼻祖，观其自叙，载其父谈临卒执迁手而泣曰："我死，汝必为太史。为太史，无忘吾所欲论著矣。"则谈固有所论著，以为迁之资料者也。又《汉书·司马迁传赞》言："迁据《左氏》、《国语》，采《世本》、《战国策》，述《楚汉春秋》，接其后事，讫于天汉。"然则数书亦子长之所资也。若夫《汉书》所采，自《史记》外，如律历、艺文两志，既自以为采诸刘向、刘歆；地理志末言地分风俗，亦自以为采诸刘向、朱赣。《杨雄传赞》又云雄之自序云尔，则班固亦有所资矣。此著史者有需乎材料之明证也，而研究史学亦何独不然。盖材料者为研究学问之基础，故研究史学，即当以搜集材料为第一义。当司马光之编《通鉴》也，历十九年之久，遍阅旧史，旁采小说，抉摘幽隐，较计毫厘，其搜集材料，可谓勤矣。然自今日观之，其取舍之未当，实无能为讳。由是观之，搜集之难，亦属意中。在史学进步之国，虽有多数之材料，已公于世，可资依据；而较幼稚之邦，则材料或方从事搜集，或尚未曾着手。既搜集者，或真伪杂出，或玉石兼收，或数蒙贵重之物，而忽发明赝造，或毫无价值之物，而忽发见真迹。故务在多方搜集，别其真伪，择其可为材料者，然后公布于世，以供参考。非尽其所有，不分皂白而悉公布之也。而所谓历史之材料，范围亦甚广大，仅限于非书类也，凡一石一布，一丝一缕，贵自金玉，贱如败鼓，苟自昔遗传者，无非历史之好材料。即已弃之鞋，无用之器，苟非近日之物，于史学上或亦甚有价值。至于实际之地理，古时之建筑物，以及书画、骨董、古话等，足为历史之材料，更无论矣。若夫诗赋小说，足见一代之人情，物产、商业亦知当时之风尚，皆是历史之材料，总名此等曰史料。通常史学研究法，皆以史料编置于卷首，亦可知其重要矣。虽然，此种极驳杂极繁多之史料，若不分类，亦难研究。兹特分二类如下：

第一类为遗物，即自古所遗留也，其类不少，地理、古物筑造物、古仪式、人间遗体、制度、风俗、古泉、公私之文书类等；

第二类为传物，即自古相传而来者也，其类不少，历史、画、历史像、神话、古传、杂说、逸、谚、历史歌、金石文、系谱类、记录类、传记类、铭箴类等。

虽其他尚或有与历史相关联者，然大概不外乎此二类。史料之庞杂，既已如此，故当解说历史上之一问题发生时，究以何种材料最为适当，则仍不能预定也。惟以所集之材料，就每问题而决之已耳。在研究法上，总称以上之材料曰证据物件。而其证据物件所有之事实，曰证据。简言之，史料者，即史学之证据物件也。从事研究者，务将此种材料，广为搜求，而整理之，而后研究历史，自有把握。纵有未能惬心处，然于史学，固已十得七八矣。

（二）史学之补助学科

学问古简今繁。远溯希腊，仅有哲学一科，时代遁变，学问渐繁，遂促种种分类之发达，而成今日之科学世界。而此等科学，既由逐渐分类所致，则其先本是一体，探原溯本，各科学之关系，亦犹吾人之父子兄弟叔侄然，有非常亲密者存焉。故无论何种科学，皆不能特然而独立也。各科既非独立，则不能不借他科为其补助，此亦理之自然者也。史学亦为一种科学，则其有须他科之补助，固无待言矣。虽然，补助科学甚众，当以何者为最要，是亦一问题也。兹试就历史之主要补助科次第说明如下：

第一，言语学

言语者，指示事实思想之符号，人类所藉以联络感情交换知识者也。无此符号，则事实与思想即不能传之于后世。在有形之实物，即无符号，亦可永久相传；而人类之思想、经验、意见、学说，属于无形者也，故欲垂诸远久，不得不有赖乎此种符号。符号之原意若明，则事物之意义自得，此历史之与言语，所以有非常之关系也。凡进化之国家社会，重要之证据物件，已成一种书类。而其不明之处，皆核之于言语。故言语之重要，实可谓与日俱进也。盖太古时代，国家尚未发达，社会亦甚幼稚，证据物件不甚充分，书契未造，言语尚无何等之补助，皆以实际地理与筑造物为第一证据物件，即所谓历史地理学、历史考古学，为当时研究历史最重要之学也。例如太古之埃及、罗马、腓尼基诸国之历史，大抵如是。虽然，未有书契以先而神名、地名及人种之名，凡固有之名称，由邃古而传于今日者，仍有赖乎言语也。况闻其语而知其人，聆其言而知其政。无论雅言俚语，若精为考较，一言必有一言之始意，一语必有一语之初义，寻源竟委，或因而新得其真理，或因而发明其讹误，皆是以补助史学之研究也。

第二，古文书类

古文书学者，即如文字之意以研究科学之方法，研究古文书之学也。但古文书之定义，因地因人而异，未能尽同。欧洲各国，通常所采之定义，以提出审判厅，可以作证据之书类，为古文书。然此定义，若用之于我国，未免过狭，吾辈未可苟同。且吾辈对于吾国之古文书学，亦自有自由下定义之权利，亦无须强同也。彼之所以采用此定义者，亦适成彼等之古文书学而已。虽然，欧洲自十七世纪以来，德法等国，此学渐形发达，或借此以正古录之误，或据此以释古记之疑。至十八世纪之初，即成古文书之战争，不仅互讼法庭，以决胜负，而且委托名流，以别真伪。由是昔所秘藏之物，悉公诸世，而学者因得阅览古文书之机会，以比较的研究，下正确之判断。有名学者，多出其间，此实为研究古文书之导火线，而古文书学亦由是起矣。如彼有名之玛比容，实此学之鼻祖也。其研究方法，乃由纸墨、书体、书法、文例、文格等入手，遂因古文书之种类，而发见形式的差别。兹式分述如下：

第一部古书学，更可细别为二：（甲）古文书之书学，（乙）金石文之书学（即所谓金石学）；

第二部印信学（即花押、印章之研究）。

由上二部观之，则古文书学之范围甚广，在第一部之甲，不可不先研究其纸。盖纸之为物，亦因时代而不同也。欲明证其为何时之物，须先查其纸之种类如何，纤维奚若，则不得不藉显微镜之力；其次为墨，先查其原质，次审其色素，然后始能定何时之物。此种考察，则又不可无化学之素养。且其物或因不善保存，尘埃弥漫，字迹不明，或曾经濡湿，纸已脆弱，不可手披，则不可不施照相之手术。且既为古书，则其时代之书法，又不可不明。盖书法因时代而变迁，笔意亦因人而有异。虽在同时代行同类之书体，而其笔意，盖不能尽同也。即同一人之书，因身体之递变，其笔意或前后亦稍异，则比较研究，实非易事。况非集数多之材料，又无从比较乎。故此种事业，究非一校或一人之力所能举，于是古文书馆之必要起矣。而其第二部之乙，亦可从此类推。至于第二部，应先研究印章所捺之物质。如欧罗巴有捺于金板者，有捺于铅板者，亦有捺于各种封蜡及各色纸布者。如有不甚明白时，则分析之法，亦不可不知；次即应研究作印之材料。盖印材亦甚不同，有大理石者，有玛瑙者，有水晶者，有金属类者，种类颇多，亦须详细鉴别。而水晶、玛瑙等印，其刻工或非常细密，或异样精巧，皆不可不一一调查。故印章之学，亦非容易研究者也。若不备征各种之印章，置于一处，俾学者比较考查，则其成绩即无从举也，由是博物馆之必要又起矣。不宁惟是，凡研究古文书，不先悉各时代之文例与文格，则其书类之时代，究不易辨别，故各代之制度，亦非深悉不可。况制度因时而异，各国不同，则又非先读极精密之制度史，无能为役矣。

古文书之定义与其研究法，已略如上述，然此种范围非常宽广之学科，事例甚多，不遑枚举。兹述其一二，以备参考。

（一）古文书之材料

欧罗巴之古文书，其所用之材料，大抵亦与吾国略以铜板、木板、石板及各种纸类制成其雕刻于金石者同。除其中有编纂物之性质者外，余皆视为古文书也。惟吾国惯例，凡雕刻于石及金属类者，不问其种类之如何，皆属于金石学。缘自古金石学，与古文书学，皆分为二者也。由历史方面言之，实则不然。盖因材料而为分别，非研究古文书之目的。虽然，所谓古文书者，各国本极不同，在欧罗巴诸国，刻之于各种版类者甚多，而其多数均带有编纂物之性质者。在古时如罗马以重大之法律刻之十二铜表，而寻常之书，类多以厚蜡书之于木板是也；而至中世则渐用纸类，故欧罗巴中世之古文书，大抵皆书于纸者。兹就纸而略述之。

欧罗巴最古通用之纸，所谓 Paper，即莎草纸也。莎草纸者，即以下埃及所产之莎草制成者也。自罗马古时至十一世纪顷，欧洲皆用此纸，故此代之古文书，亦皆属于此纸。可知罗马时代埃及政府，曾达纸场，从事造纸，发卖于欧洲各国。及埃及为阿拉伯人所征服，阿拉伯人亦仍旧例，建造纸场，从事造纸。然皆属于政府专卖，故其价甚昂，求之不易，故甚宝贵，当时欧人皆不以普通品看也。其长短广狭，前后稍有不同。在埃及时代最精之纸幅二九糎半，在阿拉伯时代通常幅六十糎。阿拉伯最盛时，即八世纪至九世纪顷所出之纸，以幅六十糎长四十米半为一卷，一卷之价，约当我国现在通用银元一元四角之谱；其次为革纸，即吾国所谓皮纸也。此纸何人发明，不可考。惟古时即通行于中央亚细亚，观《史记・大宛传》，称安息画革，旁行以为书记，可以知矣。传于欧罗巴，亦云在罗马时代。相传埃及之独列米王朝，因屡与百尔嘉摩战争，故仇视颇甚。及百尔嘉摩王欧美伲二世奖励文学、技艺，欲建图书馆，独列米朝颇忌之，乃禁止纸之输出，欲绝其书籍原料品，使图书馆之计画不得实行。于是百尔嘉摩不得不研究造纸之法，以求达其目的，其结果遂有以革造纸之新发明云云，则革纸似百尔嘉摩所发明。虽然，此等无根之杂说，究不能有正确之证据，故普通史家皆以革纸必由中央亚细亚传之于安息，由安息再传之于百尔嘉摩。由百尔嘉摩益加精制，再传之于罗马。故罗马古代因名之曰百尔嘉摩纸，现在德语称为 Pergament 者，犹近于原语也。此纸欧罗巴初用于古文书，约在五世纪以后，即莎草纸渐贵之时。考阿拉伯人之取埃及，在六百三十四年，此后埃及与罗马间，虽尚能直接交通，然因敌国之故，纸价已渐涨。至亚尔伯山脉以北各国与埃及既不能直接交通，必由君士但丁堡，或威尼斯间接输入，则其价之大，更无论矣，于是渐用革纸以代之。例如法国凡八世纪以后之古文书，大都皆用革纸。其时革纸之价，并不贱于莎草纸，然以其易得，且另有特质，故用之者日见其多。其特质有三：（一）非常坚韧，不易破裂；（二）以墨书之，不易磨灭；（三）虫蚀不易，便于保存。凡宜永久保存必要之书，类用此纸，实最适当也；又其次，则为今日通用之纸。此纸之元祖，实在我国。我国古时书契，多编以竹简，其后渐用缣帛，谓之为纸。然缣贵而简重，并不便于人。至后汉宦官蔡伦始造意用树皮、麻头及敝布、鱼网以为纸，真正之纸，由是发明，自是莫不从用焉。其后至唐传之，阿拉伯人乃仿其法，以 Linnen 代麻造纸。盖波斯湾周围，本世界第一产 Linnen 之区也。七百九十四年，阿拉伯人乃创造纸场于八吉打后，渐普及全国。其最有名者，为条支之的米失吉纸。时意大利南端西西里岛，亦为阿拉伯人所领有，则麻纸自然输于此。后阿拉伯人虽为日耳曼所逐，然用麻纸之习惯，则仍旧不失也，而麻纸由是遂通行于欧洲矣。考现在欧洲古文书之用麻纸，实在千二百二十八年以来，惟传者甚鲜。缘麻纸不及革纸之坚韧，故欧洲人凡重要文书，仍列用革纸者多。惟书翰、账簿及文书等，其效力仅及当时者，大抵多书于麻纸。若永传于后世者，则皆书于革纸者也。而印刷物则例用麻纸。此一考古，本即可知矣。至若东洋虽有羊皮纸之名，然用者甚稀，究属何故，尚待查考。古时大都用植物纤维所造之纸，如我国例用麻纸、谷纸、藤纸、竹纸等。日本本无纸，后由我国输入造纸法，所用殆与我同。独印度则不然，自古用贝多罗，即以梲树之叶制成者也。缅甸一带，则多用槟榔叶，其制法盖与印度同。此纸之大略也。

其次为笔。我国古时，以削竹简为字，或以锥画木为字，不用笔也。《说文》："聿所以书也，楚谓之聿，吴谓之不律，燕谓之弗。"独秦谓之笔，史称蒙恬以鹿、羊等毛造笔。实笔之制，战国已有之。恬所造较精，故专其名耳。及至中世，笔制益精，王右军书法，冠绝古今，其所用有鼠须笔。卫夫人《笔阵图》，则谓笔须取崇山绝仞中兔毛，八九月收之。王右军作《笔经》，谓赵国兔毫之美，他处不及。同时有韦昶者，好作笔，王子敬得其笔，叹为绝世。庾肩吾《书品》，又有张笔。唐时宣州诸葛渐笔最有名，柳公权、李从谦等皆宝用之。宋以后，始用无心散卓笔。明永乐时，吉水郑伯清，以猪鬃为笔，健而可爱，然今不传。此吾国笔之大略也。西洋诸国则不然，希腊时多以芦苇为之。至罗马则用鸟羽，盖以鸟翼之羽，斜切其根端，即可应用，法至便也。故日本人呼为羽根，拉丁语呼为 Penna 者，盖即羽根之意。现在英文称钢笔为 Pen 者，实 Penna 之转讹也。虽然，罗马人古时亦非专用羽根也，凡除选举之投票，及紧要之书类外，其余或用金属制之，笔画于蜡版以为常。长短不一，随人自定，材料多属青铜，其端尖，其形细而长，亦有以铁制者，形较大，盖带有防御器具之性质者也。如彼有名之恺撒，相传被杀时，曾持铁笔以为抵御，即其证矣。罗马以后欧洲诸国，采用羽根者，一时甚盛。及至近来，又再用金属制，即吾国之所谓钢笔也。至于毛笔，彼等用之于书写者绝少，其例性供画工之用而已。

其次为墨。我国墨制，一云田真造，一云邢宜造，未知孰是。然古人多漆书，不闻用墨，所云某某造者，亦不过姑有是说耳。至汉时尚多以器贮墨汁，不尽用砚。尚书令、仆丞郎月给隃麋墨二枚，则似已液体而为固体矣。魏晋间始有墨丸，故多用凹心砚以磨墨丸，贮其渖也。墨有二种，一松烟，一石墨。魏晋以后，石墨无闻。卫夫人论墨，亦以庐山松烟为佳。至唐有墨官之设，而祖氏之墨，名闻天下。吴有砚务之官。而歙州之砚，论著欧阳，于李廷珪、张遇、朱万初等，皆以制墨著称。明代最重休宁墨，时人谓朱万初所不及，骎骎乎李张之境。清时士大夫，对于文具，益加讲求，对于墨，亦惟徽州是取，而徽墨之名，遂独高矣。其用法尽人所知，无须赘述。欧洲古时所用之墨，大抵相同。罗马古器中，本有墨壶，以贮墨汁。及至九世纪，始用 Ink。十世纪以后，则 Ink 渐为一般所通用。然就其品质比较而观之，Ink 实不及墨远甚。盖 Ink 容易洗去，使不留痕迹，而墨迹则不能也。故永远保存之物，实不能不用墨也。此西洋之画工及制图家所以仍用印度墨，而自东洋购买不衰者也。

（二）印章之材料

印章一物，在欧洲各国，通行甚早。当希腊之古，业已盛用。帝王之文书不必论，即至一私人之书类，亦无不用之者。盖其目的无他，为使其文书因此益确实也。罗马时之印，大抵指环形，材料多属金类，亦间有水晶、玛瑙者，传至今日，尤有存者。观欧洲各国博物馆，即可知矣。至中世之帝王，亦如古例，有用金类者，亦有石质者。金属类大抵以青铜为最多，余则为金、银、钢、铁等；石质则水晶、玛瑙、玉髓等，凡岩石之坚而可珍者，皆用之，亦略有用象牙者。而其所捺之物质，亦有不同。欧洲古时重大之文书，大抵以黄金版及铅块为之，其次则封蜡，故有录重大文书为黄金印者，即由是而来也。然此种文书，传之今日者甚鲜，仅闻德国有二，皆有关宪法之文书；至于铅块，则罗马法皇处不少，盖为东罗马时代所最通用者故也；至中世之王侯，通常皆用封蜡。而封蜡之颜色新时，大抵为白，后因保存之不同，而其色遂有异。据欧洲现存之品，则有白色者，有黄色者，亦有薄红色、薄鼠色，及薄鸢色者之种种。后渐用纸，已如上述。至于印形，亦因印材及受印之物质而不同。凡受印之物为金属类，则印形大都属圆，若封蜡则种类甚多，普通用者例属圆外，有多种中世之初皇帝御玺为椭圆形，以后又转为圆形。然列侯豪族及其他，则圆形、椭圆形之外，均随意为形。惟亦稍有惯例，例如十二世以后高贵之僧官及寺院，多用尖顶之椭圆形，十三世纪以后，列侯与豪族之间，多用楯形。兹就欧洲之印章学，通常所举之种类列左：

圆形、横椭圆形、尖横椭圆形、楯形、上曲楯形、逆三角形、四角形、横长方形、四叶形、竖椭圆形、尖竖椭圆形、形形、下曲楯形、心脏形、正三角形、竖长方形、三叶形、竖菱形。

（三）古文书之言语

时代递变，言语亦渐异，此自然之理也。刘知幾曰：上古之世，人惟朴略，言语难晓，训释方通。是以寻理则事简而意深，考文则词艰而义释，若《尚书》载伊尹之训，皋陶之谟，大都皆是。周监二代，郁郁乎文。大夫、行人，尤重词命，语微婉而多切，言流靡而不淫，若吕相、子产等，屡见于《春秋》者，比比也。战国虎争，驰说云涌，人持《弄丸》之辩，家挟《飞钳》之术，剧谈者以谲诳为宗，利口者以寓言为主，如苏、张、鲁连辈，载在史籍者，又不一其人也。迭汉魏以降，隋唐而往，世皆尚文，史鲜载言。宰我、子贡之道不行，而苏秦、张仪之业遂废。又自后周柳虬时有今古文无今古之说出，于是作者皆怯书今语，勇效昔言，用使周秦言辞，见于魏晋之代，楚汉应对，行乎宋齐之间，而使方言世语，不传于后。其于事实，必多乖违，势使然也。不然，则《三传》之说，何以不习于《尚书》；两汉之词，又何以多违于《战策》哉？盖必记其当世口语，从实而书者，欲令学者得以考时俗之不同，知当时之风尚耳。此《左氏》、《国语》之作，所以不容已也。故古时秉笔者，凡上自士夫经国之雅言，下至小民街谈之俚语，皆振笔直书，不稍改纂。以及童竖之谣，时俗之谚，城者之讴，舆人之诵，侮嫚之词，虽皆刍词鄙句，亦必播以唇吻，载在方册。言皆近真，事方不谬，理固应尔也。考吾国群史，太史公以前，辞主于奇，范蔚宗而后，多主于偶，而班孟坚则介乎二者之间者也。宋元以来，史家又多以奇为主，然气不昌，且有徒费词之弊。此非今不如古也，盖因后世事繁，而著述又无主有以致之耳。至于欧洲罗马以来，文书所用，皆尚拉丁。盖罗马时代特立学校，专攻文章，由是校卒业者，多在各官署，专典文书，故此时代之文书，多系纯粹拉丁语。及共和之末，帝国之初，而各得业于文章，学校典文书之官吏，往往于古今之中，而参入日用常语，由是专重古文之惯例渐破，而有文言混合之倾向。及罗马衰亡，各国并起，专攻拉丁文之学校，既不再建于各国，仅拉丁语之专门家私设讲舍，收教生徒，然所造就有限。既鲜草创润色之人材，自趋改弦更张之新轨。虽其初意大利与法兰西等国，不无重拉丁语之命令，然学者日少，朝廷不得不降格以求，而学者亦仅得勉强应付，遂将国语渐次加入，即当时意、法、西、葡等国，所谓通俗拉丁语者是也。其后用之既久，去古益远，遂成今日意、法、西、葡各国之语言。而其中尤以意、法二国，差为近古。故其所出之文书，尚与拉丁文多相同之点也。及至中世各国，皆尚实际，研究古文书者，实益鲜。仅上流社会与学者间为炫一己才学，特袭古人之文范，选词过古，甿俗难知，故文告每多扞格，而小民易滋误会。各国有鉴于此，遂翻然改图，皆遂以贯彻一般人民为宗旨，各改用国语，而原来文书上例用之拉丁语，其势力乃一落千丈。然学者间仍多习拉丁语，至今而未衰也。且近百年来，更有日盛之势。拉丁语为各国语之源泉，不知拉丁语，不能了解国语也。至于史学，则不修拉丁语，更难穷其深而竟其委矣。

（四）古文书之时间

欧洲诸国之研究古文书也，对于时间，非常注重。盖不记时者，例归无效者也。所谓时间者，即年月日三者是也。然纪年之法，各国不同。例如罗马时代，专以执政官之名纪年。执政官之任期为一年，故每换一年，即有一执政官之名以为之纪。及至东罗马有名茹斯底年帝以来，始颁新制，以皇帝即位之年为纪，而以皇帝即位之日为元年之第一日。此诏令即发于耶稣纪元五百三十七年之八月三十一日也，由是东罗马帝国内所用之时间，皆以此为标准。盖此法与吾国历代之纪年同一理也，所不同者，吾国明以前往往一君而有数纪元，而彼则一君一纪元也。然茹斯底年帝即位之第一日为四月一日，以四月一日为始，与历年甚异，颇多不便。然此制度一时盛行，即后日之意、法等国，尚多仍其旧惯。不宁惟是，现今之英吉利，凡法令等，尚有书何王即位何年等字样者。其余各国之纪年，亦极不同，兹姑弗深考，但就通行于世之耶稣纪元，略述如左：

耶稣纪元起于各寺院举行宗教上之祭典用之，既遂为惯例，而一般普通人，亦觉其便。渐至九世纪上半期，有一德人，始用之于文书上。彼时不特各国间尚未采用，即罗马法皇，亦未采用也。及十世纪之下半期，始渐行于法皇及各国之间。至以其纪元为数年之标准，更在其后矣。而其数法，亦各不同。其不同之点：第一，即耶稣纪元之初日，当历年之何日，盖即建正之问题也。夫历年之一月一日，现今地球各国，几于大同。然在古昔，甚属不同者也。有以十二月二十五日为初日者，有以三月二十五日为初日者，亦有以九月一日为初日者。列国既各异其岁首，考较事实，颇多困难。惟罗马因用恺撒历之故，向以一月一日为初日。其余各国，定以一月一日为初日者，皆在十六世纪以后。如法国行自西纪一五六三年，荷兰行自一五七五年，苏格兰行自一六〇〇年，英格兰行自一七五二年。故自此以前之事实，于时间上往往易致杂揉。例如英国王查尔士一世之处死刑也，在一月三十日，而英苏两国，因初日不同，年遂有异，故英国为一千六百四十八年，而苏国则为一千六百四十九年。又一千六百八十八年，英国史上所称之光荣革命，据今日所通行之历计之，实已在一千六百八十九年矣。研究史学者，欲知古文书之正确时间，则关于古来各国所行之历，不可不审察也。

第三，地理学

地理学者，范围甚广之学科也。然补助史学者，通常皆从狭义，而即此分析之，固已种类不鲜矣。例如数理地理学、物理地理学、物产地理学等三种，皆基于自然而分划者也，此外如经济地理学、政治地理学、历史地理学等三种，皆基于人类之活动而分划者也，故亦有以人类地理学概括此三者，此其大略也。若夫细别之，则因人而异，指不胜屈矣。

虽然，地理学之种类，虽可设此分别，然皆与他种科学有密接之关系焉。例如数理地理学之与星学，物理地理学之与物理学，及地质学之一部分，其关系皆非常致密也。他如经济地理学之与农学、采矿学，政治地理学之与政治学、统计学、经济学，人类地理学之与土俗学、人种学，其关系亦极为亲切者也。而历史地理学之与史学，则犹鱼之于水，木之于土者然，其关系尤为重要。由是观之，则地理学者，实集各种学科之一部分而成者也。故其为学，尚不能如他科之有完全统系者亦宜也。惟此学发萌之早，实亦不减于他科。我国地理学之元祖，如夏禹之《禹贡》一书，已出在四千年之古。而欧洲之亚诺芝曼德，以地球为圆形，并发明日晷仪等。关于地理上之研究，亦在二千五百余年以前，则地理学一科，实为数千年来之古物也。仅因其无独立之立脚地，故至今尚未能成一完全学科者，势使然也。研究之者，困难百倍，更无待言。而其中最有补助于史学者，为历史地理学与政治地理学之二种，亦有时稍赖物理地理学及数理地理学之补助。兹分述如下：

历史地理学

凡人间社会之培养基，第一即为地面。盖人类万事，皆不能脱离地面之关系者故也。历史者，研究人类过去之行事者也，故于地面尤为重要，此地理所以为历史上之一要素也。地理不明，则人间社会，于何发展，国家于何成立，即有失其正确之虞。然其研究亦非如往古邹衍、李白等，仅纸上空谈理想，即以为尽研究之能事也。必也调查实际，凡社会国家所发展之处，位置如何，地势如何，地味如何，积种种之调查，为科学之研究，然后历史上之事实，始得正确之位置；亦非如英国拔克尔等专论高山大河有何影响及于人心之空论，即以为得研究之方法也。必也亲行跋涉山川，见一山也，实际其方向如何，高度如何，斜度如何，以及腹之广狭如何，可拓殖之处有几等。遇一河道也，则又何处可以通舟，何处可资灌溉。凡有影响于人类社会者，纤悉靡备为记录，然后始可谓之地理学。而所谓历史地理学者，胥是道也。兹举一二实例于左：

历史地理学者，即研究地理之沿革者也。质言之，即研究地理之历史以为史学之资料耳。试举一实例以证明之，如广东之澳门，系葡萄牙之租借地，此尽人所知也。自今观之，此处于商业上并非占有重要之位置，则葡人之租借，以常识度之，似非专为商业，或别抱他种希望，未可知也。殊不知事固有出推度之外者。盖澳门商业，今虽衰颓，而在明时，固甚盛也。更推而上之，至于李唐广东省，固为吾国惟一之贸易场，南洋诸国之帆船，群集于前者，何啻数百。而我国之至南洋者，亦必自此出发，商业之盛，当时实无出其右者。且不独南洋然也，即阿拉伯及印度之商人，亦常来此贸易，故当时广东实为各国第一贸易地也。及十五世纪末，葡人发明欧亚交通之航路，于是葡人东略之志益锐。明弘治、正德间，遂县卧亚略、马剌加，设印度总督以掌贸易拓殖之务，置僧正以综理东洋布教之事，势力及于苏门答剌、爪哇诸岛。自马剌加占领后五年，葡人始乘帆船入中国，是为欧船内渡之始。其翌年即正德十二年，印度总督亚伯勒基，始遣使臣求与明庭缔约通商，同时并遣人测量中国海湾。西人之至广东也，颇受中国之人欢迎。其后踵至者，有暴行，大为吏民所恶。正德十六年，遂下令放逐葡人于境外，于是广东之通商场，一时中止。命南洋诸国之商人，至高州之电白县以营贸易。凡十余年间，电白之贸易甚盛，仅葡国商人寄居于此者，常达六七百人。然电白港不甚宽敞，交通终多不便，葡人乃送巨贿于都指挥黄庆，乞其请于上官，始以濠境为通商之地，年科地租二万金。其后三十二年，葡船有遭风涛之害者，以贡品被水为辞，请于海道副使汪柏乞地暴之，自是展境益广。万历元年，中国政府始于澳门附近筑境壁为区划，默认界外任葡人自理。自此葡人屡要求中政府减少地租，万历十年，中政府遂允每年仅纳地租五百两，至清道光朝尚如此。盖当时南洋各国，葡为大，素为他国所信服，故租借地亦自然无敢与竞争者。然葡人当时何以不据香港，反致日后英人据之，以压倒澳门，自贻伊戚乎？此亦一疑问也，此无他，缘香港本一荒地，尚须莫大之经营，始能为美好之良港。此种大计画，究非区区葡国所能负担，故不得不让诸他人者，亦势使然耳。

从来之史家，往往依赖书籍，故其叙事，多所雷同，殊鲜确实；今则不然，大抵皆借他种科学以证明之，故多所征信。如考我国春秋以前之历史，大约第一根据字学，第二历史地理学，第三考古学；希腊太古之历史，第一历史地理学，第二考古学，第三神话学；埃及之古代史，第一考古学，第二历史地理学，第三字学；罗马之古代史，第一考古学，第二历史地理学，第三古拉丁语之言语学。由是观之，字学、言语学、历史地理学、考古学等，为历史之必要明矣。虽其次序，各国未必尽同，而其实质，要不能稍异。兹试就罗马之起原，而举一实例如下。

凡吾人欲调查罗马最古之历史，究非仅读布尔特奇之《罗慕路斯传》，或费尔基之《长篇》，能得其真相，必也当先研究历史地理学与考古学以为基础，然后始有门径。如意大利半岛之中央，临西南之海岸，面积虽不甚大，然其中有湖沿，有河流，有膏腴之地，亦有硗瘠之区者，即所谓拉昼地方也[①]。灌溉此地方者，有低伯河。此河之长，约二百六十英里，发源于亚卑尼山，富于天然之泉，一年中，水量变化甚少。上中流沿岸，皆属粘土，流出山地，即至拉昼平原。由河口凡一百英里，间有舟楫之便。及至罗马水量益增，此即古代罗马帝国发祥之地，俗所谓七山之地。太古之城壁，至今犹有存者。夷考其初，地方甚小，其初创国者，为罗慕路斯。罗慕路斯真有其人否，后世史家颇多滋疑。而罗马之国名，即从此出，盖即沿河之意。其后渐与邻敌竞争，出九死一生之中，始克并吞近邻各族，占领拉昼等地。今一观察其实地，犹足以证明当时发达之情形也。

第四，年代学

光阴如箭，过而不留。立于今日，以指往日，谓之去年，谓之前年，谓之前三年，前十年，再推而上之，则辞穷矣，于是乎有纪年法以为之辞。然古来东西各国纪年之法，各不相同，考较事实，颇多困难。西洋近来用特设一科，专事研究，名曰年代学。所谓年代学者，盖从Chronology译出者也，亦有译为年历学，或时学者，兹不具论，其意义盖欲保历史上事实之正确。简言之，即应用星学于史学上之一科也。虽然，历史所发见之事实，各国固同书何年月日，然有不同者在焉。即定年月日之法，普通所谓历是也。历既不同，则历史上所书之年月日，自然有异，无待赘言矣。今欲使此不同者，渐归于同，则年代学当先研究矣。兹分二部入手，一部利用星学之原则，推步过去之时代；一部研究古今各国所行之历史，考其相互之关系，及编成之方法，对照之方法等，即称为历学者也。历之研究，近已成为一种专门学问，故著述甚多，

---

① “拉昼”即今意大利拉丁姆（意大利语 Lazio，英语 Latium）。——李注

如各种对历表行于世者不鲜，此学者之所知也。独至推步方面，史家大抵置之不顾。虽间有从事研究者，亦寥寥无几。但自今日史学之程度观之，历法比较研究对照观察，固为重要，而以星学上之原则，证明何年月日及何时何分，以保事实之正确，则推步之法，更为重要。兹试举一二实例，以证明之。

古代波斯王泽耳士继父之志，率二百万大军，欲一举而灭希腊，以破竹之势，平定希腊北部，将至德穆披来。此地负山临海，绝壁数千仞，怒涛冲激其下，真所谓一大当关，万人莫敌之天险也。斯巴达工留尼达士，仅以三百精兵，防守此处。泽耳士攻之，三日不能破。后有希腊叛者，告波斯以间道，泽耳士遂分兵前后夹击，留尼达士与麾下三百兵纵横突战，全体皆死，无一留者。此乃历史上一大可纪念事，故现在各国小学校教员，常对学生津津乐道此事，以羡慕其勇壮也。而有名之历史家希罗多德氏，竟忘书其年月，几至后世并疑其事之若有若无者。幸同时希氏于无意之中，于波斯王之出征，载有关星学上之一事，可以为考究此事年代之材料。当时希氏所著之《历史》中有云：黑勒斯奔之桥既成，亚都斯山之工事亦竣，军队益进至萨尔特斯，已届隆冬。及得工事告竣之报，又值春初，始向亚比多行军。是时天朗气清，日光四照，乃进行之际，太阳忽然失光，俾昼作夜。泽耳士王见此现象，非常惊恐，即招询占者。占者答曰：此殆天亡希腊之兆。盖太阳为希腊之守护神，太阴为波斯之守护神，现在太阴蔽太阳，即天示亡希腊之兆也。王闻此答，心始复安，乃益进发。观希氏此记事，则德穆披来战争之年月，即可从事推步，亦即可由萨尔特斯进发之年月日时刻推步而得之也。

考此日食在于春初，因此推之，则此事当在耶稣纪元前四百八十年顷。盖纪元前四百八十年顷，见于小亚细亚地方之日食皆既者，仅有二次，一在四百八十八年之九月一日，一在四百六十三年之四月三十日。然此二次日食，皆非在春初，且与四百八十年相距亦太远，故可知其非是。更考之希氏之纪事实，非云全黑，仅云几成暗夜，则其所食者，或不至既，未可知也。于是更求其次，此顷凡日食之甚者，亦有二次，可为注意者也：(一) 即四百七十八年之二月十七日。其通过中心线，先自加拿大之大西洋海岸而升，已见亏缺。然后通过大洋及非洲之摩洛哥、阿尔及尔，并意大利南端之西西里岛、土耳其领之亚班尼州，时值正午。再经罗曼利亚、黑海克利来半岛，至西伯利亚之德波耳斯克附近，仍见亏损而沉；（二）即四百八十一年之四月十九日，由非洲之中理海岸而升，始见亏损。通过前后印度，至吾国之江西省边，时值正午。再过日本之九州，至太平洋之中央，仍带亏损而沉。希氏所记向亚比多行军途中，见太阳忽然无光者，此二次中必居其一，已可无疑。惟四百八十一年之日食，在四月十九，则与希氏所记之春初不合。而四百七十八年之日食，则在二月十七，适值春初，与希氏所记适相符合，则此行军即可知为纪元前四百七十八年矣。且考此次日食为环状日食，由计算而考察之，在萨尔特斯之初亏，系午前十时二十一分，食甚十一时五十三分，复元一时二十九分，而食分为十一分二厘，此日食亦几近既，则俗人所谓几成暗夜，亦非无理。而希氏之纪载，亦不得谓为失实也。当时不因此天变，而仍以不折不挠之气，勇往直前之泽耳士，进发萨尔特斯，时约当正午。由是推之，则德穆披来之战，必在此年内，亦可知矣。故多数历史家，对于此勇战，皆主张在纪元前四百七十八年，或取盖然主义书四百八十年顷者，皆利用此日食之记事，由推步而得之结果也。惟何月日，不能详知，是亦一缺点耳。

其次则吾国《春秋》之中，书日食者甚众，据现在之计算，皆甚精确，毫无差误。此虽由出于孔子编纂之谨慎，实亦由史官记事之不苟也。兹试将见于《春秋》之二次重要日食，一推步之经书桓公三年秋七月壬辰朔日有食之既。夫鲁都在现在山东之曲阜，即当时观测点之所在也。兹考其位置，在东经百八十度，北纬三十六度，由此计算，则此日食约在西纪前七百九年之七月十七日。初亏之时刻，当在午后二时十九分，食甚之时刻，在三时三十九分，复元在四时四十七分，食甚时之食分为十二分，即所谓既也。其后经书宣公八年秋七月甲子，日有食之既，观测点同在曲阜，可不必论。由计算而考之，此日食当在西纪前六百一年九月二十日。初亏之时刻，当在午后二时四十三分，食之时刻三时三十五分，复元之时刻四时二十三分，食甚时之食分，为十一分。虽未及既，然其日食之甚，亦已无误矣。由此二例观之，则《春秋》关于记日食之事，可以知其甚正确也。而史官之对于日食之分度，已能观察精细，亦可知矣。不宁惟是，由是即可知周之年月，且可与西历比较，并知西历之年月，即以桓公三年之日食推步之，此年七月朔，值恺撒西纪前七百九年之八月三十日也。余皆可从此类推矣。

观以上推步之二例，则推步之法，想已可了然矣，兹再举互算方法之实例于下。西历九世之中顷，即唐宣宗以后阿拉伯之商人旅行至我国南方各处，以其所见所闻，归而笔之于书，阿拉伯商人最古之见闻录，从此出矣。其后继起者甚众，皆有书传，凡关于唐末及五代之情事，均有所载。云当时有冈富者，为南洋诸国船舶之所凑集，百货之所荟萃，亦即彼等频往来于其间之一大都会也。然此冈富地究在何处，欧洲研究历史地理学者，从事考查，已非一日，即至于今，亦未有定论。据近人所见，以为观阿拉伯商人所载之见闻录，由互算之方法，有一事可以为研究此地之根据。其事云何？即所谓当时有彭稍者，忽起谋叛，于回教纪元二百六十四年陷冈富，屠杀回教徒、耶稣教徒及犹太、波斯等人共十二万。后又云：日后尚有五代之大乱，贸易之事遂绝，阿拉伯人亦皆相率去冈富而归。考回教纪元之二百六十四年之初日，即耶稣纪元之八百七十七年七月十三日，其末日乃翌年之九月二日。简言之，即自耶稣纪元八百七十七年跨八百七十八年之一年间是也。若合之我国，即自唐僖宗乾符四年，跨五年之一年间耳。此时我国作乱者考之历史著名者有二，即王仙芝与黄巢也。彼之所谓彭稍者，音与黄巢颇近，试节录《新唐书·逆臣传》以为对勘：

> 黄巢，曹州冤句人。世鬻盐，富于赀。善击剑骑射，稍通书记，辩给，喜养亡命。咸通（回教纪元二百六十年顷）末，仍岁饥，盗兴河南。乾符二年（回二百六十二年），濮名贼王仙芝乱长垣，有众三千，残曹、濮二州。（中略）而巢喜乱，即与群从八人，募众得数千人以应仙芝。（中略）巢方围亳州未下，君长弟让率仙芝溃党归巢，推巢为王，号冲天大将军，署拜官属，驱河南、山南之兵十余万，掠淮南，建允王霸。（中略）既而屡为官军所破，收众逾江西，破虔、吉、饶、信等州，因刊山开道七百里，直趋建州。（中略）十六年三月也（回教纪元二六三年第八月）。（中略）是时闽地诺州皆没。（中略）巢陷桂管，进寇广州，诒节度使李迢书，求表为天平节度使，又胁崔

> 璆言于朝，宰相郑畋欲许之，卢携、田令孜执不可。巢又丐安南都护、广州节度使。书闻，右仆射于琮议："南海市舶利不赀，贼得益富，而国用屈。"乃拜巢率府率。巢见诏大诟，急攻广州，执李迢，自号义军都统。（中略）其十月（回教纪元二六六年第三月）巢据荆南。

据上节略史观之，黄巢之围广州，在乾符六年之三月以后，十月以前，即回教纪元之二百六十五年之第八月以后，二百六十六年第三月以前也，已可无疑。而阿拉伯商人之见闻录，乃云二百六十四年，已属一年过早，此殆传闻之误欤。而彭稍者，即黄巢，冈富殆即广府。缘广东之称广州曰广府，阿拉伯商人讹以为冈富，音之谬也。此不难由对照我国古时通行之历，及西历、阿拉伯历等而知之矣。

第五，考古学

考古学可分有史以前及有史以后之二种，人类学家所研究者，重在有史以前，史学家乃研究有史以后之事，故重在有史以后。现今意大利之大学校，考古学之研究，专自有史以来者此也。盖考古学者，实如其名，研究古物之学也。详言之，即研究古时之制作、意匠、式样、手法等之变迁，以考各时代之社会风尚及状态，备供史学家之参考者也。而所谓古物者，所包含之意义亦甚广，凡土木工事类，大而建筑、道路、桥梁，小至器具、武器、装饰品等，皆是也。不宁惟是，又凡仪式、礼式等之变迁，亦在其中。故分析古学，可为三类：（一）古土木学，（二）古器学，（三）有职学。

吾国古时所谓考古学者，乃摩挲古物之骨董家，及珍藏玩好之名士派，与吾等所谓考古学者有异。盖古时所谓考古者，古之器具、武器等，固不待论，即凡古之桥梁、道路、屋舍、城寨，及其他各种之建筑物，无不当尽心研究之也。由是观之，则非兼有建筑学之专门学识，固难奏厥功也。且亦非纸上空谈，或窗下想象所能济事。如闻某地残桥某处古寺或某处古路等，尤当不惮跋涉之劳，不厌周览之苦，然后方能有济。兹试举古时建筑之实例如下。

希腊国民，素以优美称于世，盖以其富于美术之思想也。其雕刻不必论，即其建筑，亦极壮丽，式样益甚多，而其相异之点，皆在于柱，此诸君之所知也。兹姑不论，但就意大利南部彼斯得地方希腊时代所残存之神社，而一述与日本之关系。

考彼斯得之神社，系希腊人达于西纪前六百年顷，其在中者，为最古之建筑物(另附图)[①]。观其柱自首至底，皆细而长，惟其中间比较稍大。柱周围施以雕刻，此本希腊之柱制也；乃观日本之古建筑，亦屡见有此种柱制。如彼有名之法隆寺，其柱形即与此无以异也。由是日本学者，多谓日本之建筑式，实仿于希腊也。且又以为日本与希腊间互相交通之证据，此言未必过当。惟此种建筑式之由希腊传来，可无疑义，殆于不识不知之中，与佛教共输入耳。兹摘译彼邦学者之《法隆寺建筑论》如左：

意大利 paestum 神庙

> 就中门建筑中，吾人所最以为奇者，莫其柱之形状若。其柱无盘础，直立地上，犹希腊之铎利亚式。而其轮廓，由曲线而成，其直径底部一尺七寸六分，由底部而上至柱长三分一之处，则一尺八寸四分余，三分二之处，仍为一尺七寸六分。至其头部，则经一尺四寸矣。

由以上之事，以历史的观察，不外东西交通之结果，此余之所深信者。

① 原文无图，坪井九马三《史学研究法》所附图甚模糊，故从他处寻得相似图片附入。——李注

而此种议论，半出于日本人羡慕西洋之习癖，然亦可以证明希腊之文明，已间接及于日本矣。

至于器具，种类甚多，一一论之，力有不逮。兹特就古时所谓葡萄纹者，一研究之。葡萄二字，古有写作蒲桃者。盖以葡桃之为物，非出自我国，实由外来也，故其原语，殆在外国。近顷学者谓出自希腊语之όβότρυs，然否姑不必论，但葡萄之所以见重者，实非在天然之果物，而在人为之佳酿。观希腊之神话，古时有铎尼锁斯者，曾周游埃及、小亚细亚、美索波大米、波斯、印度，教各处以葡萄造酒。似以葡萄造酒之法，为希腊人所发明，惟代远年湮，已难考证。至于有史以来，小亚细亚、美索波大米，又里海之南岸，已为葡萄酒、葡萄之出产地，证之载籍，已无疑义。至于我国当汉之武帝时，张骞使西域归，武帝有数多之植物，葡萄亦其一也。然至酿酒，尚在其后。考近人有云，此物实出于大宛，张骞所致，有黄白黑三种，成熟之时，子实逼侧，星编珠树，西域多酿以为酒，每岁来贡，可以知矣。即观唐诗中之《凉州词》，所谓"葡萄美酒夜光杯"之绝句，似犹为漫地人民之所饮。然则究自何时传之中国乎？考《隋书·西域传》，高昌国多葡萄酒，《唐书》太宗时，令侯君集等破高昌，收马乳、蒲桃实于苑中种之，并得其酒法。由是观之，以葡萄造酒之法，大抵由此传入。而以葡萄纹刻之于器物，在希腊亦颇古，后渐见于各处，则此种花纹，亦发明于希腊可知。兹据希腊式葡萄纹之标本（参观图）[①]，试细观之，颇觉有趣。图中之第二，乃清光绪二十六年即日本明治三十三年得之于日本奈良时代之古坟中，质系青铜，镜面直径九六五粴，侧面厚一一〇粴，重量九两余。中图葡萄纹，耳边尚有一种动物，惜动物惟何，因标本模糊，已难认识，大约是狮子一类。考镜之年代，当是唐物。盖此物必由我国传入无疑，故日本名此种花纹曰葡萄唐草，盖以其由唐输入也。嗣后此种花纹，遂行于日本。试观图中之第三，即日本法隆寺所藏宝物之一，为橘夫人念持佛厨子，日本名物也。所谓橘夫人者，乃藤原不比等之妻，光明皇后之母也。此厨子之制作年代，虽不可考，然以橘夫人之年代证之，总在有唐中叶。兹摘录伊东博士之《法隆寺建筑论》一节于下：

① 原文无图，现据坪井九马三《史学研究法》附图补入。——李注

第一图

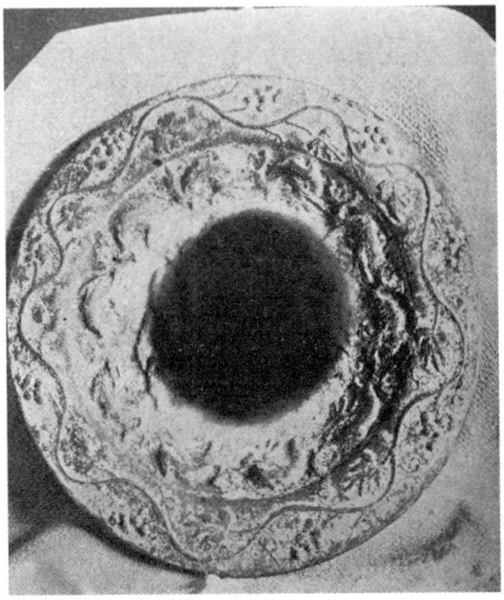

坪井文学博士所藏

第二图

东京帝室博物馆所藏

第三图

《法隆寺建筑论》附图

厨子之模样，虽有种种，而皆以奔放自在之曲线，明示希腊、西域及印度等之特点，其运笔极快绝，其分布尤巧妙，其叶与干，实皆足使吾人想起葡萄之变形，洵可谓为药师寺须弥坛葡萄唐草之先驱者也。其起源虽未能十分明了，然观其已具希腊、印度之式样，脱离古时代之古拙，却存优丽之趣致，较之古时代已甚进步，固可知也。其唐草之左右不同形者，竟足见其任笔描写，已能分布无误，尤吾人之所惊叹者也云云。

如上所述，则此物之发原地，当在希腊。由希腊传之中央亚细亚及印度，然后由中央亚细亚传之我国，再由我国传之日本，固已略可知矣。若与罗马瓦皿（参观第一图）之唐草比较而观，则已觉进步多矣（案，此罗马瓦皿直径一二七粴，高二粴）。此式样之例有可言者，兹再举品物之例于下。

荷兰领之马来群岛中，有自古相传之物，该地土人皆视为国有品，无异传国之宝，奉之如神明，时行祭祀者也，其中最著者，为青铜制之大鼓，次则青铜制之铜锣，其他尚有数多奇怪之器物。现虽经荷兰之考古学者从事考查，然尚未能证明其原产地。且此种品物亦不仅发见于马来诸岛中，即至暹逻自朝廷至于民间，现尚为日用品。又考之我国历史，凡自湖南、贵州、广东、广西诸省，及至东京等处，多以此等物品充日用者，亦历历不爽也。兹试举南宋时之纪录以观之："广西土中铜鼓，耕者屡得之。其制正圆而平其面，曲其腰，状若烘篮，又类宣座，面有五蟾，分据其上，蟾皆累蹲，一大一小相负也。周围款识，其圆纹为古钱，其方纹如织簟，或为人形，或如琰璧，或尖如浮屠如玉林，或斜如豕牙如鹿耳，各以其环成章，合其众纹，大类细画圆阵之形，工巧微密，可以玩好。铜鼓大者阔七尺，小者三尺，所在神祠佛寺皆有之，州县用以为更点。交趾常私买以归，复埋于山，未知其何意也。……亦有极小铜鼓方二尺许者，极可爱玩，类为士大夫搜求无遗矣。"由此记载观之，则铜鼓之用途，亦可略知其一二。然至何人与何时制造，亦一当研究之问题也。发见于暹逻者，亦属青铜制，俗人称为虾蟆大鼓。其大小不一，价格亦不等，最便宜者，约五十基格尔，最昂贵者须五百基格尔之谱。如其西部之加邻，则极粗者，须三十卢比，极精巧之品，则须千卢比以上，亦可知彼等之事贵是物矣。至马来群岛中发现最多者，为萨来耶尔岛。此岛乃西里伯斯岛附近之一最小岛，其鼓亦属青铜制，鼓面直径一二六米突，其重量约八十斤许。此外如辅罗勒斯、亚洛尔等处，亦均有此等物品。

统观上所有，其形式大抵相同，所不同者，惟鼓面之修饰耳。据所观察，或以太阳光，或以花，或以鱼兽之类，此种种修饰之中最奇怪者，附以种种之动物。而动物之中，最百思而不得其故者，莫若蟾矣。宋时周去非已云："青铜大鼓十有八九，皆附以蟾，惟多寡不一。"而《桂海虞衡志》亦云："铜鼓，古蛮人所用，南边土中时有掘得者，如坐墩而空其下，满鼓皆细花纹，四角有小蟾蜍，两人舁行。拊之，声似鞞鼓。”《后汉·马援传》云，马援于交趾得骆越铜鼓。是铜鼓实蛮苗旧有之物，亦汉代以前之物。可知现今日本博物馆中有一铜鼓之标本（参观图）[①]，此乃暹逻皇族之寄赠品，乃近所铸之物。其鼓面之直径一尺五分，高一尺五寸五分，底之直径一尺六寸，鼓面有浮雕之蟾，四中有如星形之放光线者八。此外同心之圆圈若干重，每重之间，雕以花鸟鱼类，此乃现存之品也。由是观之，

青铜鼓（东京帝室博物馆所藏）

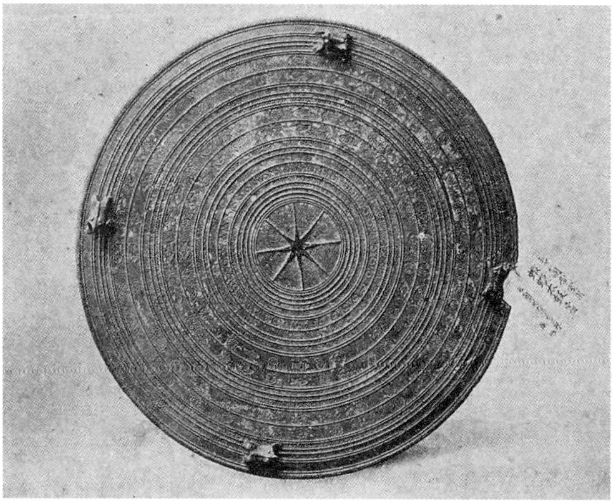

鼓面

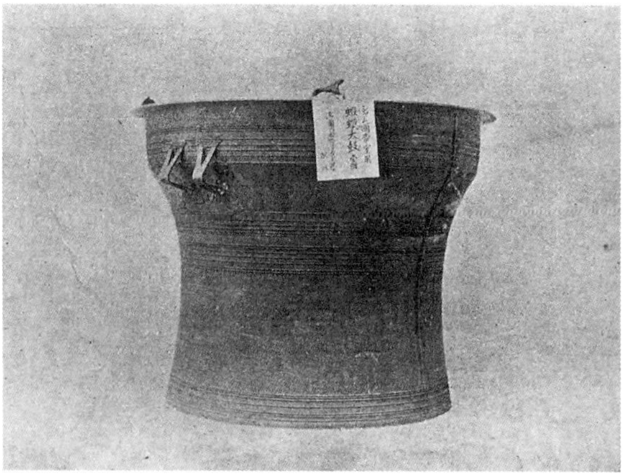

侧面

① 原文无图，现据坪井九马三《史学研究法》附图补入。——李注

则暹逻之青铜大鼓，亦其自造可知。则此人种与苗同类，亦可以此证推知之矣。若马来诸岛中土人，虽常有发见铜鼓之传闻，然现在存者甚少，且价格极昂。以此推之，大抵非自造之物，由外国输入也。且观萨来耶尔岛，以此为稀代之珍品，传国之宝物。闻荷兰政府，欲购此物，曾许以二千五百元之高价，彼等尚不允许，其如此见珍者，必因物罕，假使其自能制造，何至如是。况实地调查，现存者亦甚少，则其自外国输入，更无疑义。惟从何处输入，究一问题，亦吾辈所当研究也。

考婆罗洲之住民，所谓大耶克者，有名之野蛮人种也，曾有一物，为彼等所宝贵。其物惟何？即青铜制之铜锣中画以龙。夫龙者，乃吾国独有之动物，故于画中或美术上曾屡见之，至其余各国，固未尝一发见也，则亦为一输入品可知矣。查《明史》中有所谓文郎马神者，乃婆罗洲南方之一都也。今节录其记如下：

> 入山深处有村，名乌笼里弹，其人尽生尾，见人辄掩面，羞涩欲走。然地饶沙金，夷人携货往市之，击小铜鼓为号，货列地中，主者退丈许深山。人乃前视货，当意者置金于货之侧。主者遥语，欲售则持货去，不售则怀其金蹒跚归矣。……邻境又有买哇柔，每夜半盗斩人头以金装之，故夜必严更以待云云。

由上观之，其中所谓小铜鼓者，殆即今日大耶克人所存之青铜锣，盖婆罗洲固未尝有铜鼓发见者也。统而观之，铜鼓之出产地，殆在我国西南部，及印度支那半岛。至于用途，据近顷拉伊顿大学教授霍罗德氏及日本诸考古学家所说，凡有六种：（一）募集军队，（二）祭神，（三）祈祷，（四）举行仪式，（五）报告时刻，（六）传国宝，若所附之蟾，不外乎求幸福之意义云。

第六，谱系学

谱系学者有广狭二义：自广义言之，凡籍录人物而详列其次序者是也；自狭义言之，亦名家乘，即所以记世族统系者是也。兹所研究者，乃是狭义之谱系。此种谱系，无论何国，发达皆早。观我国《汉书·艺文志》有《古帝王谱》一书，而太史公作《十二诸侯年表》，开章第一曰读春秋历谱牒，其作《三代世表》，亦谓三代年纪不可考，盖取之谱牒。刘杳与刘知幾皆云，谱起于周代，则吾国谱系发达之早，已可概见。若至外国，如波斯、埃及，屡见于古帝王之世系书，于古碑铭之上者，其发达之早，亦在有史之初，可无疑矣。

盖历史之所传记，无非先民经营之往事。而当其初经营时，人心不同，各如其面，且希望亦必多相异之处，则非有一统率之人物，使不同之人心，渐归一致。天下事何由得理，故行一事，必揣国民多数之愿意，然后施于有政，方可推行尽利。而此统率之人物，其责任遂较常人为大。责任既大，声望自高，凡合群策群力所成之事业，后遂事为个所独有。此种人物，年代稍远，即有奉之如神明者矣。太古时代，固不必论，即有史以后，亦均以为其才力有大过人者，非目之为先知，即称之为杰出。凡民对之，无不景仰，盖崇拜英雄，出于人之天性。他姑勿论，如西欧之法兰西，非盛唱个人之自主、自由、共和主义之国民乎？而对之拿破仑一世，则无不肃然起敬；北美之美利坚，非以国民自主、自尊之主义鸣于世界乎？而一念及华盛顿，则无不赞美不已。是二者，皆于自己所唱之主义相矛盾，而皆于不识不知之间，流露其崇拜英雄之状态者。此人之天性也，非但及其身，且及其子孙。如彼二人者，皆另成一种特别阶级之人，而其子孙亦蒙其余荫，自然受社会特别之注意，及其特别之优待，自无待言矣。于是谁是其子，谁是其孙，谁是其侄等关系，遂成为重大之问题。欲明此问题，毕竟舍谱系不为功。

然搜集谱系之材料，实非关于团体及国民，当以个人为限。盖就个人既考其肉体所由来，又须考其肉体缘何而生殖他之肉体。简言之，即研究个人生殖力之如何发展也。故仅探讨其何年月日何父母所生，及何年月日因如何之原因而亡等，与学术之关系，究属无多。惟研究其家世家风，及其历祖历宗之思想，可以推知其在社会上所经营之事业者，与学术之关系，方较密切。《学记》曰："良冶之子，必学为裘；良弓之子，必学为箕。"语曰："其父报仇，子且行劫。"又曰："蓝田生玉。"又曰："有其父，必有其子。"亦以其所闻见者习，故不劳而能也。由是观之，欲观其人品，必先审其家世，实所必要矣。虽然，研究此学，夫岂易言哉！盖普通谱系之发达，固已数千年于兹矣。而以谱系为一科学，而从事研究者，不过近数年以来耳，故其困难实较他科为甚。何则？盖其家之繁殖，是否一系，颇难明了，或因无子而养侄，或因子夭而继孙，甚亦有养他姓子以继承者。

在我国以家族为单位，对于此等关系，固皆详载于谱中。而其余各国，多有不尽然者，则欲考其世系，实有难焉者矣。故往往冒称氏族，妄填年龄，诈言等亲等，累见不绝也，是岂非谱系学不发达之故耶！而谱系学之大有贡献于史学者，亦从此可知矣。兹试揭系图之三种于下：

（一）明晰家督继承之顺序，及分家建设之次第；

（二）指示生殖力发展之状态，及禀性遗传之程度；

（三）明确等亲之关系。

（一）与（三），吾国发达最早，（二）则迄今尚未有从事研究之者。虽各家乘中亦尝载有此种系图，惟数千年如同一辙，且从无注意及之者，故其发达独迟迟也。若西洋各国，则因判断争财产之故，而第三种之系图遂甚发达，盖有以使之然也。况犹有莫大之关系在焉，即为国家代表之君主继承问题是也。当旧君既没，新主未定之时，往往有因继承问题而起冲突者矣。冲突既起，其影响所及，非仅关于一姓之盛衰，而国家之治乱，亦辄因之，此历史中之前例，实更仆而难尽也。为于欧洲各国并立诸君主间，因婚姻之关系，辄生继承之问题，甚有以兵戎相见，至百余年之久者，更属烦扰复杂，而无究极矣。故欲研究其真相，舍谱系学乎何由？

第七，古泉学

古泉学者，在东洋各国，于历史上并未尝显有何种之效力，故历史家对之亦不甚注意；而西洋各国则不然，其与应援于史学之效力实大。盖当史料缺乏之时，史家正束手无策，于是不得不求各种之补助学科，以为研究之资料。古泉学实兼有日记与古文书二者之性质，故自研究史学方面观之，实一最相当之学科也。况欧洲各国之古泉，尤有一特点存焉，更与史学以特别之补助哉。

考欧洲之古泉，以希腊式为最完全。盖希腊式之古泉，必将其所出货币之君像，及国之徽章、王之尊号等，备列其上，或时将所铸之年代，亦载其中。如遇二人掌政权，即铸二人之肖像。如兼并数国，即刻数国之徽章。故古泉实兼有年表及王室之谱系、国土之境域等之用。由是观之，则古泉学之有助于史学，略可知矣。兹试略举于历史有关系者数则如左：

第一，由古泉上之徽章，得推知该国之来历及当时之王室；

第二，由古泉上之肖像，得推当时王室出于何人种；

第三，得推知当时服装之大概，又往往得知当代最重之武器；

第四，因古泉上往往附有王之尊号，故能推知其国体。又因尊号之言语，得知其国之通用语；

第五，观古泉之铸法，得推知当代之技术，而美术之盛衰，亦由此可见一斑；

第六，古泉大抵多以金、银、铜铸造，用他金属者甚鲜，故研究古泉之质，可知当时工业之程度；

第七，古泉之质，与当时之经济关系甚为密切，故研究古泉之质，即可推知当时经济状况之一端；

第八，除例外由古泉遗传之多少，能知当时铸造之分量，及金融之状况；

第九，由铸造之年代，能知当时君主之相貌；

第十，由古泉之通行，能知当时该国之势力。

由上十端观之，则古泉学之与历史，其关系之重要可知矣。兹试举一二例如左，以证明之。

凡自中央亚细亚至阿富汗斯坦，及北印度一带，屡发见希腊式之古泉，可知此地曾为希腊人所占领。盖即所谓拔克达里之古泉也，其泉上并有当时被兼并各地之徽章，一望即可了然，此其一；

又波斯之萨赞王朝所出之古泉，必铸出其王之年代。例如何王何年即位，故集其古泉，即可以为萨赞王朝之年表，此其二；

至于英国，如依利萨伯女王之古泉上铸已像头，后所带之蔷薇花，即王室之徽章也。周围有拉丁文，可知当时英国尚以拉丁文为通用语也。又里面有豹与菖蒲花，盖豹乃英格兰之徽章，菖蒲花乃法兰西之徽章，所以并镌其中者，缘女王表明有君临法兰西之权利也，此其三。

以上所述，皆补助学科之最要者，其余与史学相关者，固尚不鲜，盖各科学无不有相互之关系者存焉，在学者自求之而已。

第三章　考证编

考证者，评判之谓也。凡搜集史料，若不加以评判，则真伪错杂，殊于研究史学有碍。故得一史料，务必详细解剖，分析检定其性质及成分，然后其物之由来及应用之方法等，始可明了。否则漠然搜集材料，不分真伪，则其应用，必有难于取舍之弊，此史料之所以必需乎考证也。考证惟何？曰：史学上称一史料为证据物件，由证据物件所生之结果曰证据。无证据之言论，史家所不道。盖恐其言多无物，事类虚构，与事实相远也。考证之法有二：（一）以一史料为证据物件，检定其效力之有无，谓之外部评判；（二）而检定证据物件，对于事实有何等之证据，谓之内部评判。

第一，外部评判

评判事物，必先从其大体。例如取一古文书，必先检查其纸墨，然后再审其字迹及文格，非特势所使然，亦理固应尔也。此等检查，皆仅及于外部，故谓之外部评判。列举如左：

一、赝造

自古传来著名之史料，经多数名家之审定者，自可无庸再事检查，否则或有传来不明之处，或属新发明者，皆非详细鉴定不可。盖古物多赝造，无论何国，大抵皆然。不鉴定，即易为所蔽也。兹举其数如下：（一）地理，（二）古器物，（三）古文书、古记录，（四）传记、杂记，（五）逸话，（六）觉书，（七）系图，此外当鉴定真伪时应注意者，约有四端：

（一）先观史料之外形与同时代同地方所出之经，鉴定确实品相符合否；

（二）次查史料之内容，与同时代同地方所出之经，鉴定确实品相符合否；

（三）考察史料大体之精神，与当时之风尚如何；

（四）考察史料中有否赝造之痕迹。

二、搀入

数百年乃至数千年所遗传之史料，不经何种之变更，而仍留当时之原状者，实所罕见。盖因外界之影响，无论其何等坚固之物质，经时既久，必至腐蚀如彼。有名之大留士，欲使自己之功业传于永久，曾削比希斯但山之岩石，以为碑，深镌文字于其上，又施以硅酸制成之一种涂料，以防雨水之侵溶，以为如此，可以传之永久而不磨灭也。然至今仅二千五百年耳，而大部已为水所坏。况其余或刻于普通之版，或书于柔弱之纸者，焉有经数百年而不败者哉？故凡一物欲其永久保存，必须时加修缮。既经修缮，则因技师之巧拙，即生物品之差异，而搀入之弊，亦于是乎起。研究史料，当辨别搀入之部分者极重要也。兹举其辨别法如左：

（一）极正确之古写本，当调查其本文与所书之文体及书法、笔意、墨色等之异同，如与本文有甚相异者，当削去之，又须注意其本文有无改作之处；

（二）普通之传本，须搜觅年代最古之物，即与著者年代最近之物，加以检查，借资考校；

（三）转写本大都不良，盖既不能明其原形，即无由调查其文体，仅得就其记述之内容而一察之，如内容不符合，则视为搀入可耳。

第二，内部评判

由外部评判，既定其大体，然后更进以细密之方法，而考其内容，即所谓内部之评判也。兹举如左：

一、可然程度

史学之研究，属于国家社会之全体，其范围非常广大，故确实之证据物体，颇不易得。有时材料较多，有时甚少，亦有时或残缺而竟无从觅者，于是史家不得已，以当时一种或数种实在之证据物件，概括全体，推论其大略而已。虽然，此种推论，不能如数家之用数个系件，互相比较其条件之作用而出者也，实以发见当时代各种之现象为条件，而附以概测者耳。故与数学、星学、物理学、化学家之专用演绎法而推论者，自然不可同日而语矣。

可然程度，分为五种，述之如下：

（甲）确实。凡所得之证据物件，与所研究之事项，可为同一之证据，而毫无疑义者，谓之确实。此最高之可然程度也；

（乙）半确实。如证据物件不能为同一之证据，而有多少之相异时，即属于普通之可然程度。史家当采用其较多者，故此半确实证据物件之上乘者，史家或编入于事实之内，次则暂为学说而置之，又其次者则为假定说；

（丙）未详。若证据物件所示之证据，恰为半数，则史家甚难处置，惟有视为未详暂弃之而已。若新出之材料，能为一方之应援，则得应援之一方，即占多数，自然胜利。然在实际，此种甚少；

（丁）不审。若证据物件因调查之结果，已定为甲乙二种，且已有采用甲之倾向，日后乙忽然多得应援，则史家有自然采用乙之义务，此之谓不审；

（戊）不确实。若证据物件之证据，悉属于乙之一方，而无所谓甲者，时则史家之事项证据全无，而结果自然消灭，此之谓不确实。

二、史料之系统

以上之可然程度，凡所有之史料，皆假定为同一程度者也。然在实际上史料，乃千差万别，非经一一确实审查，即断定证据物件之多数，实为不可。惟仅一史料，而所示之证据，又极为确实时始可作为定说也。否则证据物件虽多，若所示之证据薄弱，则效力亦甚鲜。故调查史料系统之必要，遂缘是而生起。史料本可分天然、人工两种，惟纯粹之天然物可为史料者，实绝无仅有。凡为史料，必有多少人工，加于其间，故史料皆可以谓为人造物。既为人造物，则研究其所造之时、地与人之三者，皆在必要矣。他姑勿论，先由书物观之，余可类推。

（甲）制作史料之时代。人之记忆力，极为薄弱，无论何时何事，如不特加注意，皆易忘却。此人之短处，然亦即人之长处也。记忆力不易，于是乃求可以记忆之方法，书契即缘是而生焉。凡发生一事，恐其易忘也，因即书之，然后可谋传之永久。故凡史料，其制作时代，与证明之事项，同时代者，则其可然程度强；次则其制作时代与所证明事项之时代较接近者，可然程度亦强也；若于他点全视为同等时，则制造时代之古者，其价值较高也。

（乙）制作史料之地方。制作地者，亦史料所当审查之一也。盖史料与史学事项之发生，若距离过远，则其效力即弱。虽同一报告，而到达既费时日，则其中即有变化，或所传不实，或均系讹传。故无特别之理由，凡距离较远之史料，在史学家视之，实不足以为据也。

（内）制作史料之人物。史学事项者，全系人间活动之结果也。然人间之活动，乃个人之活动，而非人类一般或社会全体之人类活动。盖即全社会之活动，亦必由组织社会之个人司事其间，如指导者、指挥者或主任者，以代表社会，行其意志，事始有成。故欲知该社会活动之史料，自以出诸该代表者，较他人为精密。况事事之与他人无关，而仅为一部分之人所独经营者，则其证据自当以当局所提出者为确实，否则非有特别之关系时，即不免为揣测矣。

三、史料之等级

因以上之理由，分史料之等级如左：

（一）一等史料。与史学事项所起之时与地相同者，又由其当事者自己制造之史料。例如主任之古文书、日记之类，及参谋官觉书之类皆是也。

（二）二等史料。与史学事项所起之时与地最相近者，又由当事者追记之史料。其他如普通之觉书记录之类，其上乘者，亦属此类。

（三）三等史料。结合一等与二等之部类而为之联络者也。如制作最良之家谱、传说及觉书等，皆属于此。例如年代、场所及人物虽全变，而编纂之方法若正确，则此类之史料，亦可成功。

（四）四等史料。凡不能十分明知，而自大体推之，以为某时代某地方某人物者，实则此三者或明白或不明白者。然其物乃甚古，因屡转写，遂多搀入，及脱漏，或生异同之处者，皆属此类。例如建筑物、地理及书籍等是。以上所述，凡自第一等至第四等者，史学家称为根本史料。自是以下，则可然程度之最低者，由严密之史学言之，则聊以供参考而已。

（五）五等史料。即编纂物之上乘者是也。夫审查编纂物，最为困难，或为政治上之掣肘，或受教育上之限制，以及其他种种特别事情之妨碍，故非悉心研究，不为功也。总之，史家所采用之史料，以根本史料为限，而审查之方针，则取科学的。盖编纂者之眼中，固无丝毫偏颇，存于其间者也。

（六）等外。此可然程度更低之编纂物也。例如传说、美文、历史画及其他等，仅可备历史之参考者也。然或时因研究之题目，而等外之品亦颇有见重者，如实写当时社会情形之小说，亦为调查当时代社会不可缺之证据物。故此类之上乘者，亦有时忽升为一等史料者也。

史料等级之大体，已如上所述。惟证据物件之可然程度，实千差万别，故得一证据物件，谓必可入上各等级中，此亦属于不可能之事。往往有介于一与二等之间者，有介于三与四等之间者，亦有介于五等及等外之间者，皆在所不免也。兹不过举一标准，余当由学者研究自得之耳。

四、史料之分析

证据物件当确实检查，已如上述，故制作之年代、地方、人物三者，不必论其他，如一证据物件，究于历史事项，有若干之证据，此非仅就表面或大体审查者所能奏效。又证据物件如有多种，则当比较其证据，以定程度之高下，此亦非审查证据物之性质不为功。此种审查恰如化学中定质定量之分析法，故名之曰史学之分析。然此分析，颇不易言，当先有充分之熟练及心得。兹略述如下：

（一）有多数史料时。当先以史料之等级分类决定其可然之程度，然后判定其事实；

（二）惟一史料时。当调查其性质与价值，例如书籍，则就其著作时代、地方、人物三者而精密调查之。

第三，史料之整理

史料之评判既终，而整理之必要斯起。盖整理者，所以图史料之汇集，以便考查者也。其法固不鲜，而最普通且重要者，莫如以时代为标准之编年法。试述于左：

一、编年史料，以年代为纲而整理者也。此为最普通之法，然亦为史料之基础；

二、本末史料，以事为纲而整理者也。盖先定一研究问题，而后从事调查，因其本末以分类，亦极便益。简言之，即由编年史料中拔出关于本题之部分而一括之者也；

三、地方史料。研究一地方之历史时，其地方须另整理，然此时亦仍由编年史料中将关联于目的地之史料选出而一括之可矣。

史料之整理既终，则考证之目的已达，由是可渐渐着手编纂。夫编纂岂易言哉，据上所述之顺序，斟酌取去，不可稍忽，然后信史可成。若偶一疏略，则失之毫厘，谬以千里矣，是不可不留意者也。

第四章　史论编

史论二字，乃普通之用语，无特别说明之必要。惟研究法上所谓史论者，与前此之就历史上一事实而立论者，如《读史论略》、《读通鉴论》等确有区别。盖一则即事而论其得失，一则就许多分立之史料，而解说其相互之关系也。故此之所谓史论者，亦可作解说解也。夫解说云者，乃罗列既证明之个个事实，而精密调查其相互之关系也。即此事实，与彼事实，宜如何联络，既联络之后，宜如何指示国家与社会之发展，并标明发展之途，迄及类推来，如何发展之大凡等是也。故其手续甚繁，决非空想所克济事。兹特分节述其方法。

第一，解释

已经考证之个个事实，应如何排列，及如何联络，此不可不考察者也。研究此考察之顺序，是曰解释。前于考证编、史料编，虽已有几多之解释，然既经考证确定之事实，皆由人为之证据物而成，因人之思想，不无大同小异。而各材料亦遂不能不稍变其趣，故决非由演绎法所得推论者也，必当就各品调查其特别之性质。例如由书籍所得之事实，不可不预知制作此证据物件时代之固有社会状况，及制作地方之固有社会状况，与制作者之人物，及其同时代之平均人物，有如何之变迁。其调查颇为复杂，亦较为困难，然不如此，难得其真相也。至于古文书，更与普通书籍不同，几如人而有特色文章有流畅诘倔之别，书法有奇特方正之分，用语或喜新奇，或好古雅，故其解释倍觉为难，稍一疏忽，即易武断，此从事解释者所以审慎又当审慎也。若至物品则更较古文书为尤难矣，除实地调查外，实无他法。

第二，综合

就经解释之个个事实，虽已有多少之排列联络，然此种表面上之小联络，仍属千状万态，应由如何方法，使此等千状态之小联络，更组一大联络，俾潜伏于其底之大事实豁然呈露，称此手续曰综合。施行此术，颇非容易，第一须有学术的直觉。盖学术的直觉者，即学问上之睿智机转，所谓眼光力透纸背者也。简言之，总须有相当之熟习。

第三，复活

对于如化石，仅残留形骸之事实，吾人施行种种之考察，想象其当时活动之情状，以资研究者，是曰复活。故此种研究，颇费想象力。然史家之想象，与诗人小说家之想象有异，盖仅就证据物件所许之范围以内而为想象，不能驱于自由之空想也。故史家之想象，恰如古生物学者，以重大之骨一片，而想象其动物全体，以叶之印影一枚，而想像其植物全体，决非如蜃楼海市之空想所可比拟也。

第四，史学之根本条件

史学者研究在地球表面上一团之人民，由组织社会至为国民以经营国家，于长年月日间，次第发表于社会之种种复杂现象者也。故无论何者，大都皆由人间之心理作用而出。而人间之心理作用，极端言之，因适应其周围之事情，时刻变换，故史学事项，出于种种条件之下，无待烦言矣。然人间之意志，虽属自由，往往因周围事情之抵抗，有主张贯澈其自由而被淘汰者。故处此生存竞争之场，不得不依适者生存之原则，枉己之意，屈伏于周围之事情，实有非常重大之势力存于其间也明矣。此周围事情，即所谓史学之根本条件。兹约举之，厥有三端：

第一，物理条件。物理关于人类之影响颇巨，故有名学者均多注意及之，如孟德斯鸠、赫尔、达尔文等，无不尽心研究，类多发见。至于近日，如彼有名之勒失儿，益加研究，更形进步。兹特就其所分类者述如左：

（甲）及于人间状态之影响

（一）生理作用。例如热带之气候，能弛缓皮肤，有妨蒸发之故，而身遂致薄弱等是；

（二）心理作用。例如雄大美丽之山水，能动人间之感情等类是。

以上二项，影响若仅及个人，则其势力或有迟钝，至渐及多数人，或全国民，皆受感染时，则其势力甚大，由是遂与史学大有关系。

（乙）及于人间意志之影响

（一）起事之作用

（甲）活动作用。例如沿海地方之人民，始从事于渔业、运搬业，后渐进经营商业之类；

（乙）闭塞作用。例如大山脉、大沙漠遮断人间之交通，使处处不相往来之类；

（二）起状态之作用

（甲）土俗的作用。例如时候之影响于衣食住三者，人类为适应之或抵抗之故，或特加人工，或利用天然力，即为工艺发达之渊源等类；

（乙）社会的影响。例如因时候、土地之刺激，而其人民组为一团，从事于生存上之研究，实业之发达，即基于此。

第二，心理条件。因现今研究心理，尚未能如物理之发达，故立说亦稍困难。兹就其普通者，分述如左：

（甲）个人心理条件。同为人类，则皆有固有之意志、感情，就个别观之，虽有多少之差异，然就大体观之，则实大同。《诗》云“他人有心，予忖度之”者，此也。而由个人能合为一家，及更进而为一社会者，亦基于此。故除出类拔萃之圣人，及精神异常之病者外，人情大抵不甚相远。此人情二字，即为重大之条件，研究史学者所不可忽者也。若夫教祖弃一身之荣辱，而谋人类之利益者，即其能达观人类一般之希望者也。能达观人类一般之希望，其器量所以不可及也。

（乙）社会心理条件。社会心理，亦称为时代心理，盖即在一时代社会之个人平均所持之心理也。组织社会之各人，每因周围事情之变化，而变其心理。及变者既多，则社会全体之心理，亦即因之而变。故能动悉周围之事情，即能测量同时代之社会心理。就研究史学论，此测量社会心理，关系实甚重大。盖史学之立说，实以测量社会心理为基础者也。彼研究史学而不知社会心理之变迁者，又何怪其谬误迭出也。

（丙）国民心理条件。不问社会心理之如何变迁，而通过于全时期常存之心理，即一国民固有之心理也。盖社会心理，虽时有变迁，然就根本观察之，亦有不变者存焉。所谓国民心理者，即指此不变者也。惟此心理，乃基于不经变更之周围事情而起，大都成于物理条件之下。例如我国人之心理，大陆的，好大而喜保守；日本人之心理，岛国的，好美而喜模仿；法兰西居欧罗巴洲四通八达之冲，交通最为便利，故其国民之心理，好自由，喜变更者是其例也。研究历史地理学，此方面最当注意。

第三，文化条件。文化者，由人间意志、感情之动作，渐次累积之生产物也。兹就其重大者言之，约有左之数项：

（甲）学艺。学艺之有影响于国家社会，已经多数古人之研究，似无庸赘。惟古人之研究，仅调查其沿革变迁，非对照各时期之社会心理，故难得事实之端绪也。所谓学艺者，实国家社会之一装饰品，必发生于国家社会既余裕之后。孟子云：衣食不赡，奚暇治礼义。对于学艺亦然。希腊人者，西人称之为长于学艺之国民者也。考其学艺之发达，实在战胜波斯，商业振兴，国民既富之后，即所谓有名之比吉利(Pericles)时代也。则学艺之振兴，当在经济充裕之时可知。而学艺之及于国家社会之影响，亦当限于经济充裕之继续间，则属于社会心理，而非属于国民心理，亦可知也。

（乙）制度。制度者，以法令为始，并含各种之章程，大都属于国家方面，即所谓制度史者是也。虽然，人之研究制度史者，多仅述其变迁沿革，而不及其社会之心理，与其关系如何，故于史学上之影响，不甚大。研究史学者，则不然，必观察何种社会心理，行何种制度，或因社会心理之变迁，而制度亦随之而变者，则其制度之效力必强；或时社会心理虽变，而制度仍不变者，则其制度必等于具文；或社会心理毫不变，而制度屡变，则其制度不仅无益于国家，且益足促国家之扰乱。常联络制度与社会心理二者之关系，而研究其沿革变迁者，史学上之目的也。

（丙）经济。调查经济与社会之沿革，向不为史学家所重，此不独我国如是，即东西各国亦如是也。及至近顷如德之高克士(Marx)、英之罗加斯(Rogers)、美之塞利曼(Seligman)等名哲之研究鼓吹，始渐为世所注意。盖调查国家社会生存之方法，若非从经济与社会之关系上着手，毕竟难得要领。例如罗马共和时代之历史，与近时法兰西革命之历史等，若不知其经济关系，则其真相究不易知。由是言之，则经济事项，其与史学之关系，实较前二项尤为重要也。

第五章　理论史学

理论史学者，即俗称为历史哲学者也。惟历史哲学之名称，殊嫌陈腐，且不合于理，易启误解，故改用今名。盖理论史学者，即从根本上研究国家社会之关者也。申言之，即由如何之大原则，推知国家社会之大发展者是矣。兹试设一二问题以为例。夫吾人生于天地间，果有一定之目的乎？如有一定之目的，则是否始终一贯，表现于五千年以来之历史上乎？所谓社会者，果有何种目的乎？如有目的，果五千年以来始终一贯乎？推而至于国家，莫不可设此同样之发问。凡此等问题，由哲学方面研究之固宜，而由史学方面研究之亦无不可，实可谓为史学与哲学之共有领分也。虽然，今日研究史学，尚属幼稚，对于理论，究有未遑，故不能不委之于哲学家，而求其应援，非史家抛弃职务，实势使之然也。虽明知哲学家研究此等问题，往往有置实际社会于不顾之弊，然亦无可如何，惟有暂时引为遗憾而已。

史学研究法

柳诒徵　撰

第一章　历史之种类

欲知史学，必先知古今历史分类之法。中国历史起于官学，故史字之本谊，为官吏之称，非书籍及学术之名。其以为书籍及学术之名者，乃引申之谊也。

《说文》：史，记事者也。《周官》：礼官之属，有太史、小史、内史、外史、御史，及各官之史。（《天官》注：史，掌书者。）

记事者名史，故其所记之文亦名为史。

《逸周书》有《史记篇》。

而其记事之法，各有不同，于是学者为之区分类别。

《史通》：古往今来，质文递变，诸史之作，不恒厥体，榷而为论，其流有六：一曰尚书家，二曰春秋家，三曰左传家，四曰国语家，五曰史记家，六曰汉书家。又曰：丘明传《春秋》，子长著《史记》，载笔之体，于斯备矣。后来继作，相与因循，假有改张，变其名目，区域有限，孰能逾此。

此刘子玄分析历史类别之法也。

《隋书·经籍志》：史部分正史、古史、杂史、霸史、起居注、旧事、职官、仪注、刑法、杂传、地理、谱系、簿录凡十三种。

此魏征等分析历史类别之法也。自唐以降，分析历史类别者，大抵依据《隋书》。

《通志·艺文略》：史类分正史、编年、霸史、杂史、起居注、故事、职官、刑法、传记、地理、谱系、食货、目录十三类。

《文献通考·经籍考》:史类分正史、编年、起居注、杂史、传记、伪史、霸史、史评、史抄、故事、职官、刑法、地理、时令、谱牒、目录十六类。

清《四库总目》分正史、编年、别史、杂史、诏令、奏议、传记、史钞、载记、时令、地理、职官、政书、目录、史评十五类。

张之洞《书目答问》分正史、编年、纪事本末、古史、别史、杂史、载记、传记、诏令奏议、地理、政书、谱录、金石、史评十四类。

其目虽各有增减,要皆本于《隋书》。然正史起于《史记》,编年始于《春秋》,以此分类,亦即《史通》分《左传》、《史记》为二体之义也。要之,《史通》之分类,以文体及时代为主;《隋书》之分类,以文体、时代及性质为主,分类愈多,则研究愈精,世之依据《隋书》者以此也。近人分析史目,亦有与前稍异者。

梁启超《新史学》分正史、编年、纪事本末、政书、杂史、传记、地志、学史、史论、附庸十类。

要亦不出前举诸书之范围耳。

四部之目,始于荀勖《新簿》。

《隋书·经籍志》:秘书监荀勖著《新簿》,分为四部,总括群书:一曰甲部,纪六艺及小学等书;二曰乙部,有古诸子家、近世子家、兵书兵家、术数;三曰丙部,有史记、旧事、皇览、簿杂事;四曰丁部,有诗赋、图赞、汲冢书。

其分析本不精确,实则经子集三部,皆可以历史赅之。以经为史者,始于王文成。

《传习录》:以事言谓之史,以道言谓之经。事即道,道即事,《春秋》亦经,五经亦史。《易》是包牺氏之史,《书》是尧舜以下史,《礼》、《乐》是三代史,其事同,其道同,安有所谓异。又曰五经亦只是史。

以经子为史者,始于龚自珍。

《龚定盦续集·古史钩沉论》:六经者,周史之宗子也,诸子也者,周史之支孽小宗也。诸家文集,多有传记,其歌谣赋咏,悉可考见历代社会风俗，故仅以史部之书为史者，一孔之见也。（刘知幾知《尚书》、《春秋》、《左传》为史而不言他经为史。）

东西各国之有史书，率后于吾国。

西历纪元前四百四十四年（周贞定王二十五年）希腊第一史家希罗多督士始著《希腊历史》。日本履中天皇四年（晋安帝元兴二年）始置史官于诸国，元明天皇和铜五年（唐睿宗先天元年）太安万侣修《古事记》始成。

惟近世研究历史，盛于吾国。分门析类，各有专史。其总者有世界史、各国史、国史、时代史。其分者若政法、教育、实业、科学、美术、风俗、文明、宗教、文艺、战事、外交之类，靡不有史。其专述一人之传记，胪举列国之表谱，亦日出而不穷。然吾国正史，实亦分类为书，《通典》、《通志》、《通考》等分类尤夥，其于史义或逊于近世各国人之研究，而史材之多，固未可厚非也。

坪井九马三《史学研究法》：古今各国之历史有三种差别：第一物语（即谣谚、诗歌、传记之类），第二加加米（即史鉴之类），第三史学（以科学之方法研究而成之历史）。又曰历史之分类可分为二大类：第一类分二种，甲万国史，乙各国史；第二类分二种，甲种又分为二种：一文明史；二政治史，凡外交史、行政史、立法史、财政史、司法史等，皆政治史之小别也；乙种又分为六种：一由文化而分别部类之历史，如商业史、风俗史、工艺史、学艺史、美术史、法律史、宗教史、教育史、文学史等是；二以政治之区别分而成之历史，如欧罗巴史、亚美利加史，或某国某州之史等；三一地方之历史，如江户之历史、大坂之历史等；四种族之历史，如蒙古人种史、印度人种史，以及一个人或一家之历史等；五一时期之历史，如十九世纪史、幕府时代史等；六一事件之历史，如法兰西革命史、明治维新史等。

坪井氏之论犹专就史以言史也，实则历史之范围甚广，不能仅以文字之记载该之。

浮田和民《西洋上古史·绪论》：历史有广狭二义：广义之历

史，凡属于进化之事物，皆可适用，如天体、地球、动物、植物之类无非历史也；狭义之历史，则专指人间社会之进化而言。

由此言之，研究历史实当分人文与生物二大部，专研究人文而不研究生物，不能得人类历史之本原也。近世地质学家，以地层之历史，约分为五时期，合为七十二兆年。

《天演学图解·导意之杂论》附表

始原时期

古始层　十八兆年

北美层　十八兆年

太古时期

甘柏林层　六兆年

昔留林层　六兆年

老红砂石层　六兆年

石炭层　六兆年

中古时期

三叠层　三兆年

侏罗层　三兆年

白垩层　三兆年

近古时期

第三纪诸石层　二兆又六十七万五千年

近今时期

第四纪之开始　三十万年

历史时代　二万五千年

附注：历史时代二万五千年，仅仅六千年为记载历史，余则为石器等器物历史。

故以人文历史为限者，其为时甚短，不能究极原理。吾国之有人文历史，虽较早于各国，而研究生物历史者，尚不多觏，是则相形而见绌者耳。

第二章　史学之定义

吾国之有史官最早，故于编辑历史，记载事实，具有义例，大抵准古镜今，以为人世之法。

《老子》第十四章：执古之道，以御今之有。能知古始，是谓道纪。

《管子·形势篇》：疑今者察之古，不知来者视之往。

《楚语》申叔时曰："教之《春秋》，而为之耸善而抑恶焉，以戒劝其心；教之《世》，而为之昭明德而废幽昏焉，以休惧其动；教之《故志》，使知废兴者而戒惧焉。"

据此知古之为史，不专以纪录为事，其所以纪载古事者，盖以后世为的也。老子与孔子同为史家，老子之于史，尤不以强记陈迹为然。

《史记·老子别传》：孔子适周，将问礼于老子，老子曰："子所言者，其人与骨皆已朽矣，独其言在耳。"

盖孔子博闻强记，谒老子时必以记问为史学，而老子以为徒事记诵，不得为史学也。其后孔子删《诗》、《书》，作《春秋》，因文见义，而诸家学说亦各不同。

《小戴记·经解》孔子曰：疏通知远，《书》教也；属辞比事，《春秋》教也。

杜预《春秋序》为例之情有五：一曰微而显，二曰志而晦，三曰婉而成章，四曰尽而不污，五曰惩恶而劝善。

《公羊传·隐元年》：所见异辞，所闻异辞，所传闻异辞。何休《解诂》于所传闻之世，见治起于衰乱之中，用心尚粗觕，故内其国而外诸夏；于所闻之世，见治升平，内诸夏而外夷狄；至所见之世，著治太平，夷狄进至于爵，天下远近大小若一，用心尤深而详。

据《小戴》之说，则孔子于史学特取其通知古事而已；据杜氏之说，则孔子于史学亦不遇取其惩恶而劝善；据《公羊》及何氏之说，则孔子于史学隐以进化之理昭示后人，故详近而略远，所谓用心尤深而详者，其在是欤。

孔子之后，以司马迁为一大史家，其为史亦以述往思来为一书之大义。

《史记·太史公自序》：故述往事思来者。又曰罔罗天下放失旧闻，原始察终，见盛观衰。

夫述往思来原始察终，则其所以为书，具有深恉，初非无所为而作也。班固以降，则第知一代之事实，必有史以载之，而又限于一代，无以见进化之迹。

《汉书·叙传》：尧舜之盛，必有典谟之篇，然后扬名于后世，冠德于百王，故采纂前记，缀辑所闻，以述《汉书》。

《文献通考·序》：自班孟坚而后，断代为史，无会通因仍之道，读者病之。至司马温公作《通鉴》，取千三百余年之事迹，十七史之纪述，萃为一书，然后学者开卷之余，古今咸在。然公之书，详于理乱兴衰，而略于典章经制。

盖自班固以降，有纪录之史家而无史学家也。唐刘子玄谓史有三长：才、学、识，世罕兼之，故史才少。然子玄之学识，亦只能评论体例，吹求文字，于著史之大义，亦鲜发明也。

近人研究东西各国之历史，以其义例绳吾国固有之书，遂痛诋诸史。

梁启超《新史学》谓吾国史家病源有四端：一曰知有朝廷而不知有国家，二曰知有个人而不知有群体，三曰知有陈迹而不知有今务，四曰知有事实而不知有理想。缘此四蔽，复生二病：其一能铺叙而不能别裁，其二能因袭而不能创作。

然西洋史学家以科学方法研究社会进化之事迹，著为各种历史者大抵在十八世纪以降。

瀨川秀雄《西洋通史》：于十九世纪随文艺科学之发达，而史学亦渐进于科学的研究之域，遂得开拓一新生面。其中研究最盛者为德意志，而佛郎西、英吉利等次之。德国史学家以科学的研究法输入史界者，以尼布尔为首。尼布尔生于一七七六年，卒于一八三一年，盖在吾国乾隆中叶至道光中叶。

其前之史家固亦未必深知今日之史学，而以近世欧人之史学责吾国古人，是犹因蒸汽发明，遂责黄帝、奚仲、共鼓、货狄等不知制造汽车、汽船，而不思他国人当其时代，其闭塞且下于吾国人远甚也。

西洋史家论史学之定义者，言人人殊。

杜乐泥垓曰：历史者，以例教人之哲学也。

马克来曰：历史者，诗与哲学之混合也。

哈密登曰：历史者，文之载具时日本末者也。

盖惟乃曰：历史者，纪载政治者也。

富里孟曰：历史者，过往之政治也；政治者，现今之历史也。

揩拉衣曰：世界历史为大人之传记。

挨路乐曰：历史为社会之传记。（以上诸说均见浮田和民《新史学》）

各举诸说，大致与吾国古代圣哲论史学之意义相近。其专指为纪载政治及大人者，所见尤隘，亦所谓仅知有朝廷、个人陈迹事实者也。

近人所公认为史学之定义者，大抵不外以科学方法研究社会进化之理之一语。

浮田和民《新史学》：历史学之义四，而史学之义一。甲曰客观，历史事实之物也；乙曰主观，即事实而理会之也；丙曰记录，即客观之事实与主观所理会者反复参究，谓之记录；丁曰史学，将记录及他遗物比较研究，适于至当，以明历史事实，即谓史学。

又曰：历史事实为进化状态，凡诸生发进化者，历史事实也。非然者，仅供专学之资料，不得为历史事实。又曰：要之史学者，

> 研究人类进化阶级及法则之学也。
>
> 坪井九马三曰：史学者，研究社会之分子及人之动作之发展的科学也。
>
> 梁启超曰：历史者，叙述人群进化之现象而求得其公理公例者也。

然历史之得为科学与否，尚多疑问。

> 浮田和民曰：人类历史之得为科学与否，为异论者甚多，而其根据有三：甲人间有自由之思想；乙证明世间今昔之事实，甚为困难，究不能全无遗漏；丙历史事实，非循环状态，实具无限之进步者，故发见其例，须时无限。

故在今日虽可称为史学昌明之时，然史学与科学，尚不能视为一致。此则研究史学者，所当努力从事者也。

第三章　史学之材料

宇宙间过去之事物，皆属于历史，而史学家则以过去之历史陈之今日以测方来。

浮田和民曰：历史研究之目的，非使陈迹昭著，惟在摭拾现存者。由以发见真理而说明现今，预察将来，以知人类社会之起原之进化之目的耳。又曰：一时代非一时代所生，非仅前时代之果，实合前时代前前时代及其以上时代而成全者也。

故欲知今者，必先知古。而古人之事物有流传于后者，有湮没不彰者，史学家欲求其信实而完全，必先搜集历史之材料。无材料无历史也。时代愈久，幅员愈广，历史之材料愈多，而搜集材料欲使古代社会之现象完全复现于今日愈难。故史家之论断，每多不确者，以其材料复杂，搜集未全，不能得正确之判断也。

吾国自古以官典史，史家纪述，材料綦富。

《周官》：太史掌建邦之六典，凡邦国都鄙及万民之有约剂者藏焉；小史掌邦国之志，奠系世，辨昭穆；内史掌王之八枋之法，执国法及国令之贰，以考政事，以逆会计；外史掌书外令，掌四方之志，掌三皇五帝之书，掌达书名于四方。

据此则古之史官，自书策、政令、地志、方言以及谱牒、契约、统计之类，皆属所职，其为历史之材料多矣。虽至汉代，犹沿其法。

《史记·太史公自序》注：如淳曰：太史公位在丞相上，天下计书先上太史公，副上丞相。

宣帝以后，其制始渐废。然史官所掌虽富，亦不能悉备而无遗。如司马迁自称天下遗文古事，靡不毕集太史公，太史公仍父子相续纂其职，紬史记石室金匮之书，罔罗天下放失旧闻，而黄帝以来之年数牒记与古文乖异之处，竟不能决，仅以世系作世表，则其材料不能完全确实之证也。

古代之重历史，无间君民。君则左史记言右史记事，民则州闾皆有史。

> 《礼记·内则》：子生三月，父名之，宰书曰某年某月某日生而藏之。宰告闾史，闾史书为二，其一藏诸闾府，其一献诸州史。州史献诸州伯，州伯命藏诸州府。（此州闾皆有史之证，州闾之史盖专记民间之事也。）

其后州闾无史，民事不可稽考。而帝王之事，则有专记起居者。

> 《文献通考》：汉武有《禁中起居》，后汉马皇后撰《明帝起居注》。自魏至晋，起居注则著作掌之，后魏始置起居令史。唐置起居郎及舍人，每皇帝御殿，则对立于殿，有命则临陛俯听，退而书之，以为起居注。凡册命、启奏、封拜、薨免悉载之，史馆得之以撰述焉。宋亦置起居郎舍人，凡宣徽客省四方馆阁门御前忠佐引见司制置进贡辞谢游幸宴会赐赉恩泽之事，五日一报。翰林历制德音诏书敕榜该沿革制置者，门下中书省封册告命进奏院四方官吏风俗善恶之奏，礼宾院诸蕃职贡宴劳赐赉之事，并十日一报；吏部文官除拜选调沿革，兵部武臣除授，司封封建，考功谥议行状，户部土贡旌表，州县废置，刑部法令沿革，礼部奏贺祥瑞贡举品式，祠部祭祀画日道释条制，太常雅乐沿革，礼院礼仪制撰，司天风云气候祥异证验，宗正皇属封建出降、宗庙祭享制度，并月终而报。盐铁金谷增耗，度支经费出纳，户部版图升降，咸岁终而报。每季撰集以送史馆。

故朝廷事迹，多具于史，吾国正史之富，缘于此也。然易代之际，必经兵革，起居所记，亦不能尽存。作史者必广采诸书以弥其缺，而征引既博，牴牾必多。考证之者，又必搜集材料，正其谬误，此史学之所以难也。

今人治史学，不专属于帝王朝廷之大事，务就一时代之社会全体研究其真相。其取材愈无限制，而其为史亦愈形其缺乏不完。故搜集历史材料，不能仅以书籍为限，残砖断甓，折戟沉枪，无往非史家之珍品也。坪井九马三谓历史之材料，可分为二类：第一类遗物，如建筑物、器具、泉币、骸骨等；第二类图画文字，如历史画、历史像及神话、古传、杂说、谣谚、金石文、谱牒、计账等。是亦吾国古代史家研究历史之法，孔子识专车求宝书皆此意也。

《史记·孔子世家》：吴伐越，堕会稽，得骨节专车，使使问仲尼，骨何者最大？仲尼曰：禹致群神于会稽山，防风氏后至，禹杀而戮之，其节专车，此为大矣。客曰：防风何守？仲尼曰：汪罔氏之君，守封禺之山，为釐姓，在虞夏商为汪罔，于周为长翟，今谓之大人。客曰：人长几何？仲尼曰：僬侥氏三尺，短之至也。长者不过十之，数之极也。

《公羊解诂》疏引闵因叙云：昔孔子受端门之命，制《春秋》之义，使子夏等十四人求周史记，得百二十国宝书。（宝书二字解者多连读。徐疏：宝者，保也。以其可世世传保以为戒，故云宝书。实则亦可分读，《周书·顾命》：陈宝，赤刀、大训、弘璧、琬琰在西序。大玉、夷玉、天球、河图在东序。胤之舞衣，大贝、鼖鼓在西房。兑之戈、和之弓、垂之竹矢在东房。是盖周室相传之宝，其中惟大训为书，余皆古代遗物也。周之诸侯各有分物，如《左传》定四年苌弘曰：周公相王室，以尹天下，分鲁公以大路、大旂，夏后氏之璜，封父之繁弱。分康叔以大路、少帛、綪茷、旃旌，分唐叔以大路、密须之鼓、阙巩、姑洗，是皆各国之宝也。孔子使弟子求其宝，或询其形制，或考其源流，故能多识各国之事物。）

征集材料，有古易而今难者，亦有古无而今有者。阿房、建章建筑之盛，厄于兵燹，无可追模，则今之难于古者也。

《晋书·张华传》：强记默识，四海之内，若指诸掌，武帝问汉宫室制度及建章宫千门万户，华应对如流，听者忘倦，画地成图，左右属目，帝甚异之。盖时代既近，得之故老之传说，犹可即遗址而参证也。

钟鼎、竹简、龟甲、兽骨之属，前所未睹，近始发见，考证文物，每多新得，则今之盛于前者也。

《说文序》：郡国亦往往于山川得鼎彝，其铭即前代之古文，皆自相似。然自宋以降，钟鼎出土者日多，清代学者研究古文，反较《说文》所载为多，此今盛于古之证。

异时修治道路，开凿矿山，古代骸骨、器物等之发见者，必更盛于今，是治史学者所当引以为幸者也。

发见古物，固可幸冀，而并时之物之当保存，及并时之事之当纪载，皆今人对于历史应负之责也。

《欧洲十一国游记》：罗马二千年之颓宫古庙，至今犹存者无数，危墙坏壁，都中相望，而都人累经万劫争乱盗贼，经二千年乃无有毁之者。今都人士，皆知爱护，皆知叹美，皆知效法，无有取其一砖拾其一泥者；而我国阿房之宫，烧于项羽，未央、建章之宫，烧于赤眉，陈后主结绮、临春之宫，隋灭陈则毁之，余皆类是。故吾国绝少五百年前之宫室，此则我国人不知保存古物之大罪也。虽有文史流传，而无实形指睹。西人不能读我古书，宜西人之尊称罗马而轻我无文也。今吾为国人文明计，各省府州县士大夫宜处处开一保存古物会，凡志书所已著之古物，公共部录，而令人守护之。其志乘未著录者，使学者查考之。凡有关文明，足感动人心，或增益民智者，皆宜归之公会，不得擅卖折毁。

章学诚《州县请立志科议》：州县之志，不可取办于一时，平日当于诸典吏中，特立志科，立为成法，俾如法以纪载。六科案牍，约取大略，而录藏其副；官长师儒行事善恶有实据者，录其始末。所属之中，家修其谱，人撰其传志状述，必呈其副；所属人士，或有经史撰著，诗辞文笔，论定成编，必呈其副；衙廨城池，学庙祠宇，堤堰桥梁，有所修建，必告于科，而呈其端委；铭金刻石，纪事摛词，必摹其本，而藏之于科。

是二说者皆空言而未能实行，故吾国史材之缺乏，不独在数百千年以上，即近在百年数十年者，亦往往难于考究，或以其近而忽之。故研究史学者，宜先知史材之贵重，于征集发明之外，兼谋保存而纪载焉。

第四章　史学之补助学科

无论何种科学，皆有与他种科学联络之关系，故治一种科学者，必兼通其补助此科之学。如哲学之与生物学、物理学之与数学之类，其最显者也。史学一科为说明人类全体进化之学，苟就史事之所涉者言之，几于无一种科学不与历史有联络之关系。然治历史者不能遍治各科之学，即亦不能举人类全体之进化而一一征之。如医学史之必待医学家，美术史之必待美术家专攻之，即其例也。今就与史学关系最密切之学科，定名为史学之补助学科。分举于左：

一、言语学。未有文字，先有语言。故研究各国最古之历史，不可不考究其语原。近人谓印度人与欧洲人同族者，以欧人之语原出于印度也。

如印度称神为 aeva，希腊称神为 aeus，英语称女子为 aanghtel，德语称为 angh 之类，印度称为 angh 之类，不独古史，即近世史亦然。如鸦片、淡巴菰等物，吾国皆无此名，求其历史，必先溯其名之由来；而治蒙古满洲史，必知满洲蒙古语。如满洲语林木丛杂之处曰窝稽，亦曰窝集；清初招降窝集部，即两汉之沃沮、南北朝之勿吉也。

治欧洲各国史必通欧洲各国语无待言矣。

二、古文书学。古文书学之名，始于法国之马昆优（自一六三二至一七〇七，当中国明崇祯五年至清康熙四十六年），日本译为此名谓其书大致分二部：

第一部古书学

第二部印章学

而第一部复分二种：

甲　古文书之书学

乙　金石文之书学

吾国研究金石以为历史之证助者极多。

> 如吴大徵《字说》据金文字释大诰之宁王，即文王，宁考即文考。王昶据石刻历考古官、系衔、食邑、实封及后世名物起原之类。（见《金石萃编》卷四十一）

而以书法、印章考史者尚少。盖鉴藏书画、印章者，多近于研究美术之性质，不喜收藏官私文牍、契券。近虽亦有嗜此者（如藏书家多记载印章），而于史事未能大有裨益。欧美、日本人之研究古文书，则于其材料（如所用之纸革、笔墨或树叶等）、形式（如印章之三角、椭圆、长方等式）、文法（如各种文书之文例、文格）等，皆细心比较研究，此则吾国所当效之者也。

三、地理学。地理学之与历史有关系，尽人所知也。然地理学特其总名，若细分之，则有数理地理学、物理地理学、物产地理学、经济地理学、政治地理学、历史地理学、人种地理学等。其与历史关系最重者，则政治地理学、历史地理学、人种地理学三者也。历史之基础，以今日之土地为主。本国政治上之区画，及他国政治上之区画，苟未明了，则不能溯其历史。此政治地理所以重也；由今日而上溯之，则有历史地理学。必明于各地之沿革变迁，而后历史之事实始可说明其因果。顾氏之《方舆纪要》、杨氏之《历代地图》，皆治历史地理学者所当研究，而其有待于创造者尚多；至人种地理学，吾国尚鲜言之者。如檀萃之《说蛮》李宗昉之《黔记》等，仅可资研究人种地理者之材料耳。

四、年代学。年代之歧异，为历史上一大障碍。如吾国每一帝王即位，必改元而更年号，已令学者难于记忆。同时有割据之主，则记忆更难，是固需乎对照之年表。而治西洋历史，亦有种种障碍。今世虽同以耶稣纪元计算，而古史殊不统一。

> 如巴比伦纪元，当耶稣纪元前七百四十七年；希腊纪元，当耶稣纪元前七百七十六年；罗马纪元，当耶稣纪元前七百五十三年；

犹太以世界开辟为纪元，当耶稣纪元前三千七百六十一年之类。

而其历法，亦各有不同。今所谓通行之太阳历，创始于罗马该撒（西元前四十六年）至纪元后一千五百八十二年，已有十日之差，罗马教皇格利各列十三世改正之，而旧教诸国与新教诸国所用之历，即因以不同。

旧教诸国用教皇所定之历，新教诸国多反对之。德国及瑞士，至一千七百年始用之，英国及瑞典至十八世纪始渐采用。而俄国依然用旧历，故比各国相差十二日。

又如一岁以何时为始，亦大有歧异。吾国之夏正建寅、商正建丑、周正建子、秦正建亥，固不可一律以建寅之法推之，而世界各国舛牾尤多。

埃及、波斯、迦太基、叙利亚等国，均以秋分为一年之始；法德二国，初以三月一日（凯撒历）为年始，后又以三月二十五日为年始；北欧诸国，古代皆以冬至为年始；俄国彼得大帝时则以九月一日为年始。其以一月一日为始者，法国在一千五百六十三年，苏格兰在一千六百年，英国在一千七百五十二年。

故如英王查尔斯一世受死刑之日，为一月三十日，而英伦与苏格兰之纪念，相差一年。英国史纪之于一千六百四十八年，苏格兰则纪之于一千六百四十九年，治历史者苟不知其纪历之法，则无由知其差异之故。吾国人研究古史，多以推定年历为重。如研究《春秋》者，必先读《春秋长历》，即治史学，必先治年代学之证。惟详究各国古今年历者，尚鲜其人，是当求之于各国之书耳。

五、考古学。考古学之大别，分有史以前及有史以后二部。一千八百四十七年（清道光二十七年）丹麦之地质学者佛斡尔克哈姆米尔、考古学者乌斡尔沙唯等，始以发掘遗物，开有史以前古物学之基。嗣是各国学者相继发见太古未开人种之遗物，分别有史以前为石器、铜器、铁器三期。意大利大学遂设立考古学讲座，蔚为一专门科学；而有史以后之古物之有待于研究，亦与有史以前之古物并重，自器用兵械、装饰品以及古代道路、桥梁、家屋、城寨等，皆须就其制度，比较推勘，以明古代人类之心理，及当时社会之风尚。吾国研究古物者，虽亦不乏，然如《宣和博古图》、《古玉图考》等书，仅举古物之一部分，抚绘其形制，真赝杂糅，时代莫定，而建筑遗物，尤鲜纪录之专书。故今之学者，欲发明历史之真相，尤宜建立考古学，举有史以前有史以后之物，详搜而博考之，不可徒囿于文字也。

坪井氏论治历史之法曰：研究支那春秋以前之历史，第一须依赖支那之字学，第二则历史地理学，第三则考古学；研究希腊太古之历史者，第一历史地理学，第二考古学，第三神话学（神话学即言语学与古文书学之混合者）；研究埃及之古代史者，第一历史地理学，第二考古学。第三埃及之字学；研究罗马之古代史者，第一考古学，第二历史地理学，第三古拉丁之言语学。要之此数科者，皆为治史学之补助学科，无论治何种历史，皆有关系，亦不必强分先后之次序也。

第五章　史料之整理

历史之学，今轶于古，凡前代所传之史籍，以至诗文、传记、器物、书牍之类，皆仅可目之为史料，而有待于史学家之整理编纂，以求史学之大成。故研究史学，当以整理史料为初步。整理之法，约有四种：

一曰汇集。有史以前之器物，非汇集莫能明其真相。如霍德之说明生物历史，举马蹄以为例，非汇集地层中多数之马蹄，则其例无由发见。

《天演学图解》：美国教授马煦氏，在美国西南境新墨西哥省，掘出一单指之足，与今之马足相似。从而下掘至第三纪最新之一层，乃得一歧指之足。更下掘至第三纪之中新层，得一足三指分明。而右歧指之上，又有未经销灭之赘骨。掘至第三纪之始新层，又得一足，竟具四指。又于始新层最下之处，更得马类较古之迹，其前足第一指之旁，复有残存之片骨，有似乎人足之大指。

故马足之具五指，由蜕化而成巨蹄之例，实由汇集地中各层化石而见。其他人物进化之迹，亦罔不由汇集比勘，始能加以定论，徒执一二遗物，不足以求公例也。下至有史以后，文字之所纪载，器物之所传流，参考愈多，必资汇集。如司马温公之撰《资治通鉴》，其所采集之书至夥，然后能成一种不朽之作。

《文献通考》记司马康之言曰：其在正史外，楚汉事则司马彪、荀悦、袁宏，南北则崔鸿《十六国春秋》、萧方《三十国春秋》、李延寿《南北史》、《太清记》亦足采。《建康实录》以下无议焉。柳芳《唐历》最可喜。唐以来稗官野史暨百家谱录、正集别集、墓志碑碣、行状别传，亦不敢忽也。

故欲治史学者，或断代或分类，皆当就今日所有之书物，汇次而参证之。

二曰审判。既汇集矣，不能无牴牾也。古物有真伪，古书亦有真伪。即同为真书，而有彼此诋諆门户异同之辨，非细心审判，不能得其真相也。古物之真伪判别最难，有文字者首当稽其年月时日。如石鼓之非宇文周物，可以其纪日证之。

《金石萃编》：金马定国云，是宇文周时所造，以西魏大统十一年十月西狩岐阳为证。今考第九鼓，有日惟丙申之文，海宁俞君思谦，以《南北史》记日推之，是月无丙申，即与鼓文不合，足破千古之惑。

次当考其发见之地，及其所纪之人事。如龟甲古文之为商物，以其发见之地及其人名皆属殷也。

《殷商贞卜文字考》：询知发见之地，在安阳县西五里之小屯，其地为武乙之墟。又于刻辞中得殷帝王名谥十余，乃恍然悟此卜辞者，实为殷室之遗物。

其无地方可考及无人名可证者，则以文字决之。

《积古斋钟鼎款识》：庚觯铭，庚一字，即祖庚父庚之义，尚质，故从简，或曰纪彝器之次第也。此庚字，与《薛氏款识》商庚鼎庚字同。

其作伪者亦可因文字以反证焉。

《金石萃编》：比干铜盘铭，似非三代语（《金石史》），其文颇似李斯传国玺，绵密茂美，当是秦汉人所为，必非商物也。（《中州金石记》）

书之真伪，聚讼尤夥，大抵清代考据家所定为伪书者，多可确认其伪。如《古文尚书》、《竹书纪年》等，皆不可引为史料。

阎若璩《古文尚书疏证》、惠栋《古文尚书考》确定今日所传《古文尚书》为伪书。《四库提要》谓今日所传《竹书纪年》，非《晋史》之旧，历引《束皙传》、杜预《左传注》、《隋书·经籍志》、《水经注》、《史通》等书，以证其伪。

然如《左传》、《周礼》，今文家以为伪，古文家多右之，则犹有待于学者之审判也。后之文史，或虚构事实，或曲讳本朝，当推其原以决有无，亦不可妄为凭信。

《史通·别传篇》：嵇康撰《高士传》，取《庄子》、《楚辞》二渔父事合成一篇。夫以园吏之寓言，骚人之假说，而定为实录，斯已谬矣。况此二渔父者，较年则前后别时，论地则南北殊壤，而辄并之为一，岂非惑哉。又曰：《李陵集》有《与苏武书》，词采壮丽，音句流靡，观其文体，不类西汉人，殆后来所为，假称陵作也。迁《史》缺而不载，良有以焉。又《直书篇》：金行在历，史氏尤多。当宣、景开基之始，曹、马构纷之际，或列营渭曲，见屈武侯，或发仗云台，取伤成济。陈寿、王隐咸杜口而无言；陆机、虞预各栖毫而靡述。至习凿齿，乃申以死葛走达之说，抽戈犯跸之言，历代厚诬，一朝如雪。考斯人之书事，盖近古之遗直欤。

《二十二史札记》：宋金二史，多不符合。天眷三年，金再用兵取江南，《金纪》但书五月，兀朮趋汴，撒离合趋陕。是月，河南平。六月，陕西平。案是年宋刘锜有顺昌之捷，岳飞有复蔡州、颍昌、淮宁等州及郾城、朱仙镇之捷，韩世忠有淮阳、泇口、潭城之捷，张俊有永城、亳州之捷，王德有宿州之捷，吴璘有扶风、石壁砦之捷，王彦有青溪岭之捷，田晟有泾州之捷。战争方始，何得云河、陕尽平，而《金纪》一概不书。又元光元年，《金纪》书淮南之战甚详，而《宋纪》并无一字。正大二年，《金纪》书光州之战，三年《金纪》书寿州之战，而《宋纪》亦并无一字。《金史》最简而转详，《宋史》最详而反略，此不可解也。

如所举诸书之言，则汇集史料之后，若者为伪而当删，若者为缺而当补，胥非详考熟审不为功矣。

一曰分析。正确之史料既定，然后可施以分析。分析之法，或以年系，如编年史之类。

司马光《与宋次道书》：唐文字尤多，托范梦得将诸书依年月编次为草卷，每四丈截为一卷。

《癸辛杂识》：李焘为《续资治通鉴长编》，以木厨十枚，每厨抽替匣二十枚，每替以甲子志之。凡本年之事有所闻，必归此匣，分日月先后次第之，井然有条。

此吾国编年史之旧法也。日本东京帝国大学史料编纂处所辑《大日本史料》，亦按年月日为之，他若一事而编为年表，一人而纪其年谱，皆以年系者也，或以事系则一事务穷首尾，如纪事本末之类。

纪事本末之体，创自袁枢，其分目大都以朝政为主，不能尽析社会之事类。例如魏晋六朝清谈之风，稽其源流，即当别为一编。赵翼《二十二史札记》，有"六朝清谈之习"一篇，叙次未备。日本市村瓒次郎著《清谈源流考》，本末始具。

或以人系，如传志事略之类。

吾国史传虽多，而重要人物之传，往往不详。近人所补作者，如孙诒让《墨子传略》、胡元仪《郇卿别传》等，钩稽诸书，及其本人之著述，以补前史所未备，皆整理史料之法。

或以地系，如地志之类。

地志之材料孔多，如徐松《唐两京城坊考》，备载唐代说部及金石文字，以证当时坊巷。李文田《和林金石考》，以苾伽可汗碑、阙特勤碑及耶律铸《双溪醉隐集》证和林所在之类。

此分析之大纲也。至其细别，尤须因事为类。如一战事有两方或多方之关系，其主要之人物，先事之谋画，当时之战况，事后之影响，以及军装、饷糈、地势、国力，必一一分析出之，始能得其实际。否则含糊笼统，无裨于史学也。

一曰综合。历史之事实，无孤立特出与他事不相关连者。故就本事之材料汇集审判分析之后，又当与同时之各事，综合而研核之。不得谓研究一事，仅就一事之材料，推究其因果，为已足也。例如研究陶器之历史，既就汝定、官哥、景德、宜兴诸器，汇集而判其真赝。又就其真者一一分析其时代，分析其类别，于陶器之事毕矣。然欲说明其发达之原因，及美术工艺之进步，又当求之于各方面，综合当时之政治、学术、风俗、思想，为此一事之基础，始能蕲其完备。观日本大西林五郎《支那陶磁全书》，即可识综合之法。兹录其第四编唐代之目为例：

第一章　一般历史　隋唐五代之兴亡

第二章　唐代之文化　佛道诸宗教、诗文、史学、书画

第三章　对外交通　与日本及其他诸外国之交通

第四章　唐代之窑业　陶霍、越州、邢州、吴越诸窑

第五章　唐代之陶磁器　祭器、文具、碗盆、杯盏之类

第六章　唐代陶磁之形式及彩饰

如陶霍、越、邢之类，以地分析也；祭器、文具之类，以物分析也；形状、意匠之类，以工分析也。而其先罗举一般历史及文化、外交，则为综合各方面之关系也。推之一学术之所由起，一政策之所以行，其原因及关系，往往散见于诸书，或貌似不相连属之事，是皆须有历史之学识，始能综合而整理之也。

第六章　史事之考证及批评

历史之学，以考证及批评为重。吾国之研究历史者，自纪录、编纂外，大抵不出于此二途。如《三国志注》、《通鉴考异》诸书，考证之类也。《左传》之君子曰：

如隐公元年君子曰：颍考叔纯孝也，爱其母施及庄公。隐三年君子曰：信不由中，质无益也之类。

诸史之论赞及后世之史评、史论，皆批评之类也。清代学者，偏重考证之学，专考一史一事及历代史事之书至夥。而文人刻集往往以史论冠其端，是皆可见吾国学者富于研究历史之兴味，然以言史学当更有进。

凡考证一书一事之同异真伪，仅属于整理史料之范围，可据以为考证史事之基础，不足以尽考证史事之全功也。考证史事者即此可信之资料，以考究当时之社会状况，证明当时之民族心理，不徒为片段之审辨，而必具全局之观察，不徒为枝节之掇拾，而必求根本之解释，是则史学家之考证也。例如考究战国初年，人民生计，举李悝之言以证之：

《汉书·食货志》李悝曰：今一夫挟五口，治田百亩，岁收亩一石半，为粟百五十石。除十一之税十五石，余百三十五石。食人月一石半，五人终岁，为粟九十石，余有四十五石。石三十，为钱千三百五十。除社闾尝新春秋之祠，用钱三百，余千五十。衣，人率用钱三百，五人终岁用千五百，不足四百五十。不幸疾病死丧之费，及上赋敛，又未与此。此农夫所以常困，有不劝耕之心。

然战国时谷价何以如是之贱，当别求其事以证明之，于是引正证一：

《史记·货殖列传》计然曰：夫粜，二十病农，九十病末，上不过八十，下不减三十，则农末俱利。越魏相距虽远，谷价一石，同为三十。

旁证一：

《管子·国蓄篇》：中岁之谷，粜石十钱。岁凶谷贵，籴石二十钱。春秋时中岁谷石十钱，凶岁二十钱，至战国时渐贵，故石三十钱。

反证一：

《汉书·萧何传》：高祖以吏繇咸阳，吏皆送奉钱三，何独以五。秦时钱值甚昂，故以三钱五钱为赠，三钱已等于米一升矣。

而战国时钱贵谷贱之故，可以推知，以及汉初，"米石五千，人相食，死者过半"（见《汉书·食货志》）之故，亦可晓然矣。（今日米石五千尚为廉价，何以汉初至于人相食，须知由三十钱一石至于五千钱一石，其相去百数十倍，故为奇灾。）

研究历史事事加以精心之考证，则已往之社会，可使复现于今人之心目。

坪井九马三曰：史学之复活手续，近于古生物学之复活手续。古生物学者不问万年十万年以前之化石，可以一片之骨一枚之叶想象而得动物植物之全体。盖其想象，非同蜃楼海市，凭空构造，全基于动物实际之生活，由各物之重要类别及各类别之特色，以推究其全体之组织也。

而其事理始可得正当之申释。

浮田和民论申释历史之法有四：一原因结果之申释，二关系情事之申释，三心理申释，四理想申释。（心理指一人之心理言，理想则指同时之人之心理言。）

考证苟疏，则其申释往往不可确。例如孔子、老子之哲学，今人强分为南北二派。

梁启超《论中国学术思想变迁之大势》谓孔子、孟子为北派正宗，老子、庄子为南派正宗。又曰：欲知先秦学派之真相，则南北两分潮最当注意者也。凡人群第一期之进化，必依河流而起，此万国之所同也。我中国有黄河、扬子江两大流，其位置、性质各殊，故各自有其本来之文明，为独立发达之观。凡百皆然，而学术思想其一端也。

不知老子生于苦县，为今河南之鹿邑，庄子生于蒙，为今河南之商丘，皆非扬子江流域之人。如以河南、淮北为南人，则曲阜、邹邑亦在河南淮北，何以不谓孔孟为南派乎？

又曰：墨子生于宋。宋，南北要冲也，故其学于南北各有所采。

既知宋为南北要冲，不知蒙即宋地，考证之疏，一至于此，是尚可以论史乎？

申释者，批评之事也。批评之法有主观、客观二种。主观之批评，以理想而定事实。如孟子曰："尽信书则不如无书，吾于武成取二三策而已矣。"是以理想推断事实也；客观之批评，以事实而生理想。如柳宗元《封建论》曰："有里胥而后有县大夫，有县大夫而后有诸侯，有诸侯而后有方伯、连帅，有方伯、连帅而后有天子。自天子至于里胥，其德在人者，死必求其嗣而奉之。故封建非圣人意也，势也。"是以事实构成理想也。善于治史学者，以客观之批评为主，不立成见，因事设论，而民族社会之公例，于是乎生。如孟德斯鸠之论法制，皆由历史而来。

《法意》卷三第五章论道德非君主之精神曰：不佞非好诋谌也，所言皆可证之于历史。又曰：今若取各国前古之史书，而考朝廷宫闱之轶事，更即私家纪载，草野风谣，观各国之民所以道其君臣者何若，则知吾兹所论，非虚揣悬构之淫辞，乃耳目闻见之事实。所证以古今人不幸可悲之阅历，而莫不同者。

是则具体之批评，实有关于人治之根本。而史事之有待于批评，与夫人类之所以贵乎历史者此也。

虽然，人类之心理，因有共同之轨辙，而方域既异，形势各殊，其所演为史迹者，亦必各有其差别。徒囿于一国一方之历史者，虽为具体之批评，仍未可恃为定论。如同一君主政体，而甲国之君权确有限制，乙国之君权大至无限，则论史者即不能执乙以例甲，必就其大同求其差别。批评之语，适如其分，而历史之真相始明。又如心理之表现，随时代而转移，论史者第当就一时代之事实，推究一时代之心理，不得执相距千万年之事实，责古人以不知，亦不得执相距千万年之心理，诬古人以冥合。今之论史者，或凭近世之学说而肆意诋谋，或以国故为标帜而曲为文饰，是皆以我作主，而以历史就其驱遣，不得为正确之批评也。

第七章 历史哲学

治历史之学者，非专以博观往事、多识前言为功也。万有不齐之事，万祀相禅之迹，一一研究而归纳之，以求人生究竟目的，则无穷之思想，渊然而生。此等思想小之则阐明国家社会发达变化之原，大之则推及宇宙万有生成起灭之故。虽其研究之根据，初不外乎历史，而其归宿所得，则不能以史学赅之。世之论者，或名之为理论史学，或名之为历史哲学。

坪井九马三曰：我等所谓理论史学，即俗所谓历史哲学。

高桑驹吉《西洋史参考书略解题》列海该尔、孟德斯鸠诸家之书，题曰历史哲学。按哲学之派别，可以宗教哲学与历史哲学二类括之。吾国之哲学家所具哲学观念，大都自历史而生。西洋近世哲学家则以生物学为哲学之基本，实则研究生物之历史，无异于研究人类之历史。故自宗教哲学外，凡哲学家皆出于历史之学，理论史学之目，不及历史哲学之名所赅之广也。

吾国哲学，以老、孔为两大宗，其源同出于历史。老子之《道德经》、孔子之《系辞》，十九皆历史哲学也。如老子曰：

天地不仁，以万物为刍狗。圣人不仁，以百姓为刍狗。大道废有仁义，慧智出有大伪，六亲不和有孝慈，国家昏乱有忠臣。

以道佐人主者，不以兵强天下。其事好还。民多利器，国家滋昏；人多伎巧，奇物滋起；法令滋彰，盗贼多有。

是皆从历史事迹，推究其倚伏反复之原理也，其尤警切者曰：

正复为奇，善复为妖，人之迷其日固久。

实为括囊古今人类心理而莫能外。例如古以尊君忠主为正者，今则以为奇矣；古以重男轻女为善者，今则以为妖矣。人类心理随时代而变迁，其奇正善妖，初无确定之界限，非破除迷妄，不能知大道之所在也。

孔子治《易》最注重在事物之变化。如曰：

> 在天成象，在地成形，变化见矣。刚柔相推而生变化。知变化之道者，其知神之所为乎。圣人有以见天下之赜，而拟诸其形容，象其物宜，是故谓之象。圣人有以见天下之动，而观其会通，以行其典礼，系辞焉以断其吉凶，是故谓之爻。极天下之赜者，存乎卦；鼓天下之动者，存乎辞。化而裁之存乎变，推而行之存乎通，神而明之存乎其人。

天地形象之变化以及天下之赜、天下之动，皆历史之陈迹也。由此而化裁推行，则得所谓道所谓神焉，是其术与老子之讲明倚伏反复之迹者无殊也。然老子哲学重复古，而孔子哲学重因时。复古故有鲍生无君无臣之论。

> 《抱朴子·诘鲍篇》：鲍生敬言好老庄之书，治剧辩之言，以为古者无君，胜于今世，故其著论云："天生烝民而树之君，岂其皇天谆谆言亦将欲之者为辞哉！夫强者凌弱，则弱者服之矣；智者诈愚，则愚者事之矣。服之，故君臣之道起焉；事之，故力寡之民制焉。然则隶属役御，由乎争强弱而校愚智，彼苍天果无事也。"又曰："曩古之世，无君无臣，泛然不系，恢尔自得，不竞不营，无荣无辱，川谷不通，则不相并兼；士众不聚，则不相攻伐。"

因时故有孟子一治一乱之言。

> 孟子曰：天下之生久矣，一治一乱。

就秦汉至明清之历史观之，实受孔孟哲学思想之支配。而老子、鲍生之言为逆人事背实际之理想，顾以今世各国倡为无政府主义、无治主义者为证，则鲍生之言无君无臣，亦未始不可以实现。故知历史哲学家之思想，未可仅以一二国或一时代为断也。

西洋近世之历史哲学家，多以进化为言，达尔文之创天演学其最著者也。英人布克尔著《历史的教育》一书①，就欧洲诸国之历史，研究其社会进步之原理与法则，有曰：

> 人间之进步不归于道德的原因，而归于不绝变化不绝前进的智识的活动。其活动也，如物理之作用，受一定的法则之支配。凡气候、土地、食物及其他自然之状态，皆智识的进步之主因也。又曰：文明者，自怀疑而进步，自妄信或保守的精神而退步。盖怀疑必有研究事物之理之倾向，妄信或保守的精神，则惟有保持从来之信仰与惯例而已。

又科姆泰著《正确哲学》②论历史发展之根本法则有三阶段。

> 第一阶段即神学的。其最低者为拜物教，而多神教次之，一神教又次之；第二阶段为形而上学的。至此则神学已亡，而以抽象的势力，代昔之所谓超理的原因。盖社会至此阶段则其对于宇宙之现象，不复归于超理的原因，而归于现象固有之原因与势力也；第三阶段即实验科学的。人间之心意至此已弃其儿童时代及少年时代之错误，专从经验解释宇宙之现象，如不可思议之名词实不容置于心目云。

是皆以历史证明人间社会之进化，而欧美之人之心理亦即为此等学说所支配，在今日尚汲汲进行不已焉。

人惟局束于目前，不求过去未来之究竟，则历史之价值失，而哲学之观念亦无自而生。苟不域于目前而欲追已往以测方来，则历史之研究正无止境。凡中西哲人所陈述，一方为吾侪研究历史之标准，一方即为吾侪研究历史之资料。盖哲学家产生于历史中（除宗教哲学），其所以发生此思想此言论者，仍不外于其环境所经之历史。而此环境者于最古尚未得其端倪，于未来则更不能究其畔岸。故历史哲学之为行及中途，抑为甫经发轫，未能定也。西方学者既诏吾侪以进化以怀疑，则人间社会之有待于钻仰者，非至世界末日，不能不挟怀疑之念以与之俱进，研究历史者曷不急起直追乎？

---

① “布克尔”即英史家 H. T. Buckle，其名著为《英国文明史》（*History of Civilization in English*），并无《历史的教育》一书，疑系柳诒徵误译。——李注

② “科姆泰”即法社会学家孔德（A. Comte），《正确哲学》即其名著《实证哲学教程》。——李注

历史研究法

李季谷　编

第一章　导　论

一　历史是批评人类经验的总成绩

“历史”这一门功课，大家承认是很重要的，所以自小学起一直至大学的课程表，总是有它的位置。但是说也奇怪，有许多人，甚至在教历史的人，对于历史的命意，始终是茫然的。

有些人，简直是这样说：“历史是绝对没有用处的。学过历史的人去拉车或种瓜，与不学过的人，不是完全一样么？”这些话，初听到时，仿佛也有点道理似的；但是你略微去想一想，便觉得可笑了，便觉得太浅薄了。

当然，历史不像耜、锹、汽车、电灯、皮皂、木梳这一类东西那样去用的，它不是日常生活上拿在手中可用的东西。但试问：“经验有用处否？”“你不觉经验之可贵么？”

很浅近地来说：假如，一个在上海的人要乘轮船到天津去，如果你没有去过一度的经验，也不会读过关于这一条路的旅行指南，那你便到处吃苦碰钉子。船票那里买去？该买头等呢？还买统舱？什么船最好？舱位那一方向舒服？茶房，应给多少酒钱？上岸以后，行李怎么办住那里去？那一个旅馆顶好？

我深深地相信，谁也不敢说，经验是无用的。历史便是各时代一切人们的经验之总记录。光荣的成功，凄惨的失败，可颂可歌的一切胜利，可悲可泣的各种牺牲，未曾实现而徒然空想了一度的希望，已经一步一步战胜而完成了事实——这些都成为历史的资料。人类社会的各种制度律例，各种时代的曲折进行的过程——都由历史显示于我们之前。过去各种主义与实际的冲突，理想与现实的异同，种种野心、感情、忠实、真挚、贪婪、狂暴、诿谲、卑劣、残酷的牺牲、伟大的理想、鄙陋的虚伪、混乱的骚动、升平的光景——都明白地展开于历史中，显然地分析于历史上，成为极有用的经验。谁敢说，这些经验是无用的呢！

我们应该知道，现在的一切，见过去一切的结果。就“一般性”说，知其“来自何处，一即可知其一将何所之”。也可说，学习过去，所以使知现在的情形并如何去创造将来，所以历史的功用，虽不像夜光杯那样可以盛美酒，素纨扇那样可以引凉风，但“它”有无限地目力所见不到的用处在，自然，我们也不能抹煞人类的自由意志。

用历史的智识，去断定将来，有过很好的实例。历史家勃盖(Burke)氏于一七九〇年所著的《法兰西革命的反响》(*The Reflections on the French Revolution*)一书中就说拿破仑不是一个光明的指导者，不是一个自由之花的灌溉者，勃盖氏所言，几乎都在那时以后的二十年中，一幕一幕表现出来了的。其实，一切预言家，都不过是利用了历史的事迹，再加上一点自己的推想而已。预言家不明白某事情的史实以前，他决不轻易发表肯定的判断。

也有人说：“我们的个人生活中，本来就可得着许多经验，何必一定去读历史。”

然而我说：“你个人生活中的经验，是多么有限而狭窄呢！只有历史，它可以广大地明白地告诉你一切政治、经济、战争、扰乱、富有、贫乏的来因去迹、原因结果，告诉你所以成功的理由，你所以失败的原因。这广大悠长的经验，不比你的断片而狭窄的经验好一点么？”

也有人说：“人生实在用不着许多经验。历史的范围太广泛太复杂了。”

“是的，历史的范围，诚然是广大的。但是‘广大’正是历史的特点！你能预知那一条经验将来要用么？虾网如果与虾身同样大小，你能用这网捉着虾么？每人都须读一部历史，这正与律师非得将各条法律吟味默索一过相等的！”我说。

“历史是批评人类经验的总成绩，亦是陶冶人间性的伟大的学校。”斯各德(Ernest Scott)教授曾经这样说过。

的确，没有历史，人类不过一朝生暮死的集团，今日生之，明日忘之，是与彼虫蛆蛇蜥的生活，抑何所异！不知历史之人，对于先人所做过的事迹所走过的道程，所创造的道德、哲理、艺术、宗教、政治、制度，完全茫然，如迷入雾中，他的生活，亦宛如偶然从窗外飞入的一蝇，无目的地伴着其他各蝇作呜呜低呜之声一般，这真是太可怜了！

我深深地相信：历史是谁也应当读而且值得读的。你读过历史以后，才为觉到“它”是如何帮助你的一个朋友。

二 关于方法之话

因为所学不同，所以人的性灵思想及注意点都会愈差愈远的。譬如：你和地质学者、生物学者、画家三个人一同出去散步，所见到的客观的对象当然是一样的。但地质学者只想对面的丘陵是硷？石呢？还是玄武岩或花冈石？画家只想这丘陵的轮廓色彩及暗影要如何地分配才会得体，而生物学者只想这丘陵上的植物何以如此繁荣或凋落？这为什么呢？因为智识的观察力，已为自己所学的、所研究的东西所笼罩了。

但是历史家就不应该如何偏倚。他要去处理一件史实时，就该把“它”的一切普遍地、广泛地捉住，记在脑袋中，虽然依然光是记忆，还不是历史家的心的全体工作。资料之整理，表现及判断，真伪之辨别，事迹之精查，重要与否的鉴别与选择，性质之评价，次序之排列，叙述之简明，原则原理之理解——这些都为历史家所必有而不可一缺的。

当然，记忆不是完全不要，但是你单是死记王莽何时篡位，项羽何时在乌江自刎，或滑铁卢之战何日结果，俾使麦或威尔逊何日死去等等，而对于那事实的整个性，完全不加以理解，那有什么意义？

而且这些方法，也不单是历史家所须有。譬如达尔文的《种源论》（*Origin of Species*）、弥尔斯的《论理的组织》（*System of Logic*）与《历史法纲要》（*Outlines of Historical Method*）都是用了这些方法才成功的。

归结一句，历史家应有两个要件：第一，是找寻真实；第二，是把真实用经济的方法告诉出来。

然而，这二件事就不容易做到的。如果想做到这个地步，就须经过下列阶段：（一）搜集并精查事实，（二）比较审辨以后，再加以选择，（三）细察事实的性质，（四）确定事实经过之日期，（五）分析原因，（六）注意结果，（七）勿以现在性的偏见去牵强地判别过去，（八）简洁有味的叙述，（九）以哲学的眼光去理解事实的整个性，（十）适切的批评，才能做得到。否则便是一般的编辑家，不是历史家了。

上面所述的十项中，（七）与（八）的二项，须再特别中说一下：

真历史是那一个时代的历史，历史是一个过去之不灭的现在之智识。有那一个时代的精神，才是真历史。保持"当代性"，是一切历史的真实的特点。写过去的时候，应该完全忘却现在，要把自己仿佛成为那一时代之一员——这才能不失真实性。

"用怎样的辞句，才能把史实的要点简明地表现出来，而且使读者感到兴味。"这是一个极重要的问题。如果你用句不恰当、过分、不及或不明确，那便失其真实性。失去了真实性的记载，便不是历史，是小说，是物语，是神话，或是漫谈之流了。

有许多写历史的人，未经过那些功夫，所以他们写出来的东西，重其所轻，轻其所重，次序颠倒，前后矛盾，东撮一段，西抄一节，以自己的浅薄的偏见，取舍或评判过去的事实，于是这历史便陷于谬误百出，完全失其真实性而成一种毫无价值与兴味的荒诞记录了。

所以，写历史的人，万不可随便写。读历史的人，也得好好地审慎明辨地去读才行。不然你便会上当，你便着骗。

三 历史与地理

历史的注目点，在乎人类之社会的政治活动，人类的意志之发展与抵触以及人类的理想之实现。然而，人类的一切活动与生活，都免不了地理的支配。不管人类的智识进步到什么程度，征服或利用自然的力量如何增进，而一切人类的生活依然是一种适应自然的过程。换句话说，地理依然支配着历史。

先就日常生活讲罢。中国南方人喜欢吃米饭，北方人喜欢吃大面，这便是南方宜于种稻而北方则宜栽麦的反应。就一般言，北方人喜朴素而南方人则嗜华丽，良以我国北部多广漠平原，自然景色极其单调；而江南则山明水秀，到处浓翠欲滴，万花齐笑，居民的性情与嗜好，在无形中即受此自然的陶冶与熏染。吾国向来有南船北马之习，是亦无非北方平原，适于骑射，而南方多水，宜于运船而已。日本人的扇面中，手帕中，以及书、色布中，往往以富士山之雪景或间岛之樱花艳色；日本的五六岁之小女孩子，即能在水中游泳，宛若金鱼，浮沉自如。此无他，一言以蔽之，受着自然的地理条件之支配而已。

就人类的气质言。南欧多风和日暖天朗气清之时，因之映成拉丁民族的轻快与浪漫的气质，酷好文艺美术之性情；北欧的单纯的广漠平原与肃杀严寒的天气，因之形成斯拉夫民族的极野蛮性与超越变革的偏激。英岛之多雾多雨的阴沉天气，因而造成盎格罗萨逊民族的严格保守态度，英人之外交手段，常不出乎“且等且看”（Waiting and Seeing）的常套，要不能不谓与地理及气候，均有密切之关系。日本地面不广，到处山陵起伏，而面海之处，又多有怒涛恶浪的澎湃，故人民的气质，多偏狭而激越。民国十六年南京事件发生以后，日本驻南京领事馆中，即有一中尉职之武官，自愧不能尽职，因即切腹自杀以谢其天皇。五年前有岛武郎与秋子夭人因恋爱之烦恼，即相抱不食以饿毙。此等偏狭与激越的行动，要不能不谓与日本之自面四境又无天然界线为屏蔽，故三百年来，迭遭分割之惨祸。瑞士因四面皆高山，故能容包三种不同的语言的异教徒人民于一国，大战五年间，比利士糜澜得不堪设想，而瑞士始终不受影响，立于超然的和平地位。此非地理的条件为之而何？

就海上活动而言，则近四百年来的海上工作，均为西班牙、葡萄牙、荷兰、英吉利等海岸国或岛国为之，包在大陆中的斯拉夫民族，始终未曾参加。最近在伦敦所开五强——英、美、日、法、意——海军会议之各国，都属海岸特长之国家。此项海军力之发展，谁能说为与地理无关？

就历史上的文化发展言，则必起自多水与生产丰富之大平原。埃及文明则有尼尔河（Nile River）及其两岸之平原；美索不达文明，则底格里斯与犹弗拉底斯（Tigris and Euphrates）河间的肥腴低地；印度文明，则在恒河与印度河之两旁；中国文明，则向循黄河与扬子江二流域而滋长。其他如莱因(Rhine)河、塞茵(Seine)河、梯倍(Tiber)河、波(Po)河,无一不是文明发源地。即现在之重要城池,亦多旁于河流,泰晤士口之伦敦,塞茵河畔之巴黎,厄尔勃(Elbe)河之汉堡,扬子江口之上海,珠江口之广州,这都是顶显明的好例了。

至于地理的本身问题,尤为近代史上的骨干。一四八六年,Bartolomeu Dias 经非州西岸而达好望角,嗣又有 Vasco Da Gama 绕好望角而达印度,欧亚交通,从此展进甚速,东西各国均由此而获得一烈强刺戟。同时,一四九二年 Christopher Columbus 发见新大陆并西印度诸岛,一四九七年 John Gabot 等又入北美探险。从此西、萄、英、法、荷兰各国,分向非、亚、美三洲发展,海上竞争,商权竞争,遂成为近代史上的中心问题。十九世纪以来,初则利用蒸汽,继则发明航空,交通进步,一日千里,地球的广大距离,已缩小了数十百倍,各地接触益多,各国交涉亦益繁。换言之,地理与历史的关系日益深切而已。

现在不再多说别的话了,我用海林(Peter Heylin)氏的话来做本小节的结束:"无历史的地理,虽然还可有其生命与活力,但是不坚定且无秩序的。至于无地理的历史,则失其生命与活力,便毫无价值可言。"

四　历史的潜力与我们的创造

有许多人,终是这样想:"历史是过去的事实,过去已经过去了,与现在及将来便没有什么关系。"然而,这是一个极大的谬误的偏见。须知历史是一条斩不断的链锁,它是含有无限的潜力的。试问那一个国家能不受历史的影响,能不受历史力量的笼罩。甚至到了国家毁灭了的时候,她的历史还是存在的,她的历史将会在另一部人民的生活上发生力量。

现在的世界,是多么新呀!然而,这新世界不是突然起来的。它是由远古时代的人类之活动与努力,一步一步地进展而来的。可说人类给与历史的力量是永远生存,历史至于国家,犹遗传之于个人,个人脱不了父母祖先的型范,国家亦离不了过去的历史。

新时代的政治与新时代的事件,在不绝地创造历史,这是事实。但那一个政党,那一个政治家,不是历史的产物呢!谁能说,新历史与旧历史，可以截然地分划呢？就革命时代说罢，革命以破坏过去为职志的，然而你能将过去的基盘，扫除净尽，毁灭无余么？俄国有一部分人，要烧去历史文件，希免因袭的束缚，然而那烧去的是一部分对于历史有用的文件而已，俄国的历史依然笼罩在俄国，永远生存在俄国。

你不相信么？说你看看下面几个实例。

美国的独立，是反英的独立，他又是离母国如许远的，应该独立以后完全是新创的了。自然，英国依然是帝国，而美国是共和国了。然而，他的政治上，制度上，以一般人民的生活上，还是深深地刻着未独立时代的旧痕，到如今在在可以看到。

爱尔兰之反英，到如今是英国的一个重大问题。然而，这谁也承认决不是政治的，决不是现代政治的，完全是历史的呵！

查尔大帝(Charles the Great)将法兰西区分与长子秃头查尔(Charles the Bald)，莱因河以东之日尔曼区给与次子路易(Louis)，其中间带名为 Lothaire，即现在之 Lorrnine——这地带从如今是德法的争点。

这些事情，你能说没有历史的潜势力存在着么？历史的潜力如许大，历史的因袭性这样强，我们一切任历史的束缚，一切受运命去支配么？那又错误了。历史的潜力，我们该承认的，我们该了解的。但是我们应该在它的潜力中去开辟新路，去后见新生命，去创造新世界，去建设新历史。种瓜得瓜，种豆得豆，这是不错的。但你如果栽培得好，你的瓜将逐渐增大，逐渐美味，你如果培养得勤，你的豆将逐渐丰收，逐渐繁茂。这仿佛人之身体，深受父母之遗传，固不能有所变易，但你如能每日运动，讲求卫生，则你的身体，自可日趋康健，否则即不免衰弱疾病，或竟不幸短命而死！

所以新历史，依然待我们创造，光明的历史，依然可在过去的历史潜力下去找得的。只叫我们了解了历史的潜力以后，再用以适当的努力，就会开出新的光明的历史之美花来。

世界是在向新的方向奔驰，历史的观点也自然在日新月异的变迁革新中。过去为资本主义捧场的历史书籍，不久或者都会字簏去，新时代所需要的新历史，只待我们创造！

第二章　历史的概念及认识

一　史学的定义

1. 梁启超所下的定义

梁启超著《中国历史研究法》，曾作史学的定义如下：

> 史者何？记述人类社会赓续活动之体相，校其总成绩，求得其因果关系，以为现代一般人活动之资鉴者也。

他解释“活动的体相”，是这样说：

> 人类为生存而活动，亦为活动而生存。活动休止，则人道或几乎息矣。凡活动，以能活动者为体，以所活动者为相。史也者，综合彼参与活动之种种体，与其活动所表现之种种相，而成一有结构的叙述者也。是故非活动的事项——例如天象、地形等，属于自然界现象者，皆非史的范围；反之，凡活动的事项——人类情感、理智、意志所产生者，皆活动之相，即皆史的范围也。……凡史迹皆人类过去活动之僵迹也，史家能事，乃在将僵迹变为活化——因其结界以推得其情态，使过去时代之现在相，再现于今日也。

他解释“人类社会之赓续活动”是这样说：

> 不曰“人”之活动，而曰“人类社会”之活动者，一个人或一般人之食息、生殖、斗争、忆念、谈话等等，不得谓非活动也，然未必皆为史迹。史迹也者，无论为一个人独力所造，或一般人协力所造，要之必以社会为范围，必其活动力之运用贯注，能影响及于全社会——最少亦及于社会之一部，然后足以当史之成分。质言之，则史也

者，人类全体或其大多数之共业所构成，故其性质非单独的，而社会的也。复次，言活动而必申之以“赓续”者，个人之生命极短，人类社会之生命极长，社会常为螺旋形的向上发展，隐然若悬一目的以为指归。此目的地辽远无垠，一时代之人之所进行，譬犹涉途万里者之仅蹞一步耳。于是前代之人，恒以其未完之业遗诸后代，后代袭其遗产而继长增高焉，如是递遗递袭，积数千年数万年。虽到达尚邈无其期，要之与目的地之距离，必日近一日，含生之所以进化，循斯轨也。史也者，则所以叙累代人相续作业之情状者也……

他解释“活动之总成绩及其因果关系”，是这样说：

成绩云者，非一个人一事业成功失败之谓，实乃簿录全社会之作业而计其总和。质言之，即算总账也。……夫成绩者，今所现之果也，然必有昔之成绩以为之因，而今之成绩又自为因，以孕产将来之果。因果相续，如环无端，必寻出其因果关系，然后活动之继续性，可得而悬解也。

他解释“现代一般人活动之资鉴”，是这样说：

今日所需之史，则“国民资治通鉴”或“人类资治通鉴”而已。史家目的，在使国民察知现代之生活与过去未来之生活息息相关，而因以增加生活之兴味，睹遗产之丰厚，则欢喜而自壮。念先民辛勤未竟之业，则瞿然思所以继志述事而不敢自暇逸。观其失败之迹与夫恶因恶果之递嬗，则知耻知惧，察吾遗传性之缺憾而思所以匡矫之也。夫如此，然后能将历史纳入现在生活界使生密切之联锁。夫如此，则史之目的，乃为社会一般人而作，非为某权力阶级或某智识阶级而作，昭昭然也。

2. 坪井九马三所下的定义

历史是一种很旧的科学，同时也是一种很新的科学。何以为很旧而又很新呢？因为很古的时代，人类社会中就有历史的产生，几乎是世界上有人类的一天起，历史也就随着来了，所以“很旧”；但历史的见解，历史的解释，历史的组织，却常常在变化着，在进步着，所以历史的意义也日新而月异，时间不绝地像流水般地前进，历史的意义也就随着时间的进展而往前推移，所以“很新”。

然而，历史的意义，究竟如何呢？过去的许多历史家是这样说：

历史学是研究过去一切事情的学问。

这样的解释，究竟不免有广泛之嫌，人类生活的发展，生物的进化及地球的由熔岩火石逐渐转变而到达现在的状态，何一不是过去的历史呢？如果如此解释，则几乎历史包括了一切科学，历史的范围几乎是其大无外了。所以日本坪井九马三曾经折衷了西洋各名史家而下过这样一个定义：

历史是研究社会细胞的人类的行为的发展之科学。

原来，人类是社会的细胞，无人类即无社会。人而无动作，无作为，蛰居山林当猩猩一类的野蛮生活，即与社会进化毫无关系，此种人类生活，自非历史的目的物。历史所欲研究的人类——他们都是尽他们自己的任务，为社会共同团体之一员，为组织社会之细胞器官，同心协力，在推动社会，在促进社会。

社会是一个人类的集合体。但就中有许多人不负担社会的任务的，古代如此，现代也如此，未开化的社会如此，最文明的社会，也未始不如此。例如，童儿为社会的细胞器官，但他们年幼无知，未能担负任务，只由为父兄者努力教训他们，以期将来能为社会服务，此其一；年老者身体孱弱，五官渐失其效用，他们在过去的时代曾一度在社会活动，今者已将任务委诸年轻的子若孙，衰老隐退，自属无法，此其二。

此外社会中无细胞作用的人是很多：一是社会之病的细胞；二是无用的细胞——所谓无用的细胞，即虽非大有害而却毫无益于社会之人。历史的着眼点不在此类无用之人，而在维持社会活力的健全分子，而在社会活力来源的主要人员，定义中说的“社会细胞”其意如此。

至于所谓“行为”，约可分为“自觉的”与“非自觉的”之二种。概言之，受过教育者的行为，自觉的成分较多，未受过教育者的行为，或多茫然而无自觉心的。但那是教育学上及心理学上的问题，若从历史的立场言，只叫它与社会及国家有关系，我们是一样地重视的。

“行为”以广义来解释，可当作“职业”或“工作”讲。职业与工作，从经济的立场言,可有贵贱尊卑之别,但从史学者的眼光看来,此种标准,自不足责。例如以肉眼望天体,月球且大于海王星,自与实际不符。总之,史学家视人类的行为,全以其对于国家及社会的影响与效力如何为标准。

"发展"一字的泛释,为"沿革"、"变迁"、"推移"及"经过",但在这里,实应当作"国家社会的隆盛兴起及衰颓灭亡"解。任何史实的叙述,如不表现其发展的过程,即未完成史学研究的目的。无论社会的状态进步与否,无论国家的强弱盛衰如何,都不失为史学研究的着眼点。史学家的目的,即欲抓住国家社会的发展过程。易言之,社会的动的姿态,即为史学的目的物。

3. 兰普勒希德的释义

兰普勒希德(Lamprecht)氏所著《近代历史学》(英译本 *What is History*)里开头便说:

> 历史是社会心理的科学!(History is primarily a socio-psychological Science, p. 3)

原来,历史法则是心理的法则,自然法则是物理的法则。自然的现象是本于物理而成,历史的现象是本于心理而成。对于历史现象的解释,在某范围内,可兼收物质与心理两原素(Shotwell 氏即如此主张),而从内的方来看,只能归于心理的法则而不能归宿于物质的法则。我们应该知道,历史上的一切活动和事实,都不外乎心理的法则,尤其是某种文化的形状,就是某种集合心理的形状(Collective Psychological Condition),而所谓文化的分期,也不过是社会的心理现象的一个连串罢了。因此,他曾把德国史发达的一般形式,以心理的见地,分做六个阶段。

这样的主张及说法,近代历史家,大家都认为很透澈而公允的,此种主张牵及历史哲学的范围,姑待后面续论。

二 历史的认识及对立

历史以人类作业或活动为对象,这在前节——历史的定义——中已反复讲过了。所以认识"历史",与认识自然界的情形有异。二加二等于四,此为数学的真理,然在历史的认识上,即不能作这样的必然性的判断。历史的条件，只能到达某程度的盖然性而止，然正惟如此，历史便成了非单纯朴素的学问，历史科学的基础筑在“体验”的行为上，史家从体验中才获得确实性。

历史认识的确实性，至少须有三个步骤：第一是自己确乎熟知并深切体验这事情的经过的曲折及其对于各方面的关系，第二要认识事实的全体，第三须其他专门家的赞许。如此，内的证明与外的证明相辅而行，直观与经验交互为用，历史认识的目的自可圆满到达。

所以历史认识的价值，是排斥独断论及怀疑论，而却注重批判主义的。所谓“认识”，并非专务理论，乃欲获得实际的证明，并渐次增大其内容。

认识就创造统一的力量，因可为研究对象的材料不同，才构成了种种概念。

十九世纪以前，概念的构成，在自然科学与精神科学的领域内，并非必然的不同。一般学者自公认自然科学的数学的观察法，可为一切概念构成的原型。自文艺复兴以后，至康德时代止，关于认识的理论，常与自然科学的方法相连结。因为文艺复兴运动，虽把人类从超人的力量中解放出来，但同时即屈服于自然万能力之前。时间跨入十九世纪以后，人类才完全获得解放。于是，文化科学的概念构成，才真离自然科学概念而独立，一般学者始认法则的统一以外，更有所谓“全体的或价值的统一”。

德国学者对于历史与自然科学问题的讨论很多，兹在此为之略述。

温德尔彭（Windelband）与列盖德（Rickert）等都属于新康德的西南学派，他们都主张历史与自然科学对立。其实，这种对立的主张，一八八三年狄尔戴（Dicthey）所著的《精神科学序论》中，已经明白的说：“自然科学是依于官能的知觉与悟性的研究，历史学（精神科学）则依于一个统一的全体，即个性的研究；自然科学为外面的悟性的理解，历史上的事实（精神的事实）则为内面的想象的体验。”这种说法，实在给予后代以重要的暗示。所以一八九四年，温德尔彭氏发表一个讲演，题为《历史与自然科学》，不久列盖德又发表《自然科学与文化科学》一书，历史与自然科学从此便分道扬镳地对立了。他们都主张：历史是研究事实的特殊个性，自然科学是研究事实的一般法则。

第三章　历史的原动力及其发达的三阶段

一　历史的六种原动力

世界人类社会的各种现象，都有原动力。但原动力的起因，也各不相同。简单说来，可分下列的六种：

1. 外界的影响——所谓外界的影响，即土地、风俗等及于民族的感应。例如住在港湾、海滨地方的人民，终是善于航海，住在沙漠地方的人民，多善骑工射，凡一切山岳、河海的形势及其土地的气候等，几乎无一不与住民的思想、行为、习惯、风俗有关系。不过时至今日，科学发达，人类往往能利用或征服自然，而人类的自由意志，往往能脱离环境的束缚，故外围事情的影响于住民，虽未曾完全打消其势力，却已比较从前微弱得多了。但此处所举的六个原动力，这一项依旧是比较重要的。

2. 民族的特性——民族的特性确有优劣之别，历史上的事迹，与此关系很深。有些人总说凡住在温带地方的人民，即能开化发达较速，此语固有一面之理，但人民的特性却是另一问题。例如非洲南部岂不是赤道以南气候温和、土地肥沃的好地方么？为什么到如今为野蛮人所住，文化未曾昌明呢？这不能不说民族性的有优劣了。历史上的许多事情，便从这民族性优劣上发生了关系。

3. 生存竞争——各民族生存在地球上，不能不有接触，有时相互提携，有时又相互轧轹，此即许多史实之由来。例如内地的民族感受没有海的困难，为自己生存上、经济上、便宜上，不得不求一出海之路。但同时在海岸之住民，又为自己之生存上、发展上感到困难，势不能不出而反对。或同一海岸之人民，为争一渔场，或争一商业贩路，往往惹起争端。相争以后，终有一方不得不屈服。生存竞争上，不是均势而维持和平，即诉诸武力而决胜负。因之，所谓敌国同盟，所谓权谋术数，便演之于人类社会中。总之，史实的原动力，大部分在生存竞争。

4. 精神感化——各民族间的思想，直接间接都相互受着影响，宗教、美术、哲学等的传播，都易辗转感染，使民族间的风俗习惯变换趋同。但它的结果，未必完全一致。例如日本与印度，虽未有何等直接的交涉，而日本受佛教的影响与感化却甚大。惟其结果，不一定完全相同罢了。精神上的感化，往往可以左右一国的命运，此为历史的重要原动力之一，自不待言。

5. 经济力量——经济力量的影响人类生活甚大，此为一般学者所公认。近今唯物史观的学者，谓历史的展进，全在经济力量之上。如此解释容或过偏，此在后面尚有专论，兹姑不赘。

6. 天运——除上述五大原动力外，还有一个是"天运"。无论何等大英雄的神机妙算，或在程度以上，不能不凭诸运命。换言之，即事实的成败，终多少有些靠"天运"的。例如疫病骤起，兵民丧亡，或大将顿死，继承乏人，或天灾地变，一时并起。此等原因，往往出于吾人意识范围以外，无从预为推测，可以使时局的前途，适得反对的结果。此等事虽不甚多，但亦不能否认。亚力山大王(Alexander the Great)死，马其顿帝国卒因而崩溃；丰臣秀吉死，日本卒中止重侵韩境。

二　历史发达的三阶段

历史知识的发展，由来颇远，为便于说明起见，可分为三个主要阶段来看。这些阶段，虽是现在新的指示出来，但扩而言之，实与一切知识的发达的进阶相仿佛。

所谓三阶段者，即：

(1) 传说式的历史

(2) 教训的或实用的历史

(3) 发展的或发生的历史

我们现在再把这三阶段分别略加申述如左：

1. 传说式的历史——这个阶段，只叫把历史的材料，依得那经过的自然顺序叙述出来便算完事。对于史料的眼光，自然各不相同，因之，那再现的形式，也自然不一样了。最古的，当然是那些有名人物的命运与冒险一类的美的兴味，与此相类的，便是那些半传说半历史的歌谣与史诗。这些情形，无论何处的民族之始，都是同一模样呢！就是 Homer 的史诗，也不过是歌谣式的历史罢。想把爱求名誉无光荣之念虑，被信仰的伟大人物，及残留着的事，永远铭刻在脑际，更不得不惹起别种记述。埃及古史中的光荣的帝业，及东方、希腊、罗马等之刻于金石木材上的条约文，战胜纪念碑，法律纪事等，都是这一类东西。

因民族的不同，对于一史的感觉，及表现的才能，也生出差异来。比较高级文化民族的历史阶段，往往有依旧在原始的形式者，甚或在此阶段而不充分发达，印度人便是好例。然其他国民，类多到了传说式的历史，完全丰富发达以后，便进而推移于更高的阶段，希腊人与罗马人，便是好例了。被称为历史之父的 Herodotus 纪载纪元前四四〇年间的希腊人与波斯人之战争，这可说是传说式的历史之代表作了。

2. 教训的(实用的)历史——最初自觉这个观照方法而模范的表现过的代表，是做 Peloponnesian 战争史的 Thucydides(纪元前四六〇—四〇〇年间)。他说："我之著书的最后目的，是在把过去的事物，有一个明确的表象，及因此而作着将来人事之进展与此事物完全相同或类似而起的事物，与以表象。"总之，他对于世人的类似的之政治上之形势，要从过去之知识之泉，获得实用的教训，而这件事可说是一切人们之"本质与行为"是一般类似，是可能的而且是可根据的。这可说教训的历史之征。

这阶段的历史认识，纽于实用的倾向里，所以也可说是实用的历史。对于人物之"动机及目的"之回想呀，著者对于现代的应用呀，以及道德化政治化的判断——都是它的特征。如此深究历史科之内的原因及条件，虽于本质上促进一大进步，然实用历史之大缺点，亦未始不在此。为什么呢？因为这太偏于心理的动机之观察了，一切事情都可从一身上之冲动去说明，动辄把副属的动机视之过重，甚或至君王或民族之运命，可为一不重要的女子之阴谋所左右。故实用历史的长处，即在这个人之意识（主观性），而其短处也便在此。

3. 发展的（发生的）历史——历史知识达到这个阶段，已真成为一独立的学科了。历史家到这时候，已经特别地有诸事因果联络的知识领域，把这种材料的纯粹认识，当作自家考察的目标。实在，此等事实与认识事实者间发生关联，那也不外对于国家及社会（人间实在）所适用的“发展”的概念了。换言之，便是要晓得各个历史现象怎样发展起来，怎样发达到现在的地步！

我们讲到这里，不能不把发展的概念再来申说一下。我们对于人事，由外来诸原因的统一关联上，得到一个总结，我们的精神上，便不能不有几个先决条件了：

第一，是须有关于人间实在统一性的观察。因为不能统一地去观察时，便说不到相关联的发展。这个条件，在中古时代基督教昌明后，已逐渐完成了。

第二，是对一切的人事关系继续变化的情形，须有一个观察。中古时代的人，极不注意此事，所以对于许多社会现象，发生了不少的误解。

第三，我们应该认识人间的一切关系与活动，都因内的因果关联及交互作用，暗暗地逐渐地展开创作着！即政治的变化，对于经济状态与社会状态，起何等影响？反之，宗教、艺术、科学等对于国家社会的一切事情，有怎样的活跃的关系？国内之风土及地形，对于民族之性格及生产，究竟受着何等影响？我们观察这些文化影响时，要免去偏颇、矛盾、误解，便该有上述的认识！

第四章　史　料

一　史料的搜集

研究史学必先从搜集材料始，此为一般学者所公认。其实，一切科学都是如此，如果想把所研究的东西，成为一个独立的学科，必先搜集可为此学的基础之“史料”。“史料”集，然后才能有历史。故古来编纂历史者，无一不先苦心努力于史料的搜集工作。

欧洲英法德意各国，近百年来史学的进步甚速，搜集的史料极为丰富，即较为后起的美国也用了很多的经费，在大规模地搜集中，新发现新出版的材料很是不少。此项材料也容或非真物，然经聚在一处，精加检定，孰真孰伪，也便容易断定。

这里所谓“史料”，自然并不限于书类，一切杂件，如破皮的古大鼓、穿旧的靴鞋，无一不是史料。实际的地理、各种古代建筑物、书画、古董以及各地的俗谚、故事、笑话等等，凡属传自过去者，都可称之为史料。即令是后来造作的伪物，假使能断定是什么时候造作的，那也就是当时的人情风俗的证据物，这也就是史料。一切的小说、寓言、杂记、随笔，都是衬托一个时间的风俗、习惯、思想，那就都是史料。有许多人都认为史料一定是很严正的文献，其实，文章体例的成功，是到国家社会进步以后才有的，史料何能以文献为限呢！尤其是我们中国人，向来就太相信文献，好像认文献是万能的，所以有“秀才不出门，能知天下事”的俗谚。实际，有许多史实，不一定要靠文献，即使有了文献，还得实地考查，实物观察才能得到结果，否则是纸上谈兵，依然不会有效的。

史料的品类甚为复杂，但搜集以后，必须妥为分门别类，依次排列，此即所谓“史料的分类工作”。史料如简分之，约可分为两类：

第一类为遗物，即由古代遗留下来的物品。遗物中包括下列各种类：地理、古代建筑物、古代仪式、人体（即骸骨等）、言语、风俗、物产、古泉、公私文书等——这些都是自然残留下来的遗迹。

第二类为古代传下来的思想。思想传述有三种方法：一是口传口的，如神话、古传、杂说、逸话、俗谚、历史诗歌等；二是笔之于书的，如切金石文、编纂物、系谱类、记录类、传记类、文牍等；三绘画的。绘画也是思想的表现，与文字表现的方法一致。历史画、历史像均属此类。

故史料种类极为庞杂，治史者每研究一问题，必先集合关于这问题的材料，加以排列参考，然后悉心比较，察其关联性，然后作一精密的统一的判断。史学家之于史料，殆犹法官之于证据物件，法官无证据物即不能成立判决文，亦犹史学家无史料即不能下笔作史，极无不同。

二　史学的补助科学

古代希腊，学问未尝分类，一切学问都包括于“哲学”之中，所谓哲学（Philosophy）者，实即一切学问的总称。迄乎后世，各种学问分别研究，分类发达，各有专门，然这并不是各科学相互宣告独立，实仍相辅而立。所以各科学都有其补助科学，史学也自然不是例外。

与史学有关系的科学甚多，兹择其特别密切的几项分别论述如次：

（1）言语学（Philology）

言语为表示人类思想的方法之一，古代史实及思想之持言语以流传后世者甚多。如果是一件实物，是一件可以用手拿的实物，那就可不必用言语，它可以被流传于后世，这就是前面所说的所谓“遗物”了。然而，事情的过程，思想的起伏，都不是手可拿的东西，时间过去了，它也就消失了，这就不能不有言语为之传述。

思想、竟见、学说等等都是无形之物，如果不用符号来表现，非但不能传达于他人，更不能传达于后世。国家社会的重要事件，自可笔之于书，以文书的方式来表示。然笔之于书者便是言语，文字之发达与应用，远在语言之后，故不研究语言，简直不能治史。

太古时代，国家尚未发达，社会也尚幼稚，历史上的证据物件多未充分，在这种情形之下，言语与文书都不足为史学助。那时的历史，只能从实际的地理及建造物去着手，历史地理学及历史考古学就是研究这些东西的。太古的埃及史、罗马史、腓尼基史都是如此。但当时虽无书籍，而当时的神名、地名、种族名流传至今者亦颇不少。要解释这些传下来的固有名称，便非从言语学入手不可了。

譬如伊兰人（Iranics）在四千年前即繁殖于阿富汗、波斯、俄领土耳其斯坦等处，但他们的古代史迹，直到袄教的经典中始有记载。这经典约在中国的三国之末六朝之初写成的（第十一世纪）。然经典中的事实与思想及其中所用的地名等，至少约自距今四千年至二千五百年前所用，所以未著成经典那一段时间完全是口口相传的遗迹。

经典的开宗明义第一章是创世纪。创世纪颇有残缺处，然就大体言，大致还完整的。太古时代伊兰人所拓殖的土地的名称，在创世纪中大部分都是有的，他们在四千年前所开拓的土地幅员如何？这只要把那些地名在今日的地图中加以对照，即可明了。这便是言语学可以辅助史学的一例。

又瑞士山间有几处多草的原野，是在当牧场的，牛粪是自然的肥料，故每年五月以后，便生长了青青之草，草叶厚而柔，宛如菜叶，花大而香，故此地的牧牛俱极肥硕，而所产牛酪、干酪，质佳味美，欧洲各国无可与之比伦者。这里称“牧畜饲养”为“Alpwirtshaft”，这个名词不是日耳曼人的言语，而是阿拉曼人（Arameans）的言语。阿拉曼人曾经侵入瑞士山间原野，此为古代史家所承认，但确凿证据亦不多觏，今从言语学上得此证明，于是此说才为定论。这是言语学辅助史学的第二例证。

又埃及、腓尼基及巴比伦的许多神名、地名，到如今沿用而不替，然也多是口口相传而来。言语之于史学，辅助处固不在少数。

近数百年来，世界交通日益进步，各国言语相互仿用袭用之处，也日益增多，要研究世界史或各国的历史，犹不能不从言语学入手。

中国语中本因佛教的关系，袭用佛语甚多。例如，三昧、涅槃、皈依、一切皆空、皆大欢喜、普渡众生、南无阿弥陀佛，都是佛经中的辞句；

而海通以来，如德律风（Telephone）、斯的克（Stick）、沙发（Sofa）、引得（Index）、富脱婆尔（Football）、堆尼斯（Tennis）、引擎（Engine）、摩登（Modern）等名词，都为日常引用的言语。

日本语亦然，如他们所用的“Table”、“Glass”、“Cup”、“Pan”、“Pen”、“Cinewa”、“High Collar”……“ボトレiス”（Boatrace）、“キラスミテン”（Classmeeting），俱是西语。至于沿用中国语者则更多，如杏子、银杏、行灯、提灯、椅子、漫游、访问、亲切、恳切……等等，殆不胜枚举。

至于英法意德各国互袭的言语，那自然更多了。我们要研究一国的历史，如不能深切了解此国的言语，往往不免有隔靴搔痒之感，有许多问题往往须从言语中求得了解。故言语之于史学，殆有不可分离的关系。

(2) 古文书学

“古文书学”这个名词，照字解释起来，即可知为“科学地研究古文书”之意，亦即意谓“古文书的科学”。至于古文书的定义，无论在欧美、日本，或在中国，亦往往因人而殊，但欧美各国普通所采用者为“在历史上可用作证据物的书籍”。

古文书学在历史研究工作中占一重要地位，此固人所共知，故欧美史学家有称“古文书学为史学的右腕”的。然此乃历史科学发达后的新观念，从前固无是项解释。自十七世纪以来，德法二国，以古文书类为证据，校正古书记录之误者渐渐风行。至十八世纪之初，狄布洛加（Diploca）之论战，即关于古文书的论战，益为一般学者所注目，有名学者有以鉴定古书籍为终身事业者。自此，古文书学渐趋科学化。

但古文书学的范围甚广，一人的能力自不能普遍研究。于是又有分别性而研究其一部分的，有以时间区分而研究某时代的，范围既小，研究所得亦随之益为精密。

所谓古文书者，即以墨写文章于纸上。纸张的性质与色泽，因地方因时代而异，即同时代中，亦有几种不同的纸张。墨与文章，亦可辨别其产生的时间与地方。文章且因家或因人而殊，一人有一人的作风，文格、笔意都有某一人的特点。精密考查检定以后，虽文书未曾注明著作时的年月、著作者的地方，也可推断为某时某地某人的著作而不致误。自然，做此种学问，须充分的准备，应从已确定的古文书中，明白各种类的古文书的文例、文格、写法，及其当时的一切文物制度，使自己的识别力得精确而锐利的程度，然后才可进行工作。否则盲人瞎马，谬误百出，差之毫厘，可以谬以千里，颇属危险。

兹再就古文书的材料，作一简单的说明，以为治古文书学者助。

a. 关于纸的问题

欧洲最古的纸即所谓 Papyrus，此种纸张系埃及平原所产的莎草所制，现在尼尔河中流，尚有此种草类丛生，每到初夏，绿色成堆，生趣盎然。现在日本东京理科大学的植物园中，已采种此草，作为讲述纸史的标本了。此种茎中，色有白色髓皮，薄而坚韧，实即天的纸张，纤维极细，容易着色缮写。此为欧洲纸的第一期。

自罗马以至十一世纪，欧洲所用纸张都是属于这一类。罗马时代，在埃及设有造纸工厂（纸的制造，即种植莎草，长成后，割取其白色髓皮，先浸于水，后再晒以日光，干后即成坚牢的韧纸）。及阿拉伯人占领埃及，纸业工厂仍由政府管理，纸且为政府的专卖品。罗马时代的纸，制造得颇为精制，幅长至二十九又二分之一的 Centimeter（cm），阿拉伯人的时代，通常可幅广至六十 Centimeter。今英语中所谓 Paper，即由 Papyrus 之一字变迁而来。

纸的第二时代为革纸。革纸究为何人发明，已无从查考了。但这种革纸大约太古时代已用于中央亚细亚，此在《史记・大宛传》中已明白说及。革纸的原料，俱为薄皮。凡属薄皮，都可制纸，并无限于何种动物，犬、猫、豚、鹿的皮都可制纸。但通常所用以制纸的，以羊、山羊及小牛为多。制法以先将毛皮浸入石灰水三日，然后用刀剃去其毛，干后又裁切为同样面积。欧洲用革纸，始于何时，已难考据，但第五世纪以后，欧洲的古文书渐多，此为事实。法国自八世纪后的古文书，全为革纸。革纸有二大长处：一为坚韧异常，不易破裂；二为着墨其上，不会磨灭。

革纸外，即通常用的纸。通常的用纸约为中国人所发明。中国古代称书为竹简，这可证明无纸时，曾刻竹成文，竹简便是书籍。今在敦煌附近发见古简甚多，古者以竹代纸一层，自可不必怀疑。用纸以后，似也曾用绢，有古代绢画，可以证明。后汉和帝时，始由蔡伦发明真正的纸，所用原料并不一致，麻、藤、竹、楮等的皮及藁都可制纸，但约以麻的纤维为最多。纸的传入日本，约在唐朝，日本古文书中常可见到关于白麻纸、黄麻纸的记灵。纸的制造，后来代有进步，故各时代都有特别的纸。我们可以从“纸”的组织、色泽等等来断定古文书的时代。

b. 关于笔的问题

欧洲文字发源于东方。东方各国及希腊时代所用的笔，都是羽毛之茎，即去羽毛，而以较坚硬的羽茎为之笔。羽茎名 Pena，在拉丁语中也作笔字解，故今日英语亦称笔为 Pen。罗马人的日用书信、选举票，及不很重要文书，似都铁笔写于涂蜡小板。普通以青铜做的最多，笔的长短则因人之所好而殊。一面成尖端，他面则较粗而平其端，宛如日本火钵中所用的铁筷，也有制成如银杏叶者。用法即以尖端刻蜡板，如有误书时，即以平头一端轻轻摩擦，去原痕后，重加划刻。罗马时代有用笔为防御器的，从这一点言，或可推知当时所用的铁笔，决不会像今日所用的自来水笔那样短小。凯撒(Julius Caesar)被刺于国会时，即有以笔为防御物的传说。罗马以后，各国仍多用羽毛的茎干为笔。金属制成笔头之事，罗马时代似已有之，但现在我们所用的式样则约为文艺复兴后所发明。毛笔在欧洲有用以绘画者，以书写文字则从未所闻。

c. 关于墨的问题

古代的墨，决非今日的墨汁。太古时代仅取植物中不易消灭的叶绿素而为墨。后来画匠有以煤拌水而作画，那是动笔前临时制造起来的。但罗马时代的古器中，已有墨壶，足证墨水已有预先制成贮存的了。现在所用那样的墨汁，约始于第九或第十世纪。第十世纪以后，今日的墨汁已为一般所通用。最早是皮匠用以染皮，后来移用于书写文字，逐渐改良而成为现在我们的墨水。中国所用的墨，向来是使煤凝为固块，用时和水研之，书画于纸上，可以历久不灭。然墨色及成分，也代有不同，故对古代文书也常可由墨色上推断论定其时代。

(3) 地理学

我国“地理”之名，本于《大传·系辞》曰：“仰以观于天文，俯以察于地理。”理字原作治玉解，因地有山川原隰，各有条理，所以称为“地理”。此在英语适为“Geography”之意，Ges是地，即Land或Earth之意，故地理所负的使命，是应说明地理的形状、大小、本质、地表的气候、各地方的情形、地面的一切动植物以及其在宇宙间的位置等等。如果简单地说，“地理学是研究地表上不绝地变化着的自然界及人类社会的诸现象，并阐明其理由及相互关系的学问。”

历史是研究过去人类的行为思想学问，故与地理学有密切的关系，所以有人说：“现在的历史就是过去的地理，现在的地理就是将来的历史。”

地理的范围甚广，已如上述，故平常为便于研究起见，把地理分为地理学通论（即一般地理学）与地理学特论（或称地理志）之二类。通论是讨究地球上自然界与人类的一切现象与事实，特论则专就一地方的形势、政情、风俗、出产等加以详细的调查与研究。通论中又分自然地理学与人文地理学二门。

第一，自然地理学分左记五项：

a. 天文地理学（Astronomica Geography）

b. 地形学（Geomorphology）

c. 水界学（Hydrography）

d. 气候地理学（Climaro-Geography）

e. 生物地理学（Biogeography）

第二，人文地理学分左列四项：

a. 经济地理学（Economical geography）

b. 人类地理学（Enthnographical Geography）

c. 政治地理学（Political geography）

d. 历史地理学（Historical geography）

大约，自然地理学范围内所研究的对象，与史学关系较浅，至于人文地理学所研究的对象，无一不与史学有密切的关系。人类社会文化的发达过程，常与经济发展成正比例，而经济的衰颓与盛旺，地理问题常为重要原因。人类生活的进化，各民的散布、迁移，及各民族的冲突与斗争，在人类地理学上须讲到，在一般历史中亦须讲到，所以史学与人类地理学的界线，简绝非常难说。人类生活常因政治关系而变迁，故政治运动，如法兰西大革命、美国南北战争、世界大战及巴黎和会等，常为历史中的主要题材。然这种政治运动，常有地理的条件为之背景，如拿破仑的海军何以属败于英？美国的南北二方人民，何以意见冲突，终于到了不得不以兵戎相见的地步？世界大战中，中欧的德奥二国，何以卒至一败涂地而不可收拾？这一方是历史，但是另一方也可以说是地理！所以史学依靠地理的地方甚多甚多。

就中，以历史地理学与政治地理学二项辅助史学之处特多，故再加以详说。

甲，历史地理学

人类社会好比是培养基上的细菌之群，人类必生存于地面，人类的一切动作行为，都演化于地面上，此固无须赘言。所以研究史学时，势不能不同时研究历史地理学。古代人类生活的进化，古国国家的发展，都与地形、地势、位置、交通、产业有关，故研究某时代的历史，自非同时研究其地理不可。例如：

Ⅰ. 古代埃及文明何以发达特早？我们即可以地理的条件为之解释。第一，它的尼尔河(Nile River)每年夏季有一次大泛滥，浩浩荡荡的河水挟着肥沃的泥沙，横溢于两岸，水退以后，那些肥土就薄薄地平铺于两岸平广的田野，所以河畔人民只须略加劳作，即能得多量的收获；第二，埃及的四周围都有天然的屏障，西方是广漠无垠的沙漠，东方是狭长的红海，北方是多浪的地中海，南方是气候酷热的高原。除了苏彝士地带易与亚细亚西端交通外，各方都是用不着防备外族侵入。惟其如此，所以埃及人便能专心一意地去做建设事业了。因此，埃及的文化就比别处发扬得早了。

Ⅱ. 如果我们要讲希腊文明——它何以接受东方文化特早？何以产生城邦制度？何以出了许多文学家、艺术家、哲学家？何以与东方各通商频繁？这些都得由历史地理学来解释。原来，希腊是一个二万五千平方英里的半岛，面积和现在瑞士国差不多，甘巴尼安山(Cambunian Mt.)横贯于北境，品度斯山(Pindus Mt.)纵走于中央，南端的伯罗邦内辛半岛(Pelponnesian Peninsula)上也是满布了奇峰怪岩的高地，最高的地方与海面相差凡二千英尺，全岛内地，到处是丘陵起伏，森林苍郁，极不容易见到适于耕种的平原。地方如是崎岖不平，如此多山，所以产生城邦制度(The System of City-states)。半岛上可耕种之地不多，故不得不向海上或海外去活动。海岸线曲折很多，东岸尤多良港，而爱琴海内的海水则一平如镜，行舟其中，真能令人心旷神怡。各小岛相距咫尺，点点若夏夜繁星，只要有一叶扁舟，即能相互联络交换商品，故希腊人多与东方各国通商。希腊气候宜人，雅典地方平均约二十年间才下一次雪，夏季自比较热些，但是也不使人感到有不能忍耐之苦，天气清朗，从不会有像伦敦那样云雾深锁的时候。故翘首眺望，连山乱峰数十里，都可历历在目中。希腊是如此美丽的地方，是如此富于诗味乐土，故能产生许多艺术家、文学家及哲学家，故能产生空前的文化。

乙，政治地理学

政治地理学是研究“现存的国家社会的组织如何？作用如何？活用如何？”等问题，我们即可因此类推古代的国家社会当在同一原则之下生存发展而来。即我们可从政治地理的见地，创立一种学说，而类推古代的国家社会进展的过程。例如就人类迁移问题而言，我们可以这样说：一切力量是向抵抗力最小处进攻，这是物理学的原则，同时也是可应用于一切事情、事业及心理的大原则。人类亦属动物之一，故凡生存竞争的大原则，在人类社会也未始不可应用。某一国家中，人口增加，物价腾贵，即应用学术方法以培植农产，应用机器以促进工业。而地方有限，所得仍供不应求，于是乎就有移民拓殖的必要。于是垦地，开荒，发见新大陆，征服文明程度较低的国家，强大国间为殖民政策而战争而流血，而移民而经商等事一幕一幕的演变出来。于是乎拓殖政策，门罗主义，帝国主义，侵略计划，人类间斗争的把戏，一剧一剧映照出来。其实，这一言以蔽之，是“一切力量都在向抵抗力最小处进攻”一语的例证。

政治地理学中所讲的现今各国的政策，各国对于领土的扩张的方针，实际古代早已如此，我们在太古史中有不少的事迹，可以来做例证。人情无古今东西，在同一方向中活动，即令偶有若干的变化，也是在某种条件之下的反应。中国文化地点的自西北而东南移动，西洋文化地点的自东南而西北移动，这都在“由高地而平原，由内河内海而大洋”的原则之下的行动。所以现今的政治地理学，可以解释过去历史的地方是很多的。换句话说，政治地理学辅助史学的地方是极多极多。

(4) 年代学

年代学之名，译自英语的 Chronology，原语之意可作“时学”或“时间的学问”解。申言之，即以确定历史事件发生的时间为目的之科学，实即将星学应用于史学，亦可名之为“星学的应用科学”。

历史事件多记明为何年何月，此种记算年月的方法，古今中外各不相同。记算年月之法，固另有所谓历学，但处处与年代学有关，故年代学实与历学为姊妹的科学，颇不易分而为二。有许多历史事件，虽无明确年月的记录，但我们可以应用星学加以追推确定。故广义点讲，年代学可分二部看，一是利用星学的原则，追推过去的年代，一是研究古今各国所曾经应用过的历法的相互的关系，编成的方法，换的方法等。历学为一专门的学问，各国关于历学的著作，殆汗牛充栋，不可胜数，如对历表、纪年表，皆属于历学范围以内，此为我辈所共知。至于推定时间即追推年月的方法，素为史家所不注意，此必从研究星学始。

兹就星学如何应用于史学一端，举例说明如次：

第一，关于波斯战争

赫罗陀托(Herodotus)所著的《波斯战争史》(*The History of Persian war*)事实是这样的：

> 波斯善克司(Xerxes)以二百万精兵进攻希腊，斯巴达王勒恩尼达(Leonidas)率健儿三百人当之于德莫比来(Thermopylae)，激战数日，波斯兵多死。

这里，我们该先讲讲德莫比来的地理。原来这地方一面是峭峻的绝壁，另一面是茫无际涯的海水，这二者之间嵌了一条宽仅数尺的羊肠小径，因温泉的冲激，路上是泥滑得异常，非但两人不能并行，即一人单行也是十分危险的。Thermopylae 之名亦就自此而来——Thermo 是温泉，Pylae 是门或要津之意，合起来就是说有温泉不绝地流着一个崄岨的要口。

赫罗陀托氏记载德莫比来战，并未记入确实之年，只是说：

> 阿多斯(Athos)山口的运河，因凝结了到底的厚冰，兵士们终于在沙尔特(Saldes)过了冬。……到了初春，运河的冰融解了，才开始进兵。但是这一天太阳忽然失了光，世界突然黑暗了。这一来真使波斯惊异而失色，因召占者卜吉凶。占者却乐观地说："希腊人已经失去了他们的守护之神，败亡是必然的。"波斯王至此，始转忧为喜，发命令，续行进兵。

波斯战争是自纪元前四九二年至四七八年间的事情，这是我们所知道的，德莫比来之战约在纪元前四八〇年左右，这也是我们所知道的，然不能知道其正确的年月日。这里，我们就可以用星学证明了。"太阳忽失光"这当然就是"日蚀"，时间已经知道是初春，所以就可以"初春"、"日蚀"二点上来检查日蚀的时日。就当时相近的时日中，希腊地方只有下列的几个时间有"日蚀"：

纪元前四八八年九月十一日

纪元前四八一年四月十九日

纪元前四七八年，二月十七日午前十时二十一分起至午后一时二十九分完

纪元前四六三年四月三十日

九月不是春，四月也不是初春，只有纪元前四七八年二月十七日那一次是初春，于是我们就可以断定德莫比来战一定是这一年的二月了。

第二，关于《春秋》一书

《春秋》为孔子所作，谁也认为可信史料，此固我辈所共知。然其可信程度，我们该用科学来证其确否，换言之，即《春秋》一书亦该用星学来验其确实的程度。经过如此试验的史料，才算有真正的价值。

《春秋》书中颇多记载"日食"之事。当时的人们尚不知日食的理论，则其所记载的，自非推论而得，申言之，即其所记载的"日食"必为目击而后书者，此层似可无疑义。

《春秋》中载有"鲁桓公三年秋七月壬辰朔，日食"。按当时鲁都在曲阜，即今山东省的兖州府，该处在东经百十八度，北纬三十六度，计算

起来，此次日食应为纪元前七百〇九年七月十七日午后二时十九分起亏初，三时三十九分食最大，四时四十七分复圆，查计时日都相适合。

稍后又记载“宣公八年秋七月甲子，日食”。以兖州府为观测点而推计之，则该时适为纪元前六百〇一年九月二十日午后二时四十三分亏初，三时三十五分食最大，四时二十三分复圆。

由上述二例看来，不但可以证明《春秋》一书，足为确实史料，且可明白 Julius 历与周历约相去三月的距离，而周历正月正与现在阳历的一月相同。此种常为历史上不易解决的问题，可从星学的原理得到明确的证明。

(5) 考古学(Archaeology)

考古学普通分为有史以前与有史以后的二部分，人类学者注意有史以前之部，一般历史家则俱主张注意于有史以后。

所谓考古学者如名称之所示，是研究古物的学问。一时代的品物即有一时代的制作、意匠、样式、手法等的特色，我们即考察此种特色的变迁，以探窥某一时代的社会状态，以备史家之参考。古物的种类繁多，自建筑、道路、桥梁，以至器具、武器、装饰品，无一不有研究考察的价值。故如把考古学精细分之，又可有古土木学、古器学、古仪式学等的分划。

考古学何以可作史学的补助学科呢？这问题似乎该首先加以简单的说明。原来许多史家所研究的，多持乎记录类与古文书类，但此种史料或来自传说，或拾自口碑，其可信的程度往往使人怀疑，在古代史中令人疑窦之处益多。这种时候，我们再去找其他记录书籍，循环相证，往往得不到一个更好的结果，于是不得不另找证据，而研究古器物的要求便由此而起。于是便须到博物馆去参观实物，加以比较或去寻求考察真实的古物——桥梁、道路、城寨、器具等等的式样、作风、结构，无一不有助于史事的证明，史料的采集，或订正过去的史料的谬误。

兹先举古建筑物的史料实例。

a. 希腊的建筑物处处有它们的特色，这是大家所知道的，就中以柱的式样尤为特别可注意之点。例如意大利南部的 Pesto 废墟，就是希腊时代遗留下来的古庙，约莫建于纪元六百年前，庙凡三座，就中有一座似建设特早。庙宇之柱，俱上下二端略细，中段则较大，此可为希腊建筑物的柱形的共同的形式，名之为“Entasis”，亦即希腊建筑的特征。知道某时代有某种特征，则识别古建筑物便不难了。

b. 次为青铜太鼓

青铜太鼓不但在马来半岛时有所见，即暹罗内地常作实用品而使用之。从历史上观察起来，我国的湖南、贵州、广东、广西诸省一带及安南的东京（即从前的交趾地方，用青铜太鼓者亦极普通。据吾辈所知的最精密的纪录，南宋的周去非于乾道年间赴广西观察实物，纪录如左：

> 广西土中铜鼓，耕者屡得之。其制正圆而平其面，曲其腰，状若烘篮，又类宣座，面有五蟾，分据其上，蟾皆累蹲，一大一小相负也。周围款识，其圆纹为古钱，其方纹如织簟，或为人形，或如琰璧，或尖如浮屠如玉林，或斜如豕牙如鹿耳，各以其环成章，合其众纹，大类细画圜阵之形，工巧微密，可以玩好。铜鼓大者阔七尺，小者三尺，所在神祠佛寺皆有之，州县用以为更点。交趾尝私买以归，复埋于山，未知其何义也。……亦有极小铜鼓方二尺许者，极可爱玩，类为士夫搜求无遗矣。

我们从这青铜太鼓的式样、雕刻、制作各方面分别加以考察，很可帮助推断中国内部与南蕃交通的始端，何者为后世模造，何者为先代由中国流用过去，此种史料都有补于不明的时代的穿凿甚大甚大。

(6) 系谱学(Genealogy)

何谓系谱学？简单言之，是用“线”来表示人与人之间的关系的简单方法。人与人之间的关系，自然也可以用文字来表示，但有时如用线来表示，明白而简单。如用文字表示之，反噜哩噜哩地说不明白，也看不明白了。所以系谱学才为历史学的补助学科之一。系谱学所表示者约以下列三种关系为主：

a. 血统关系，如

上下行——父子

并行——兄弟

跳跃行——隔代，如祖孙

斜行——叔侄

虚线行——义父养子

b. 政治权承续关系

c. 姻戚关系

我们何以要明白上述那些关系呢？原来，人的崇拜英雄，究是本能的而不可免避的。我们要研究社会时代的变迁与进展，到底不能不把它们的因袭势力完全看过。我们要明白统治者的力量，究竟不能不先晓他或她的身世与环境。但如这些血统或姻戚及其他关系，往往只借用一个简系谱简表便可一目了然。

兹作列表三通如下：

一、Carolingian House 之系图

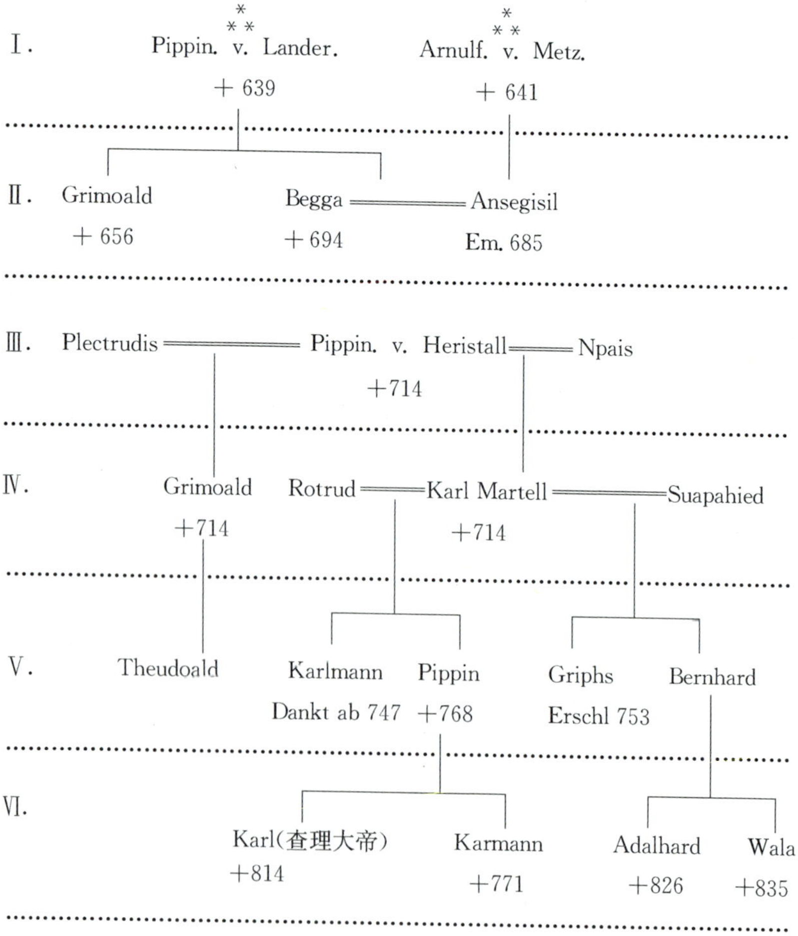

这一个表看来好像很不规则，但是仔细吟味起来，它很明白地在告诉我们那 Carolingrian House 之祖先的曲折的变迁。

查理大帝的祖先 Pippin，住于 Lander 地方，为 Merovingian House 的将军，到了他的儿子 Grimoald 的时代正想篡位立他自己的儿子为王，但各地诸侯都不奉命，他们父子反为人所杀了。幸而 Grimoald 之妹 Begga 嫁到 Metz 家，后由 Metz 家血统来继承 Pippin 的事业。

Begga 的儿子 Heristall Pippin 是一个很有才干的人物，当时一般豪族都信服他，所以他不但维持了个人的地位，并且把他的职位实行世袭。在生前，把他的嫡孙作为东部将军，自己则称法兰克公后，还想受禅称王。正在这时，他忽然死去(七一四)，他的儿子 Grimoald 比他先八个月而死，于是年轻的嫡子 Karl 起来继承伟业。但这多难之秋，年轻的人究竟当不住这危局。幸而这时 Karl Martell 的妾 Suapahied 所生的儿子 Karlmann 已经成人了，而且也很有能力，终于成了打退 Saracen 人的名将。大家称他为 Martell 将军，Martell 的意思是大斧，是象征他的勇武猛烈。Karl Martell 的时候，Carolingrian House 的基础，已经稳固得不能动摇了。Karl Martell 有四个儿子，故力量益大，几乎可以为所欲为。他的第二个儿子 Pippin 终于受 Merovingian House 之禅，而为 Carolingrian House 之始祖。

这样危险的经过，侥幸地通过了，最后卒为得天下的家系。上面的系图，是告诉我们如此不规则的变迁的过程。

二、日本源代、新田、足利及北条三氏的关系图

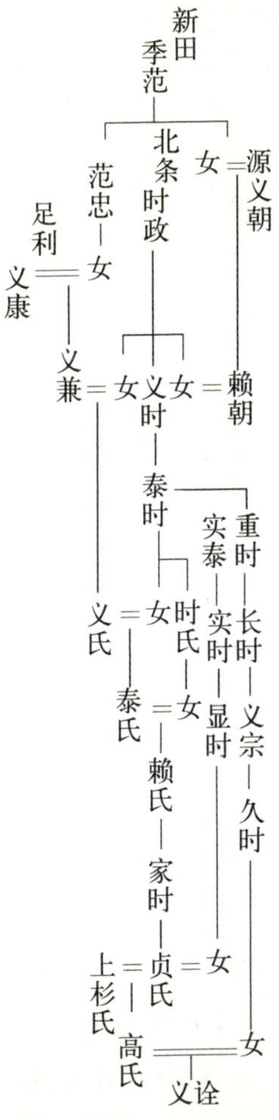

源氏与北条氏及足利氏关系至深，即母方的血统关系甚深，如用文字来表白，至为噜嗦，

今将此图系一看，便一目了然，便可以知道源赖朝所以相信足利义兼之故，便可以知道北条氏所以得专权之故，便可以知道北条衰落后，足利氏所以能继起掌政之故了。

三，宋朝王室图系

宋太祖传弟太宗，太宗传子。第四代仁宗传侄，第六代神宗又传侄，第七代哲宗又传弟。南宋第一代高宗又传太祖系统的孝宗。血统关系颇为曲折，今示以图系，则亦了然。

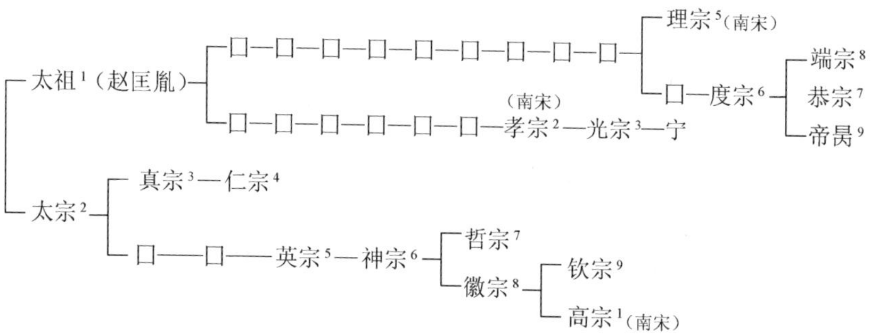

(7) 古泉学

古泉可作史料，此在东方向不注意，故自来史家参考古泉的例证颇少。但在西方则不然，史家以古泉为历史佐证者极为普通。例如某一时代中，有日记，有古文书，史料十分完备，那自然用不着其他补助材料。但亦有段时间，什么文献也没有，那就不能不另求补助材料，古泉学也就是这种地方用得着了。

欧洲的古泉，以“希腊式的”最为完全。希腊式的古泉必具备君王的肖像、国家的徽章，及君王的尊号等。此外，或具有铸造时的年代，或有二个执政的肖像。如为数国通用的，则雕有数国的徽章。有的显示王室的图系，有的铸出领土的疆界。

例如，从中央亚细亚起到北印度一带地方，从前都是希腊血统的君主所占领过的国家，彼处常常发现上古时代的古泉。又波斯的萨散朝的古泉中，必铸出铸造年代的，这种古泉就于研究古史极为有用。

就日本坪井九马三博士所藏的英国古泉看来：第一，知道英王约翰(John)的货币中，表现是王的戴冠之像，深凹的眼，耸然的颚须，狭的面颜,风采并不很好,还用拉丁文拼成 John 的名字。反面雕成日月星一流的图案。总之,那古泉的样子是薄而好看的。银质,直径是 1.75 散丁米突,重量 1.39 格拉姆。

第二是英王亨利时的古泉。表面也是髭须蓬勃,毛发逆立,面长而姿态肥满。里面打出四个叶爿,组织一十字架。表里二面的缘,都刻有拉丁文的铭。银质,直径 1.80 散丁米突,重量 1.39 格拉姆。

第三是伊利萨伯(Elizabeth)女王时的古泉。表面铸有戴王冠的伊利萨伯女王。头的后方有蔷薇花,也就是王室的徽章,缘边照例是拉丁文。里面还有回文与当时英吉利的徽章的豹及法兰西徽章的菖蒲,又有一五六九的数字。女王的盛装与王室徽章的蔷薇花,都是很有助于历史的材料。法兰西的徽章则表示女王且有君临法国的权利。银质,直径 2.45 散丁米突,重量 2.7 格拉姆。

第四是詹姆士一世(James Ⅰ)时的古泉。王之肖像,戴冠御袍,容貌鲜明,技术颇为巧妙。詹姆士王为"欧洲最贤明的愚人",我们从他的面部上看来,觉得这评语是很适当的。王的头的后部雕有数字"12"字样,缘边照例是拉丁文的铭,里面有大不列颠王国的徽章"狮子",英吉利的徽章"豹",爱尔兰的徽章"箜篌",法兰西的徽章"菖蒲花"。品颇厚,银质,直径 3.00 散丁米突,重量 5.36 格拉姆。

从上述几种古泉看来,可以知道这是一种很好的史料,分别说来:

一是可以知道一国的徽章及徽章的来历。譬如:菖蒲花原为法国 Bourbon House 的徽章,后来 Bourbon House 君临法国甚久,实际上便变成法国的国徽。

二是从国王的肖像可推知那时王室的人种。

三是不但可以推知当时一部分的服装,而且当时所重用而又重视的武器也可以看得出来。

四是国王的尊号当然可以晓得,国体也可以推知。又从尊号的语言中可以推知当时的语言及当时朝廷中的通用语之一部分。如果尊号用拉丁文,则不管人种的如何变迁移动,但可知当时希腊半岛上,仍以拉丁语为政府的通用语。

五是可以明白当时一般美术的精巧或粗陋。

六是从古泉的形式内容上可观察得当时工业的进步到了何等程度。因古泉必为金银铜所制,故与炼金术有密切的关系。

七则可推知当时的经济情形,因凡是经济情形不好的时候,货币质量之往往降落的。

古泉可作史料,古泉学是史学的补助学科,从上述几点看来,当然可以明白了的。

史学的补助学科,除上述几项以外,当然还有,但较为重要的,都已简单地讲到了,本章就如此结束吧!

历史研究法

姚从吾 撰

导　言

欧洲讨论历史学研究法一类的书，据我所知，以德国比较发达，法国与英国次之。德文中比较重要的《历史研究法》计有下列几种：

一、鲍瓦教授(Prof. W. Bauer)的《历史研究入门》(*Einführung in das Studium der Geschichte*)。一九二一年初版，全书连引得共三百九十五面。一九二七年再版，共四百十九面。出版地德国 Tuebingem。鲍瓦是现在奥国维也纳大学的历史学正教授。

二、斐德儿教授(Prof. Alfred Feder, S. J.)的《历史研究法教科书》(*Lehrbuch der Geschichtlichen Methode*)。一九二四年第三次修正本，连引得共三七二面。出版地德国 Regensburg(3－4 Tausend)。斐德儿是 Valkenburg 哲学神学学院的教授。

三、班海穆教授(Prof. E. Bernheim)的《历史研究法与历史哲学(教科书)》(*Lehrbuch der Historischen Methode und der Geschichtsphilosophie*)。一九〇八年第五、第六次修正版，连引得共八四二面。班海穆是德国 Greifswald 大学中世史与历史研究法正教授。他是欧洲讲历史研究法的开山始祖，在欧美史学界拥有极大的荣誉。

四、班海穆教授又著有一本小书，刊在《葛申丛书》(*Sammlung Göschen*，第二七〇种)中，名《历史学概论》(*Einleitung in die Geschichtswissen schaft*)，共一八二面，一九二六年第三、第四改正版。

五、迈斯特教授(Prof. Aloys Meister)的《历史方法纲要》(*Grundzuege der Historischen Methode*)。为他所出版的《历史学纲领》(*Grundriss der Geschichtswissenschaft*)丛编的一种(第一类第六种)。德国 Leipzig, Teubner 书馆出版。一九二三年重印本，大本小字，共三十四

面。迈斯特为 Muenster 大学教授。

六、埃儿斯列夫（Kr. Erslev）的《历史的技术》（*Historische Technik*）。共九七页。埃氏是丹麦的大史学家，原书一八九二年出版，一九二七年由德国 Kiel 大学历史教授布郎提（O. Brandt）的夫人 Ebba Brandt（原为丹麦人?）译成德文。原书短小精悍，语多扼要。

此外不甚重要的历史学与历史研究法，则有曾在日本帝国大学教过历史的黎斯教授（Prof. Ludwig Riess）的《历史学》（*Historik*），一九一一年柏林出版，共三九一面。海耳曼教授（Prof. Siegmund Hellman）的《怎么样研究历史?》（*Wie studiert man Geschichte?*），一九二〇年门兴（München）出版，共一〇七面。稍旧而曾享盛名的，则有杜瑞荪（J. G. Droysen）的《历史的纲领》（*Grundriss der Historik*）①。偏重一时代的历史研究法，上古史则有瓦克斯木提（Kurt Wachsmuth）的《上古史研究概论》（*Einleitung in das Studium der alten Geschichte*，1895）。近代史则有武耳夫（G. Wolf）的《近代史研究入门》（*Einführung in das Studium der neuerer Geschichte*，1810，p. 793）。史论杂著，以及关于历史哲学、史籍史、史学家传记之类，尚有多种，对此篇没有直接关系，一概从略。

德文以外，英文关于这一类的通论书，我所知道的有傅零（F. M. Fling）的《历史的述作：一种历史方法的入门》（*The Writing of History: an introduction to historical methode*，New-Haven，1923，p. 195）。法文仍推朗哥鲁瓦（Ch. V. Langlois）与塞诺堡（Ch. V. Seignobos）合著的《历史学初步》（*Introduction aux Etudes Historiques*，巴黎，1898，p. 308）②。

上举各书以鲍瓦的《历史研究入门》、班海穆的《历史研究法与历史哲学（教科书）》、斐德儿的《历史研究法教科书》三书，比较最佳。朗哥鲁瓦与塞诺堡的《历史学初步》、迈斯特的《历史方法纲要》、埃儿斯列夫

---

① 第一版在一八六七年。一九二五年由 Prof. Dr. E. Rothacker 校阅新印，共一〇四面，出版地德国 Halle-Saale。

② 中文有李思纯君译本，名《史学原论》（上海商务印书馆，1926）。这里的译名从李璜君，见所著《历史与社会科学》（上海东南书店，1928）。英文有 G. G. Berry 的翻译名 *Introduction to the Study of History*，1898，1926。

的《历史的技术》、傅零的《历史的述作》次之。就时代说，班海穆的教科书与朗、塞二氏的《历史学初步》，比较上已嫌陈旧。后者又只重在讨论历史研究法而忽略历史学的理论与研究的范围，更嫌缺而不全。他们的优点，已被鲍瓦、斐德儿二人采入各人的著作。鲍瓦与斐德儿两家所积近二十年来的新研究，则为班海穆与朗、塞二书所不及。简要精密，每章下列举各种新旧参考书，使人读过得稍知德国史学界发达的概况，当推班海穆一九二六年改作的《历史学概论》。武耳夫与瓦克斯木提的书，当然是研究近代史与上古史必看的入门书。但是二书都偏重讨论研究历史的一个时代，已超出本书的范围以外，俟有机会，再专篇分述。

本书大致以班海穆的《历史学概论》为主，兼参考班海穆的《历史研究法与历史哲学(教科书)》、鲍瓦的《历史研究入门》、斐德儿的《历史研究法教科书》三书。比较上参用后二书尤多。因为全书是取人成说，又只撮取大要，故拟名"述要"。全书组织略本《历史学概论》，而分全部的历史学为四部：

第一，历史学的性质：通论历史学的性质与任务。包括 1．"历史学的性质"；2．"历史的进化"(历史记事的进化)；3．"历史学的定义"；4．"历史学的任务"，与历史学的分类与分期等。

第二，历史的研究法：通论关于历史史料分析、批评、综合的各种方法。目的在寻得事实记载的可靠的来源，所以又名为"史源学"或"史料的研究"。包括 1．"历史研究法的概观与历史"；2．"史料的分类"；3．"史料的搜辑与出版"；4．"史料的保管与编制"；5．"史料的批评"：(一) 外部的批评，即校勘；(二) 内部的批评，即内容的评价，一小部分类于我国旧日所说的训诂；6．"史料的解释"；7．"史料关系的会通"；8．"史料的叙述"等。

第三，欧洲近代通行的几种历史观：略述说近代注重理论的历史学家与其他学者对历史的各种看法和各种解释。

第四，历史研究的范围：通论历史学与其他社会科学，若干种自然科学，以及文学美术等的关系与历史学的辅助科学等。

四者并重，缺一不足以窥见近代欧洲历史学的全面目。不知道历史学的理论，即认不清历史学的性质与本体；不但不能明白历史学在科学上应得的地位，即对于一种史事，也难有合理的观察与判断。不明白历史研究的范围，不但不能明析历史学与各方面的关系，弄不清楚历史学的界限，即历史学和她的各种辅助科学的宾主关系，也易于紊乱。至于历史研究法（史源学），重在述说各家对史料研究列举的方法，供入手研究历史的参考，在全部历史学中更属重要。这是这本小册子的全面目。他若史籍的演变，略见于历史的进化；历史哲学，略见于近代的几种历史观。至于欧洲近代历史家的略传与著作，另见英国史学家古曲（G. P. Gooch）著的《十九世纪的历史与历史家》（*History and Historians in the Nineteenth Century*，1913，1928，London），与取立希大学教授费特儿（Ed. Fueter）著的《近代史籍的历史》（*Geschichte der neuern Historiographie*，*Muenchen*，1925）。李特（M. Ritter）的《历史科学的进化》（*Die Entwicklung der Geschichts Wissensehaft*，1919），非本书所能尽详。其他若班海穆在《历史研究法与历史哲学（教科书）》所引实例，以及鲍瓦在《历史研究入门》、斐德儿在《历史研究法教科书》、班海穆在《历史学概论》所举各种参考书，不胜详举。参考书除择要收入附注以外，一概割爱。

著者尝用国语译班海穆的《历史学概论》，因原书系通论撮要性质，废时甚久，犹觉多不惬意。又因关于历史研究法诸书，涉猎稍多，觉着上边所述各书，都不免有此详彼略的地方。立下几个标尺，所看的影子，即不免长短不齐。因此计划撮译各书，取长补短，另成一种《近代的历史学与历史研究法》。但述说他人的成法，须详加参证，再证以个人的经验，力能“提玄钩要”。各书所举参考书合计不下七百五十余种[①]，牵涉过多，非一一略加翻阅，不敢随便猜译，因此屡次中辍。现在可发表这篇“述要”，略述个人所看到的西洋历史学，供国内留心现代历史学者的参考。这本小书采自上述各书，自不免偶有重复或遗漏，修正增补，期诸异日。

历史学也是一种“切实的科学”（concrete science），实际工作以外，无所谓空洞的方法。柏林大学历史研究法及历史的辅助科学的教授，阿拉报（Prof. A. Krabbo）说的很真切：“学骑马的人，须骑在马上；

① 仅《历史学概论》所举，已五百十余种。

学游水，须跳下水去；学历史即须练习辨认真伪，批评史料，找到应当知道的史源，在一个既定的步骤下，实地工作。”著者认此为学历史者应当遵守的格言。法国史学家朗哥鲁瓦与塞诺堡在他们合著的《历史学初步》结论中，曾很具体的指出研究历史的步骤：

为得到过往的采化和事实的知识，从考察遗迹(document)起，所要做的工作是很繁多的。所以历史学有“分工合作”的必要。——(第一)应当有一些专门的工作者，分别担任搜求、排比和暂时将遗迹分类的各种工夫。并且要调和彼此的功力，以便使这种科学的预备工夫，在最经济最可靠的条件中，提早完结；(第二)他一方面应当有部分的编纂人(对于地方或人物的分叙)，从事最宽广的统纂，从事供给材料的工作。并须商定向一个方法去努力工作，以期每得一个结果不必(使别人)再费一番考究，便能直接供他的利用；(第三)最后应当有一些经验丰富的作者，个人不必再去做“搜求的工作”，专门运用所有的时间，去研究各种部门已编纂的稿件，以便用科学的方法，参证会通，成功各种综合的著作。——如果这些工作能够自然而然的，在社会变化的原因和性质上，抽出一些结论来，我们便可以建立一种真正科学的历史哲学。到了这时候历史学家就可以承认他的科学的“历史”已经正式成功了。①

整理国学(历史)需要分工与合作。第一步，应由专门的工作者，分头担任史料搜辑、归类与编辑的初步工作，在最经济最可靠的条件下，各完一工；第二步，应由专科的学者，选任一时代，或一题目，从事局部的整理。每得一个结果(Synthese)，不必再费一番考究，便能直接供别人利用；第三步，再由有经验的专门学者，不必再费初步搜求与归类的预备工作，即可用科学的方法，编成综合一时代，或一科目的历史。这也是我们对于我国史学界想提出的整理旧史的计划。举例说，我们想得到若干种科学的《元朝史》或《元代的文化史》。第一步应当由陈先生

---

① 见原书结论，一八九八年本，二七六面到二七七面。采用李璜的译文，略有增改，见《历史与社会科学》，pp. 29-30，1928年出版。

专门搜辑，考证元代的宗教和文化。张先生专门搜辑与译述元代和外国人商业、政治、文化的交通。王先生专门整理中文旧元史以外的戏曲和游记。何先生专门注意译述现代英、法、俄、德、日学者关于元代蒙古人的新研究。洪先生或某先生专门介绍与翻译波斯文、阿拉伯文、小阿母尼文等对于元初蒙古人的记载。……这叫做分工；第二步，陈先生著成一部科学的《元代宗教史》，或《元代异族华化史》。张先生著成一部《元代与外国人文化、政治、商业交通史》。王先生著成一部《元代戏曲史》和《蒙古大汗与南宋交涉史》。何先生译成若干近代欧洲学者对元代蒙古人的研究。洪先生或某先生译成拉施特与费志尼一般人的史记汇编等。……大家工作都本着科学的方法，得到的结果，自然不必再费一番搜求和零星的考究，即可直接供别人利用；第三步应再由柯先生或陈先生免去各种零星搜求的工作，专门用精力去研究各先生对元史局部研究的结果。参证会通，批评补充，编成一部科学的《元代通史》或《元代的文化史》，这叫做合作。这样的整理，这样结账，我们即可以承认，我们应有的"科学的元代史"，已有合理的基础了。元代史可以用这样的计划整理，推而唐代史、明代史、清代史、汉代史、中国经济史、中国农业发达史、孔教史与反孔教的历史，……都可应用这样的计划从事整理。

整理国史应有计划与步骤，方能次第建功，不走重路。比方建塔，先打图样，再选材料。图样、材料选定后，垒一砖，是一砖，方能建立一座峨巍的高塔。上边所说分工合作的办法，即是建塔的办法。此外另有一个先决的问题，应由国立大学、国立研究院，联合基金巩固的私立大学，合组史料统计会，澈底清查一次，看看我们现在到底还存有多少史料。统计的办法，分史料为记载、古物、传说（图画分别附见）三大类。每类再分为若干时代，每时代中又可分为若干细目。最方便的办法，先以朝代为统计的单位，每朝之下，按地域、题目（如经济、美术等）、时期，分别归类。大批的古物，尚待发掘。口头的传说，已有人从事征集。但这两类尚在萌芽时期，暂时无从结束。现在应由国家学术机关着手清查，从事统计的，就是记载。换一句话说，我们应当利用国家学术院，与各大学合作的力量，先大概知道，我们还有多少书籍。先统计秦代现在存多少记载，两汉、吴蜀、魏晋、南北朝的各朝、隋唐正代、十国，直到清朝,每朝共各存多少记载。各代就现存的再分别归类,多少是辛尚完整,多少是已经残缺。引见他书尚可辑佚的约有多少,名实不符,尚待考证的约有多少,抄本、类书、丛书等共有多少。最粗浅的办法,征集全国公私图书馆、藏书家,以及已刊未刊的书目,汇集于史料统计会,作为基本。由专人分代担任,先为大概的统计,作为基础。第一步稍有头绪,再由专家定立标准,仍分代担任,作进一步比较详细的统计与整理。我个人的假设,先以《四库全书》总目为工作的标准。除已收于四库,分代自为一类外,第一清查四库未收入的书,现存若干。《四库全书》存目中的书,现在尚存若干,另外多出若干。四库以后,已刊的新书共有若干。先以著作人的时代为标准,统计在求知现存书籍的数量。至于版本和内容的批评,当另由专家私人选任。假使这种办法,能在北平试行,我想至少可以知道北平各公私图书馆共有多少种书,全国载在书目上的共有多少种书。这或者是很笨重的办法和工作,但也是很需要的工作。数十年来,古书旧物,每年出国的,不知道有多少。私人像罗振玉先生们的搜辑保存,终属有限。国立学术机关若不设法在雕板将绝的时代清查一次,对于书籍、古物求得一个总数,渐渐确立整理国学的基础,虽张口科学的方法,闭口科学的方法,不仍然是在那里暗中摸索,各自为战,抱残守阙么?

此外附属在我国二十四史和古书已亡的国家,已绝灭的种族,如匈奴、大月氏以及西域各国,他们原来或竟没有文字和记载,或已经国亡散佚。这种仅存的史料,除欧洲学者近来在蒙古、土耳其斯坦掘地考古,偶有新的发见者外,保存在我们东亚古国史书中的,共有多少,也应有专家分别统计汇集的必要。比方匈奴,当两千年前在东亚是和我们对抗的大国,汉高祖、吕后或曾纳贡称臣,在世界史确曾称霸一隅,历年甚久。现在史料少存,想知道匈奴人在历史上的往事,第一流的史源,要推我们的《史记》、两《汉书》中的《匈奴传》,以及关于匈奴的记载了。这些史料以少见珍。欧洲的学者像底哥楼提(J. J. De Groot)[①]一般

---

① 底哥楼提为荷兰人,1621年已死,为前柏林大学汉学教授。著作甚多,多关涉中国宗教问题。关于匈奴的著作为汇译《史记》和《前汉书》中的《匈奴传》及涉匈奴的记载,名曰《耶稣纪元前的匈奴人》(*Die Hunnen Devorchristlichen Zeit*, 1921, p. 304)。F. Zach 曾有评文,载 *Asia Major*, 1924。

人，已着手研究匈奴的历史。将这些绝无仅有的材料，再加以更详细的统计与汇辑，供专门学者的研究，当然也是我们对世界史应尽的职务。

清查史料编制各种专门的目录，增进研究方面的设备，这是国家与国立大学应负的责任。清查史事，将重要的史事，加以搜辑与汇编，是专门学者应从事的工作。两者应分别进行，互相共济。我很赞成胡适之教授在北大《国学季刊·发刊宣言》所说索引的整理、结账式的整理、专史式的整理，并且时时希望胡先生的提议，早日见诸实行。现在特趁便补提清查书籍，作为入手的办法。整理旧史应先注意史料与史料的来源。本书第二编特别注重史料来源的研究，以便我们工作时的参考与比较。

我国旧有史学，近三百年来，虽比较发达，但最大遗憾，即是偏重零星的考证，很少有独立的创作。专制时代忌讳多而言论没有自由，设备简陋，人材不能集中，又没有大规模共同研究的学会、年会的组织，结果大家都埋头注释古史，考证名物，很少有人计划一时代，或一科目的通史或专史。胡适之教授说的好："大家只在学绣，而没有人绣鸳鸯。"三百年来，除黄宗羲的《明儒学案》、《宋元学案》，江藩的《汉学师承记》，李元度的《国朝先正事略》，柯劭忞的《新元史》，屠寄先生的《蒙兀儿史记》等，比较尚是有计划的历史著作。其余史籍演进的公式，除若干官书，照旧式续作外，大概先有零星的札记、考异，而后有王先谦的《汉书补注》或《后汉书集解》。近三十年来，世界学术日趋发达，西欧各国专史、通史、世界史、东亚史，琳琅满目，犹日增不已。独我国"补注"、"集解"一类的杂凑著作，仍在那里关着门，繁荣滋长。真正确立一种见解，综合一代，或一事，著成一种通史或专史的，算来算去，不过只有胡适之教授的《中国哲学史大纲》、《国语文学史》，王国维先生的《宋元戏曲史》，梁任公先生的《清代学术概论》、《先秦政治思想史》，陈援庵教授的《元西域人华化考》等几部历史。片段的绣货堆积的多极了，绣成的鸳鸯，大大小小，不过只有这几个。这个原因就在大家忽略了历史学的理论（指欧洲学者共承认的理论，不是不合逻辑的、洋八股式的瞎说）。没有理论，因此也没有人去认识历史学的范围和职务，因而也很少有人汇集一时代，或一史迹的史料作分析（Analyse）与综合（Synthese）的工作。

所以我介绍近代的欧洲的历史学，理论与研究范围、研究方法并重。学习刺绣固然要紧，什么是自己要绣的鸳鸯，鸳鸯与老鸦不同的地方，前人绣而未成，成而不像的缘故，都有知道的必要。

其次，即是不注意史源与参考书（或述作）的分别。史源德文叫做Geschichts-Quellen，指一种最早留下来的"原料"。述作是著作人根据这种原料，写成的叙述，德文叫作Darstellung。简单说，史源是材料，"述作"是个人的作品。我去年曾在我所编译的《蒙古史发凡》一文的序言中说：

> 事实记载，在所有史料中，最早最根本的记录或遗物，为一切叙述纂辑所自出者，谓之"史源"。以例言之，蒙古史初期，若就现存史料言，则《元秘史》、《亲征录》、《西游记》、《西游录》、《蒙鞑备录》、《黑鞑事略》，志费尼所记蒙古西征（《世界征服者的历史》），拉施特·哀丁之《史记汇编》，旧《元史》、元初人的文集，拉丁文或译本喀品尼、卢布鲁克之游记报告，海屯王之记行等，为史源。而《译文证补》、《新元史》，多桑、霍渥尔特之《蒙古史》，那珂通世、维拉底米儿遭夫（B. J. Vladimirtzov）、郎博（H. Lamb）之《成吉斯汗传》等，则为述作。史源为记事根本，述作为专家的研究。记事根本者，记载论断所自出，有则曰有，无则缺略，不容有增减或曲解。专家的研究则见仁见智，因人而异。譬之摄影，史源为山水景物，而著述则摄影家的作品。

比方说，胡适之教授的《中国哲学史大纲》上卷，是我国古代哲学史的一种述作。《论语》、《孟子》、《荀子》、《庄子》、《韩非子》等书，是研究我国古代哲学史的史源。王国维先生的《宋元戏曲史》是叙述宋元戏曲的一种述作，现存宋元人的遗曲、杂剧、金元曲选等是研究宋元戏曲史的史源。专家研究的结果，是一般人所需要的。著述所根据的史源，代表的是片段的事实，须经过批评与解释，方易有系统。对专家需要，对一般人的参考不尽需要。若有人问你，我想知道些中国古代哲学的历史，你应当告诉他，可看胡适之教授的《中国哲学史大纲》上卷，却不应告诉他，须熟读二十五子。因此我觉得数年前报纸上所发表的《治国学的书目》等等，都完全忽略了"史源"与"述作"的分别。他们所开的书目，除了《中国哲学史大纲》、《宋元戏曲史》、《先秦政治思想史》等以外，都是些史源，或转手的史源，而不是整理过的作品。都是些专家使用必须的原料，而不是供一般学生所需用的参考书。现代百业分工，一切合理化，一般青年应各有专门职业。历史与哲学书，只是应备常识的一种。人人不能尽读几百几千种的经史子集，也无暇再读经史子集。这些书目，供普通的青年看读，嫌太多，供专家研究，反嫌太少。

我们要有共同工作的计划，大家方不至再走重复的冤枉路。我们要注意分析与综合的研究，联合国家与个人，同力合作，量力分工。本共同的计划，不再各自为战，建立我国历史料学研究的基础。我们要努力完成无数《中国哲学史大纲》一类的清史、明史、元史、唐史、汉史……，不再作片段的堆积的札记，和题大而空的变相史论。我们要一方与世界学术界相见，较量长短，知所比较；一方注重实际工作，从认识历史学的性质，明白历史研究的范围。从认识史料，批评史料，研究史料……去着手整理我们固有的历史。

这是我述说历史研究法（欧洲现代历史学）以外的一点附带的意见。希望能在环境允许之下，与有志新史学运动的朋友们共同努力。

（从吾，一九二九，十月，柏林 Steglitz 区）

第一编　历史学的性质与任务

第一章　历史的性质

一　字义的说明

“历史”德文叫做“格色喜特”（Geschichte），由“发生”（格色因Geschehen）一字沿袭而来。所以“历史”一辞，在德文中，最初有“运数”（Schickung）和“偶然”（Zufall）的意思。后来沿用，也有两个不同的解说：一指一件事情的发生，二指一件事情发生的研究和记述。

“历史”在希腊文中，作“istoria”，拉丁文作“historia”。最初的意思，是“寻求知识的学问”（erforschte Kunde）。所以历史家是求智的人，哲学家是爱智的人。后来专用于记事，也和德文的“Geschichte”相同，有两个意思：一方面指事实的自身，一方面指研究事变与记述事变的学问。由希腊与拉丁字沿袭而来的英文“history”和法文“histoire”，意义全同。德文中“Geschichte”和“Historie”也互相通用。除了习惯上的沿用，有时略有定型以外，意义并没有区别。他们的区别，只是一个是德国字，一个是外国字（拉丁字）。

迈斯特教授（Prof. A. Meister）在他著的《历史方法纲领》（*Grundzuege der Historischen Methode*，1913/23）中，很明白的区别“历史”一辞，在德文中的含意为下列三种[①]：

---

① 见《历史方法纲领》的第一面。德文历史研究法各书对历史字义的说明，比较以迈斯特为最明白。兹特取之，惟次序略有变动。余则采自鲍瓦的《历史研究入门》（pp. 10-11，1921；（转下页）

a. 指一件事情的发生(Was geschieht)。指事情的自身,简单说就是"事实"。

b. 指一件事情发生的经过(Was geschehen ist),即是说曾经发生过些什么事情。指一件事情发生的述说(die Frzachlung des Geschehenen)或叙述(Darstellung)。简单说即是"实事的记载"(历史书)。

c. 历史学:研究一种事实(人类事变)发生的各种关系(Erforschung des Geschehenen),研究怎样使"记述事实的记载"与"事实"符合。

"事实记载"与客观的"事实"在可能的条件下两相符合,这样的记载才是科学的记载,我国古时候叫做"信史"。假若历史的职责,在供给人类对于过去事件的正确知识,事实的记载即应当与客观的事实彼此符合。不然人类对于过去,是只能得些文学的赏鉴,而不能获得正确的知识的。所可惜的,即是从前许多"事实的记载",杂有以无为有的伪事,和客观的事实真象并不符合,而且有些是有意让它不符合的。比方春秋的时候(纪元前607年),晋国的灵公无道,正卿赵盾(赵宣子)劝谏他,他不但不听,还要派人去杀赵盾。赵盾没有办法,想到外国去躲避。在这个时候,赵盾的同党赵穿,把灵公杀了。赵盾即又由半途折回,主持国政。晋国的史官太史董狐,特意把这桩事记载下来,说:"赵盾弑其君。"宣布于众,让朝臣们观看。赵盾说:"这样与事实不符。"董狐说:"你是晋国的正卿,亡不越境,反不逃贼,非于而谁?"于是赵盾只有自认倒霉了! 我们的孔老夫子,后来听说了,很高兴的说:"董狐要算很难得的良史! 他记事没有隐讳。"拿我们现在的眼光看起来,董狐的记事真的与事实符合么? 他的书法真的不隐么? 自然不是的。这件事符合事实的记载,应当是这样说:"晋灵公无道,赵盾出外躲避。赵穿把灵公杀了,赵盾没有走出国境,就又折回来了。"赵宣子明明白白没有弑君,就不应拿三纲五常的历史观,硬说他弑了君。(至于他是否主谋,另当别论)。研究历史在求得知识,不是用以维持纲常名教。所以董狐的态度

(接上页)pp. 11-12,1927),斐德儿的《历史研究法教授书》(pp. 1-3,1924),班海穆的《历史研究法与历史哲学(教科书)》(pp. 2-3,1903—1908)、《历史学概论》(pp. 1-2,1926)。又,Jac. N. Bowman著"On the use of the word history",1915,载德国已故历史家Dieterich Schaefer七十生日纪念刊,797面以下,说明"history"一字在美国著述中通行的用法,亦可参看。

与方法，都是不合于科学的。他的记事是另有作用，他要“寓褒贬，别善恶”，他要“让乱臣贼子惧”。他的记事既与事实的真象不符合，而且是有意如此，这就是我们所不能苟同的。

二　广义的历史与狭义的历史

“历史”一辞，照上边所说它的含意，自然有广义与狭义的不同。兹略加说明如下：

a. 历史照第一个意思说，可以应用于一切事物。凡是一种事情发露于外，有一种具体的发见，有一种经过，这种发生，这种经过，都可叫做历史。所以动物有动物的历史，植物有植物的历史，天象、地球都有它们的历史。这是历史的最广义。

b. 历史照第二个意思说，凡是将一件事情发生的经过，用文字记载下来，或口头述说一过，或用绘画，将这种事情发生的经过表现出来，都是一种历史。比方我们记述世界大战的经过，局部的或全部，是历史。即是记述一种动物的发生、长养，和研究经过的情形，也是一种历史。所以有战争史，也有动物学史。《扬州十日记》是一种历史，集合千万年各种化石而记述一种地质史，也是一种历史。这是广义的历史。

c. 历史照第三个意思说，历史学上所承认的历史事实与事实的记载，仅以“人类”为限。除开个人的身体的发育（幼、壮、老），心理作用的变化（常态、变态等等），另属生理学和心理学以外，凡是人类带有社会性的行为，群体或影响群体的事情，才是历史的事实。历史家研究事变发生的原因的事实，限于这种有社会性的人事。历史家用科学方法研究史迹，使事实记载与事实符合的事实，也只限于这种有社会性的人事。这一类的人类活动，这一类的事实，才是历史家所研究的对象。这是狭义的历史，也就是我们通常所说的历史。

再简单些说，广义的历史，统指自然的历史（Naturgeschichte）和人类的历史（Menschengeschichte）。狭义的历史，专以人事界的历史为限，万般人事中，犹只限于有“社会意义”和“与民族文化有关系”的人事。

三　历史学研究的趋势

历史学既是以“研究事变发生的各种关系”和研究“怎样使事实的记载与事实符合”为主旨，观察点既有出入，就欧洲史学界已往的经过和现在的趋势看起来，同是研究历史的人，又有以下的派别：

1. 偏重理论的研究

注重考究人类事变发生的原因，研究事变发生的意义，有什么样的影响和演变，应怎样解释。目的在从历史事变中，推求历史的定律或公例。

2. 偏重考证事实的研究

用科学的方法考证史事，搜辑史料，批评史料，分析史料，综合史料；对事实的认识，成为正确的认识；使历史的记载，成为一种科学的记载；使记载与客观的事实比较能以符合。

凡是以推求历史的事变为主，考证事实为辅的学者，属于前一派。这一派的好处，在能应用哲学的观察，用明白的概念，说明历史事实的演变。坏处在有时不免拿历史的事实，迁就个人的成见；以考证事实为主，以推求历史事变为辅的学者，属于后一派。他们的长处在能寻找证据，忠于记载。短处在有时拘守事实，对于历史的进化，不能作客观的和系统的观察。前一派又可叫做历史哲学派，法国的社会史派、德国的文化史派、唯物史观派，都近于这一派；后一派近于我国所说的“朴学”，功力甚好，而见解则不甚高明。德国的普鲁士派和普通的政治史派，都接近这一派。

说到历史哲学，下边将另编详述。自海格耳(Friedrich Hegel，1770—1831)、孔德(August Comte，1798—1853)以后，历史哲学已自己成为一种独立的研究。大致又可分为“哲学家的历史哲学”和“历史家的历史哲学”。前者运用哲学的某种看法，去解释人类历史的事变；后者依据历史的实事，归纳为一种历史观，或历史哲学。特出的历史家，不长于哲学，也可解答历史上的种种问题。但若知道历史哲学，能运用历史哲学家的理论，和他们对于历史的各种看法，对于历史事实的认识和评价，自然会有更正确的了解，更精深的观察。

第二章　历史记事的进化（历史演进的历史）[①]

历史是记述人类事变，或人类视为与他们有关系的事变的记载。就记载的方法、动机、目的，或已有记载的种类，分别起来，自有记载到现在数千年来，在各种有历史的民族中，历史自身演变进化的情形，欧洲的历史家曾将他们分为下边的几个阶段：

班海穆、迈斯特、斐德儿等分历史演变进化的经过，为三个阶段：

1. 述事的历史（erzaehlende Geschichte），或记账式的历史（aufzaehlende Geschichte）；

2. 垂训的历史（lehrhafte Geschichte），或实用的历史（pragmatische Geschichte）；

3. 进化的历史（entwickelende Geschichte），或发生的历史（genetische Geschichte）。

鲍瓦的《历史研究入门》则分历史的演进为四个阶段，名称亦略异。如下：

1. 报告的历史著作（Die referierende Geschichtsschreibung）；

2. 实用的历史著作（Die Pragmatische Geschichtsschreibung）；

3. 发展的或进化的历史著作（Die genetische Geschichtsschreibung）；

4. 社会学的历史著作（Die sozialogische Geschichtsschreibung）。

自述事的历史到进化的历史，鲍瓦与班海穆的解说大致相同。惟鲍瓦又分进化的历史为两个期间：第一，注重考证政治或个体的进化

---

① 关于历史记载的进化，详见班海穆教科书 pp. 21-43，《历史学概论》pp. 6-14，鲍瓦《历史研究入门》pp. 146-151，斐德儿《历史研究法教科书》pp. 6-9，迈斯特《历史方法纲领》pp. 3-5。

的历史；第二，注重考证文化或社会的进化的历史。现在依鲍瓦的主张，参证班海穆的解说，分历史的进化为四个时期。

一　述事或记账式的历史

历史在这个时期，只是一种重要事实的记载，记事人将外界发生的事情，认为重要的，简单的记载下来；或仅记重大事变，彼此不相统属；或用记账的法子，按时代择要编记。

历史记事的缘起。在这个阶段中，记事家认为有重大关系的事变，也各不相同。追溯动机，约有下列三种。这三种记事的动机也就是历史记事的缘起。

第一，起于爱美的冲动。记事人对于人类命运的穷通，英雄奇士的“珍闻异行”，发生悲愤或快感，因而爱恋，形诸歌咏，历久不忘，录为记载。历史记事的起源，大概以这种的动机为最早。这一类的记事，大都为英雄故事、英雄诗、帝王异闻、史诗等，一半是故事，一半是历史。比方希腊故事中，荷马（Homer，纪元前850—600）的英雄诗《伊利亚斯》（*Ilias*）和《奥得塞》（*Odysee*），中世纪日耳曼民族的英雄歌（*Nibelungen-lied*），十二世纪西班牙的《西德史歌》（*die Romanzee von Cid*，十二到十六世纪）。我国《诗经》中的《叔于田》、《女曰鸡鸣》一类的诗，都是可歌可唱的“古历史”，都发生于爱慕的冲动。

第二，起于好名心与好胜心。古代记事发生最早的动机，也起于好名心或好胜心。好名与好胜，种类甚多，大致不外夸示武功，表扬神迹，使后人讴歌崇拜；或夸彰功业，铺张威德，令时人威服遵从。比方亚叙利亚（Assyrian）与埃及的古史，多记战争，即是一例。其他各民族最早最古的战胜歌、凯旋门、田猎歌，城堡墙壁上图画的武士战迹，以及建立石碑石柱纪念武功，或刻石记述功令、禁约等等，都属于这一类，都有好名夸功表示胜利的意味。

第三，起于节日祭祀。选择一年中的某一天，或有特别事情发生的某一年，作为一民族的主要纪念日。如犹太人以摩西逃出埃及之年，回教以谟罕默德出亡之年为纪元，希腊人以四年一周的运动节为纪年之类，都好例。因为纪念某日或某年发生的主要事情，所以联想到记载。其次对于自然界的某种现象，认为是神的灵迹，表示崇拜。或对于本族中的英雄、首领，表示感戴，因而举行祭祀、祷告与颂祝。因笃守祭祀、祷告、颂祝而形诸记载，这是“编年史”与“赞颂诗”发生的原因。各民族最早的“王侯继嗣表”、“祭祀录”，雅典“执政官的名录”，希腊古代“四年节的记录”以及“升黜表”、“世系表”、“题名录”等，都属于这一类。这一类的记事，大概注重年月，不详事迹。

我国的《诗经》、《春秋》、《竹书纪年》，即属于这一类的述事的或记账式的历史。在这个时期，人智初开，记事只以当时认为关系重大的事变为限，并无深意。《春秋》的多记天变灾异，如“日有食之”、“大水”、“星陨如雨”之类，与死亡战争之事，如“葬某公”、“盟于某”、“战于某”之类，正可证明他的记事的真实。因天灾变异而联想到主凶或主吉，因“某卒”、“某薨”、“不书葬”，而联想到某褒某贬，自然是后起的见解。

二　垂训的或实用的历史

这一类的历史著作，大致皆以“鉴往知来”和“垂训后世”为主。帝王提倡历史的用意，和中世纪学者著作历史者的主旨，都是想述说前人的经验，预作后人的鉴戒。他们这种见解的起因，从现在追想与归纳起来，大概如下。他们以谓：一切人类的思想和行动，彼此相似。从前人对于往日政事的处置，即是现在的人处古人的时候，也要作那样的处置，或类似那样的处置。时代虽是变了，一件事情的处置，现在的人与古时的人易地应付，大致可以相通。比方我国古时所说“宽则济之以严，严则继之以宽”一类的粗浅公例，在社会经济基础未大变动以前，也往往继续有效。这是“垂训的历史”，当人智未开，工业未发达以前，在世界文明民族史籍史中占重要地位的主要原因。

这一类的历史家，既志在援古证今，以甲比乙，自然就不免以帝王与英雄为主。描写的观点，既重脚色而轻情节。对于史事综合的观察，自不免过于侧重事实发动的人物，而忽略产生事实的客观环境。记事人大抵都拿道德与政治作下笔立论的根据，而没有客观的、超感情的、合理的判断与标准。不是因倾心于个人的特性，或个人的道德，将事实加以烘托或隐瞒，即是依个人的感情（有意的或无意的），将事实或大人物加以侧重的描写，或过当的掩饰。

欧洲第一个垂训的历史的代表人，当然要推希腊的历史家杜屈底得斯（Thucydides，纪元前460—400）。他的名著是《皮罗傍尼士战争史》（*Die Geschichte des Peloponnesichen Krieges*，431—404）。

因为垂训的历史，目的既在鉴往知来，以实用为主，所以这一类的历史又叫做“实用的历史”。“实用的”（Pragmatisch）这个名辞，最早采用于希腊的历史家鲍吕比欧司（Polybios，纪元前210—121）。

实用的历史在欧洲古代已经是作者辈出，在近代的初期也曾风行一时。十九世纪下半纪，科学的历史日渐发达，历史的观念改变。实用的历史，除了学校中用的历史教科书犹带浓厚实用的色彩以外，在史学界已渐渐少人注意。但是实用的历史在各民族间的“历史进化史”中，实占长期与重要的地位。假若大人物在一民族中，仍居重要的地位，或仍是时代的重心，这种历史将仍然继续延长下去。不过形式上，因时代的关系，比较进步，比较符合事实，在某种色彩笼罩之下，另外换一个面目罢了。

实用历史在欧洲繁盛的时代：

A. 希腊（雅典）　自纪元前四百年以后，代表希腊实用历史的学者为杜屈底得斯（见上）；

B. 罗马　奥古斯土斯（Augustus，Chr. 63—14）时代，起自纪元前三十一年奥古斯土斯即皇帝位以后，代表罗马实用历史的作者，为塔西土斯（Tacitus，55—117）。他的名著有：一《史编》（*Historia*，69—96），二《纪年》（*Annales*），作于一一五年与一一七年之间（两书现存，但俱不全）；

C. 法兰西　自第十三世纪到第十七世纪；

D. 义大利　自第十四世纪以后；

E. 德意志　自第十七、十八世纪以后，到十九世纪下半纪；

F. 英国　较法国稍晚，到十九世纪。

三　进化的历史

简单说，即是“注重进化的历史”。照班海穆教授的意见，历史学到了这一个阶段，才成为一种社会科学。这一时期的历史著作，才可以说是科学的。因为在这个时期中的历史家，才用心去认识客观的事实，才去寻求进化的因果关系。对于历史上的现象（事实），必须知道：怎样发生？当时的真象如何？事后有了些什么样的影响？历史家既由此认识事实的因果关系，才发见进化的意义。知道人类的历史，也和其他生物的进化一样，在那里不停止的发展。历史事实的发生，也都处处受环境与因果关系的支配。

进化的观念，在现代虽是熟知易晓，但在中世纪或文化尚未发达的社会，则大都没有这种观念。这种观念应用到人类历史上，在欧洲也曾经过长时期的蕴酿。他的成功，推究起来也有下列的三种原因：

第一，先有了人类一元的观念，才发生共同进化的思想。欧洲古代，如希腊、罗马，文化虽高，但没有“普通的人类平等”和“人类一元”的观念。欧洲人类一元的观念，起源于耶稣教，“人为上帝儿子”的教义。既承认人类彼此平等，都是上帝的儿子，因而才能承认人类历史有共同进化的可能，才能应用生物学的进化定律，到人类的社会和人类的历史。

第二，进化观念应用到人类的历史，也有赖自然科学发达，自然科学对历史家的提醒与指示。有了这种指示，历史家才肯静心平气的从“人事各种关系的演变”、“历史各时期的彼此不同”，认识进化的意义。知道历史自身，也是在那里进化。这种见解，现在虽甚易晓，但在十九世纪以前，与中世纪陈陈相因的社会里，人事演变之迹，不甚显著，却没有被人认识。十八世纪下半纪以后，自然科学发达了，研究历史的人受了自然科学的提醒与指示，才正式确定“人类的历史，也是进化的”，才正式用进化的眼光去观察历史。

第三，自然科学赓续进步，工业也日渐发达，人事日繁，进化的意义，方更为显著。人类不仅知道人事间的因果关系，并知道经济与政治，宗教、美术与科学，彼此间都有密切关系。气候、物产对于一民族的性质与习惯，也有极大的影响。因为有了这些知识，更助成“进化的历史”的发达，使人们知道从各方面去观察历史，从多方面去了解历史与其他社会科学的关系。又因为各种科学分工的进步，各种比较研究的科学也应时而生。比方，有了各种不同的语言研究，才有“比较的语言学”。有了不同的人种风俗的研究，才有比较研究的人种学和人类学。语言学的发达，使上古史的研究，由暗淡而日趋明了；人类学和人种学的发达，加长历史的寿命，使历史从上古没有记载以前，加长几十万年，把历史家从前拘于记载的眼光逐渐放大。

简单说，“人类社会是进化的”，古代的希腊人、罗马人，和中世纪的日耳曼人都没有这种知识[①]。这种知识的成熟，在十九世纪中叶英国科学大家达尔文（Ch. Darwin，1809—1882），创建进化论以后。由是进化的历史观，应时而生。这时期的新历史家，德国的尼博尔（B. G. Niebuhr，1776—1831）、栾克（Leopold v. Ranke，1795—1886）诸大家，不仅利用新观念去研究古史，使历史成为进化的、科学的，并发现各种比证、批评、阙疑一类的考证史料的方法，排除传统的传说与附会，建立一种“科学的历史学”。

四 社会学的历史

即是适合社会学原理原则的历史，或者说注重有社会意义的历史。照鲍瓦的意见，同是现代进化的历史，又可为两个时期。在这两个时期产生的历史著作，也可归为两类：第一时期虽用进化的眼光去观察历史事变，但工作的方法，侧重语言学的批评。描写的对象，多限于个人与政治、战争和宪法等的局部事业。到了个人的描写和政治、战争、宪法等的研究，达到极盛时期，同时社会科学也跟着进步，大家渐渐不满足“个人的”与“政治的”叙述，因而转变眼光，离开个人的推敲，去考察

---

① 我们的先哲也没有这样的知识。比方《四库全书总目提要》，史部总叙（卷四十五）开口就说：“史之为道，撰述欲其简，考证则欲其详。莫简于《春秋》，莫详于《左传》。”在我们现在看起来，简与详是进化的关系，不是有什么大道理在里头。书写困难一也，依据有限二也。由此我们可以知道，《左传》晚于《春秋》。

社会与群体的变化，这是第二时期。从第二时期起，历史叙述政治的变迁，不注重描写政治家，而注重考究政治的社会方面的背影。研究历史的事变，不注重个体的消长，而注重群体的进化。前一派的代表人，若假定为德国的大史学家栾克；后一派的代表人，即可假定为文化史大家蓝浦瑞喜提(K. L. Lamprecht，1856—1915)、布莱济喜(K. Breysig，1867—　)。前一派分看单片，后一派合观全影。属于前一派的历史家，为普鲁士派和其他政治史观派，他们的著作注重大人物和政治；属于后一派的历史家为实证主义派、德国的文化史派和普通的唯物史观派，他们的著作大部分除史事以后兼注重观察群体和社会。

侧重社会描写的历史，或者说文化史，数量丰富，名家众多。照鲍瓦教授的意见，依性质区分，又可归为以下的几个系统：

1. 侧重物理的、机械的系统(Physikalisch-mechanische Richtung)，属于这个系统的历史著作家，以孔德等为代表；

2. 侧重统计的系统(Statische Richtung)，这一派的历史著作家，以英国的巴客来(H. Th. Buckle)等为代表；

3. 侧重民族心理的系统(Volkerpsychologische Richtung)，这一派的著作家以蓝浦瑞喜提、史奈得(Hermann Schneider)诸人为代表；

4. 侧重唯物的、生物学的系统(Materialistisch-biologische Richtung)，这一派的历史著作家，以哈提曼(L. M. Hartmann)等为代表；

5. 侧重唯物的、经济学的系统(Materialistisch oekonomische Richtung)，这一派以马克思的信徒考次基(K. Kautsky，1854—　)、墨林哥(Franz Mehring，1846—1919)等为代表[①]。

---

① 论社会学的或"社会化的历史"，见鲍瓦的《历史研究入门》，页146-151。最后第五"侧重唯物的、经济学的系统"，原书没有，今依据班海穆《历史学概论》中《近代的历史观》一章的意见增添。

第三章　历史学的定义

一　班海穆与斐德儿的历史学的定义

历史学的定义，各家不同。即是班海穆教授自己在一九二六年修改的《历史学概论》(46-47 面)中，给历史学下的定义，不但与一九〇八年他改订的《历史研究法与历史哲学(教科书)》(第 4 面)中的定义不完全相同，即与《历史学概论》第二版的定义，字句间也有出入。定义的主旨，在用简单的话，表明一种科学重要的含意，不一定彼此字句相同。现在举示班海穆在《历史学概论》与斐德儿在《历史研究法教科书》给历史学下的定义，并撮取这两部书对"历史学定义"列举各点，作为说明，以见现代德国史学家对历史学所下定义的一斑。

班海穆：历史学是研究和叙述人类在空间、时间之进化的事实，这些事实从"心"、"物"方面，可以当作"共同的行动"，再依当时"共同的价值"，推定他们间因果关系的学问①。

斐德儿：历史学是研究人事界有社会意义的事实，及这些事实的进化的学问。再详细点说，历史学是研究人事界有社会意义的、具体的行为、状况、演变，和他们的因果关系的学问②。

---

① 班海穆的定义很难直译，原文如下："Die Geschichtswissenchaft ist dic Wissenschaft, Welche die Tatsachen der raeumlich-zeitlichen Entwicklung der Menschen in ihren Betaetigungen als Gemeinschaftswesen im psychophysischen, auf jeweilige Gemeinschaftswerte bezogenen Kausalzusammenhang erforscht und darstellt."(见《历史学概论》，1926 年本，第 46-47 面)

② 斐德儿的定义原文如下："Die Wissenschaft vom sczilbedeutsamen Geschehen in der Menschenwelt unter der Ruecksicht seiner Entwicklung, oder die Wissenschaft, Welche die irgend wie sozial bedeutsamen konkreetten Betaetigungen, Zustande und Veraenderungen in der Menschenwelt in ihrem ursaechlichen Zustammenhange erforscht."(见《历史研究法教科书》，1924 年，第 9 面)

简单说，历史学就是“研究与叙述人类‘社会行为’事迹的进化，与他们间的因果关系的学问”。班海穆与斐德儿所下的定义，有以下几点是相同的：

1. 历史学研究和叙述的事实，是人类的事迹，并且这些事迹都是有社会性或有社会的意义的；

2. 历史学不仅在研究和叙述人类有社会性的事实，并且在研究和叙述这些事实的进化与他们间的因果关系。人事界各个的原因与结果，不是属于心理的，即是属于物质的。有时心理与物理的原因连合起来，形成一种有历史意义的人事。所以班海穆并注意到人类社会性行为与心理的、物理的关系。

二　上述定义的说明

上述定义，在确定历史学的性质，与研究的范围。为容易明了起见，再依据班海穆在《历史学概论》四十六面到五十七面的意见，略加说明。

第一，历史学是一种社会科学，不是艺术。研究历史是从古人的遗迹上，得到更可靠的已往的知识，以便明了现在社会现状的由来，不是在述异修辞，以文章供人娱乐。自然，历史著作中有许多优美的文章，像普鲁士历史派的大师，栾克(L. v. Ranke，1795—1886)、屠来赤克(H. V. Treitschke，1837—1896)诸人，记事详明，文章优美，获得世人的称道。但“文章优美”不是研究历史的人的唯一目的。研究历史主要的目的，在确实认识历史的过去，据实将这些过去的演进弄明白，据实将这些过去记载下来，以便读的人能由此看清现在。欧战后风行一时的书，像施盘格勒(Oswald Spengler)的《欧罗巴的衰落》(*Der Untergang des Abendlandes*, 2 Bde., 1918/1922)和雷星哥(Th. Lessing)的《历史为无意义的意义》(*Geschichte als Sinngebung des Sinnlosen*，1919/1927)[①]都不是历史。因为这两部书文辞优美，而且他们的目的，只在利用历史实事，证明著作人个人主张的学说。全书既在

① 参看另篇《欧洲近代通行的几种历史观》第六“表象派的历史观”。

证实个人的主观，所以只是一种历史的哲学书，不是一种科学的历史书。

第二，实证主义（Positivismus）派与唯物史观（Materialistische Geschichitsauffassung）派主张单体的事实与个人，在历史演化上并没有实际的价值，历史上的因果关系，只能从社会的事件，或民众的行动上证明。所以历史学必须注重综合的与群体的研究。班海穆不完全主张这种说法。照他的主张，是不应当将自然科学上的因果律，无条件应用到历史上的。自然科学的定律，简单说，有一定的某种原因即生一定的某种结果，这种因果关系是可以照样重复的。但是对于研究历史，或者说研究人类事变的经过，这一类的定律即不能完全适用。因为：

a. 历史的现象是单一的，严格说起来，只发生一次，不再复现；

b. 历史学研究的对象，为“人的行为”（Handlungen der Henschen）。人类种种行为，大部分基于心理的因果关系，和自然科学纯为物理的因果关系者，彼此各异。考究一件人事心理方面的动因，须追溯这件事情的既往，和自然科学遵循定律，可以照样重复的完全不同。因此班海穆说：历史的研究，是回溯既往（regressiv = Zurueck schreitend），目的在求知已然；自然科学的推理，是向前追求（Progressiv = vor waertsschreitend），目的在发明定律，推求未知，并且这些定律的发明对将来是长期有效的。

c. 历史上所说，人类社会的行为，或共同的行为，也不是自然科学的定律所可范围，像自然科学有时用数目字可以求出结果一样。班海穆的意见，社会与群众同是集自个人，个人的行动与群众的运动不可分离，彼此常常互相影响。打算明了一种群众运动，比方一种革命为运动，一定须研究当时领袖人物（个性）与群众心理方面的动机。群众与领袖互相感受的影响，以及其他类似的关系。

第三，定义中所说把“人类的行为，当作共同的活动”（die Betaetigungen der Menschen als Gemeinschaftswesen），是说人是社会性的动物，为国家和社会的分子。对于政治与文化，各人都有一份，都有荣枯共通的关系。班海穆在《历史学概论》第二版时，说把人类的行为当作“社会的行动”(Soziale Wesen)。现在因为怕人误解他偏重社会史，所以他在第三版时，改为“共同的行动”(Gemeinschaftswesen)(见原书 51 面)。

班海穆解释“状况”(Zustande)，说是也属于行为以内。照他的意见，一种状况的成立，只不过由于人类对于一种行为的“照样继续”一种行动，照样继续不断，即成立一种状况。因此他又分人类的行为为三种：

a. 单一的(Singulaere)行为。只发生一次。这种行为往往开历史的新局面，对于历史有重大的关系；

b. 模型的(typische)行为。重复再现，彼此相类。从这些模型的行为，可以推知或确定一个民族一种状况的定型或本像；

c. 积体的(Kolektive)行为。由许多个人类似的行动，积成一种多数人的一致行动，即是群众的行动。

历史学既以人类社会的行为，或有社会意义的行为，为研究和叙述的对象，所以也应当注意人类行为的分析。

第四，什么是他所说的“空间时间进化的事实”(Tatsaehen der raumlichzeitlichen Entwicklung)呢？每个有历史意义的事实，都不是孤立的，都和其他历史的事实，无论是过去的、现在的，或最近将来的，都有若干因果连带的关系。此外每个事实，详细分析起来，也都与一般的原因(如心理方面、气候方面、种族、宗教与文化方面)有直接或间接的影响与联络。

三 其他历史学家所下历史定义的举例

至于鲍瓦教授对历史学的定义(见原书 18 面)与班海穆、斐德儿两家，大致相同，而解说稍详。欧洲学者尊重独立的研究，见仁见智，各不沿袭。所以历史家对于历史，也各有各人的定义。不过在要点上，大致相同，认识的范围，略有出入。现在再举一两家的历史定义，以便比较。

a. 巴儿特(Prof. P. Barth)说：“历史学是研究人类社会现象与社会变迁的科学。”巴儿特为社会史派。上边的话，见他所著的《把历史哲学当作社会学》①。

b. 埃儿里喜(O. Fhrlich)说:“历史学研究的对象,是人类的社会和她的彼此的情状与关系,与这些情状与关系的变迁。”②见所著《怎样才可以把历史当作科学?》(1913);

c. 伯儿(H. Berr)说:“历史学是研究人类的过去行为的学问。”③见所著《历史的结论》。

其他不胜缕举。近代的历史学,一方面在考求事变的原因与影响,一方面在利用科学的方法,使实事记载与事实真象比较符合。历史学本来有两种任务,因此就研究的观点说,也可分为两大类:一类偏重理论的探讨,一类偏重科学的考证。上边所说三家的定义,比较上偏重讨论事变的原因。不若班海穆教授的主张:研究原因与记载事实同时并重,一方面注意叙述已考证的事实,使记载与事实的真象符合;同时也不忽略历史哲学的理论,对历史的事变,也有明析的认识。所以他把历史学看作“研究和叙述人类社会行为的事实的进化,与他们间的因果关系的科学”。历史学者不应关着门只专心考证史事,摸索史料,应当于考证史料之外,与世界思潮共进。利用其他哲学家、其他社会科学家对历史贡献的意见,作自己研究的参考和补助。历史家固然不可专就偏而不全的史料中推寻定律,有意建立一种历史哲学。但历史家却不可不知道什么是现在学者们所说的历史哲学。此外考证史料时,价值的判断是否允当?观察是否精密?客观、主观与由习惯而得的成见,怎样分别?怎样才能使自己的态度常常是客观的,不是主观的?都需要哲学和其他社会科学的提醒与指示。我国自然科学向不发达,传统的宗法思想根深蒂固。学者大多数又都富有特识,而缺乏常识。社会上有主观的好恶,而没有客观的是非。因此学者想开始利用科学的方法研

① 德文原文“Die Geschichte als Wissenschaft hat also Zum Gegenstand der menschlichen Gesellschaft und ihre Veranderungen.”见所著《把历史哲学当作社会学》(*Die Philosophie der Geschichte als Soziologie* 第三版,1922),并引见斐德儿《历史研究法教科书》第12面。

② 德文原文“Gegenstand der Geschichte sind die menschlicher Gemeinschaften und Zwar ihre Zustande und Beziehungen zueinande und die Verandernngen dieser Zustande und Beziehungen.”见所著《怎样才可以把历史当作科学?》(*Wie ist Geschichte als Wissen-Schaft moeglich*,1913,第30面)。

③ 法文原文“L'histoire est L'ètude des faits humains du passé.”见所著《历史的结论》(*La Synthese en Histoire*,1913,第1面),引见斐德儿《历史研究法教科书》第12面。

究历史,应当问:科学是什么?社会科学是什么?历史学又是什么?历史学和其他科学的关系、区别在那里?倘若他对于全部的历史学,尚没有清晰明白的概念,局部的考证是很难有满意的结果的。

四　历史定义的误解[①]

斐德儿又指出欧洲曾有不少的政论家或过时的历史学者,有意或无意的误解历史,错认历史学的立场,拿一部分的历史现象,或他种名称,代替历史。

1. 以政治史代替历史

第一期是"以政治史代替历史"。这一派发生的最早,势力也最雄厚。代表这一派的学者,为英国的佛锐曼(E. A. Freeman,1823—1892)、德国的色费儿(D. Schaefer,1845—1929)、奥国的劳伦慈(Ottokar Lorenz,1832—1904)与西伯瑞(R. Seeberg)诸人。佛锐曼说:"历史是过去的政治,政治是现在的历史。"[②]劳伦慈说:"历史家所考证记述的,几乎全属政治,所以历史家自然应当注重政治。"[③]色费儿说:"历史家的责任:在明了政治。了解国家的起源,政治的演变,政治存在的条件,和政治的使命。政治是往古来今一切单一问题的集中点。已往是这样,现在是这样,将来仍是这样。历史的结论,即是全赖政治决定的。"[④]西伯端说:"历史的生命,常常也即是政治的生命。"[⑤]他们这

---

① 此段采自斐德儿《历史研究法教科书》,页 10-14。

② 原文"history is past politics and politics are present history."见所著《历史研究的方法》(*The Method of Historical study*,1866,p. 44)。应译为:"历史是过去的种种政治,种种政治即是现在的历史。"

③ 原文"Es ist immer der Staat, mit Welchem sich der Geschicht-schreiber fast ausschlisslich beschaeftigt, und den er mit Recht als besondere Gebiet seiner Wissenschaft betrachtet."见所著《历史学的要义与职务》(*Die Geschichtswissenschaft in Hauptlichtungen und Aufgaben*, 1886,p. 37)。

④ 原文"Die Aufgabe des Historikers, den Staat zum Verstaendniszubringen, seinen Ursprung, sein Werden, die Bedingungen seines Seins, seine Aufgaben. Hier War, hier ist, hier bleibt der einigende Mittelpunkt fuer die unendliche Fuelle der Einzelfragen, diehistorischer Loesung harren."见所著《历史的本来的研究范围》(*Das eigentliche Arbeitsgebiet der Geschichte*, 1888, p. 23)。

⑤ 原文"daher ist geschichtliches Leben immer staatliches Leben."见所著《世界史的意义》(*Vom Sinn der Weltgeschichte*, 1913, p. 8)。

几个人都是极端主张拿政治史代替历史。上边的话，虽是偏激，却也说的亲切，很可表见他们的积极的态度。这种极端的主张，在欧洲已属过去。政治是历史的一个主要成因，却不是唯一的成因。现代历史家所考究的问题，大部分散在社会的问题、经济的问题与文化的问题诸方面。历史家不应当专注意政治的问题，历史的问题也实在不仅限于政治的问题。

2. 以社会史代替历史

法国学者孔德(Aug. Comte，1798—1853)倡实证哲学，建立科学的社会学，把所有的学问归为六类，排列的次序，从算学到天文，从天文到物理，从物理到化学，从化学到生物学，从生物学到社会学。他又说："社会学是研究人类社会一切行为的科学。"因而历史学即被他归属到社会学里边。孔德的实证哲学，一时传播的很广。十九世纪下半纪主张实证哲学一派的历史家，即本着孔德的见解，注重研究人类社会在历史上的继续活动，寻求社会演进的公例，如分为神权时代、英雄时代、实证时代之类(详下《实证哲学派的历史观》)，将社会学与历史学打成一片。因此未免将社会学的职务，与历史学的职务混杂，未免以社会学代替历史学。甚且说："历史中没有人，也没有民族"①，只有社会演进的公例。历史学变成了社会学的一个枝派。因此研究时采用的方法，和寻求的目的，自然偏于形式的空论，而不完全忠于历史的实事。实在，实证主义是一种历史哲学。社会学与历史学的范围，比较上社会学也没有历史学广大。历史学的职务在忠实的研究与叙述人类有社会性的事实，既不能偏重政治，也不能偏重社会。

3. 以文化史代替历史

最近又有一种潮流，把历史误解作文化史(Kurturgeschichte)。代表这一派的学者在德国有杜不瓦瑞孟(E. H. Du Bois-Rey-mond，1818—1866)、蓝浦瑞喜提(Karl Lamprecht)、布来济喜(Kurt Breysig)与高茨(W. Goetz)诸人。哲学家黎卞特(H. Rickert)并在他的著作中，像

① 原文"Histoire sans noms d'hommes ou meme sans noms de peuples."见孔德著的《实证哲学讲义》(*Cours de Philosophie Positive*，1894年本(5/5)，p. 12)，引见斐德儿《历史研究法教科书》，p. Ⅱ。

《文化的科学与自然的科学》(*Kulturwissenschaft und Naturwissenschaft*,1921)及《自然科学的上概念之界限》(*Die Grenzen der Naturwissenschaftlichen Begriffsbildung*,1921)二书,也替文化史派指示了不少哲学上的根据。这一派观察历史,注意民族的文化的变迁,不注重个人的行动和政潮的起伏。他们的口号是“只有文化史才是历史”。文化的概念虽然宽泛,但与历史相较,仍觉彼此领域各异。文化在通常习用上,包括虽广,但独不包括狭义的政治。所以文化与政治,有时是对峙的。科学的历史学是客观的,不偏重任何一方面。个人的事业、政治的变迁、社会的习惯、文化的质素,在历史家看起来,一律平等,并没有大小轻重的分别。社会的教条像法律、宗教等,固然足以表现历史的事实,政治的建置,如公文、战报等又何尝不能表现往事的真象。金字塔、雕刻、美术品,可以表现人类创造的文化,即是古人遗留下来的衣饰与用器,又何尝不能表现前人的生活。历史家单研究一方面或一问题,写成一种专史,如文化史、社会变迁史、政治制度史——固应专就研究的某一方面立论,充分表现这一面的内含与外延的精神。若统观人类在某时代、某地域经过的往事,自然应当各方并重,尽量采用所有的材料,以期能表现在某时代人类事业的真象。不能专拘泥那个时代的政治,也不能专拘泥那个时代的社会情形与文化状况。比方研究法国的大革命,单注重当时政治的黑暗、经济的危迫、社会的紊乱,不注重当时民权思想的发达和路易十六与王后,民众领袖丹顿、罗拔士比以及巴黎市民的群众心理等,即不能明白认识法国大革命。反之只注重民权思想的发达,当局人物与民众的心理、经济的危迫,而完全忽略当时政治的黑暗、社会的紊乱等等,也仍是不能明白认识法国的大革命的。

第四章　历史的任务

历史在科学上的评价，照德国新康德学派的大师，海岱山大学的哲学大家温得耳般德（W. Windelband）的评定，详见他所著的《历史与自然科学》（*Geschichte und Natur Wissenschaft*，1894）；黎卡特（H. Kickert）的评定，详见所著的《文化的科学与自然的科学》（*Kulturwissenschaft und Naturwissenchaft* 五版，1921）和《自然科学的概念之界限》（*Die Grenzen der Naturwissenschaftlichen Begriffsbildung*，五版，1928）；柏林大学哲学教授迈迈（H. Mauaier）的评定，见他所著的《历史的认识》（*Das Geschichten Erkennen*，1914）。都能各申所见，自成一说。但已牵涉到哲学的范围，非短篇所能述说明白，且与本书无大关系，只有从略。这里所说历史的任务，偏重历史学对于人类常识的用处。就浅而易见的说，约有以下诸点：

1. 历史学是一种学问，属社会科学。研究的对象为人类的社会行为的进化与因果关系，为人类应当知道的学问。研究历史可以多识前言往事，放大个人的知识。

2. 研究历史可以认识已往的人事、社会与文化的真象。从了解已往的人事、社会与文化的真象，可以进而使我们更明白我们所处现在的政治、社会与文化。简单说，历史是告诉人现在的由来的，历史可以帮助我们看清我们的现在，了解我们的现在。

3. 研究历史可以发达人类的合群的思想。可以常常使人知道“群”与“己”的关系，使人常常想到群体与社会，知道自己（个人）是社会或群体的一分子。社会与群体的利害与荣枯，可以直接影响到个人，所以也就是个人的利害、荣枯。使个人知道努力种善因，努力从分子的改善，达到增进人群的进步与社会的福利。

4. 研究历史可以从前贤往哲的行事与著述中，或文学与美术方面，得到鼓舞，因而激发人类的爱国心和爱种族、爱人类的思想。

5. 从历史上可以看到世界人类文化演进的大势。可以有机会看到民族间盛衰兴灭的命运，发生民族间优劣的比较。由此使人警惕与恐惧，发生对己族改良与进取的决心，以期与世界共进。

6. 可以使人知道注重经验，和利用经验。

7. 还有一点，历史是一切科学的重要补助科学。各种科学，无论是社会科学或自然科学，都各有自身的由来与进化的经过。打算研究或知道一种科学的现状，不可不先知道这种科学自身的发生、演进与长大的历史。一切学问，可以说，都是一半是向前进步，一半是温习历史。人可以不知道水和油的成分，却不可没有若干往古来今的历史知识。再具体些说，各种学问与各种定律的发明与进步，也离不开沿袭的思考方法，都免不了历史的暗示与指导。各种学问大都是一方面向前进步，追求新发明的继续；一方面社会化，普及到一般社会，变成人类的常识。历史学时时在替人类结算旧账，时时在提醒人类，使人类知道比较与回忆，因而更明白自身所处的现在。就供给人类的常识说，历史要居第一重要的位置了。

第五章　历史的分类与分期

一　历史的范围

本编上边已经讨论的几章，如(1) 历史学的性质、(2) 历史演进的历史、(3) 历史学的定义与(4) 历史的任务，和下边第四编将要讨论的"历史学与其他科学的关系"等，都曾直接的或间接的讨论到历史学的范围。这里为使读者明了历史在时间和空间所占有的领域，专就"历史的断限"与"总含义"申说几句。

第一，有史时期与前史时期

普通史学家研究的历史，断自有史时代，就是从有记载的时候开始。有史时代以前，为"前史时代"，或者说"有史以前的时代"。班海穆教授也是这样的主张。他的理由是：书契以前的时代，文字尚未发明，没有记载。记载尚且没有，照"历史是实事的记载"说，自应划归前史时代(《历史学概论》p. 79)。并且书契以前，人类的文化甚低，研究这个时期的人类社会，须使用另一种的研究方法。这种方法与研究有史时期的方法，大不相同。因为研究方法的不同，一般史学家多主张将"前史时期"离开历史学独立，另成一种专门科学，叫做"前史时代"或"书契以前的时代"。或者将这种研究归并给人类学(Ethnologie)(见同上)。这不但是班海穆一个人这样主张，而且也是欧洲普通史学家的意见，"历史始于有史时代"，简单说是向来都是这样主张的。但是近几十年来，人类学、考古学发达，"有史以前"与"美洲、非洲的初民社会"，经专家研究，大放光明。若说"历史是人类全体的记录"，就不能不将向来以记载自限的见解，另加估定。估定的结果，有些历史家即主张，人类的历史应从文字未使用以前开始。但是班海穆和德国的普鲁士派则仍然主张：人类学只是历史学的重要补助科学，而不主张将“前史时期的研究”，归属历史学研究的范围以内，前史时期应另成一种独立的研究。

这一种主张，德国以外的史学家也多半遵从。因为他们拿研究方法的不同，而将“有史时代”与“前史时代”分离，是很有理由的。但这仍是为研究上的便利。若是叙述人类的历史，或是将历史当作一种知识教授青年，则须利用考古学、人类学、地质学或生物学研究的结果，从有史以前开始。所以英国威尔斯（H. G. Wells）所作的《历史大纲》（商务印书馆，《世界史纲》译作）和普通的通史，往往另加“前史时期”一章，略述人类历史未有记载以前的样子。

第二，什么是“历史的”与“非历史的”

通常所谓历史的，即是“事实的”。比方说“历史告诉我们如何如何”，实在就是说“事实如何告诉我们”。这种事实，是有社会性与时代性的。比方马丁路德见了教皇派人售卖赎罪券，即作了长九十五条的一篇文字，贴在维吞堡（Wittenberg）的教堂墙壁上，是一种历史的事实。邻猫生子，虽是事实，却非历史的。历史的是有因果关系，能影响将来的。比方说马丁路德倡议改教，有历史的意义。即是因为这种行动，不仅是他个人的行动，个人以外，还代表一大串前后因果的关系。有记载可证，或值得记载的事实，是历史的；反之，无记载或不值得记载的事实，是非历史的，而是地质学的，或民俗学的。

第三，历史范围的扩大

现在所说的历史学，不仅与中世纪“宗教史”即是历史的见解，完全不同，而且与十九世纪上半纪“欧洲史即是世界史”的见解，也大异其趣。现在所说的历史科学，并不仅限于欧洲的历史，实在包括全部的世界史。十九世纪下半纪交通便利，无论政治、经济，全世界皆息息相关。世界大战以后，国际联盟与各种国际会议增多，各国关系日密。全世界各民族的活动与往来，将更见接近。今后的世界史，不仅代替从前所说狭义的普通史（如欧洲通史），并且变成人类常识的主要的部分。

二 历史的分类与分期

历史的演化,好像一条大河,虽有波浪的起伏,却没有段落的隔离。历史的分类与分期,都只是因为研究的便利。所以分观与合观,局部的研究与全部的研究,都是人为的,而且是起于历史家的主观。

班海穆教授在《历史学概论》中对于历史应当怎样分类,没有明白的确定,也不像斐德儿教授在他著的《历史研究法教科书》中列举的详细。因为照班海穆的意思,历史的事实,自身是有时代性、地域性和特立性的。历史与史料的分类,也只有大体上按照空间,和按照事实本身(应研究题目的性质),酌量区分。分的太琐碎了,反易发生误会。现在仍依班海穆的分类为主,略述如下。有显然漏略的地方,再采取斐德儿的《历史研究法》,加以补充。

A. 依地域的分类(即空间的分类)

欧战前后德国发生一种用地域为单位的世界史,打破从前"欧洲文化中心论"或"欧洲史即是世界史"的偏见。全书的组织,按世界诸洲区分。比方,"欧洲史"占一大部分,"亚洲史"、"美洲史"占一次要部分,"非洲史"也占一小部分。这一类的分类法,以地域为主,不专以欧洲人为主。因此这一种的分类,或近于这一类的分类,就叫做"地域的分类",或"空间的分类"。

德国通行的世界史,种类很多,单就按照地域分类的世界史,即有下列三种:

1. 海尔木耳提(H. F. Helmolt)的《世界史》。由海尔木耳提教授主编,联合许多名家著成。共九厚册。第二版出版年月,一九一三到一九二二年,出版地是德国的 Leipzig;

2. 蒲鲁格提、哈同(Pflugt-Hartung)合编的《世界史》。由蒲鲁格提与哈同二氏主编,也是由联合多位专门家作成。共六厚册。第一版自一九〇七到一九一〇年,出版地柏林;

3. 哈提曼(L. M. Hartmann)的《普通世界史》。由哈提曼出名,联合西欧著名学者,分地担任。分世界史为数个文化区:第一类为《前亚与欧洲文化区的历史》(*Geschichte des Vorderasiatisch-europaeischen Kultur Kreises*),约十余册(尚未完全出版);第二类为《东亚文化区的历史》(*Geschichte des Ostasiatischen Kultur Kreises*),已出印度、中国、日本三册。作中国史的为前奥国驻北京公使罗斯特好恩(A. Rosthorn);第三类为《美洲文化区的历史》(*Geschichte des Amerikanischen Kultur Kreises*),均未出版。

B. 编年的分类(依时代的分类)

历史分类最早最通行的是编年的分类,或按照时代的分类。编年记事,起于一民族自然的要求。一民族中遇有死亡、祭祀,或值得纪念的大事,自然按日记载下来,久之而集成为一种历史,这是编年史发生最早的情形。主旨在记述事实,便于追溯,并无很深的用意,书法褒贬是后来人加上去的。编年史既是适应自然的要求,因此古代各民族都很注重编记事,这一类的记事也特别的发达。此外还有一种便利,就是按年纪事,继续不断,一民族一国家此起彼伏的关系,也可从各种不同的时代看出来。就欧洲历史分类的沿革说,欧洲史学家拿时代区分历史,最著名的是下面的两个时代:第一,罗马帝国的时代;第二,基督教的时代。他们拿罗马帝国与基督教的历史,代表所有的历史,很有些类似我国旧日以"正史"代表全历史的意味。后来研究进步,把历史的范围扩大,才又有所谓叙利亚、巴比伦帝国、默得、波斯帝国,希腊和罗马帝国分离的观念。十七世纪以前,一般欧洲人又误解世界上只有他们的帝国,才配称正统的帝国,因而又发生所谓"四大帝国说"(Vier-Monarchien Lehre)的偏见。

基督教的教义:一切人类,均属一家。所以他们对于欧洲史的分类,也有一贯的办法。他们一方面遵守《圣经》上的传说,一方面倡言人类都是上帝的儿子,以便拿教会沿袭的历史,代表人类的全史。他们分人类的历史为六个时期:第一期自亚当到挪埃(Noe);第二期自挪埃到亚伯拉罕;第三期自亚伯拉罕到大卫;第四期自大卫到巴比伦迁徙;第五期自巴比伦迁徙到耶稣降世;第六期自耶稣降世到最后审判。

此外普通的编年史,自第三世纪以后,也渐渐发达,形成一种特别的编年纪事体。第三世纪以后,最重要的如 Sextus Julius Africanus 的编年(第三世纪初期)、希栾尼木斯(Hieronymus)的编年(到三七八年)、奥古斯丁努斯(Augustinus,死于四三〇年)的编年、西维拉·伊西道鲁斯(Ysidorus von Sevilla)的编年(到六一五年)和彼达(Beda)的编年(到七二六年)等,都是欧洲古代最著名编年史。

欧洲还有一种传统的见解,以为后来的时代,是承接前代的,直到最后审判,世界消沉为止,耶教士尤其笃守这样的说法。因此在欧洲一部分人,到现在仍说法兰肯帝国,是承接罗马帝国,德意志人的日耳曼神圣罗马帝国,是承接法兰肯帝国的。

照耶教徒们的传统见解,这种历史的分期,依着《圣经》上传统的统一观念,永远向前发展,直到世界末日降临为止。在他们心目中,罗马帝国永远存在。历史上只应有四大帝国。可惜罗马衰亡后,日耳曼人新兴,旧日罗马式的文化中断。若仍说,日耳曼人的罗马时代,仍是承接前代的罗马时代,即未免陷于错误,与实事完全相反。但是欧洲中世纪的人,迷信耶教,敬畏各地的僧正,明知日耳曼人的罗马帝国与旧日的罗马帝国彼此不同,却不敢改变旧日历史分期的办法。因为这种学说是一般僧正倡出来的,僧正代表上帝,所以对于上帝代表的话,是不容怀疑的。总之,中世纪的欧洲,犹是神权时代,凡是经教会承认过的,只有服从。因此,历史的分期也随着教会的势力,拖延下去。

直到纪元后第十五世纪,文艺复兴,由神权时代变成人本时代,欧洲人才敢公然说,罗马帝国的历史,和后起的罗马日耳曼人的历史,彼此各异,完全是两个时代,才有人敢将罗马帝国和罗马日耳曼人时代彼此分开。后来才又更进一步,将罗马日耳曼人时代,从罗马帝政时代以后到十五世纪(从第五世纪到十五世纪)划为一个时期,叫做“中世纪”(Media Aetas,或 Medium Govum)。后来哈来(Halle)大学教授蔡拉立五司(Christoph Cellarius,1634—1707)方实行打破传统的旧说,分普通的历史为上古、中古、近代三个时期:

第一,上古史　自最初到康斯但丁大帝(纪元后三百二十三年);

第二,中古史　从康斯但丁大帝到土耳其人占领君士但丁堡(纪元后三二三年到一四五三年);

第三,近代史　从土耳其人占领君士但丁堡到现代(一四五三年到一七五〇年，Cellarius 时代）。

蔡拉立五司以后，这种三段分期法在德国逐渐通行，历史家相继采用，大家都将已往全部的历史，分为上古、中古、近代三段。所不同的，只是上古与中古间、中古与近代间，应当从那一年，或那一件事算起。现在德国人普通所谓上古史、中古史、近代史的划分，大致如下：

Ⅰ. 上古史　从有史到三七五年或四七六年（从有史以来到纪元后三七五年民族大迁徙的开始，或四七六年奥道瓦克（Odovakar）即西罗马帝位）；

Ⅱ. 中古史　从三七五或四七六年到一四九二年，或从四七六年到一五一七年（从民族大迁徙或奥道瓦克即位起，到美洲的发现，或到宗教改革运动的初期）；

Ⅲ. 近代史　从一四九二年或一五一七年到一七八九年（从美洲的发现或宗教改革运动，到法国大革命）；

Ⅳ. 最近代史　从一七八九年到一九一四年，或一九三〇年（从法国大革命到现在，大战以后，或大战以前）。

照上边所举依据历史上重要的大事变，将历史分为数个时期，研究既感方便，对于上古、中古、近代所表现的时代精神，和对于我们现在的影响，比较上也易于了解。时代划分后，我们为醒目计，自可拿一句话概括，将某一时代的精神或特点，在时间上表现出来。比方说某种状况（如王与神分治世界等），是上古时代的，某种状况（如欧洲教皇与帝王的争斗、宗法与封建思想等）是中世纪的。至于这种特点或者说时代精神，应从那一年算起，那一年截止，自然很难确定。历史自身如大河东流，有起伏演变，而没有段落的分隔。历史的分期，只不过助人记忆，便于研究。通常历史上古、中古、近世的，从某一年算起，都是由历史家依照个人的主观决定的。

另有一派人不赞成这种分类的办法。他们以为人类的历史与社会的进化是多方面的，决不能拿一件事，或某一年，去分别历史上的上古、中古和近代，说某年十二月末日是旧时代的终结，某年正月一日为新时代新纪元的开始。但另有人说，一种大事变，虽前有酝酿，后有余波，却往往可代表时代的精神。比方，美洲的发现、法兰西大革命的发生、一九一七年俄国的革命、一九一八年世界大战的停止，都是一种新变动的开始，都可以代表历史上的一种新时代。历史上这种实例很多。为研究便利计，历史是可以这样分类的。局部说，像一九二六年国民党北伐的胜利，与吴佩孚、孙传芳的战败，即可说一九二六年是中国北洋军阀衰败时代的开始。

总之，普通历史叙事繁，实际上非分期不便研究。现代社会关系日趋复杂，普通史适应时代需要，分期更多，越是近代史，期限越短。因此最近学者于上古、中古、近代以外，不仅另分出一段别为近世史，并且又有近百年史、近五十年史的分法。倘是笼统不分，将全部历史自有记载到现在，连成一串，不但不便研究，怕也没有人能够研究。不过上边所举历史的上古、中古、近代的分类法，只限于欧洲通史，或某一文化系统内的通史，而不是适用于包括全世界各部的世界史的。

这种三段的分类法，在我国也不是近代才有的。元朝有一位吴澄(1247—1331)曾分我国哲学思想传授的源流，为上古、中古、近古三个时期(旧《元史》卷一七一)。就时代说，远在十四世纪的初期，早于蔡拉立五司且三百年。可惜我国学者虽有分期研究中国思想进化史的打算，却没有人著书采用，所以思想史与政治史均仍停滞在编年体或纪传体的状态中。学者对于"通史"的认识，只是想综合古今，用编年纪传体，作成郑樵《通志》式，或邵氏《弘简录》式通史，而没有从朝代以外，另分时代的通史。因此只有朝代史，而没有上古、中古、近古的时代史。专史既是设局官修，"通史"也只有《通鉴》或《通志》一类的总纂，而没有像剑桥大学出版的《上古史》、《中古史》和《近代史》，这也是急当纠正的。

C. 依人类文化发展的情形分期

文化史家与历史哲学家，多主张这种分期法。孔德的神学、玄学、实证分期，尤为普遍。我们在第三编《实证哲学的历史观》中，另有专详。兹将欧洲学者拿文化发展划分人类历史的几家，撮要列表如下，以便与上列上古、中古、近古的分期法，互相比较。

1. 维考(G. B. Vico，1668—1744)，义大利的历史哲学家。分历史为：

(1) 神权时代

(2) 英雄时代

(3) 人权时代

2. 海格耳(F. Hegel,1770—1831),德国的大哲学家、历史哲学家。在他著的《历史哲学》中,曾分历史为:

(1) 第一级　民族的精神与个性全无觉悟

(2) 第二级　民族的精神与个性渐知觉悟

(3) 第三级　民族的精神与个性完全觉悟

3. 孔德(A. Comte,1798—1857),法国的大哲学家,他又是现代社会学的创立人。他分历史的演进为:

(1) 神学时代

(2) 玄学时代

(3) 实证时代

4. 蓝蒲瑞喜提(K. Lamprecht,1856—1915),德国的著名文化史家。大致可归为下列三个大段落:

(1) 迷信与因袭时代(上古与中古)

(2) 个性发展时代(近时)

(3) 主观的自主时代(最近时)

(上边第三与第四,详第三编《实证主义的历史观》)

D. 劳伦次(Ottokar Lorenz,1832—1904)的世代说
(Generationenlehre)

奥国维也纳大学的历史教授劳伦次氏拿人类世代传演的次第,去比附人类历史演变的段落。他曾创为一种历史分期法,名为“世代说”。把历史的演变,依照人类“祖”、“父”、“子”一世代一世代传演的情形,划分为类似三十年一世的小单位。照他的说法,三十年为一小时代,三个三十年,或一百年,为一个整个的时代。历史的事变,前段的三十年,为新时代的开始。到了第二个三十年的末尾,或第三个三十年的开始(即六十年或七十年),即是这个时代的结束。前三十年为长成时期,中三十年为长大时期,后三十年为衰老时期,同时新时代应时复生。好像祖、父、子三代,祖父的衰老时代,同时却是孙子的少壮时代,三个世代

彼此相连，不仅政治方面大同小异，即精神方面、文化方面的各种关系，也仍属一个时期。三个世代间的特性、习尚，彼此均有相承的关系。因此劳伦次即假定，祖、父、子三个三十年，合为九十年，或百年，在年代学的分类上，可以看作一个单位，即是三十年为一小段落，九十年或百年为一大段落。根据这个见解，所以他又分三百年为人类历史较长的时代，六百年为更长的时代，即是三百年为人类历史演变较大的段落，六百年为更大的段落。从这些世代中，可以很明显的看出人类历史前后进化程度的差异。〔劳伦次关于历史的著作很多，上边的学说，见所著《历史学的纲领与职务》（*Die Geschichtswissenschaft in Haupt richitungen und Aufgaben*），2，1891 年，一七七面以下。〕

E. 欧洲历史上纪年的规定

历史上最早的纪年，不外下列数种，或取君主即位之年为纪年，或拿朝代的称号为纪年，或拿执政官的任期纪年，或拿固定的节期纪年。像古代的希腊人，拿固定的四年一举行的运动会，奥林皮亚（Olympia）纪年，就是一例。

后来又有拿历史上最大的事变，作为纪年的。如罗马人以建立罗马城之年（纪元前七五三年）为纪年，回教人以谟罕默德逃亡之年为纪年，犹太人以创造世界之年为纪年，基督教人以基督降生之年为纪年。

耶教修士第昂尼修司·埃可西公斯（Dionysius Exiguns，他是罗马耶教修士，死于五四五年），在第六世纪（五二七年）上半期，第一次倡议用基督降生之年为各国通用的纪年（即现在世界各国通用之纪年）。但耶稣的生年，实在现代所用西历纪年的前数（四）年。第六世纪以后虽有通用基督降生之年为纪年的规定，但一般人仍然沿用皇帝即位之年为纪年。比方我们在古文书上，常看见"喀耳大帝（Karl der Grosse，746—841）十年"的字样。现在推算起来，喀耳大帝十年为基督降生后八百十年，即是因为喀耳大帝即位那一年，是基督纪元八百年的缘故。此外也有按照征收租税的期限为纪年的，比方罗马时代，有些省份用十五年税律期为纪年，即是属于这一类的。

基督降生以前的年代，在未普遍采用耶教公历以前，最早仍按照犹太人的旧史，以亚当为纪年的开始。十八世纪以后，大家才不用犹太旧史的传说，而改用倒推的算法。从基督降生之第一年以前，倒推上去，说是纪元前的某某年。

用基督降生之年为纪年，初起于尊奉耶稣的教会，后来方采用于遵奉耶教的国家，最后方渐渐被世界文明各国一致采用。不过不奉耶稣教的国家，也常有采用欧洲人的历法，而不用纪元后一千九百某某年，如日本和我国的纪年，即是如此。但历法既已统一，年数也自然跟着通用，这或者就是世界将来可趋统一的一个先例。

F. 依题目的分类（以纪事的性质分类）

1. 通史或世界史

欧洲通常所说的通史（Allgemeine Geschichte, Universal Geschichte），若不加形容辞，如欧洲通史、德意志通史之类，大概即是混指"世界史"说的。他们心意中，欧洲的历史即等于世界史。三十年以前德文通行的世界史，大致上古期讲些埃及、希伯来、希腊、罗马的往事，表示他们的文化前有所承。随便带几段波斯、前亚的历史，以见他们得为历史上的适者，渊源有自。至于说到印度与中国，孤立零星，若有实无，只不过是用作欧洲史摇旗呐喊的陪衬。他们并无意想知道欧洲人以外的历史。中古史虽说到蒙古人西征，马哥孛罗到过中国，但仍是将信将疑。对中亚、东亚的历史，更是模糊混沌，不求甚解。近代的欧洲史，只不过于欧洲以外，增加了一篇殖民地开拓的历史。历史学者既以"不知为不知"，一时无暇纠正，政治家、学校教师却借此强不知以为知，大发尊己抑人的谬论，以为除欧洲人有历史以外，他种人即没有历史，或者说，即有历史，也是只有野蛮史而没有文明史。因此他们居然敢抹杀他族的历史，硬说南北美洲是他们发见的，非洲也是他们发见的。甚至对于古文明发源的亚洲，今年一篇报告说发见了某山，明年又一个报告说发见了某地。凡是他们国旗、足迹所到的地方，都是他们新发见地方。平心而论，若说地理方面，经过他们的探险、测绘，对旧有的各洲增加了一番新的认识，这是可以的。但是因而反客为主，仗持枪炮的利害，一概抹杀他种民族的历史，即未免太不符合事实了！

欧洲人自日俄战争以后，实际上才渐渐承认，"黄种人在世界史上也应有一个位置"。自一九一四年到一九一八年世界大战，旧国残破，新国未定，世界政治外交已不复像从前那样，由二三强国秘密垄断，大部分学者、教士即跟着随声附和，他们的眼光也较放大，渐渐打破从前欧洲史即世界史的观念。因此，才渐渐产生笼罩世界各民族的世界史。

世界史（Weltgeschichte）这个名辞，在德文沿用上，也有一段历史。欧洲中世纪以后，直到十八世纪初年，只有教会的历史而没有独立的政治史（官史）。普通记事著史，又多半成于修道院修士之手，自然以教会为主，不以国王为主。习久成是，普通说到历史，就自然而然的联想到教会的编年史。因此，另有一部分史学家与教会化的历史对抗，提倡专谈国家政治的历史，才配叫做世界史。内容和现在的政治史、国别史大致相同，并非直接统括叙述世界的世界史。直到十九世纪下半纪，真正的世界史才逐渐扩大，初而变成欧洲通史，最近又变成以世界政治、文化、民族为对象的世界史。

世界史以研究叙述世界各地域、各时代人类社会进化为主旨，包罗既广，往往非一人所能胜任。故近代德英新出的世界史，都由一二学者总其大成，其余部门则由各专家分别担任。兹略举英国、德国通行的几部世界史，以见欧洲史学家努力著述世界史的一斑。

第一，一人独著的世界史

1. 栾克的《世界史》。德国大史学家栾克（L. v. Ranke，1795—1886）著作宏富，一代大师，晚年又著《世界史》（*Weltgeschichte*），共成九大册。第一册一八八一年出版。但是栾克虽有著述世界史的计划，可惜没有及身完成。全书于栾克死后（一八九五年），方由他的门人们代为出版。一九二五年迈耶教授（Prof. Ed. Meyer）在柏林大学讲演《世界史的提纲》（Hauptmomente der Weltgeschichte），曾用很简要的语句，批评德国现行的几种世界史，说：栾克著《世界史》的时候，年力已衰，不能随意看书，故不如他的别种著作的透辟精到。但栾克终是德国第一流的史学大家，他的门弟子也都是知名的学者，所以这部世界史，在德国史学界也仍有相当的势力。

2. 林得奈的《世界史》。林得奈（Th. Lindner）的《世界史》，最初是断自民族大迁徙的发动，直到大战以前，共九厚册。后来又增加上古期一册，共为十册。另有导言一本，名为《历史哲学》。林得奈为哈勒大学的历史教授。所著《世界史》，简要明快，每册后附录参考书甚多，足供学者的参证与研究。德国的史学家如迈耶(Ed. Meyer)、哈同(Fr. Hartung)等也都时加称道，说是一部好的世界史。(最近通行者，为一九二一年的改版，林得奈一九一九年冬天即死，到一九二〇年才重新印出。)

第二，多人合编或由一人著成后，经多人修改补订的世界史

一，剑桥大学的通史。分上古史、中古史、近代史。近代史出版最早，中古史、上古史最近方分年出版。每章均由专家编纂，为比较最合理的通史。

二，海耳木提的《世界史》。这是一部由多人合编的世界史(见上)。

三，普通世界史。由魏白儿(G. Weber)主编，近由黎斯教授(Prof. L. Riess)重订，已出至中古史，黎斯一九三〇年死，现在另有人继续改编。魏白儿尚有《世界史教科书》四厚册，也曾由黎斯教授增补，最近出版者，在一九二三年。

此外如郎格儿(Langer)的《世界史简编》(一册)，武耳石太因印刷公司出版的《世界史》(见上)，均尚被人称道。其他见于图书馆目录者尚多。详细的批评，可参看武耳立喜(Urich)所著《德国最好的历史书》(Diebesten Deutschen Geschichtswerke，1923)。

2. 政治史与文化史

这种分法是将人类政治的活动，与经济、科学、宗教、艺术等分开。关于政治的，属于政治史，即普通叙述朝代更替，政治因革的历史。反之则为文化史。十九世纪末叶，德国史学界有一种“文化史的运动”，原因是十九世纪科学的研究法，经尼博儿(B. Geog. Niebuhr)、栾克诸大师应用到历史学，一时考古证史，新著丛出。结果过于偏重政治经济，文化、艺术、社会生活，几于无人过问。历史书中偶有说到社会文化的地方，但是简而不全，成了政治因革的附属品。盛极则反动生，因而第二时期史学界即发生一种文化与政治分家的运动，甚者并主张政治只是表面的幌子，一切变动都另有社会关系作政治的背影。这种文化史的运动，在德国以蓝浦瑞喜提、布来济喜等的著作为代表。

现在又到分而复合的时代了。过于偏重政治，与有意侧重文化，都不免杂有偏见。于是近来柏林大学史学系主任（一九三〇年以前）布拉克曼（A. Brackmann）诸人均主张："政治史与文化史应互相沟通，两者不但没有显然的分野，并且须互相补充，方能表现历史进化的实况。偏重大人物，忽略一般文化状况，与偏重文化状况，一点不顾及政治，均不正当。说明一时代政治真象，不可不注意当时文化、经济的背影，犹之叙述文化发展的情形，也不可抹杀天才的创造力，与大人物殷勤提倡的功劳。"（详布拉克曼一九二八年《政治史与文化史》讲演）

这种进一步的观察，欧战前已有人主张过。比方史毛来教授（Prof. G. Schmoler，柏林大学已故经济学、历史学教授），在一九一一年前的著作中，即一再作调和的论调。他说：被人称为偏重政治的历史家，并不是不叙述文化，只是叙述史事的时候，文化以外，多注重政治大人物一点。现在的文化史家也不是毫不顾及政治与大人物，只是多顾到文化状况一点。这一点在德国以及西欧各国近代史学史的演进，及历史的分类，很有关系。为明了欧洲近代史学发展的趋势，对此点应特加注意。

3. 专史

统指偏重史料某一部分而组成的局部的历史，或专门的历史。

一、以国家或一邦为单位的政治史。如一八二九以后由海伦（Arnold Heeren）与武克提（A. Uckert）主干出版的《欧洲各国历史丛书》（*Geschichte der Europueischen Staaten*），出版达二百种以上，现由翁肯教授（Prof. H. Oncken）主干；

二、以人为单位的传记或行述。我国的年谱，实在等于《通鉴》之长编，不是一种独立的历史；

三、以事为单位的专史。如法国革命史、宗教改革史等；

四、以文化现象的个体为单位的专史。如法律史、美术史、德国大学的历史等；

五、以一地域、一城市为单位的历史。如地方志、柏林的历史、乡村史、县志、团体的历史之类。

第二编　史源学

第一章　历史研究法的概观与历史

一　概　　观

科学进步,研究科学的方法也跟着进步。这里所说的方法,即是怎样可以求得科学上知识的法子。各种科学的对象不同,问题不同,研究家的看法也不同。因此所用以达到求得知识,与解答问题的方法,也有种种的区别。历史学属于社会科学(德文作“精神科学”),对象为人类的社会的活动,与这些活动的记录,和自然科学(像化学、物理等)性质不同。历史学的研究法,现在已进展到进化的、社会的新阶段,所以一般研究历史的学者应用的研究法,不但与他种科学不同,即与从前十九世纪以前的研究法,也有精粗、偏全的差异。现代欧洲史学家研究历史,概括说,已把“见解”(历史哲学)、“学识”(常识,明了与其他社会科学的关系)与“功力”(博学求知,孜孜不倦的功夫)打成一片。历史学者不仅要有博学的工夫,并且还要有精辟的理解,丰富的常识,然后对于选材、述事方能条理精当,日有进步,不致闭户造车,与时代违异。

历史学研究的对象,虽是人类社会的活动,但实际上所能研究的,却只是人类社会活动的记录,即是有意的、无意的赖“记载”、“遗物”和“口传”保存下来的人类社会活动的遗迹,简单说即是“史料”。史料是多方面的。历史学者对于自己所要研究史料范围以内的各部分,都应尽能力与时代所允许,用科学的方法,加以搜集,加以分析,加以研究。

不拘于主观，方能找到应知道的史料。应用客观的或自然科学的方法，去研究什么方是我们要用的史源，方能使自己的研究成为科学的研究。用进化的多方面的看法，去观察历史的演进，方可以对整个的历史，对人类社会的活动，有明确的了解与认识。

方法寓于实际工作之中，实际工作以外，并无所谓空洞的方法。柯拉报教授(Prof. H. Krabbo，前柏林大学历史学及历史补助科学教授)说的很真切，他说："学骑马，须骑在马上；学游水，须跳在水里。研究历史，也只有在研究中找方法。……"又说："研究历史，注重实在的工作，就是要由实际工作中认识方法。不但不应空谈方法，也不可拘守方法。"所以这里所说的历史研究法，只是述说从前学者研究历史的种种结论，供现在研究者的参考。不是空谈骑马，是告诉人怎样骑马。不是空谈游水，是告诉人怎样游水。不是空谈什么是历史方法，什么是科学方法，是告诉人现代历史学的由来与现状是什么。已成功的历史学者们曾怎么样观察历史，研究历史。不是悬想历史应当怎样研究，是述说历史曾被人怎样研究过。

德文中《历史学概论》、《历史研究法》一类的书，大小不下十数种。最通行的当推鲍瓦教授(Prof. W. Bauer)的《历史研究入门》班海穆教授(Prof. E. Bernheim)的《历史研究法与历史哲学(教科书)》与《历史学概论》和斐德儿教授(Prof. A. Feder)的《历史研究法教科书》四书(详见本书导言)。对于研究方法，各有极详尽的讨论。现在依据上列四书，集为此篇，又名"史源学"，又名"史料的研究"。就性质及研究的次第，约为八章：一，历史研究法的略史；二，史料的分类(即史源的分析)；三，史料的搜辑与出版；四，史料的保管与整理；五，史料的批评；六，史料的解释；七，史料的关系。上述七章，将分别讨论，但历史研究的方法就进行的一般程序说，又可约为三个步骤：

第一，研究史料的来源

研究史料的来源，即是从"史料的来源"上对于"史料得到一种正确的认识"。对史料有了明白的认识，方可以说如何批评，如何解释。所以近代科学的历史研究法，首注重史料的来源。史料从来源说，不外"记载"、"传说"、"绘画"、"古物"四种。这四种史料价值的决定，全看他们的来源如何。来源最早最正确的史料，是有价值的史料；来源不正确，或来历不明的史料，即是没有价值的史料，或尚待研究的史料。批评一种史料在历史研究上的价值，或编述历史，选择材料，都应当先注意寻源的研究。

近代历史学除说明历史学的性质，历史学与其他科学的关系，及现代学者对等以外；方法论方面，特别注重研究史料的来源，和讨论什么样的史料，方才是于历史的看法，"事实记载"所自出的史料，所以又叫做"史源学"。

史源学，德文为"Quellen kunde"，直译为"根源的研究"，或"史料来源的研究"。据鲍瓦教授（Prof. W. Bauer）的解说，Quelle 引申为"史料"，当肇始于"人本主义者"的提倡。初用时，意在表明"寻求古代文明的根源"，后来引申解作"科学的历史"。史料来源的研究，又名"Heuistik"，原有"寻找"（finden）和"发见术"（Fofin dungskunst）的意思，主旨在寻究"什么是史料"，"什么是史料的来源"，"史源有若干种类"。所以史源学，也就是"史料来源的研究"。

寻源的研究法，对考证史料的价值，和了解史事的进化，很重要。在这一步中，应注意的要点如下：

a. 凡着手一种研究的工作，在自己工作范围内有的材料，和这种工作在现时的研究已达到什么程度，都应当知道。对于已采定研究题目，有关系的各种材料，都应当照关系的疏密，加以研究。这些有关系的材料的来源在哪里？解答这个问题，第一，须就已决定的问题，按照已有的"分类目录"与"目录的目录"，分别搜寻于图书馆、档案馆。先将对自己研究有关系的史料，依照成立的性质（直接的或间接的），时代的先后，辑为目录。然后依次看读，作成提要。注明原见某书，引见某书，从某处到某处等，以便对证、会通与编辑时的使用。这种有步骤的工作就是一种寻源的工作。

b. 史料不尽都是简单的原料。就复杂的史料加以分析，有原料，有副料，又有转手的材料。有直接的材料，或间接的材料。有疑似的材料，又有混合重复的材料。这种分析原料、副料与混合重复的材料的工作，他们次第的考定，价值的判断，都在于利用寻源研究。

c. 集多种“史事”成为一种“历史”(即梁任公先生《历史研究法》所说“史的集团”)。史料审定后,再据以归纳或推寻一种历史发生的原因,及它自身受社会与时代影响、演化变迁的种种关系。这种综合观察史事进化的方法,也即是寻源的方法。比方,十三世纪蒙古族统一亚洲的大部分和西入中欧的一段历史,可以假定:“由于民族强悍,地处贫荒,精于骑射,长于野战,一旦领袖得人,即外出侵掠异族。”同时更须认识蒙古人称霸的时代是十三世纪,大炮、机关枪、飞机、工程科学尚未发明的时代,所以来去自如系无人敌抗。到现在枪炮进步,单单强悍与骑射,已没有用处。这些史事都有种种的因果关系,都受时代先后的限制,都有一种来源。因此了解史事也应当注意寻源的研究,寻源的研究也就是进化的研究。

第二,史料的批评

研究史料的来源,在分析史料的成分与由来。进一步的研究,即是史料的审定,又名“史料的批评”。史料的批评包括“校勘”与“训诂”两大类,在历史研究法中占重要的地位。批评的当否,大部分看史学家分析金属品的成色,有一定的分析方法。现在略举批评的功用,至于什么是内部的批评(即校勘),与外部的批评(即训诂),下面详说。

a. 从矛盾中求真实性。批评的目的在从客观方面,寻找史料的真面目。历史家第一步应从史料矛盾的性质中,推求真实的程度。客观的记载,胜于主观的记载。同党派的记载,不如非同党派的记载。有心的表白,不如无心的流露。批评时能注意史料在矛盾中的优点与劣点,才能洞见记事真实的程度。

b. 从有意无意中求反证。史学家又分史料为有意的史料(bewusste Material)与无意的史料(unbewusste Material)两大类。有心的托载,属有意的史料。无心的表白,为无意的史料。史学家批评史料,应注意从这两大类中求反证。比方,报纸上的论文记事,都是有意的记载,都是先有题目,后有记事。所有记事,都是有心的表示,不一定符合事实的真象;反之,报纸上的广告,为无意的记载,目的只不过为一事或一物作广告。我们反可从广告中无心的表露上,看出社会一部分的真象[①]。这种找反证的效力，对批评史料极有用处。报纸上的广告，不过是最明显的一个例子。

c. 从详略不同中判断优劣。史料有重复的，可用比较的方法，从不同中判断记事真伪的优劣。从此详彼略中，指出那些是原料，那些是副料，那些是有意的删改，那些是有意的增添。这类的例，在我国史书中很多。廿四史中叙一人的事迹而观点不同的，如《魏书》中的岛夷刘裕、萧道成、萧衍等传，可与《宋书》、《南齐书》、《梁书》中同名的太祖、高帝本纪对看。《史记》与《汉书》同记一事各有异同，可以对看。《旧唐书》与《新唐书》、《旧五代史》与《新五代史》，可以对看。遇到同记一事一人，观点不同的记载，当对比，何以此详彼略。对异时同记一事的记载，要留意"后时的记载"增删的用意。

第三，史料的解释与叙述

班海穆教授在他的《历史研究法与历史哲学(教科书)》(566－613面)中，对史料的解释有很详细的说明，本书下节也另有专述。现在略说什么是近代历史学中的"史料的解释"。

简单说，史料的解释不仅是怎样解释史料，而是要怎样懂得史料。自寻源的方法论与进化的历史观，主盟史学界以来，史学家对于史料不仅以了解文字为满足，进而想从文体与文风方面，推测作者记事时个性的表现。不仅在了解史事，尤要从了解史事中了解时代的精神(Zeitgeist)。前人称引旧书，志在述而不作。现在引用旧材要重新估价，从说明历史上的因果关系，进而明白时代的特性。因此，史料的解释有两种目的：

a. 说明史料含有的性质。研究记事人的主旨在那里，动机是什么；

b. 从史料所含的特性中认识它代表的时代精神。

史料解释，常易犯下边的三种错误：

1. 易流于先入为主(voreingenommenheit)，或固执成见。说这种

---

① 比方，我们想知道北平社会健康的真象，看官厅的报告，即不如看报纸背面的广告。我们从"润肺化痰丸"、"八戒烟断瘾"一类的广告中，知道一九二九年北平的一部分市民还在"信赖洋药"、"吸食鸦片"。

史料如何如何，实在别人看起来并不如此。

2. 误用归纳法(falsche Induktion)，误以少数代表全体。记述异民族的历史与风俗，应用古物与遗迹当史料时，尤易犯这种毛病。

3. 误用类推法(falsche Annalogien)，不注意时代、地域、民族特性，妄以类似的东西互相比拟。比方，中国学者见古书中有“飞鸢”，即说中国人数千年前已知发明“飞机”。拿春秋中的会盟聘问，附会“现代的国际公法”之类。

二　历史研究法的历史

研究史料的来源，批评史料的真伪，和怎样解释史料，是近代欧洲历史研究法的几种新精神。现在再略述“历史研究法”这种学问，在近代发展的经过。

欧洲(特别是德国)从前的历史学者，只知道述古，附会《圣经》，不知道什么是创作。高文典册又大都掌握于修士、僧官之手。所有记载都拿自己所喜欢的一种记载，或自己所知道一二种旧闻作根据，加以藻饰，成为历史，并不注意自己所根据的材料，是否确实，是否完备 ，或材料的来源如何。大家又都喜欢引人成说，但也只图适合自己的成见，并不怀疑这种成说因袭转变的情形，和这种“成说”的本身是否有依据的价值。

十八世纪德国的史学界犹充满这种“抱残守阙”的思想。自十九世纪史学大家尼博儿(Barthold Georg Niebuhr，1776—1831)、栾克(Leopold von Ranke，1795—1886)相继出世，创立“语言学的批评方法”(Die philologisch-kritischen Methode)，从批评史料下手，由是历史的研究法才渐渐从因袭的变成进化的，从主观的变成客观的。近代历史学与考古学的研究，西欧各国比较上德国尤为发达。现在略举十九世纪德国人历史家尼博儿与栾克的治史方法、评史的态度，作为举例。

a. 尼博儿(B. G. Niebuhr，1776—1831)是著名游历家喀斯吞·尼博儿(Karsten Niebuhr)的儿子。一七七六年生于丹麦京城考盆哈根(Copenhagen)，一八三一年死于邦恩(Born)。长于语言、政治，喜史学。初为普鲁士官吏，后为柏林大学历史教授。名著有《罗马史》

(*Romische Geschichte*,第一、第二本,1811—1812 年初版)、《罗马史讲演集》(*Votroäge Uebrdie Romische Geschichte*)等。尼博儿在近代史学界属语言的批评。德国首先从语言文字方面下手,批评旧有史料的学者,尼博儿实为第一人。瑞士取立希大学教授费特儿(Ed. Fueter, 1876—1928)在所著《近代史籍的历史》(*Geschichte der Neueren Historiographie*,1911/1925/1914,译成法文)曾叙及尼博儿开创的功劳,撮录如下:

> 从前的学者拘守不闻,不知搜求材料。征引古书,也常说明出处,但他们志在夸示博学,拉古人替自己圆谎,并不下选择的工夫。志在欣赏文辞的优美,情节的新奇,并不问记事可信的程度。批评派的史学家完全不是如此,他们对史料不但不杂宗教、种族与文学的偏见,并且对史料持怀疑与批评的态度。第一,要问材料的本身是否是原料?第二,是否属杂后人的意见,曾否被人修改?第三,原料不存,方许用最早的副料。副料不能代替原料。原料与副料价值的判断,依时间、地域、亲见或传闻为主,不偏重文辞与形式的是否完备;第四,要注意记载人记事的动机与态度。尼博儿即是这一派的开创人。……(以上采自《近代史籍的历史》第 461-467 面)

尼博儿从语言方面下手批评史料,议论散见于《罗马史讲演集》与他的名著《罗马史》。他的《罗马史》不仅为后来孟荪教授(Th. Mommsen,1817—1903)《罗马史》的前驱,当时也曾震动德国的学术界。当他一八一一年到一八一三年在柏林大学讲演《罗马史》的时候,大学者像罗马法学史大家萨维格尼(Friedrich K. von Savigny,1779—1861)等,都出席听讲,并和他作朋友,常相往来。大诗人葛德(W. Goethe,1749—1832)在他的《罗马史》第一册出版的时候,曾特别写信给他,表示敬意①。

尼博儿和栾克可以说都是"实事求是,不泥古人"的批评家。他们

① 关于尼博儿的学说与他的生平,看外荪哈得(F. Eyssenhardt)的《尼博儿事略》(*Niebuhr, ein Biographischer Versuch*,1886)、《近代史籍的历史》(pp. 461-471)、古曲(G. P. Gooch)《十九世纪的历史与历史家》(1913,pp. 14-24)、李特(M. Ritter,1840—1932)《历史科学的进化》(*Die Entwicklung der Geschichtswissenschaft*,1919,pp. 314-332)。

二人对古史的批评与科学的新史体的创立贡献很大。现在举一短例，以见尼博儿研究历史的精神。

李维五斯(Livius,59 v. Chr.-17n. Chr.)是西历纪元初年罗马历史的大著作家。曾著《罗马史一百四十二篇》(*Die römischer Geschichtsschreiber in* 142 *Rucher*)，文辞优美，议论新奇，为后人研究罗马史的人所喜欢引用，在古史中的地位，约等于我国司马迁的《史记》。但全书抄自他书，又多异说。尼博儿从文字方面下手，详细分析李维五斯的著作，指出那些是不合实事，那些是抄袭他书。经过这次批评以后，学者对李维五斯著作的威权根本动摇。从此研究罗马史的人，方不拘守李维五斯的成说，专心从古文书、古遗物中寻求实证，因而有现代孟荪(Th. Mommsen)一般人的《罗马史》。

b. 栾克(Leopold von Ranke,1795—1886)，一七九五年生于德国土灵根(Thuringen)。初为高级中学教员。一八二四年名著《一四九八年到一五三五年间罗马民族与日耳曼民族的历史》(*Geschichte der Romanischen und Germanischen Völker Von 1494 bis 1535*)出版，哄动一时。次年即被任为柏林大学教授。一八三二到一八三六年编辑《历史政治杂志》(*Historisch-politischen Zeitschrift*)。一八四一年任为普鲁士史官，一八六五年升为贵族，一八八六年死于柏林。

栾克的著作很多，最著名的除上述《罗马民族与日耳曼民族的历史》以外，有《罗马教皇史》、《德国宗教革改史》、《普鲁士史》，暨《英国史》、《法国史》、《义大利史》、《世界史》等。

栾克批评史料的方法与对于近代史学的贡献，不胜详举，有机会当另文专述。柏林大学近代史教授史太因斐尔德(Prof Dr. Richard Sternfeld,1858—1926)，一九二四年选集栾克著述中关于大人物的议论，自为一书。从希腊的太米斯陶客耳斯(Themistokles)起，到俾士麦止，名《历史人物论》(*Historische Charakterbilder*)。他曾在序言中描写栾克对近代史学的贡献，极为扼要，引译几句以见大概：

今年(一九二四年)实为德国新史学诞生的百年周年。一八二四年栾克《罗马民族与日耳曼民族的历史》出版原书后附录一文，名《近代历史作者评议》(*Zur Kritik Neuerer Geschichtschreiber*)。自此文出世，近代史学研究的新基础方正式确立。……此书在科学上的贡献，约分两点：第一，用锐利的眼光，批评史料的来源；第二，对史事立明确的见解，并由此认识它的时代环境的关系。

栾克对史料的批评，兹举一例。十五世纪义大利史学家古伊齐阿底尼(Guicciardini)的著作，至近代大享盛名。各大国文字都有翻译，世人都拿他比希腊、罗马的杜曲底得斯(Thukydides)、修西底得斯与他齐土斯(Tacitus)。栾克用客观的观察，批评古伊齐阿底尼的书，证明原书大半皆无批评的抄自他书。书中所举重要事迹，多与真象不符。条约与文书，皆意为去取。演说与辞令，半由臆造，记事不可尽信。同时主张，搜罗案牍、报告、日记等，引用“原史料”(Primärquelle)。所以栾克在《罗马民族与日耳曼民族的历史·序言》中说：“世人以历史的职务，在鉴既往以测将来，本书并无此等奢望。著者所要说的‘只是往事曾如何经过而已’。”……“栾克的主张，简单说，即是赤裸裸的记述往事，不加任何藻饰，详细研究各个史事，不知道的存疑，切戒加以臆造，与杂以浮辞。……再由各个史事的联贯中，了解他们相互的关系。……”(以上《历史人物论》序言面，pp. 9-11)。此外关于栾克的生平、著作与学说，看 Hans F. Helmolt 的《栾克的生平与贡献》(*Leop. Rankes Leben und Wirken*，1921)、费特儿《近代史籍的历史》pp. 472-485、古曲《十九世纪的历史与历史家》pp. 78-169，及史太因斐尔德与费特儿书中所举各种参考书。李特(M. Ritter)《历史科学的进化》(*Die Entwicklung der Geschichtswissenschaft*，1919，pp. 362-421)，也很扼要。(栾克的全集，旧印已绝版。新版全集由明兴学士会计画出版，计分十四集，每集一种，六厚册，或三厚册。杂文通信等六册在外，现方出四集。全集定价在九百马克以上。惜因主编人早死，现已中止！)

c. 栾克的门弟子。栾克大师的门弟子很多，以史学名家的，有普鲁士史学派的健将，有《日耳曼史部类典》(*Monumenta Germaniae Historica*)正盛时期的主要编辑人。略举如下，以见栾克先生在德国近代史学界影响的伟大。

1. 魏次(Georg Weitz，1813—1886)，名著为《德意志法制史》

(*Deutschen Verfassungs Geschichte*，1844—1878)及修订达尔曼(Fr. Ch. Dahlmann)的《德意志历史的史源》(*Quellenkunde der Deutschen Geschichte*，新增版 1931)。(事略看费特儿《近代史籍的历史》pp. 487-489)

2. 格赛布瑞喜特(W. Giesebrecht，1814—1889)，名著《德意志皇帝时代的历史》(*Geschichte der Deutschen Kaiserzeit*，1855)等。(费特儿书 pp. 489-490)

3. 徐贝耳(H. V. Sybel，1817—1895)，名著《威廉第一德意志帝国的创立》(*Begründung des Deutschen Reichs durch Wilhelm I*，1889)、《革命时代的历史》(*Geschichte des Revolutions Zeit*，1853)等。徐贝耳在栾克诸弟子中，最负盛名。栾克死后，为柏林普鲁士国立档案馆馆长。德国最著名的《史学杂志》(*Historische Zeitschrift*)，即是由徐贝耳创立的。(费特儿书 pp. 535-539)

4. 杜瑞荪(J. G. Droysen，1808—1884)，名著《后期希腊风的历史》(*Geschichte der Hellenissmus*)、《普鲁士政治史》(*Geschichte der Preussischen Politik*，到 1856 年，不全，1855—1886 年出版)、《史学的纲领》(*Gründriss der Historik*，1768)等。杜瑞荪是普鲁士史学派的完成人。他的门弟子最著名的又有屠来赤克(H. von Treitschke，1834—1896)，名著《十九世纪德意志的历史》(*Deutsche Geschichte im 19 Jahrhundert*，1789—1894，出版不全，五厚册)等。[关于普鲁士史学派及栾克门弟子，看费特儿书 pp. 487-496；古曲(Gooch)《十九世纪的历史与史学家》，"Ranke's artics, and Pupils", pp. 103-129，130，168 等。]

栾克的门弟子既多以史学名家，他的再传的弟子，更是人材济济。屠来赤克以后，柏林大学史学系，历来几位主任，像方死的色费儿(D. Schäfer)、伦次(Max. Lenz)、已退职的迈乃克(Er. Meinecke)、马儿可思(E. Marcks)，和现任主任布拉克曼(A. Brackmann)、翁肯(E. Oncken)、哈同(Fr. Hartung)，全是普鲁士派的中坚分子，也都是栾克一派的继承人。

研究史料的来源，批评史料的真伪，才发见从古到现在，大家信为

“真实的史书”中，隐藏着许多假的记载，羼杂许多伪造的和放大的传说。因为大家不知道怀疑，不知道比较，不知道批评，方才把这些伪造与放大的传说，来历不明的记载，当成“真的记事”，相信实有其事。自从尼博儿、栾克诸位大师，著书提倡，引用“寻源与批评的方法”，才把旧日记载中的假东西逐渐剔出去，将来历不明的记载付诸阙疑，将被隐瞒被忽略的材料（如古物、文牍、档案之类）特别表彰，然后方引起学者注意历史客观的真象，著作界才有可信的历史，历史与文学，和传说，才划然分立。

近代历史研究法未发达以前，欧洲人对于历史也持“传而信之”的态度，所以十八世纪时有句俗话说“历史是相信的故事”（Geschichte ist ein geglaubtes Märchen）。后来十九世纪怀疑派与语言学的批评派相继出世，不仅对于传说和故事怀疑，即对于一切事物都加以怀疑，加以批评。不仅对普通的书籍，即对大家奉为高文典册的经史，也痛加批评。反对宗教，反对神学的迷信，据实指出古史中彼此矛盾与互相因袭的痕迹的实证。从此“传而信之的历史”，经过怀疑与批评的洗礼，才将虚伪的部分逐渐排斥，变成科学的历史。不过历史家所说的怀疑，是有疑才疑，所引用的批评，也与诡辩有别。下边的两点，是历史家引用怀疑与批评时应当常常注意的。

第一，即是历史上的实事，除有客观的证据以外，只能推断实事的可能性如何，却不能单凭理想，滥用怀疑。比方，中世纪的欧洲人相信耶稣是上帝的儿子（现在还有人相信，但是因袭的），制造种种圣迹。我们只能研究何以耶稣要说，他自己是上帝的儿子？何以当时的人相信耶稣是上帝的儿子？这些圣迹发生的背影如何？却不能因没有上帝，上帝不曾有儿子，因而否认或忽略这些圣迹。比方，我国的韩愈谏迎佛骨。迎佛骨是事实，我你正可借此研究唐代知识阶级对外来宗教的态度，却不可学后来的史论家说，“佛法主空，既无佛，安有死佛之骨！”即因而主张放弃或厌恶这些事实。

第二，历史家对于异民族或异时代人类的思想、情感与行为，有不可了解的地方，只能推寻不能了解的原因，不应持断然怀疑或任意批评的态度。一切人类的情感、思想都是由彼此类似的生理组织构成的。

人类思想构成的元素相同,思想运用的法则也应当相同。所以我们对于完全不认识的外族的思想和行动,细心考察,也可了解。至于由语言方面、习惯方面、时代与地域方面所生的差异,是可以由研究与练习避免的。这一类的例,在历史上很多,尤其容易暴露的是"尊己族而轻视异族的态度"。历史学者又往往泥于安常的习惯,倘不是自己常见的事,即不免轻加推测,凡是自己所未看惯的事,也未免心存鄙夷,结果不是有意搁置,即是有意放大。近代文化史派的历史家极力攻击"尊己族而轻视外族的观念",说这些都是受政治支配历史的结果,惟有注重文化的历史,才可以是客观的、科学的。(这也只是一部分所谓"思想自由派",或近于这一派的学者的主张。班海穆倾向这一派,所以未免偏重文化史。实在文化史家也不能完全免除"尊己族而轻异族"的偏见。这种偏见的免除,只有被轻视的民族加倍努力,使己族没有被人轻视的口实。)

第二章　史料的分类

构成一种历史著作的材料（或者说就是历史学者治史著史时研究寻求的对象），就叫做“史料”。普通，在他种科学，研究的对象，也就是知识的对象。因为研究一种东西，研究者的目的，就是想知道这种东西。比方，动物学者研究动物的体质、种类等等，就是想知道动物的体质和种类。植物学者研究植物，也是这样。历史学的对象，即是“人类有社会性的行动”，历史学者研究历史，也就是想知道人类在某时代某地域，曾有过某种有社会性的行动。但是各种史料所供给的知识，只是人类有社会性行动的种种证据，并非行动的自身。这是历史学和其他自然科学根本不同的地方。因此历史家对历史上已往人类过去的行动所可知道的，都是赖记载与古物保存下来的材料，而且又多半是人类片段的行动。历史家对于自己研究的历史，常常是不能直接作亲身观察的，他所研究的只有人类过去行动遗留下来的种种证据。这些证据，换句话说，就是通常所说的史料。

关于人类过去行动遗留下来的史料，就性质分别，可归为下边的三大类：

一、同时人的记载。包括：第一，当事人的记载。就是当事人对于自己直接参加的事业，根据亲身观察，随时写下来的记载。比方，当事人的书信、报告、奏议、旅行记、日记等，都属于这一类。第二，当事人事后的追记。随时的记载，对事言事，尚多可信。事后追记，易生顾忌，或有所蒙蔽，有意无意的替自己作辩护。在同时人的记载中，事后的追记，主观的色彩比较更加浓厚，引用时最宜注意。第三，同时人对于“第三者”（“人”或“时事”），根据个人见闻而写下来的记载。在同时人的记载中，比较上数量最多。同时人的记载，也叫做“直接的观察与追忆”(Unmittelbare Beobachtung und Erinnerung)。

二、间接的记载。一名“转手的记载”，德文也叫做“报告式的史料”(die Berichte)。这类史料的成立，不是由于同时人的亲见亲闻，而是依据：1. 口头传说，2. 文字报告，3. 绘画与古物的提示，写成的记载。这种记载对于一种事，是“追述的”、“转手的”，甚且是“想像的”，所以不如第一种的重要。因为这一类的史料只能辗转传达一种实事，所以班海穆又称这些追述式的或转录式的记载，叫做“报告式的史料”(die Berichte)。又因不是“亲见亲闻”，而是得诸传闻，所以又名“传说”(Tradition)。

三、古物与遗迹。凡是文字口传以外的史料，都归于这一类。古物与遗迹，有些是从事实自身直接遗留下来，从这些遗留物上，可以看到前人行动经过事迹的真象，这样的叫做“遗留物”。有些只是仿造品，或是有意造成的纪念物，这类古物曾经过有意的去取，而不能使我们直接得到前人行动的真象，这样的古物，叫做“纪念物”或“仿造物”。

上边三类，两种是记载(一种是记载，一种是先有口传后成记载)，一种是记载以外的古物，性质不同，考察研究时所用的工作方法，也彼此略异。

一　同时人的记载(亦名“直接的观察与追忆”Unmittelbare Beobachtung und Erinnerung)

与事变发生同时代的人，将已发生的事变，依据个人的亲身经历或直接得自当事人的述说，记载下来，这样的记载叫做同时人的记载。同时人的记载在史源学上是为第一等的史料，最能将一件事变的真象告诉我们，所以最可宝贵。历史学所以能成为科学，历史事实可以能归纳出定律，即是赖有这些许多同时人的记载。同时人的记载，就成立的时间和性质说，又分为：第一，当事人的直接记载；第二，当事人事后的追忆；与第三，同时人对于第三者(人或物)的记载。

第一，当事人直接的记载。指参加历史事变的当事人随时遗留下的各种记载。这一类的记载，在欧洲多属公文、诏令、公牍、奏议、笔录、私人书信等。我国历史中相当于这一类的记载，有下列几种：

a. 诏令类。如《史记》卷六《秦始皇本纪》所载"议帝号"的诏书，和《汉书》卷一《高帝纪》所载的《求贤诏》等，都属于这一类。可惜这一类的诏文，大部分不是下诏者自己作的。

b. 奏议。如《史记》卷八七《李斯传》中的《谏逐客书》，唐朝陆贽的奏议，宋朝王安石的《上仁宗皇帝书》，清康有为第四次上奏的变法书等，凡是直接上给皇帝在政治上发生过影响的奏议，都属于这一类。

c. 刻石文。原石尚有者属于古物。原石不存，仅文字保存于史书中的刻石文字，属于记载。如《后汉书》卷三《窦宪传》中所载的《燕然山铭》、《史记·秦始皇本纪》中所载的"泰山刻石"等，都属于这一类。（与下边Ⅱ."记载或文字的传说"章"历史的石刻文字"参看。）

d. 同时人的书牍（讨论国家大政与社会民生的书信）。如王安石与司马光关于变法的通信，金末元好问写给耶律楚材的荐贤书等，都属于这一类。

e. 口供。这一类在刑事案件数量尤多。惜从前的档案不存，流传下来的甚少。

f. 其他。

这些都是当事人对于一种"事变"直接的表示，与事变有直接的关系。我们可以从这些直接表示上，认识历史事实的真象。所以关于这样的当事人的记载，都应当特别提出来，加以研究。

第二，当事人事后的追记。"当事人事后的追记"与"当事人直接遗留下的记载"，虽都是同时人的记载，但在史料的价值上则分别甚大。第一，当事人直接遗留下来的记载，是对事论事，可以表见当事人原有的本意。当事人事后的追忆，往往是经过第二次的考虑才写下来的，自然免不了受"事后已知"的暗示，有意无意的替自己掩饰或过分的铺张；第二，一种事变的结果，是无论如何聪明的人，不能完全事先预知的。事后的追忆，在下笔的时候，事变的结果已完全明了，记事人自易于变更所记事实的本像，不夸张自己如何有先见之明，即诋毁他人如何昧于时事;第三,忌人成名和喜扬人恶,向来即是人类的通病。形诸记载,传示将来,更容易有厚己薄人的偏见。事后的追忆,大半有为而作,对于这样的偏见,自应特加注意。

事后的追记也要看这种追记写成的迟早,去判断他们的价值的。比方,《黑鞑事略》记载的时日与经历的事情,相距甚近,故记事亲切。《松漠纪闻》记载在十几年以后,即觉着有许多地方不符事实。批评事后的追记,又要注意"所记事实"与"记事的人"有没有利害的关系。没有利害关系的,记事人专述一时的经历,容易不杂主观,记事也比较可信。这一类的记事,比方刘祁《归潜志》中的《录大梁事》;利害关系较深的,则记事人感情用事,所记的事也多不可信。这一类的记事,比方像梁启超的《戊戌政变记》。

第三,同时人对第三者的记载。这一类的同时人的记载,也可叫做广义的同时人的记载。依据"哀启"、"行述"而成的谀墓文,由杂钞、档案、奏章而成的《夷务始末》,本传闻异辞的"纪闻"、"笔记",以及随兴载笔,只求谈助,不负责任的报章新闻、文士琐记等等,皆属此类。这一类"良莠不齐",种类繁多,佳者固可与上述二者等量平视,而劣者甚且同于转手的记载。这要看记载的来源如何,记事人的立场、身份与能力,确定他们的价值了。

班海穆对同时人的记载,又有几段概括的说明,撮述如下:

第一,人类过去的行动,当事人事后即将这一段行动,前后的经过,排比成一种系统的历史,实际上是不常有的。所以普通所说同时人的记载,大概只是些当事人的片段的记载,如上边所说奏章、信件之类。这一类狭义的同时人的记载,仔细分析起来,大部分只是记载人记忆上一时印象的遗留,本身是片段的,不是整个的,部分的,不是全部的。事实如此,无可如何。我们想知道已往过去的事迹,只是从比较直接的记载,或遗物的片段,或部分上,去认识部分的或全部的事实,历史上所说的"真实",是相对的,不是绝对的。人类的行动,严格说起来,只有照像的留像,留声机的收音,电影的摄影,能常常保留下来一部分的真象,可惜电影与留声机,对于历史学尚未发达到全部采用的时期。[鲍瓦在《历史研究入门》p. 238 以下,详述摄影术对古文书学、古物学、民俗学的关系。关于摄影术对社会科学的关系，详见：1. Karl Krumbacher《摄影术对社会科学的贡献》("Die Photographie im Dienste der Geisteswissenschaften", Neue Jbb., 17, 1906, pp. 601-602); Vikt. Gardthausen 著的《图书馆学》(*Bibliothekskunde*), 1920, p. 112 以下。]

第二，同时人的记载决不能像摄影机所摄影片那样真确，这是很显然的。欧洲有一件著名的轶事，可证直接观察与事后追记有时也不可全信。英女王伊利查伯的宠臣瓦特·锐雷(Sir Walter Raleigh)是一位自信坚强的人，他常想凭自己的观察，著一部《真知灼见的历史》传信后世。有一次他从窗子内向外张望，看见街上发生一种骚动。就细心观察，将所看见街上骚动的情形，细心加以综合，加以研究，详详细细的记载下来，很觉满意。后来有一位朋友来拜访他，对他述说街上骚动的原因，和他(R 的朋友)所见街上骚动的情形，同是一件事情，两人所见差不多完全相反。瓦特·锐雷因此就感到亲眼所看见的记载，也一样是不可全信的。亲见的记事，也不能将客观的事实，毫无可疑的传信于后世。于是他就把自己所写的历史草稿焚烧了。(见班海穆《历史学概论》, p. 100, 1926 年本)

第三，观察一件事情对与不对的分别，要看观察人的"天资"、"眼光"与"学力"和"当时注意的兴趣"。"天资"、"眼光"与"学力"和"当时注意的兴趣"，又因人各异。因此两人同记一件事，即不能彼此完全相同，但我们却不能因此即怀疑亲身观察是不可靠的。只须应用批评法，就史料的内容与外部，详加批评，审查考核，将不可靠或不合理的部分除去，作为追述或作史的依据。从多种同时的记载中选择比较可信的史料，排比成一种比较完备的历史记载。

第四，记事易受"个人主观"或"环境"的支配，使见证人或当事人不肯说实话，或者不愿意将一种事实的真象，用冷静的态度记载下来。这种为恩怨所蔽，习为曲笔的情形，自古已然，现在也仍是如此。不过古时的人，对于一种"美的文学"与"记事的史书"，不注意区分，爱读名人的史文，不注意所记事实是否是亲身的见闻，或最早的记载。他们对于一种记载的判断，不知道留心记事人的偏见，不知道注意记事者个人的心理，更不知道研究和分析这种心理作用的发生，是生于个性的倾向，或者是时代的，或环境的转移。自从尼博儿(Niebuhr)、栾克(Ranke)以后，科学的历史研究方法逐渐完密，人家才注意“同时人直接观察的记载”，并注意系统的、精密的去研究这种同时人的记载真实不真实，这些记事人所受心理作用的种种影响是些什么。因为想明了记事人的心理，于是就想法利用心理学的帮助，去研究历史构成的原因。应拿出心理学者研究访事人观察事件，采访新闻时的心理，去研究记事人记事时的心理作用。应拿出法官在法庭向证人讨口供的态度，去审察与批评当事人的记载。[关于应用心理学观察史事，班海穆曾举下列二书：a. 史台恩(William Stern)《证人的心理》(*Beiträge zur Psychologie der Aussage*)，1903—1906年出版；b. 莱耶(W. A. Lay)：《经验的教育学》(*Experimentalle Pädagogik*)，见《自然界与精神界丛书》第224种，第三版1912年出版；其他如一九〇七年以后的《应用心理杂志》等，也很重要。]

第五，思考和观察的能力是否锐利与精细，个人天赋以外，也因所受的“教育”与“工作的经验”，各人不同。教育学者也承认个人的注意力，彼此有强弱的区别。因此观察者观察一件事情，因所感兴趣的不同，所得结论自然不能尽同，这一点关系很大。观察者最易犯的毛病：

第一是“偏见”。判断一事，形诸记载，只注重自己所感兴趣的部分。其他有关系的方面，因为兴趣淡薄，都认为是枝叶细故，或全不理会。甚或自己欺骗自己，认自己的偏见是全对的。因此就有许多同时人的记载，自以为所记的是实在情形，实际上往往与事实全不相符。

第二即是“暗示”(Suggestion)。偏见属诸个人，暗示则属诸社会或全民族，或一个时代的风尚。观察者受时代心理或群众追逐的心理的暗示，因而就往往忽略或蒙蔽事实的真象，记事成为迎合时代的记载，而不是事实的记载。此外记述事实受时代心理，或群众心理所蒙蔽的例子也多极了。要待科学的历史研究方法，替这些为时代心理蒙蔽的事实，加以洗刷，或重新估价。比方，欧洲中古时代的巫蛊狱(Hexen prozesse)①。许多妇女因受巫蛊狱的牵连，被教会强执焚死。当时的

① “巫蛊狱”为中世纪耶教徒惨杀异教徒案件之一。凡以他种神鬼邪说惑人者，或得郁结精神病说鬼话者，皆由“清教裁判所”强制焚杀。被杀者以女巫女子为最多。

修士和记事家，对于这些骇人听闻最不人道的事件，不但不以为怪，反相信应当如此。这些都是受了时代心理的催眠，受了时代风尚的暗示，使当事人无意中随俗驱使，而不觉得这些事是惨无人道的事情。古时候又有些时期的人，迷信奇异怪诞的事情，如审判罪案，不依法律，而利用迷信。欧洲中世纪时，使人入手于滚油中，视伤痕轻重，以判断曲直。事情虽怪诞，但却是事实。现在是理智开放的时代了，我们知道这些行动都由于知识未开，偏见易生，和时代心理的暗示。

从心理学上使我们知道同时人的记载(特别是当事人直接的记载和当事人事后的追忆)，记事是否真确，与记事人自己的天才、赋性、年龄、性别(男或女)、学识和对于史料的兴趣都很有关系。此外事后的追忆，又要看这种追忆记述的迟早。亲身经历的事，随时或很早即记载下来的，事近，记忆的清楚，所记自然比较更可相信。同时人的记载，应当以这一类为最好。这就是上边所说“当事人的直接的记载”；时间久了，记忆模糊，又容易受后来的环境与情绪所转移，故所记容易错误。其次个人的处境，记事人的身世，也可影响他对于史事的观察，和回忆时引起的动机，使观察与回忆，有偏重某点或详略不均的可能。历史学者若能认清这些关系，并能引用内容与外表的批评，使史料与史事的真象符合，记载与客观的史事符合，则历史的研究即可成为科学的。

二 间接的史料(Die Berichte)

间接的史料，德文叫做“报告式的史料”(Die Berichte)，也即是转手的记载。又因为不是直接的“亲见”与“亲闻”，而是间接的“转述”或“传闻”，所以德文又叫作“传说”(Die Tradition)。报告式的史料，据班海穆的《历史学概论》就来源的性质说，又可分为三大类：Ⅰ. 口头的传说，Ⅱ. 文字的传说(即同时人记载以外的各种记载)，与Ⅲ. 图像或绘画的传说。每类中又分析为多种细目，将于下面分别详述。

同时人的记载重在述说亲身的经历与见闻，报告式的史料(间接的史料)则系依据他人的见闻，与多人的经历。他们又不是“一时”、“一手"记成,所以报告式的史料在实质上是间接的与因袭的。"直接的记载"与"事后的回忆",比较占少数(中古史、古代史更甚),所以已往的史料,就性质上说,大部分都是间接的史料。这一类史料记事是否确实,也全看报告者(著作人)所依据的"述说"与"底稿"是否精确。此外还要看,作成"报告"的时候,记述人对这些消息与"别人述说",引起的心理作用是怎么样。将这些种种情节综合起来,又必须认清要点在什么地方。一种记载最重要的观察点的决定,全以记述报告的人为转移。他的"学识"、"兴趣",和他的"目的",以及当时文化的程度,对于他认定何以这些是重要的,那些是不重要的,都很有影响。比方,欧洲中世纪的历史家尽是修士或主教,所以一切记载无形中即囿于宗教。因此他们记事的对象,尽是关于"教会的进献"、"教会的颂扬与祷告"、"礼拜时的种种典礼"与"圣灵的祥征"。有时虽记述政治,也必是与教会有关系的政治,不是说教会应怎样统治国家,即是说当时的帝与王应如何服从教会。此外社会的情况、人民的疾苦,无论是属于法制的,社会的,或经济的,他们都全不注意。

报告式史料(转手的记载)也因纂述人的责任心与剪裁的艺术,分别高下。他可以因叙述笨拙,有意无意的使见闻与传说的意义更加晦暗。又可以为便利措辞,有意无意的将一种实事的真象放大。或者杂出己见,任意篡改,武断的说:实事应当如比如此。或者为一时风气所转移,将一种色彩涂饰到全篇的叙述,或全部的事实上去。上述诸点见于绘画、雕刻的古物也莫不皆然。实体物虽比较上具备客观性,但也有"报告式记载"所有同样的流弊。

口头传说、文字传说与图像或绘画的传说,三者之中"口头传说"辗转流传,易于失真,往往只有传说的"核心"有历史的价值。至于由图像或绘画而流传下来的史料,对于记事的用处,要看他们自身所代表的"史事",是否直接有历史的意义。有历史意义的图画,如宫殿图稿、城市坊巷图、民俗画等,虽不全是原物自身的遗留,而也可以见一代营造的方式、风俗的遗迹,自然很可宝贵。其他同时人以外的记载,更与上述"同时人的记载"互相发明。凡是在上边没有特别说到的,在这里将顺便加以补述。

Ⅰ. 口头的传说(Mündliche Tradition)

报告式记载最早的来源,起于“口头传说”。或与由亲身经历的人,将一种见闻,演为歌谣故事或“评话”,口耳相传,通行既久,成为记载;或者将别人的经历见闻,编为韵语、短辞,因而辗转流传,散布各地。传说在性质上,多为演述往事,所以大部分是间接的。谈述的人,对于实事的经过,多半不是根据亲身的亲见亲闻,只是从别人的口头得来,更因此口头传说下去。若是属于“现代实事的传说”,即叫做“街谈巷议”。通常所说“谣传”(Gerücht)也属于这一类。属于过去的传说,或由古时流传下来的传说,就叫做“故事”(Sage)。故事也和“谣传”一样,初期是由口头辗转流传,到了记述成书的时候,必已历时久远,而且多是后起的变象。“故事”又与“轶闻”、“轶事”不同,故事往往是一民族共有,或一地方人民共有(如民间故事之类)。轶闻(Legende)和轶事(Anekdote)大部分属于私人独有,这两种都是故事的变象。照习惯分析起来,轶事以“人”为主,轶闻则不限于“人”,兼及超越普通人的“神怪”。有些故事在此地属于某A,在另一地方,同样的故事又归于某B或某C,这种不专属于某私人独有的故事,欧洲人叫做“流行的故事”(Wandersage)。此外属于口头传说的还有“流行语”(Geflügelte Worte)与“历史的格言”(Historische Sprichwörter)诸类。

总上所说,依班海穆在《历史学概论》的意见,而分口头的传说为六大类,先列为一表,作为提示。

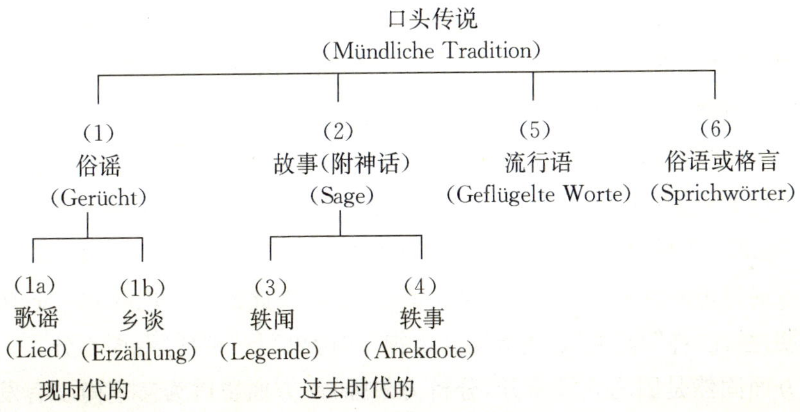

口头传说又可分为“唱的”(韵语的,如歌曲等),与“说的”(散语的,如故事等),或“有韵的”与“无韵的”两大类。

以上是班海穆的分法。鲍瓦教授则分“口头传说”为七大类：1. 俗谣(Gerücht),2. 神话(Mythos),3. 故事(Sage),4. 轶闻(Legende),5. 轶事(Anekdote),6. 格言或俗语(Sprichwörter),7. 民歌(Volkslied)(《历史研究入门》,1921年本,224面)。1927年第二版(S. 160)则改为：1. 故事,2. 轶事,3. 格言,4. 民歌,5. 神话,6. 乡谈,7. 演说。斐德儿教授又分口头传说为“广义的”与“狭义的”两类(《历史研究法教科书》99-102面),详审内容,则我国旧有的“口头传说”,也各有出入。比方童谣、唱本、鼓词、语录……严格的说起来,都是德国所没有的。民歌一类也多形似神异。这里所说,以班海穆的说法为根据,分口头的传说为六大类。“口头的传说”,或者也译为“口传”,往往起源甚徽,既到播诸口舌,辗传相转,越传越复杂,内容也越丧失原意。每经一次传述,每到一个新的地方,必定另有许多新材料附加进去,将原来所含“历史的核心”(historische Kern)逐渐失去,变为神话。因此,口头传说多半最初是历史的,后来变成非历史的。历史学上的批评,“口头传说以最早的为最好”,因为原来的传说含历史的成分比较占多数,自然比较上尚可采用。若流传已久,在演变中,虽可看出各时代习俗的转变,而口传事体的本身,往往没有历史的价值。

1. 歌谣与乡谈(Lied und Ezäblung)。历史事实,最古传说和发生最早的形式,当推韵语的“歌谣”。韵语的歌,最初应当时赞美的诗歌,用以“赞美神灵”或“讴歌英雄”;次为“史诗”,用以颂扬所崇拜“神人的轶闻或善事”,再进方有半真半假的长歌或“故事”。这是世界史上各民族大致相同的。假若有些民族性质上偏重历史,记事的兴趣发达较早,他们最早最古的传说,不是“韵语的史诗”、“赞美歌”,即是偏重事实的“故事”,或者“赞美神人的歌”与“英雄的故事”,同时并兴。文化渐进,普通流传的诗歌,也渐渐变成故事,记载即由此而生。记载发生的初期,往往“神”与“人”、“英雄”与“天神”、“历史”与“神话”混而不分。一方面固然是因为人智未开,分析力未强;一方面也因为文字尚没有发达,不能将事实随时记载下来。口传易于失真,史事不觉放大,把“人”

与“神”、“历史”与“神话”揉在一起。

历史有了记载以后，史诗、史歌所表见的事迹，虽一部分与记载相混，而史诗、史歌则仍然流行。这时候的诗歌，大致可归为两类：第一，由直接的观察或直接的回忆而成的诗歌，意在用韵语专述一类事实，以广流传；第二，由史事演成的诗歌，意在借用史事，发抒文才。前者以“事”为主，虽不免因行文之便，放大事实，却仍有史料的价值；后者，完全以“文”为主，只不过把史事当作诗歌的材料罢了。

最早的诗歌，虽叙事不免神怪或简略，但因记载未备，仍具有史料的价值。这一类的诗歌起源极早，发生的时代也多在咏歌英雄的时代。日耳曼民族的史诗、史歌，起于中世纪民族大迁徙时代，即是一例。最早由歌师传唱于各地诸侯的宫廷，历时既久，方由文人选择改编，形诸记载。最早的史歌与史诗为记载成立的初步，以少为贵，又屡经才士改订，所以能引人注意。历史家也因此常将这些诗歌，收入自己的著述之中，作为最早事实的记载。因记述古诗歌而著名的历史家，古代如荷马等，颇不乏人。在欧洲中世纪以后比较享大名的，也有下边的几家：

a. 峨特人游儿丹尼斯(Jordanes)的《峨特民族史》(*Die Geschichte des Gotischen Volks*)，采用诗歌，记述特奥底立许(Theoderich，493—553?)时代峨特民族的历史，止于552年(东峨特国，555年灭于东罗马)。从游儿丹尼斯的书中，我们可以知道最早欧洲的匈奴人和阿兰人的历史。

b. 法郎西僧正葛瑞高儿·封·杜儿(Gregor von Tours)的《法郎肯历史十篇》(10 *Buecher der Frankischen Geschichte*)，述说日耳曼、法郎肯人占领罗马高卢省各地的事迹，起于四八六年，止于葛瑞高儿之死(591)。

c. 底亚康奴斯(poulus Diaconus，郎勾巴顿人，生于120年)的《郎勾巴顿的民族史》(*Geschichte des Langobardiachen Volks*)，郎勾巴顿人于568—774年建国于义大利，被灭于沙立曼大帝(Karl der Grosse)。

2. 故事。历史家所注意的故事，首推“历史的故事”(die historischen Sage)。真正历史的故事，乃由历史事实脱变而成。但是经过多数人的口传,往往丧失原意,变成一种"随意谈",或失去本来面目,或全然不符实事。许多故事名为根据史事,实则因传闻异辞,已没有历史的价值。

就故事的内容而论,可分为(1)"历史的故事",由附会史事而起;(2)"非历史的故事",出自传闻臆造。两者往往彼此相混。若把故事当史料看待,历史的故事应寻究"原形",非历史的故事应注意故事自身演变的情形。

又有所谓"乡土故事"(Lokalsagen)与"编造的故事"(die Aetiologischen Sage)①。乡土的故事,以地域为限,将本地方内的奇闻、美事,演成故事,以地方得名,流传远近;编造的故事,藉端编造,流传久了,即成为地方故事,或"流行的故事"。比方,甲地有一山,即藉山编造一个山的故事,说这座山是怎样起源的,曾有过什么样的灵迹;乙地有一河,即编造一个河的故事,说这条河是什么时候开的,河上有过什么样的神仙。乡土的故事与编造的故事,多半是由附会臆造而起。历史家应从附会的事实上,考究附会的缘故,注意为什么这里这样的附会,那里又那样的附会。从这些故事中的一件事实,一个名称,一种风俗……的关系上,推测故事的起因与演变。有时也可从这些"地方性"中找到历史上事实的证据。

故事与神话的区别:凡是与神有关系的故事,大概都是从神话(Mythos)推演出来的,因此又有一种故事即叫做"神话的故事"(Mythologische Sage)。神话与故事的区别,欧洲人也有种种的说法。

a. 外喜梅立思派的解说(Euhemeristische Erklärung):由纪元前第三、第四世纪希腊学者外喜梅立思的解说而起。这一派的说法,以为最初的神都是人变成的。古时的帝王与英雄,行为稍微与众不同,后来的人即辗转传说,把他们形容的灵异威风,使他们超人成神,使他们的行动、功业渐渐神化,遂演成种种故事。照这样的解说,神是人的放大,神话也大半是史事的放大,因此神话与故事中也含有历史的核心。

---

① Aetiologia 为拉丁文,意即"原由",故病理学亦称 Aetiologie。我国流行的"孟姜女哭长城的故事",即类似欧洲人所说"藉端编造的故事",后来又变成"流行的故事"(Wandersage)。

b. 象征派的解说(Symbolische Erklärung):这一派主张神话与故事应当分开。关于神的传说,应叫做“神话”,关于“非神”,或不以神为主的传说,应叫做故事。他们以为神只是附会超人事的天然力,或不可解说的天然现象(如雷电等)造成的。神不是人的放大,只是超自然界超人力的象征。这种解说起源也甚早,纪元前第二世纪希腊人克拉提斯(Krates)即有这样的主张。近时主张这一说的,以语言学家海尼(Chr. J. Heyne,1729—1812)与克瑞才儿(Fr. Creyzer,1771—1858)二氏为代表。

c. 语源学的解说(Etymologische Erklärung):由字义与名称上分析神话与故事的意义,借研究名字的意义,说明神话的起源,和神话被人相信与流传的缘故。近时的语言学家多属此派。班海穆教授的主张,也接近此派。[参考 A. Böcks 的 *Enzyklopädie und Methologie der philologischen Wissenschaften von Klursmann*, 2 Aufl. ,1886,83 面以下;与跑耳(H. Paul)的 *Grundriss der Germanischen Philologie*, 2 Aufl. , 1900, Bd. 3,230 面以下,606 面以下,对此派均有详细的述说。]

神话的种类很多,上边三种都不能解释神话的全部。三种中,语源学的解说比较完备。我们要知道神话的起源是不统一的,神话中有把人当作神的(如耶稣、关羽),也有把神当作人的(如亚当、盘古、张玉皇)。神话与故事相混的地方很多。他们的由来,虽是有些含有史事,或是形式上类似历史的故事,但实质上都是由幻想造成。无论研究那一种神话,都须应用寻源的看法(语源学的解说),方能有比较确当的认识。

“民族的故事”与“同源的故事”:有些故事流行于全民族,并且能代表民族的起源与特性,这些故事通称为“民族的故事”;许多民族中常常有类似的故事,内容相似,一望即知道是同出一源,从一个很古的神话分传下来,这种故事即叫做“同源的故事”。这样类似的故事,起源多在初民(Urvolk)时代,远在民族迁徙以前。比方印度、日耳曼民族的故事,如拜日、敬信地雷火风等,源出一本,后来方才散传各族。印度、日耳曼民族的古民族故事,往往分传给以下的各民族。

一个日耳曼民族老故事流传的情形，如下图：

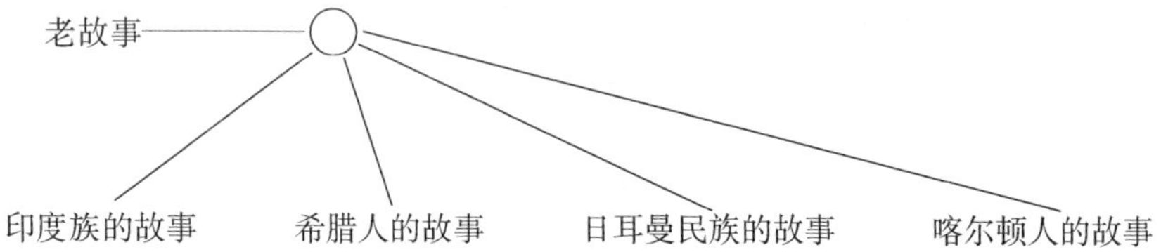

流行的故事(Wandersagen)另有一种故事，传布各民族间，内容也大致相同，但并不是"同源的故事"，像日耳曼民族的故事，从一个很早的老故事，分传各地，乃是先从此地传布，后来又在彼地传布，先在一个时代，后又另在一个时代，从甲到乙，转徙流传。比方在十二世纪有一个故事，说是波兰的一个诸侯的，到了十五世纪，同样的故事，大家又说是喀伦(Küln，莱因河名城)一个大僧正的。

流行的故事也可以叫做"游行的故事"，它有下边的数种特点，是他种故事所没有的。

(1) 流行的故事在性质上，多属不常发生的事件，具有特别的巧合。令人听见后，即知道这个故事是从某某故事转变来的。因为内容重复，事迹巧合，令人知道这个故事是"流行的故事"。我国这种故事很多，一个故事在这里是徐文长的，在那里又变成解学士的。

(2) 流行的故事只是互彼互此，人异事同。不是从一个很老的故事分枝流传，和仅有一小部分相同的"同源的故事"。

(3) 有辗转流行的脉络(Kanal)可以推证。流行的故事比较简短，人地相宜，即重来一次，因此流行的痕迹是很明白、很显然的。

帝王的故事(Kaisersage)表彰最早一民族中，或一地方内在功业善行的英雄故事，德文又叫做"帝王故事"。或说某帝某王为国战死，或说某侯某皇为民创业。内容既附会史事，文人学士又加以藻饰宣扬，于是即有许多古圣先王的美谈，见诸史书，流行民间。帝王的故事，在文化发达的国家，尤容易发生滋长。古代史书多是"有文必录"，著史的人不知道应用批评，因此保存这一类的故事很多。欧洲十九世纪以后，批评的历史学发达才大批的将这些帝王故事从历史中分析出去。德国史学家栾克(Ranke，见上)批评古伊齐阿底尼(Guicciardini)的《义大利的历史》(*Istoria D'Italia*)说：原书不是信史，杂有故事。栾克的话，虽有过甚的地方(见 Fueter 的《近代史籍的历史》页 71 以下),但古伊齐阿底尼的书即从此丧失在史学界的威权,即是一个好例。我国古史中的,“黄帝战蚩尤”、“大舜耕田”、“大禹治水”、文王的“耕者让畔”,都是这一类的帝王故事,不可尽信,应严格从事批评,使这些故事与历史分离。

帝王的故事,也有些同时即是游行的故事。早先是甲民族帝王的故事,后来又变成乙民族帝王的故事。欧洲著名的帝王故事,经学者研究的结果,找出许多种都是从外国输入的。或者是最早从印度传到帕拉斯丁(首都为耶路萨冷)、小亚细亚,后来经十字军东征,带归西欧;或者是从犹太、希腊、罗马的文学古传中递演下来的。德国的帝王故事,有许多都即是这样演变而成。

欧洲中古时代,又有一种著名的流行故事游行各地,在各种“文化范围”(Kulturkreis)内,此起彼伏,时而发生在甲文化区域,时而又复现在乙文化区域。这样的例,比方“外音堡义妇”(Die Treuen Weiber von Weinberg)的故事,即是如此的。相传罗马大将围攻外音堡久而后下,堡中男子已尽成俘虏,大将欲屠全堡男子,下令让堡中妇人逃避,惟逃避时只准携带一种东西。令下后,堡中妇人各各背起丈夫,携与同逃。大将以为军无戏言,因尽赦之。这个故事后来又被人指为是一一四〇年康那德王第三(König Ronrad Ⅲ)的故事,后又被指为是另一个大将的,反复重提,前后雷同,不下三十余次。

故事的种类很多,大致可括为下列各类:

故事(Sage)
1. 历史的故事
2. 乡土的故事(成藉故编造的故事)
3. 神话的故事
4. 流行的故事
5. 帝王的故事

历史家著作历史,若想利用故事:(1) 第一必须先知道要用的故事,是那一种的故事;(2) 其次应当知道怎样应用;(3) 再其次应当知道什么样的故事,或故事的某几点,才有历史的实事,或带有历史记事的性质。

即是真的历史故事,经过编造,杂入作者自己的意见,因此也大半不可凭信。若把历史故事杂有想像的部分当作历史的，反之把故事中干燥无味的实事部分当作非历史的，都不免陷于错误。引用历史的故事，必须有历史家尼博儿（G. Niebuhr）、栾克（Ranke，均见前）诸人的态度，方可不致宽滥。尼博儿诸人对于历史故事的意见，以为历史故事中所述的事情，非与别的史源（Quelle）有互相印证的实证，这种故事虽是历史的故事，仍是不应当作史料应用的。近代社会进步，故事日少，轶事日多。历史学日益发达，材料丰富，历史家已没有再采用故事的必要。因此，所有故事都被归入民俗学、语言学、文学以内。但故事在历史学上，当作"遗迹"（Überbleibsel）看待，则仍极有价值。我们从历史的故事上，可以看出一般人对过去的古代是怎样一种感想，对过去的往事曾有过怎样一种的印象，曾表示过怎样的态度。这样去看故事，自然故事就有史料的意味了。[关于故事的参考书和故事集，略举如下：1. 迈耶（John Meyer）：《故事书录与故事汇编》"Verzeichnisse der Leteratur über die Sage und der Sagensammlungen"，载 H. Paul 出版的《日耳曼语言学纲领》（*Gründriss der Germanischen Philosophie*），1909，第一部，p. 1220 以下；2. K. Wehrhan 著的《故事》（*Die Sage*），Ⅰ，1908，引见鲍瓦书 S. 230；关于故事的讨论，见班海穆《历史学概论》pp. 108-114，鲍瓦《历史研究入门》p. 226，232，斐德儿《历史研究法教科书》pp. 1-100，239-240 等。]

3. 轶闻。轶闻（Die Legende，日文译作古传）也是故事的一种。就欧洲已有的轶闻说，内容多关涉宗教的圣迹，或名人的异行。因此，轶闻就起源上说，可分为下边的两类：

a. 从神话演变而成的轶闻

b. 从流行的故事脱化而成的轶闻

第一种可以说是一种宗教神话的"余波"，实在即是短小的神话，不过内容偏重述名僧、贤后（崇信宗教的王后）关于宗教的异行罢了；第二种虽是从游行的故事脱化而成，也大半属于宗教轶闻或教会中圣母、教父（Kirchenvöter）的行事。总之，轶闻的内容大半是称道某修士如何终身信教，得到圣灵的感应，或者追述某教友如何以身的殉教护得教父的荣誉，或者述说某后曾捐金建立某修道院，或者追述某贵族曾舍财于僧社与教会。这种轶闻既在表彰修士、教友的奇行善举,又大都出自教徒的口传,自然过甚其辞。意思既在铺扬圣迹,使人信教,或在劝募捐款,藉广宣传,当然没有许多历史上的价值。此外又有些轶闻,简直是随便假造的。因为欧洲中世纪人智未开,相信虔心祈祷上帝,可以使上帝对于祈祷的人托梦或示兆。这一点就我国社会上现存的种种迷信看起来,有些可说是与欧洲中古时代如出一辙。流行我国北部的《宣讲拾遗》等"善书",要算我国这一类轶闻的代表了。

文艺复兴和宗教改革以后,学者对于圣灵的轶闻,宗教的迷信,大加批评。因此基督旧教(天主教)也将过于荒诞的奇迹与轶闻,加以淘汰,又将比较可信的圣迹、传贤,重加编纂,成为一种丛书,用以退为进的办法,以示圣迹与轶闻,显有区别。这种丛书,一六四三年由约翰保兰得(Joham Bolland)在比国安提魏儿盆(Antwerpen)着手编辑,名叫《宇内圣灵集》(*Taten der Heiligen aus der genzen Welt*),可以说是欧洲的"轶闻集成"。

但是旧教会终于跳不出迷信的圈子,自己虽将承袭的神话亲加淘汰,而千年古教灵迹依然犹多。所以他们出版的历书上,每天都有一位圣灵值日,拿值日圣灵的名字去名这一天。他们把《宇内圣灵集》中的名字,案天排下去,据说到现在已得三百多位,从正月一日起,已经排到十一月初旬了。

近代的新趋势,历史家对于一般的传记行状,也都持惑疑谨慎的态度。不但因为文人喜欢作谀墓之文,对死者常加恕辞,即是出自亲近或门徒的行述与传记,也容易扬善隐恶,不尽详实。所以表象派的历史家(如前举 Th. Lessing)即公然的说:"传记不过是一种轶闻的变象。"(Alle Biographie sei nur eine Art Legende)或者说,一切传记,只是轶闻一类的东西,实在不是全无道理的。[参考书:关于轶闻概论之部:1. 看葛录贝儿(E. Gruber)等主编的《普通科学艺术百科全书》(*Allgemeinen Enzyklopädie der Wissenschaften und Kunste*),舒耳慈(V. Schultze)著"Legende"条,1888,Sektion 2. Teil,42;2. 关于圣哲行述的批评,看 *Monnmenta Germaniae Historica*,*Scriptores rerum Meovingicarum*,Bd. 3f.,von B. Krusch;此外 3. 瓦吞巴合(W. Wattenbash)《德国中世纪的史源学》(*Deutschlands Geschichtsquellen im Miltelalter*),第七版第一本,九面以下;4. 龚特儿(H. Günter)《轶闻研究》(*Legenden Studien*,1906)中也有详细的讨论。又,列星哥(Th. Lessing)在所著《历史是无意义的意义》,痛论历史学只是一种轶闻轶事,参看第三编《表象派的历史观》。]

4. 逸事。逸事(Anekdote)是短小的故事,内容只限于珍闻奇谈,性质或属某名人的趣谈,或是某寺某官的珍闻。大概将这些珍闻与奇谈,集中在短文或几句话内,辗转流传,引人一笑。逸事既在谈说某一人,或某一团体的趣闻,自然随口假造,容易与事实不符。逸事中也有一种"流行的逸事"(Wander Anekdote),因为逸趣横生,言者动听,所以不管在什么时候,遇到机会,即重演一次,如我国所传徐文长、解学士的逸事之类。历史家向来有一种通病,对于关涉历史的逸闻,每喜采用,这是近代科学的历史学所最要鉴戒的。至于违背实事,非历史的逸事,归于民俗学、文学一类,更忌滥用。

5. 流行语。流行语(Die Geflügelten Worte)或译"惯用语",等于我国古书中的"谚曰"或"童谣"。短辞成语,选自时人的谐辞或因事而成的隽语,往往为一时中上流社会(知识阶级或半知识阶级的社会)所喜用。这样的流行语,可以表现一部分事实的真象的,叫做"历史的流行语";当三五聚谈,双方应对的时候,不管情景适合不适合,遇到机会,即引用一二成语,以期博听众的注意,这样的流行语叫做"惯用的流行语";当时名人或要人,因事感怀,发为趣语,从而流行一时,这样的流行语叫做"文艺的流行语"。比方《晋书》说:"王衍总角,尝造山涛。涛曰:'何物老妪,生宁馨儿!然误天下苍生者,未必非此人也!'""宁馨儿"后来即成为文言文常用的流行语。至于"惯用的流行语"与"历史的流行语"在我国语言的习用上,更有明显的区别。比方说"唇亡齿寒"、"辅车相依",或者说"皮之不存,毛将焉傅",是惯用的流行语。"烂羊头,关内侯。烂羊胃,骑都尉",是历史的流行语。引用俗语与诗文的成语,多属惯用的流行语。史传中的"时人为之语曰"或"某谚有之曰"等,多属历史的流行语。

上述三种惯用语中,有史料价值的,自然首推"历史的惯用语",其余二种次之，或竟无关系。历史的流行语虽不免言过其实（如烂羊头，关内侯等），而这种流行语初次发生的时候，则很能表露当时一事件或一种风气的真象。至于有些历史的流行语久经惯用，丧失了时代性，纯为应付一时的情景，自身既没有时代性，更不能代表某种事实，如上述“唇亡齿寒”之类，自然也没有史料的价值。这样的历史的流行语，已变成惯用的流行语，引用时自应特别注意。

6. 俗语或格言。“俗语”（Die Sprichwörter）也叫做“格言”（das Proverb）。“格言”与“俗语”在德文中有时是没有多大分别的，但在我国语言中，“俗语”与“格言”不仅是“雅”、“俗”有别，而意义与性质，彼此也完全不同。俗语只是通行的惯用语，只能帮助说话的方便，格言则有箴勉与劝戒的意义。比方说“天下老鸦一般黑”，或“有其父，必有其子”，是俗语不是格言。而“有志者事竟成”，或“毋谓今日不学而有来日，今年不学而有来年”，是格言不是俗语。座右铭则多属格言，而惯用的成语或“谐后语”，则多为俗语。俗语与惯用的流行语的分别，则是前者通俗，且有普遍的意义，而后者则仅行于一时期或一阶级。至于俗语与格言在史料的价值，则常在代表的反面，而不在俗语与格言的本身。因为俗言与格言，虽受人遵信，但大半偏重伦理或私人行为，很少代表有社会性的人事，所以对历史没有什么价值。好的格言，像我国通行的“一寸光阴一寸金”（德文亦有“时间是金子”Zeit ist Gold 的格言）和“毋多言，多言多败；毋多事，多事多患”的“金人铭”之类。若考究这些“格言”，原始成立的时代，和它对于民族思想的影响，对历史尚有相当的价值。既到通用流行以后，未免流于抽象，即与历史事实没有多大关系。“俗语”也是如此。因此，有些历史家把格言、俗语归入民俗学，不当作史料看待。

有历史价值的俗语，拿俗语的反面也可以证明一时代事实的真象。比方我国现在流行的俗语“好汉不当兵，好铁不打钉”，可以解释从前“军队无知”和“军队所以扰民的情形”。历史的俗语，欧洲史中也有很著名的，比残庭（东罗马帝国）时代，有一句俗语说：“法兰肯人是朋友，但不是邻居。”这个俗语发生在查理曼大帝时代（742—814）。从这句俗语可以看出东罗马帝国和法兰肯王国间当时彼此政治冲突的情形。

Ⅱ. 记载或文字的传说(Schriftliche Tradition)

由文字流传下来的史料，概括说，即是记载。一件事情发生后，经记事的人由文字加以记载，与口耳相传的口头传说，借口头将事实流传下的，完全两样。记载并非全与史事真象符合，但记载比较口头报告则可相信。因为写成文章时，虽是经过行文、措辞，去取删改的手续，容易失真，但总可保留若干“原始记载时记事人所得的印象”，便于供后人的研究和比较。或由实例，推知记事人对此事记述的详略；或由多种类似的记载，归纳比较求知记载的真象。还有一点，记载一经成文，改变不易，容易保持原形，自然比可以随意增添的“口头传说”，可凭信的多了。怎样知道一种记载，是假的记载，或已有几分之几是假的记载，属于“史料批评”，下章再详。这里所说，只限于通论“记载的性质”与“记载的种类”。

记载照成立的性质，可分为两大类：

第一，原手的记载。指记事人第一次的初稿(原稿)。(就中“直接的观察与事后的回忆”，属于同时人的记载，已详上，可参看。)

第二，转手的记载。指抄袭他人记载的记载(非原稿)。

“原手的记载”与“转手的记载”的分别，德国到十九世纪，新历史学家才正式注意。经过新派史学家的一番提倡，学者研究史事、编辑史书的时候，才详加区别和留意选择。这是新旧史学分野的一个大标志。这一派的倡导人是十九世纪中叶的语言批评派，经过概况，上节已约略述。从此以后，研究历史的人才正式研究怎样是“原手的记载”，怎样是“转手的记载”，他们间的区别在那里？

记载的种类，班海穆教授按照记事的性质，归为以下各类：

1. 历史的石刻文字。宫殿、修道院、纪念碑、凯旋门等的刻石，以及纪念帝王、公、侯、伯、子、男、骑士、名僧功业伟绩的金石文字等，皆属此类。金石文字原属历史记载最早的一种，在欧洲流传到现在比较最多的，首推近东各国，如亚叙利(Assyrien)、埃及等国。希腊、罗马也有，但为数甚少。金石文字就性质而论，多属官样文章，在表彰个人的功业。欧洲最著名的石刻文字，首推奥古斯杜斯帝的“安叙拉(如母)的记政碑”(Monumentum Ancyrarum)。安叙拉是古代小亚细亚的一个都会，奥古斯杜斯帝（Kaiser Augustus，前 63—14）建筑军道，经由此地，从此安叙拉的经济状况骤臻繁富。该城居民建立庙宇，将奥古斯杜斯帝的政绩，刻于庙宇墙壁，以示感谢。这是历史刻石的一例。

2. 谱表类。谱表包括世系表、职官录、执政表等，凡帝王世系、官吏名录、修士簿、僧正表等，皆属此类。世系类的记载有时也不大可靠。古时代的人都想高大门楣，和古代帝王或神人攀亲，表示自己的出身不凡。古时的帝王尤其好夸示他们是“系出神怪”，藉以欺哄人民。这种身世不明的帝王，在中国史书中，更是数见不鲜。因此世系谱表一类的记载，神话与历史混杂。到近代科学的历史发达，批评、考证才将这种混杂的情形，彼此分离。至于职官录、僧正表等，可以作史事的旁证，考订年月，比证前人的身世，极有价值。我国国子监保存的“题名碑”，即属此类。这一类谱表的记载在我国也比较发达，可惜原物保存下来的太少，已存留下来的，如乡试题名录、会试题名录等，至今尚无完备的统计与整理。对于如何运用这些谱表考证史事，除了一二学者以外，也少有人注意。

3. 编年记事类。即是各种纪年，等于我国按年记事的《通鉴》及“九朝记事本末”等。编年体的记载，大概起于文化稍高的民族。欧洲人相传最古的编年记载，当推亚叙利。希腊人与罗马人对于编年记事，也曾有过精巧的制作，可惜古代文化中经衰落，编年记事体大部分也跟着消灭。基督教初兴，记事多用谱表。中世纪以后，编年体复兴，记事家多用此体。欧洲最著名的编年史，当推《僧正外腮比五司·封·克撒立亚的纪年》(*Chronik des Bischofs Ausebius von Cäsaria*)。这种纪年初系用希腊文写成，到纪元后三百二十五年为止。后来经教父(Kirchenvater)喜浪吕母斯(Hieronymus)译成拉丁文，又加补续，展长到纪元后三百七十八年。后经数百年间的增修与传抄，渐渐变成一座假山。直到近代，史料批评盛行，才将这些古代编年史中的伪造杜撰加以淘汰。古代编年史记载时事，限于见闻，已多偏见。又因印刷术没有发明，辗转传抄，更易以伪乱真。因此我们对编年古史，更当用史料的分析法，将这些编年史详加分析，分别出那些是原手的记载，那些是转手的记载，那些是当时叙述的，那些是后人追加的。

4. 传记类。包括行述、墓志、列传、自传等类。欧洲传记体的起源,由于墓铭、墓志和古人下葬时的演说,后来演为哀歌、哀辞、诔文、追悼文、长篇的墓志文及列传。希腊罗马时代,记传体已很完备。中世纪宗教盛行,善恶是非都以宗教为判断的标准,因此个人传记大都千篇一律,不说死者如何虔信上帝,即说他曾如何有功教会。记事之权,大半握于修士之手,以故关于个人的行述,不求切合事实,只求用以表扬宗教。教会以外,对于有功社会人群的人物传记,异常缺乏,偶有一二,也大都叙述笨拙,干枯无味,又大部分是从关涉教会书籍中抄袭来的。自从文艺复兴以后,传记体进步,社会上渐渐注重言论自由。从此思想开展,大家才注重个人的生平行事,和个性的表现。人本主义派尤能力矫积习,侧重人事,排除宗教的偏见。近代流行的自传(Selbtbiographie),即是文艺复兴以后才发生的。自传本身,亲述见闻,本极可贵。但因完全是拿个人的主观叙述自己的往行,往往不免为偏见所蔽,或轻重失宜,详略不均。总之,传记类普通的缺点,多有彰善隐恶的嫌疑,用为史料宜加谨慎,自传当作史源用,批评时更应当特别留意。

5. 备忘录类(Die Memoiren)。凡是追述往事,不专以自身为主的记载,都归这一类。日记、杂录也与这一类相近。备忘录在成立的性质上,本属直接见闻类,上边已有述说。这里略说这类记载,在欧洲发达的情形。备忘录一类的体裁,在欧洲各时代、各民族中,大半发生在个性已有自觉或个性已发达的时期。这种体裁,上古希腊时代,起于纪元前第三世纪。中古文艺复兴时代,盛于第十五、十六世纪。近代在法兰西即较他国为早,盛行于十八世纪。欧洲其他各国,盛行于十九世纪。备忘录一类的记载,既是追述见闻,自然也和自传相似,容易受个人主观的影响,批评时对于此点也更当精细。

6. 传单、广告、报纸、公布类。这一类的记载,大都记述同时的事情,用于宣传或发表意见。或一事同时而有数种记载,或一记载同时而有数派的批评。大概依时代的政治和文化的趋向为转移,用为史料当取严格批评的态度。

这一类的材料对近代史,尤关重要。一方面,须利用观察法,从这些时下的记载上,去看一时代各政党及各学派发表的见解;一方面用比较法，比较“正”、“反”各方面争执答辩所持的态度，和各种争执的论点。打算明白各政党的意见，社会经济现状的关系，这些材料要算最好的了。

上边是班海穆教授在《历史学概论》(pp. 117－123)所列举，由文字传说而成记载的种类。欧洲文的记载种类，可以说大致已备。至于诗文集，近代极多，十八世纪以前比较甚少。照班海穆与鲍瓦教授的意见，除专述文艺的文字以外，记事文等，可并入备忘录类。账簿、收据、信札等当归入第六传单、广告类。(上章可与“同时人的记载”章参看)

Ⅲ. 图像或绘画的传说(Bildliche Tradition)

由图像或绘画流传下来的史料，大致指有关于历史的图案或绘画而言。历史著名的人物，一地方的史事，凡是用图画或雕刻传述下来，可以作为历史材料的，都属这一类。图案与塑像，也和故事与记载一样，不可全信。研究时须着眼艺术的批评，或采用近人治美术史的方法，注意考证图画、雕刻塑像成立的时代，制作的地方，同时再进一步比较艺术家个人的学识。因此历史家对于绘画一类的材料，若期运用无误，又须对于“美术史”、“美学”等有相当的知识。比方审查图像，须看审查者对于图画、肖像、立体像、风景画、地图等的专门技能如何。有历史价值的图画的作品，除古迹以外，作者大概都是艺术超人的专家。所以绘画、图案、雕像等，常常不是单凭直观，一看即可了解的。历史家想利用这些史料，必须从旁求得这些科学的知识，作为了解这些史料的辅佐。一方面必须求美术史的帮助，一方面更当注意专家的批评与说明。

图像一类的史料，在我国向少注意，这是应当急加纠正的。鲍瓦教授(Prof. W. Bauer)在《历史研究入门》(155 面)列有两个史源表，第二表中有图像一类。据他的分析，属于图像或绘画的史料，可约为下列五类：

a. 地理类：包括地图、城市建制图、地方风景图、风景画之类；

b. 人类学类：关于人类学(或民俗学)的图像、照片之类；

c. 实际生活类：器皿、器具、衣服花样图样、兵器图、钱谱、纹章、徽章图、广告图画，与关于这一类的摄影、电影照片等；

d. 绘图与摄影类：包括“节期宴会摄影”、“法庭审案摄影”、“学术文化会议摄影”、讽刺画、滑稽画、电影片等。上一类限于个人生活，这一类属于团体生活或社会生活；

e. 美术与科学类：关于美术与科学一类的图画与雕像等。

三　古物(Die Uberreste)

古物包括古迹与遗物。古物与同时人的记载不同的特点有二：

第一，古物是历史事件本身的片段，由古物上可以直接看到过去事件的情状；传说式的记载与古物相反，只是间接的记述，常不免杂有记述人主观的意见，因此历史事件本身常不免受记述人有意或无意的更改。古物中也有记载，比方古文书、案卷等，然班海穆的意见，“古文书是某事或某行为见于文字的遗迹”，他们成立的经过、记录、缮写、用印与发布都依照法定的手续；案卷是法庭审理案件时，直记犯人的口供与供状的汇记，也是由法定手续而成。所以，古文书和案卷在历史学的研究上看起来，形式虽与记载相类，但就性质说，却是“一种古物”，不是记载。简单说，记载是由人“主观”记成，古文书和案卷是由“客观的法定手续”制成。这是记载与古物不同的一个特点。

第二，记载记述一种历史事实，我们可以从记载上明白这件史事。古物只是过去事件片断的遗留，往往只表示已往事件的遗迹(尤其是没有文字的古物)，残缺不备，不易了解。对于一种残缺或无文字的古物，最要紧的，必须知道这些片段前后的关系，然后方可了解这些古物成立的情形。总之，古物是过去事件的遗留，好像哑子一般，须先认识他，才能用“想像”与研究发见他们的关系，才可以了解古物的用处。这是古物与记载不同的第二个特点。

古物又可分为两大类：1.“遗物”(Die Uberbleibsel)，又名古迹；2.“纪念物”(Die Denkmäler)。古物中的遗物，大概是由过去时代无意中留下来的，他的表留是无意的，并不是有意将历史事迹保存下来，或有意的昭示将来；古物中的纪念物，是有意保存下来的，他的存在是有意的，并且是有意将一种历史事迹铺张放大，保存下来以便昭示将来的。

(1) 遗物(无意的古物)

a. 人的遗留物。或者说由人类的身体或动作方面,流传下来的遗留物。比方近代发见古代遗留下来的骷髅、人骨、兵器、器皿、装饰品和其他零碎的物件,无论是来自人类的身体,或经人使用过的东西,都属于这一类。十九世纪以来,科学发达,历史家研究历史也开始利用古物,以补记载的缺略。古代遗物经地质学、人类学、古生物学的旁证助长,在历史学上的价值也更见确定。

十九世纪中叶,在丹麦海边、美国等地,发见人体遗物很多,学者按照这些遗物发掘的地点加以研究,由是得知太古时代人类居住迁徙的情形。后来又更进一步,应用人体遗物的发掘与研究,去考察现存各大民族,如斯拉夫人、日耳曼人等,古代初级文化进化的情形。近时历史研究,由"有文字记载",扩大到"文字记载以前",都是遗物的发见与研究遗物的赐予。[关于这一类的参考书:1. 约翰·栾克(Joh. Ranke)《人的研究》第二册,1923 年出版;2. 史瓦耳背(G. Schwalbe)与斐色儿(E. Fischer)合著的《人类学》(现代文化丛书本),pp. 203-338,1923;3. 许儿内斯(M. Hoernes)《人类的自然史与太古史》(*Natur und Urgeschichte des Menschen*)两册,1909;4.《日耳曼考古学实用辞典》(*Reallexe kon der Germanischen Alter tunis-kunde*),浩普司(Joh. Hoops)主编,四册,1911-1919。]

b. 语言。语言本身也有一种历史的演化。自从语言学研究进步,学者知道在我们日用的语言中,也保存许多前代的"旧辞"、"成语",为前时代的遗物。语言可以传达民族间的经验、感情、思想和彼此间互相了解的关系。这种传达由长期历史的演化,自甲时代递演到乙时代。我们由旧辞、成语中,可以推知他所代表的关系。十九世纪初年,德国历史学家兼语言学家葛立穆(Jakob Grimm,1785—1863)、鲍普(Franz Bopp,1791—1867)由此创立"历史的文法"(Historische Grammatik)和"比较语言学",并从研究语言的起源上,发见印度与日耳曼民族在语言上原属一族,而且与闪族(犹太族所自出)也有关系,证明现在欧洲各国在语言上最早原属一体,后来方进化到现在的样子。[此段重要参考书:1. 德耳不律克(B. Deldrück)《印度日耳曼语言研究入门》

(*Finleitung in das Studum der Indogermanischen Sprachen*),第六版,1919;2. 史拉德儿(O. Schrader)《语言比较与太古史》(*Sprachen Vergleichung und Urgeschichte*),3. Aufl. ,第三版,1907。]

又有一种字源学(Etymologie),研究字的意义与字的起源,也可解答历史上重要的疑问。德文中最著名的如"地理的字源学"(Geographische Etymologie,或地名起源考),藉研究地名、河流名、山名、国名等起源或得名的由来,或字义的归属推知地名的沿革,或一民族迁徙的情形。从地名起源上更可知道,这个地域得名是由于那些民族在什么时候和得名的缘故。

我国史料丰富,关于这一类的研究当更有兴趣,如"护嘉县"与"闻喜县"等的得名,即是好例。古史中因志喜,或有所避忌,或有所希冀而改地名、城名的例,不胜枚举。我们应作为专题研究,应将古史中所保存关于地理的"旧辞"、"成语",汇为一编,扩大这类的研究,使它也成为一种历史的辅助科学,作为考证史事的帮助。此外如我们的语言与回藏满蒙的关系如何,关于回藏蒙满地名的正确解释,也是急待解决的问题。[此段参考书可与第三编《历史学的辅助科学》下"历史的地理"条参看。重要的书籍如下:1. 纳哥耳(J. W. Nagl)《地理的名字学》(*Geographische Namenkunde*,1903);2. 史律德儿(Ed. Schröder)《论地名的研究》("Ueber die Ortsnamenforschung"),专著载于 *Zeitschrift des Harzvgreinsfuer Geschichte und Altertumskunde* 杂志,1908 出版,卷四十一。]

其次为从事"方言"或"土话"的研究(Dialekt-forschung)。欧洲民族间关系复杂,往往一地有两种以上的方言。方言为一区域民族所专有,从研究这些方言(土话),也可从乡谈中夹杂的"旧辞"、"成语",及方言分布的区域,知道一民族居住迁徙的踪迹,和民族间聚居与分布的情形。有许多日耳曼民族的古史,比方像他们古时移殖迁徙的地界等,就是藉研究方言方发见的。[关于此类的参考书有:1. 武瑞德(F. Wrede)的《风俗学与方言学》(Ethrographie und Dialekt Wissenschaft),见《史学杂志》,Bde. 52, p. 22 以下;2.《日耳曼语言学纲领》第二版,1901,第一种,p. 1466 以下。]又柏林附近沿士普里(Spree)河旁有数小村庄,居人异言异服，与普通德国人不同，据云系“闻底氏遗族”（Wendische Nationalität），语言近斯拉夫种，为日耳曼人未据有此地以前最古的土著。由此遗族，可知柏林一带未住德人以前，先居住此地者为斯拉夫族。

c. 遗风遗俗（Survivals = Veber le bende）。遗风遗俗为Survivals的意译，Survivals一字原为英文，意思即是从上古遗留下来的风俗习惯和信仰等。因为它们是从前代流传下来，保留有古代的史事，所以很为重要。英国人种学家泰劳（Ed. B. Taylor）一八七一年曾著《原始的文化》（*Primitive Culture*）一书，特用这个字“代表从前遗留下来的古俗”。后来这个字转入德文，成为术语，指包含存留在现代社会中的古代风尚、古代礼俗、古代制度及迷信等。这些遗风遗俗由古代保留下来，凝结于现代的社会习惯风俗之中，如新石层含有古代的化石一般。由这些遗风遗俗中，可以考见前人的历史。近几十年来因人种学、风俗学（Ethrographie）研究的进步，遗风遗俗的考证，对历史研究的关系，更为重要更加亲密。[参考书：1. 阿喜利斯（Th. Ashelis）《近代风俗学的进化》（*Die Entwicklung der Modernen Ethnologie*，1889）；2. 毛格客（E. Mogk）在《日耳曼语言学纲领》第三册中，p. 493以下的述说，1900。]

d. 美术工艺品。各种美术工艺品，以及绘画雕刻等，就性质与特点上说，都可以代表作者的时代，都可以从这些作品上看到一时代的文化。古物学研究进步曾由许多学者在各地发掘出来许多庙宇、宫室、坟墓、已湮没的城市等等。又因在近东各地搜得关于东方各民族，以及古代希腊人的重要古物甚多，上古史的研究因材料的增加大见光明。专攻进步，综合的研究也自然周密。因之一般学者对于古代的知识，已不像从前那样模糊不清。这些古物发掘的地点，在埃及、小亚细亚、中央亚细亚一带的更不胜枚举。近九十年来德国发掘古物很多，最重要的当推发见罗马时代所筑的“界墙”（长城）、“要塞”与“行军大道”等。这些界墙、要塞位于南德意志西南，沿莱因河的右岸，及多恼河之间。这里两河水流微细，不足以限制北方蛮族的戎马，所以古代罗马人在纪元后第二世纪以后，因河为塞，建筑堡寨，连以界墙，用以防阻日耳曼及其他北方民族的侵入。边墙建筑的时代，约在第二世纪以后，长约550基罗米达。从这些界墙的工程上，可以看出罗马人与日耳曼族等当时对峙的情形。这种界墙，拉丁文名“里梅斯”（Limes），德文叫“Grenzwall”，即是“边墙”或“界壕”的意思。［关于罗马边墙的考证，德国罗马史家如孟荪（Th. Mommsen）、萨儿维（Sarwey）、雅各比（Jacobi）等，皆有重要论文，载在《西德意志历史美术杂志》（*Westdeutschen Zeitschrift für Geschichte und Kunst*）等。此外尚有一种不定期的刊物《边墙》（*Limesblattes*，1892—1903）专刊载关于边墙研究的零碎报告。］

e. 事务簿册。事务簿册包括“法律的”、“行政官厅的”和其他“公私事项的”各种簿册记录。班海穆教授曾约为1. 公报议事录，2. 外交文书，3. 统计表，4. 名人录四类。而子目更析为以下十二种：

1. 国会议事录（自然是指当日德国联邦的国会）

2. 邦议会议事录（省议会记录等同归此类）

3. 宗教会议议事录（宗教会议有两个名称：一为Konzil，由拉丁字转来；一为Synade，由希腊字转来，意同。Synade多用于宗教的局部会议，Konzil则泛指教会的全体大会。）

4. 公使、大使、特使的训令与报告及表册

5. 公函、通启、通电类的底稿及汇编

6. 外交照会及外交文书等

7. 布告、通告类（底稿与汇编亦在内）

8. 各种不动产的登记簿（存于各地法庭）

9. 教会各种登记簿（如受洗册、证教式记录等。德俗小儿十一到十四，须入所属教会，举行证教式，为之Einsegnung或Konfimation。此外婚丧时，人民赴所属教堂行结婚礼与葬祭祷告，均有记录。）

10. 生养子女及死亡登记簿（古代掌于教会，现在大部分掌于户口警察局。）

11. 会员录、各种团体名录等

12. 职员录、职官录等

上举各类，虽间有记载，但代表的系一种法定的记录，由法定手续

而成,所以可以当物件(古物)看待。[参考书:1. 武耳夫(G. Wolf)《近代史研究入门》,1910,pp. 578-644;2. 鲍瓦《历史研究入门》,1921,pp. 248-267,1927本,pp. 262-281。]

(2) 纪念物(有意的古物)

纪念物既属有意作成,目的在流传将来。我们应研究这种有意作成的目的何在?反面的表现是什么?对历史有些什么样的影响?简单说对于有意的古物,第一应当注意的,从反面推求事实的真实。

欧洲以往通行的纪念物,可分为"非记载的纪念物"与"记载的纪念物"两类:

a. 非记载的纪念物,如纪念碑、遗像等,目的在纪念一人一事,只记名姓、年月、数目字,没有长篇的文字报告。关于这一类的纪念物,如下:

1. 铜像、石像、画像等,目的在纪念大人物,或有功学术的学者,大半成于家族及崇拜者之手。

2. 界石、界碑和边界上所立的石桩、石柱等,目的用以分别国界、疆界与地界等。

3. 里数碑:树立道旁,刻明从某处到此处为若干里,或此处到某处为若干里,目的用以表示地域距离的远近。

4. 墓石、墓碑、钱币、奖章赏牌以及附带之图像刻文等。

非记载的纪念物,虽是有意作成,但成立的原因为适应客观的需要,故犹具有客观的真象,可以从这些实体物上看到过去事实遗留的片段。目的既有专属,粗重无利可图,除小件外,往往不容有人假造。界石、边墙关涉疆域沿革,对于研究史事更为重要。德国罗马史兼考古学大家如孟荪等,曾利用罗马人所留界墙,与他种史料对照,将罗马对外兵站设立状况,军队分布情形,和一部分行政区域的分配,推求出来。即此一端,也可证明没有文字的古物,在史料上的价值了。

b. 记载类的纪念物,如文凭、证书、奖状等。古物中带有纪念性质的文凭、证书、奖状,虽有简单的记载,但既有特定的样式,文字也有一定的体裁,与普通的记载,性质上截然不同。记载类的纪念物,对于历史记事的价值,须具备下列两个条件:第一,证书、文凭、奖状的程式,须适合于当时法律的手续;第二,须经国家或官厅允许,曾经有过实效。换句话说,奖状、文凭、证书,一方面须经负责当事人的亲笔签字,另一方面须由颁发机关加盖印章,与公证人的签押。各种法定手续完备了,方才有史料上的价值。

"公文"属直接的史料,为事实记载所自出,同时又为古物,表现一种事实的真象成分多,所以"原形的公文"对于历史的记载极有价值。欧洲中世纪记载缺略,除若干修士编辑的编年史、杂著以外,只有许多种公文流传下来。因此公文一类的古文书,就成了欧洲中古史构成的重要史源。史学家既无满意的记载可凭,因此对中世纪的法律行政,与政教相持的关系,更不得不仰赖这些流传下来的公文,作为考史记事的原料。有了这个原因,欧洲古文书学的研究,在历史学上获得极重要的地位。材料因缺少而贵重,有许多学者曾将这些公文加以搜罗,由国家资助编成各种类编,供人研究。主要的公文如"帝与王的诏令"、"教皇的圣谕"之类,虽未完备,大致已具规模。不过公文都系片段的东西,搜辑难期完善。数量既多,编辑出版也颇不容易。为便于检寻计,只得分门先编提要,将已搜罗的公文,依性质(如帝王公文、教皇公文、私人公文等)、时代划分归类。先择录公文内容的事由,说明从何处颁发,现存何处,有无副本或翻印,以备学者的检查,像我国的《四库全书提要》一样。[欧洲关于普通公文的提要,当推阿斯台来(H. Oesterley)著的《公文汇编指南》(*Wegweiser durch die Literatur der Urkunden Sammlungen*),1885 年出版。关于德国和西欧各国的公文,当推布瑞斯劳教授(Prof. H. Bresslau)著的《德意志与义大利的古文书学》(*Handbuch der Urkundenlehre für Deutschland und Italien*,第二版,1912—1915,三大册)。重要的选集,影印原物,附带解释的,当推史提芬(F. Steffens)的《拉丁文字学》(*Lateinische paläographie*),1903。]

第三章　史料的搜辑与出版

怎么样搜辑史料？这个问题可分为两层回答。第一，要问你所注意搜辑的史料，是普通的史料，或者是比较专门的史料；第二，要问你搜辑史料的目的，是想知道一段历史，或是对于一段历史想作更进一步的研究。就搜辑普通史料说，或者就想知道一段历史说，搜辑寻找的方法又可分为以下的几个方式。

1. 利用已有的目录

图书馆最普通的目录应具有下列的三种：一、目录的目录。如我国的“丛书举要”、“丛书书目汇编”、各图书馆的联合目录等；二、普通的目录。为寻找便利计，又可分为：(甲) 依著者姓名(欧美依字母的次第，我国应依笔画的多少)编辑的目录；(乙) 依书名第一字，或紧要名字(如蒙古史的“蒙古”与十字军东征的“十字军”都是书名中的紧要字)次第编辑的目录；(丙) 依内容性质(如哲学、历史、地理、文学等)分类编辑的目录。学者欲寻找自己所要知道的史料或史书，按目寻求就算目的已达；三、专门目录。比较普通的目录，它的任务不但是告诉你怎样找某种史书，并且指示你某种史书是一种什么的史书。这一类也种类繁多，初学所常用的大概不外下列的几种：(甲) 批评的目录，或提要式的目录。对某类书籍，不但列举书名、著者姓名、出版年月、出版地点与书局的名称等等，并且对本书有简单的批评，供阅者的采择。如德国通用的《德国的最好的史书》(1923)，我国的《四库全书提要》、《书目答问》等都属于这一类；(乙) 断代或专题的目录。如罗马史、希腊史、文艺复兴、法国革命都应有独立的目录。我国旧有的《隋书·经籍志》、《明史·经籍志》、《崇文总目》等，虽近于这一类的目录，因为目存书散,已丧失现存书目的用处;(丙) 假名目录。凡因政见不同,信仰冲突,或不喜他人知道,不署真姓名,而署假名发表的著述,欧洲图书馆通常另备一种假名目录,另辟一部,供人寻找;(丁) 专科目录。依内容分科,如“历史哲学”、“上古史”、“中古史”、“美术史”、“经济史”等,各立专部,编成目录,供人寻查。此外如“杂志目录”、“地图目录”、“古文书目录”等等,也附入此类;(戊) 贵重书目。这一类略等于我国的善本书目,以难得罕见为贵,内容尚在其次;(己) 总目录。通汇全国每年所出书籍,编为总目录,无书不收,断限整齐,采集完备。美国、德国每年都出有这一类的总书目,以备普通人的检查。上列各种目录,对于初学的人,提要式的目录,如我国的《书目答问》和《四库全书总目提要》,比较上更有用处。

2. 利用专家或专题论文的指导

这一项又可分为两类:第一,利用专家所作的专著,找自己要知道的材料;与第二,利用专家的口头指导,找自己要找的材料。利用专家的专著找材料,如剑桥大学出版的《中古史》、《上古史》等。全书并不是一人独作,而是集自许多专家。每一个题目的后边,都列有很详细的参考书。你若是想研究某一个问题,在这个题目之下,就可找到许多关于这个题目的材料。比如你若想研究民族大迁徙时代的匈奴王阿提拉(Attila)的历史,检查剑桥大学《中世史》中,Prof. Ludwig Schmidt 所著《阿提拉》一章,即可知道十四种以上关于阿提拉或匈人的史料或参考书。这些书你若读了,对于阿提拉的研究,自然即有了基础(参看我所著的《欧洲学者对于匈奴的研究》,《国学季刊》二卷三号)。研究阿提拉可以这样找材料,研究其他题目当然也可使用这样的方法。欧洲专家的专著,分章分节列举自己知道的各种史料,供人采用,已成习惯。不仅剑桥大学的《中世史》为然,即是普通的大英百科全书(据云以第十一版的论文为最佳)中专家的论文,也是如此,德文中的 Der Grosse Brockhaus、Meyere Lexikon 百科全书等,每各专条下所列的参考书,也可用作初步研究的指南。其他如听专题讲演可以对某问题需用的材料得知门径,聆师友们的谈话,对某种史料的搜辑、某书的批评,有时更可得到宝贵的帮助。

至于就研究的观点说，讨论材料应如何搜辑，如何研究，那就不是照上边所说那样简单了。问题与材料是有互相助长的关系的。从史料上发现那里蕴藏着一个问题，就可以从那里下手搜辑材料，把假设的问题提出来加以确定，这是一个方向；从前曾有过某某古书，现在古书不存，早已散佚了，可以从某某类书或引文中加以搜辑，使某某古书散而复聚。《汉书》、《唐书》中某国有某文字，现在国已不存，遗文犹在，应当从考古所得文件，利用一文两译（如一经既有汉译，又有畏兀儿译文之类），使已绝灭的古文字复通其读，这是另一个方向；前代古读旧籍，散而不整，或异文、古字，不能通行，专家编定校雠，人人可解，或专译今言，便于利用，这又是一个方向。兹就以上举诸点，再略述如下。

一　搜辑散佚的古书与古文字

近代欧洲各国，自科学的历史学发达以后，史料的搜辑也跟着进步。最显著的，从前是私人的，玩古董的，现在是团体的，科学的。由各别的抱残守缺，进化到大规模的系统搜辑。工作的进行约可分为两大部门，就是：一前代著作的搜辑与汇编，二古代语言文字的收集与研究。

1. 前代历史著作的搜辑与汇编

一国学术机关，秉承政府的计划，把前代有关历史的著作汇编起来，完成史料搜辑的初步工作。欧洲自文艺复兴以后，这种工作是各国都不愿落后的。欧洲大规模汇编前代的著作或史料，供后人检查利用的，有以下的几种。

a. 德奥合编的《日耳曼史部大典》（*Die Monumenta Germaniae Historica*，简称 M. G.）是德奥两国政府与学者共同经营的一种巨著。各国学者研究中世纪的德国历史（或日耳曼的历史），都以这部《史部大典》为取材的渊泉。这部大典出世的初期，由普鲁士名相大政治家史太恩（Freihern K. v. Stein，1757—1831）创办的"德意志古代史学会"担任编纂，总干事为历史家皮儿次（G. H. Pertz，1795—1876）。一八二四年扩大工作，总区分大典为五大部：一、著者与编年史部

(Scriptores),所有中世纪著作家的编年史,均入此部;二、典章制度部(Leges),所有民刑法律、典章制度,均入此部;三、公文部(diplomata),诏书公文、案卷等属之;四、古物与金石文字部(antiquitares),古物记事、金石文字、铭辞碑记属之;五、书牍部,(epistolae),公函私牍,一切书信属之。最早出版者为第一类"著作者",第一册与世相见是一八二六年,到现在今已出了一百一十四厚册。外此又有定期研究报告陆续出版。旧名《古代德意志历史学报》到一八七四年(已出十二卷)因故停止,一八七六年改组,为名《新的档案》(*Neues Archiv*),到一九三一已出五十册。皮儿次主持到一八七三年,不久奥国正式参加,内部愈加充实,主持人都是德奥两国著名的历史学家,体大思精,实在是世界上巨大的著作。

这部《史部大典》,有点类似我国且分经史子集的《四库全书》,不过规模没有《四库全书》伟大,种类也没有《四库全书》所包含的丰富。它的好处是由国家委托学术机关推人主持,自一八一九到现在仍然继续,工作、方法随时改进,这一点是我们的《四库全书》比不上《史部大典》的。

b.《希腊金石文字汇编》(*Corpus Inscriptionum Graecarum*)。一八二七年开始工作,初由德国著名语言学家博克(Phil. Aug. Böckh, 1785—1867)主持,一八七三年改由普鲁士学士院接办,依罗马史家孟荪编辑拉丁文金石文字之例,改名《希腊的金石文字》(*Inscriptiones Graecae*)继续工作,成书十四厚册。

c. 德意志前期的历史家(Geschichtsschneiber der deutschen Vorzeit)将《日耳曼史部大典》中历史作家的著作,系统的由拉丁文译成德文。参加的学者,如G. H. Pertz、J. Grimm、K. Lackmann、L. von Ranke、K. von Ritter、W. Wattenbach、M. Tangel、K. Brandi都是第一流的史学家或语言学大家。现成九十六册,前后分两次出版。第一集九十二种,出版期自一八四九到一八九〇年。第二集修正合印,由W. Wattenbach主持,共得九六册(1884—1899)。自九十一册到九十六册,由Tangel、Brandi二人主持。这些都是研究德国史或欧洲史的原料,很可保贵。我们东方人想自创欧洲文史学,想从原史料中,本我们的观点去认识欧洲历史，是应当从研究这些原料下手的。这些书的原文都是拉丁文，而且多是拉丁方言，幸而经手的翻译家都是名手，又是终身从事此道的，所以他们的翻译即可供我们使用。

这种汇编前人著作，供人搜求材料的工作，我国古时也有，并且规模较上述各种汇编还要博大。最古的如唐朝宋朝的《会典》，已散佚的如元朝的《经世大典》(进呈于 1332 年，元文宗至顺三年)、《永乐大典》(1407 永乐五年)和现在的《四库全书》(乾隆三十七年，1772)、《古今图书集成》，收辑的丰富，数量的众多(《经世大典》八百八十卷，目录十二卷，公牍一卷，纂修通议一卷，见欧阳玄《进经世大典表》;《永乐大典》二万二千八百七十七卷，姚广孝《进永乐大典表》;《四库全书》十六万八千余册，《古今图书集成》一千六百二十八册)，都是其他民族所不及的。所不同的，他们是适应研究的需要，编辑的时候，史学已受过科学的洗礼，由最高学府主持，专家细心编成。我们是夸多争富，粉饰文治，大都是由帝王下诏编辑，目的并不全在发达文学、史学，故凡是认为违异的著作皆被排斥。欧洲因为日耳曼文化与古代的希腊罗马并不连接。上说的工作，编辑以外，尚须作些翻译的工作。其他不同的地方还多，容必要时再专题讨论。

至于说到搜辑散佚的古书，把这亡书从多方搜辑，使他后成一书，如林春溥的《竹柏山房辑佚书》、茆泮林的《十种古逸书》、马国翰的《玉函山房辑佚书》、清代乾隆时代的从《永乐大典》辑成《旧五代史》等这类工作，我国书籍繁多事所常见，而不是欧洲所常有的。

2. 古文字的搜辑与研究

古史中往往杂有异国文字，得到解说则感觉愉快，不得其解自然就减少研究兴趣。如契丹的皇后称“可敦”，也称“腻俚蹇”(《辽史》卷七十一《后妃传》)，或“忒里蹇”(王鼎《焚椒录》)，到底那个对呢？我们看《辽史》卷一百十六《国语解》说：“可敦，突厥皇后之称。忒里蹇，辽皇后之称。”再看《辽史》卷七十一《后妃传序》言：“辽因突厥，称皇后曰可敦。国语谓之腻里蹇。”使我们知道，皇后在辽朝有两个称呼，既用契丹话称为忒里蹇，也用突厥话称为可敦，比不知道有上边的解说时已明白的多了。我们还不能算是完全了解，若能将忒里蹇、可敦还原，写成契丹字或土耳其字，知道它们的语源和意义，才算没有遗憾。又洪迈《夷坚志》(十八)说：契丹小儿初读书，先以俗语颠倒其文句而习之，至有一字用两三字者。如“鸟宿池中树，僧敲月下门”两句，其读时则曰：“月明里和尚门子打，水底里树上老鸦坐”，大率如此(陆氏刻本，引见黄任恒《辽痕五种》辽文学下)。我们读了这段记事，只觉着辽文的文法和汉文不同，和蒙古文、日本文相近。详细关系即不能知道，但是我们若真能通辽文的读法，认识契丹字，对上边一段的解释，自然即可没有遗憾了。所以搜辑古文字和研究古文字，都是历史家不可不重视的工作。

欧洲十九世纪以后，历史学走上新轨道，叙事注重证据，说史最戒空谈。同时古史料、古文字的搜辑与研究，更是盛极一时。就略举著名往事，作为示例。一八〇二年到一八四五年，是 G. F. Grotefend (1775—1853)、A. H. Layard (1775—1894)一般学者解释近东古楔形文字成功的时期。一八〇二到一八二九年，是法国东方学者 Silvestre de Sach、英国埃及文学者 Thomas Young(1773—1829)们解释埃及象形字(Hieroglyphen)成功的时期。其他欧洲学者在近东美索卜达来亚、中亚土耳其斯坦各地，掘地考古，搜罗古代已绝灭文字，多方研究，成绩大著，在历史学研究上的贡献也甚大。如德国一九三〇年方死的汉学家中亚语言学家 F. W. K. Müller(王国维译牡列尔，见《国学季刊》卷一)的研究普鲁士吐鲁番探险家队所获各种古代文字而发见康居文、吐货罗文，Robert Gauthat 的通粟特文，法国伯希和(Prof. P. Pelliot)的通解多种中亚文字，对于中亚历史、中西交通史和我国西北隅历史的研究都有很大的关系。(参看北大《国学季刊》第一卷王国维由日文转译伯希和著的《近日东方古言语学及史学上之发明与其结论》，原文后又收入《王忠悫公遗书》外编《观堂译稿》上。)

古代文字的搜辑与研究，近二十年来我国学者对于这一方面的努力也不后于他人。中央研究院历史语言研究所的搜罗与研究均甚可观，安阳龟甲文的发掘与解释也增加了我国古代史研究的内容，这些都是史学界的大事，值得特别加以注意的。此外如热河辽陵契丹碑文的发现，据金毓黻先生所辑《辽陵石刻集录》，计有十七件。现在已有许多学者注意研究了，将来这些新材料中一定也有许多新发见。

二　搜辑仅存的旧闻与旧事

这一项在欧洲人著的历史研究法中都很简略，连班海穆所著厚八百多页的大书里面都没有详细的讨论。本来已散佚的旧闻与旧事，是很不容易再把它们收集在一块的。初学历史的人，更没有作这种工作的机会。这种网罗散失旧闻，从旧书中发见新材料是一种专门工作，非博学深思，不见有新的贡献。欧洲历史家搜辑研究已亡佚的旧闻与旧事的风气，远不如我国史学界之易，兹选述两事，作为举例。

a. 莱因河、多瑙河中间罗马已废“边墙”的研究。罗马帝国为防止莱因、多恼以北野蛮民族的侵入，特别在莱因河、多恼河中间修辟军道，建筑防守工程。后来蛮族渐渐强盛，防守的工程加多，罗马人为便利守御起见，把沿大道的堡垒连接起来，建成边墙，拉丁文叫做 Limes（里煤斯），意即是界墙或边墙（见上“古物”章），其作用等于我国秦汉时代的长城。罗马自第二世纪以后防阻北寇来侵，实不亚于我国汉代的防阻匈奴。当时沿边建筑的边墙很多，仅就在现在德国境内的，即有四百四十八个基罗米达（即是一千个米达，亦基罗米达，约长三百二十九丈）。罗马势衰，蛮族日强，边墙已不能限制强敌的戎马，渐渐荒废，到了现在保存下来的旧墙遗迹极少了。当日边墙的位置亦没有人完全知道，后来由罗马史专家 Th. Mommsen、Jacobi、Fabricius、F. Hettner 诸人的提倡研究，随时报告，罗马边墙已散失的面目重新复现。这种已被忘记的旧事，经学者的努力搜讨研究，把历史的一个破面再补充起来，影响自然很大。罗马边墙的散而复现，不特对罗马史有很大的补助，即是对于其他方面，如北方蛮族与罗马的关系如何，莱因、多恼间开化的程度如何，日耳曼族在两河间的繁殖势力如何，两河间一带开拓进化的情形如何，当时地理要塞、交通大道对后世的影响如何，从旧边墙的研究都得到不少的证据与指示。

b. 匈人与匈奴关系的研究。德国社会学兼历史哲学家 Prof. P. Barth（1859—1922）在他著的《把历史哲学看作社会学》（一八九七初版）序论第七页说：“历史上有许多大事情，只因记载缺略，我们眼看着让这些大事，昏暗不明而没有办法。如纪元后三七五年匈人侵入东西罗马的原因，和君士但丁大帝为何加入基督教，都是各有理由，惟因证据不足，而不能畅所欲言，代为说明的。”三七五年，窝耳迦河的匈人由阿提拉的父亲率领，侵入中欧，是欧洲历史上一件旧闻。传说的很利害，但是因为材料缺乏，有许多问题不能确定，尤其是“匈奴西侵的原因”和“匈人从什么地方迁出？”一类的问题，史料缺少无法着笔。后来（十八世纪以后）欧洲人来我国传教任职的人渐渐加多，除了剥削享受以外，也有人注意研究我们的历史，才发见第五世纪横行欧洲的匈人，应当就是我国史书中的匈奴。于是像夏德（F. Hirth，1845—1929）、底葛柔担（J. J. M. De Groot，1854—1921）一般人，即翻译《史记》、《汉书》中的匈奴、大宛、西域诸传，证明欧洲的匈人就是中国史书中的匈奴。又证明他们被汉朝压迫，内部分裂，一部分不投降的强悍分子率众西迁，先霸占窝耳迦河一带，到了第四世纪才侵入欧洲。这个问题法国革命以前的学者如得几由（J. Deguignes，1721—1800）、英国的历史家吉本（Ed. Gibbon，1737—1794）受传教师翻译《通鉴纲目》的影响，早有匈人即是匈奴的假定。近代正统派的历史家，因他们搜辑的材料太少，又都是间接的或传闻的，不肯相信。到了夏德、底葛柔担诸人，又介绍《史记》、《汉书》，找到原史料，提出新证据，直接将《史记》、《汉书》的原文译出来供他们研究，结果大家才都承认，第五世纪的从窝耳迦河侵入欧洲的匈人，是来自中国的匈奴。他们本来就是些迁徙不定的游牧人，因东西罗马富庶，藉端侵掠，事有当然。从此缺略不明的旧闻，因新材料的发现，变成明白的、比较完全的历史事实。

应用新方法搜辑历史上被人忽略的旧闻旧事，加以研究，补充已往历史记事的不足，在我国历史界应当是一条四通八达的活路，前途充满了光明。因为（1）我们的国史，就记载说，自春秋到现在没有中断，因果起伏的关系容易确定；（2）史料丰富，不见于正史的琐事，也许可以发见新关系于别史、文集，不登大雅之堂的传闻，也许可以从方志、游记中得到旁证。这一类的实例，不胜枚举。梁启超先生在他著的《中国历史研究法》（初印本）第五章“史料之搜集与鉴别”中，对于此点，自述经验，很可用作例子。择举如下：

甲，吾曾欲研究春秋以前部落分立之情状，乃从《左传》、《国语》中取其所述已亡之国，撮而录之，得六十余；又从《逸周书》搜录，得三十余；又从《汉书·地理志》、《水经注》搜录，得七十余；又从金文款识中搜录，得九十余；其他散见各书者，尚三四十。除去重复，其夏商周古国名之可考见者，犹将三百国；而大河以南，江淮以北，殆居三之二。其中最稠密之处，如山东、河南、湖北，有今之一县而跨有古三四国之境者。试为图为表以示之，而古代社会结构之迥殊于今日，可见一斑也。

乙，吾曾欲研究中国与印度文化沟通之迹，而考论中国留学印度之人物。据常人所习知者，则前有法显，后有玄奘，三数辈而已。吾细检诸传记，陆续搜集，乃竟得百零五人，其名姓失考者尚八十二人，合计百八十有七人。吾初研究时，据慧皎之《高僧传》、义净之《求法传》，得六七十人，已大喜过望；其后每读一书，遇有此者，则类而录之，经数月乃得此数。吾因将此百八十余人者，稽其年代、籍贯、学业、成绩、经行路线等，为种种之统计，而中印往昔交通遗迹，与夫隋唐间学术思想变迁之故，皆可以大明。

丙，吾曾欲研究中国人种变迁混合之迹，偶见史中载有某帝某年，徙某处之民若干往某处等事，史文单词只句，殊不足动人注意也。既而此类事触于吾目者，屡见不一见，吾试汇而钞之，所积已得六七十条，然犹未尽。其中徙置本族者，亦往往而有，最著者如汉之迁六国豪宗以实关中。吾睹此类史迹，未尝不掩卷太息，嗟彼小民，竟任政府之徙置我如奕棋也。虽然就他方面观之，所以抟捖此数万万人成一民族者，其间接之力，抑亦非细矣。吾又尝向各史传中专调查外国籍贯之人，例如匈奴人之金日磾、突厥人之阿史那忠、于阗人之尉迟敬德、印度人之阿那罗顺等，与夫入主中夏之诸胡君臣苗裔，统列之一表，则种族混合之情形，益可见也。

丁，吾又尝研究六朝唐造像，见初期所造者，大率为释迦像，次期则弥勒像，后期始渐有阿弥陀像、观世音像等。因此可推见各时代信仰对象之异同，即印度教义之变迁亦略可推见也。

戊，吾既因前人考据，知元代有所谓"也里可温"者，即指基督教。此后读《元史》及元代碑版，与夫其他杂书，每遇“也里可温”字样，辄乙而记之，若荟最成篇，当不下百条。试加以综合分析，则当时基督教传播之区域及情形，当可推得也。（此事陈援庵先生曾著有《也里可温考》，已有成绩。）

梁先生对于我国史料搜辑的方法，也有很好的发挥。比方他说：“史料之为物，往往有单举一事，觉其无足轻重，及汇集同类之若干事，比而观之，则一时代状况，可以跳活表现。此如治庭园者，孤植草花一本，无足观也，若集千万本，莳以成畦，则绚烂眩目矣。”（第五章第一节序言）又说：“此种方法恒注意于常人所不注意之事。常人向来不认为史料者，吾侪偏从此间，觅出可贵之史料。欲善用此种方法，第一须将脑筋操练纯熟，使常有锐敏的感觉。……世界上何年何日不有苹果落地，何以奈端独能因此而发明吸力？世界上何年何日不有开水冲壶，何以瓦特独能因此而发明蒸汽？此皆由有锐敏的感觉，施特别的观察而已。”（同上一〇六页）

第四章　史料的批评

史料的批评，也就是“史源的批评”(quellenkritik)。他的任务在批评史料的来源是否真实，已认为真实的史料，所记事迹与事实的真象是否符合。史料的批评，照班海穆的说法，可分为三种：第一，外表的批评，类似我国所说的“校勘学”；第二，内容的批评，研究记载与客观的事实是否相符；第三，已审定的史料，怎么按照时间、地域加以适当的归类与编次。第一与第二最为重要，第三是第一与第二工作上的结果，比较上是附带的。

外表的批评是从史料的外形上，审察史料本身，是否是原来的，或者是抄袭的，或者是伪造的，由此判断史料本身价值，是否可用作事实记载的材料。简单说，史料就外形上看是否全部真实，或者全部与局部有被人有意与无意伪造窜改的嫌疑；内容的批评，比较更进一步，目的在“确定”和“研究”史料内容的价值。换句话说，即是怎样认定一种史料记事的价值，审察史料所记事情与客观的事实是否相合，与他种可信的记载是否一致，对于各方面所有的证据是否有互相矛盾的地方。若有不符合真象与矛盾的地方，批评史料所有“矛盾”与“不符合”的程度如何。兹分述如下。

一　外表的批评(Aussere Kritik)

近于我国的校勘学，从史料自身批评它是否真实。兹举述以下诸问题，以著梗概。

1. 史料的假造与史料的误认

历史家对于一种史料，第一必须注意：这种史料是否是原形即是如此。历史的材料假的很多,尤其是工艺制造品一类的古物。真的古物是史事自身的遗留,具有的客观性多,表现事实的真象也比较记载类的报告与传说更为切合。但因为易于假造,成分复杂,批评与鉴定很为困难。比方美术品中的古董、金石彝器之类,古的与新的价值悬殊,奸商贪利,自不免假造售卖,以伪乱真。这是古物成分复杂,不易批评的第一个原因。此外古物发见在学术上易于得名,所以研究古物与历史的人,或者游历家,几无人不热望发见古物,哄动世人,得享大名。因此不免有意的或无意的将古物的价值放大,或竟假制古物,骗取虚名。这是古物成分复杂,不易批评的第二个原因。古物伪造不仅我国盛行,即欧洲也所在多有。所以一八九八年德国许多考古学专家,和博物馆的高级职员,鉴于假造的古物层出不已,特提倡组织"博物馆职员公会"(Verband von Museum=beamten),将已经发见,与随时发见的"假造古物",印成一种通告(Mitteilungen),按期出版,流行于世,希望遏止这种假造的风气。[德国论假造古物的专书很多,下列几种是比较著名的:1.《古物学丛书》(*Handbuch der Klassischen Altertumswissenschaft*, herausgegeben von prof. Iwan Müller)第六部《考古学与美术》(*Archäologie und Kunst*, von prof. K. Sittl),1895,页802以下;2. H. Tietze《美术史的研究法》(*Methode der Kunstgeschichte*),1912,页307以下;3. 斐德儿《历史研究法教科书》,1924,127面以下到285面;4. H. Gaoss《论珍物的骗欺》(*Der Raritätenbetrug*),1901,p. 15面以下;5.(英文)K. Munro《考古学与赝造的古物》(*Archeology and False Antiquities*),London,1905,亦佳。]

史料批评"辨别真赝"以外,其次即为纠正"误认"(Verkennung)。误认可分为:1. 粗心未审,误真为假。因研究未到家,认为某物是假的,实在不然,或者竟是真的;2. 鉴定不错,而时代误置,误甲为乙。古物本是真的,只是将古物的时代弄错。比方把明代的边墙,误作秦代的长城。或把古书的作者弄错,将吴承恩的《西游记》当成丘长春的《西游记》。欧洲历史上最著名误认古物的例,据班海穆在《历史学概论》一三七面所称引,当推德国十九世纪考古家史立曼(Heinrich Schliemann)误认他在小亚细亚土耳其海边发掘的古城"士劳牙"(Troja)就是荷马

(Homer)书中的古城士劳牙。史立曼一八七〇年以后，掘得一城亦名“士劳牙”，一时未暇辨别，意谓“古代的士劳牙”竟被他找到了。著书鼓吹，一时哄传。后经研究，知道土耳其的士劳牙虽也是古城，却与希腊传说中的士劳牙(Troja)，并不是一个城市。史立曼本意在找希腊的“士劳牙”，不料弄错了，无意中发现“爱琴文化”①。

欧洲的史料以古物一类，假东西最多，古物中赝物最多的，是中世纪教会中的各种“圣物”。比方当时教士教徒们所崇信的“圣骨”(教父死后的遗骸)、“圣衣”、“圣血”等。因为这些东西有神秘性，可以使人迷信，所以常常被人利用，有假造的事实；其次教会中带有古物性质的公文，如事务案卷之类，假造的也很多。目的在便于一派、一教区，在会议席上，或争辨的时候，作自己利益保障的根据。欧洲比较老一点的教会史，就中所记宗教会议的案卷、记事录，大部分都是当事人假造的。石刻文字，若遇重要发见，即可藉以得名，所以有些“学者”也有意无意加以伪造，妄为附会。古文书的假造，更是数见不鲜，特别是在中世纪。因为中世纪每个修道院，或有体面的绅士，都可以有机会得到王侯与教皇的封典，将某山某地赐给某教会、某私人。当时人智未开，对于“物”的所有权，不大明了。狡黠一点的长老或贵族，即将所得封典公文伺机冒改，或将正文旁边加以添注，说：这块新草地、新村庄、新森林，都是属于修道院或他个人的。

欧洲历史上最著名的“假造古文书事件”，要推以下的几种：

1. 君士但丁大帝的赐诏(Die Schenkung Kaiser Konstantins des grossen)

2. 赛斗伊西斗立教皇的谕令(Pseudo-Isidorische Dekretalen)

3. 佛耳达修道院的特许状(Privilegien der Abtei Fukla)

4. 大奥大利亚的自由特许状(Die Grossern Österreichischen Freiheitsprivilegien)

略加说明如下：1. 君士但丁大帝，是三二三年到三三七年罗马的

---

① 参考C. Schuchhardt的《史立曼的古物发掘》(*Schliemanns Ausgrabungen*, 1891)，陈衡哲先生曾有文论《绮琴文化》，载十一年十二月三日《努力》增刊《读书杂志》四号及《西洋史》上册pp. 67-72，惟未言发见的经过。

皇帝。中世纪时人都相信，君士但丁大帝将罗马赐于僧正 Sylvester Ⅰ，后来罗马僧正竟伪造原诏说是受封自主拥有"罗马"。因而自谓受大帝遗诏，大帝治东罗马，罗马僧正自有西罗马。他的地位，对东罗马是独立的。罗马城的僧正本与别的城的僧正平等，后来罗马僧正竟因此在其他基督教各僧正中，获得特殊的地位，变成后日的教皇。（原诏摄影见 Pseudo-isidorischen Dekretalen sammlung，拉丁文名 Donatio Constantini）后来经证明，原诏完全是在第八世纪假造的；2. 赛斗伊西斗立教皇谕令，为教皇所布谕令，经西班牙塞维拉僧正伊西斗在第六世纪的时候加以编辑，就中有许多假东西羼入。后来教皇尼古拉第一（Papst Nikolavs Ⅰ，858—867，任教皇年限），利用旧日汇编假造的文书，将向来独立的僧正，收归掌管之中，藉着假公文，曾大加扩充教皇的势力；3. 佛耳达僧院的特许状。佛耳达僧院是古时德国最老最富的道院，崩尼发齐（Bonifativs，673—754）时代，使全德国人都变成基督教徒，修道院即在这时候创立。因此佛耳达的修道院在德国各修道院中，常居特殊的地位。这种特殊地位的特许状，也是利用机会假造的；4. 大奥大利亚的自由特许状。奥王鲁道耳夫第四（Rudolf Ⅳ，1358—1365）欲扩大领地，不惜私改 1156 年所特许状中的文字，说大奥大利亚有自由的特权，奥王曾藉口干涉邻国的内政，扩充自己的势力。

所以各种写在纸上的传说（记载），无论是从口头流传下来的，或者从文字、图画流传下来的，谎言与伪造往往九假一真。故事、轶闻、历史的歌谣、惯用语、遗事假多真少，更不用说了。即是族谱家传、忆念录、纪年、编年史，也常常有一部分是假造的，甚者或大部分都是假造的。假造与"记事失真"情形不同，而动机则常同，最大的原因：一由于好名。不惜迁就曲说，强不知以为知；二，心存避讳。有意为尊长、家族、故旧、祖国曲意掩饰，不惜"顺口夸大"，或"任意增减"。欧洲中世纪有许多"教父"（Kirchväter）的传记，都不可尽信。比方马来司品尼的《伽劳伦亭的历史》（*Die florentinische Geschichte der Bruder Malespini*），和第十四世纪底《祷劳伯尼的编年史》（*Die Chronik des Dino Compagni*），都是假造的。防止假造的反面，即是误认。因为既有人有意以伪乱真，自然也常常有人小心过度，不幸把真史料被证认为是假的。[此节参考书：1. 瓦吞巴合

(Prof. W. Wattenbach)《中世纪德意志的史源》(*Deutschlands Geschichtsquellen im Mittelalter*),2. Bd. 6 Aufl,489 面以下;2. 梯次(H. Tietze)《美术史研究法》,290 面以下;3. 斐德儿《历史研究法教科书》,125 面以下,都详及各种口头传说与文字传说伪造的实例。]

2. 假造与误认从外部批评的决定

打算证明一种史料是否真实,当利用外部的批评。最显明的方法,是比较校勘法。拿这些可疑的史料与有关系的可靠的史料,彼此比较,由比较上确定"真的"与"伪的"的区别。但比较法运用时,要注意下边的四个问题:

一、就外形上加以比较研究我们着手考察的史料,是否与同时代的真史料,形状或款式相符,文辞中的"体裁"(格式)、称谓、语气等,是否与当时的功令(如避讳等)、风气、思想(如禁止某种教派等)完全一致。这一点自然以具体的条件为限,像空洞的,偏于主观的"文风"、"时代精神"等,须注意他们的普遍性。

二、就内容上审查这种可疑史料的含意,是否与同时或同地认为可信的史料彼此符合,一种真史料应具的重要实事,重要特点,是否具备,不应有的实事,如事前或事后的事迹,或异地不能相知的实事,是否述及。

三、这种史料就内容与外形论,与同时已公认的历史知识、"时代精神",是否冲突,若有与时代违异的地方,又要问有没有例外的解释。

四、这种史料就内容与外表合看起来,是否有伪造的嫌疑,或含有不可信的成分。

再具体点说:(1) 就种类上说,一种不容易找到,或不容易发见的史料,忽然发见了,忽然被人找到了。这种"忽然的发见",当说有伪造的嫌疑;(2) 在外形与实质上,是否有仿照某种史料模制,或由某种史料改头换面而来的嫌疑;(3) 在时代上,地域上,向来未被提及的史料,忽说被人称引或提及了。对这种异军特起的东西,即应加以注意,研究它们有没有新的可信的证据;(4) 牵涉不应牵涉的事迹,就动摇可信的价值;(5) 与当时、当地的情形,流行的习惯、体制、风气、时代的精神等,互相抵牾;(6) 时代参差,或纪年不易确定。一种史料若有一点犯了上边列举的嫌疑，为慎重起见，即须停止引用。因为史料既有可疑，即应暂时阙疑，等到发见可以解释疑惑的新证据时，方可引用。

还有一件，上边所说史料假造的嫌疑，不一定全部都是假的，或者大部分是真的，一小部分是假的。或者大部分真史料中，有一小部分是后人有意无意插进去的。这种插入，叫做“窜入”(Interpolation)。窜入的结果，可以是史料丧失原意。这种情形，在欧洲中世纪留传下来的“古文书”中，尤数见不鲜。往往一种公文，或古文书，将最早或后来写在旁边的批注，夹入行中，被抄写人一时大意，加在原文中间，这是“窜入”的好例。古文书旁边的批注，或行中夹注，有时也有真是著作人，或经手人自己亲笔写的，并不全是别人的改窜或仿造。但因为既是批注或夹注，自然与公文的原文不同，将亲笔批注或夹注，插入原文，也可以使原文变更本意。

批评起于怀疑。一种史料与同时同类史料相较，若有不符或有不近情理的地方，都可使人发生怀疑。由怀疑进而推究史料的真伪，更由辨论真伪，进而推求信“信”疑“疑”的结论。这是怀疑在史料批评上的价值。但也有一种先决条件，即是怀疑须确有可疑。疑某种史料有伪造或他种嫌疑，第一必须对某种史料所有同时有关系的各种原料，都有相当的认识，这种怀疑方有实据，方可免拿“一部分”诬及“全体”，或将嫌疑犯当作正凶看待的危险。

3. 史料发生的时代与发生的地点的确定

史料第一应当解决的问题，是它发生的时代与地点。无论是记载或古物，这两点应当在可能范围内详细确定。地点与时代若不先考证明白，别的真伪问题，即无从严格审核。史料中如古物，特别是没有题跋的艺术品，因为文字缺略，往往很难确定发生的年月。书写品一类的古物，当有未注明年月的，即是中世纪流传下来的记载，如编年史等，也很少有注明著成时日，或写成年月。这是当时习惯使然，不像现在每一书皆有序言，著成年月，或出版年月。中国的正史，也往往只有奏报年月，没有著成的确实年月，出版年月也常不确切。这种习惯沿袭到近年，还没有完全改变。柯劭忞先生著的《新元史》，原刻本大版红绫皮，曾由中国政府送赠普鲁士图书馆一部，主管人费了许多工夫，方考知是一九二二年印成的。但在原书前面，绝看不出何年著成、何年出版，徐世昌的序也未写明年月，实在这种办法极为不合道理。

解决这个问题的方法，除可以从他种书中（著作人或他人说到这部书的著作），从别的暗示中（如某人得参与此书之类），寻找年月者外，仍宜用比较方法。拿没有年月的史料，与别的年月确定的史料，互相比较。从比较中，审定这种没有年月的史料，与某种有年月的史料符合。因而假定这种史料当在某时代，作为研究寻求的初步。从比较上，可以将不能确定的东西，得到一种初步的假定，可以将这种无确定年月的记载或古物，列入一个别较适宜的时代。每一个时代，每一个地方，都有若干与人不同的特质。这个时代或地方的特质，是由文字、习惯及各种方面的事实形成。因此过于难以确定年月的史料，就只有用比较法，可以假定它是大约出在那一个时代，或在那一带的地方。这种由比较而推定的时代与地点，若有无意的具体的证据，往往精确可信。因为有些特质和特性，例如官衔、称号、特别风俗、物产、用语等，只为一个时代或一个地方所独有。时候过了，地域换了，这种特质与特性即随时消灭，或随地改易。欧洲中古时代年月不明的古文书，多利用这种方法推定它所代表的时期。（比方，我国近几年来已有的“练兵兴学”、“总理衙门”、“督军”一类的特用名称，都有很明显的时代性。凡是带有这些特用名称的公文与记载等，若没有显明的年月，即可断定，他是属于这些特用名称流行的时代的。）

无年月的史料又可以用两个“时限”，确定它的发生与成立的时代。一个时限为史料成立最后的时限，一个时限为史料成立最早的时限。比方，纪元七三五年证明为史料成立最早的时限，七四五年为史料成立最后的时限，意思即说，这种史料的成立，最早不得早过七三五年，最晚不得晚于七四五年。

史料成立的时间，有时可就它所表现的事件上，找到互证或旁证。由互证与旁证上，再得到确定的时代。比方，一封未署年月的信，从原信看不出写成的年月。这封信若是回信，可从回答来信的时日，找出写成的年月；若是原信，可从别种回信中，找到原信发出的年月。又比方，一种未署年月的史料，曾述及我们知道的实事，即可就已知道的事实上，推知这种史料成立的时期。有时所记实事，若为日蚀、月蚀或星辰发见之类，更可利用近代天文学家推算的结果，去推定这种记事成立的年代。例如，《诗经》"十月之交，朔日辛卯，日有食之"，照欧洲天文学的推算，证明当时在中国北部确能看到日食，因此即可确定《诗经》中这些地方都是可信的。

4. 史料著作人的确定

现存的古记载，大概由历史家改作而成，原史料最初的面目，原作者究为何人，往往不容易知道。如我国廿四史中的各列传，除一二注明作者，如《汉书》卷六十二《司马迁传》说"迁之自序云尔"以外，采自何人所作之家传，现在多无由考知。如《元史》等的列传，多采自当时文学家的文集，如卷一一八《阔里吉斯传》，采自阎复《驸马高唐忠献王碑》(见《元文类》二十三)。《耶律楚材传》采自宋子贞的《耶律中书令神道碑》等，乃是例外。即以阎复《高唐王碑》而论，也必另有依据，最初原作者究为何人，实难确定。因此正史中列传一类的记载，严格说起来，大概都是转手的记载，不过是大部分确有根据，不是辗转的传闻罢了。

其次，古物一类，除纪念物一类的刻石外，作者、制造者更大半不易追寻。遗物非残缺不全，即是缺少制作人。写明制作人的，实占少数。墓志、纪功碑等，往往借署假名，或托名一时闻人，隐去实在的作者。因此史料最初的创始人，确定甚难。就可能确定者说，仍不外详求旁证与引用比较方法。求旁证是找别的文集中，是否说过某人曾作某文，或某文不是某人作的；引用比较法，(1) 先就文字格式与内容方面，与已确定的记载比较研究，证明无年月与无著作人的记载，大概可属于某一时代；(2) 由类似的文体，再从个人独有的体裁，如喜用某种辞句，及有所避讳之类，推求无著作人的记载，是否即为某人所作。或由此求得反证，证明署名某人所作的记载，实在不是某人的记载。比较法是演绎的，由比较文体、用语、措辞，而考知原来作人，甚不容易且有危险。即能偶然证明，这种证明也只是假定。可以假定这种史料当为何种人，著作人当与某人同时，或类似某人，却不能确定即为某人。比较法是推理的，它所能确定的，只能"否定伪托的著作人"，证明相传某种记载为某人的，实在不是某人，或另属一人。不能说文体像某人，著作者即是某人。此点德文书甚略，可看胡适之先生考证《西游记》、《儒林外史》等著作人所用的考证方法（详见《胡适文存》及附录第四）。

文字中又有署假名或别号的。作者因或种缘故，有时不愿意以真名告人。但历史家若采用这种记载作为史料时，必须详加考证，从可能范围内将著作人的真姓名告人。近来“假名索隐”一类的辞典继续出版，可以说即是适应这种需要。中国学者喜署别号，有一人七个别号者。这种风气的养成，可以说除一小部分是言论不自由外，自然是社会不重视“负责任的言论”和“文人自成特殊阶级”的表征。因为不负责任，把署名看作不关重要，又因文人是一个特殊阶级，可以拿“居士”、“主人”等别号，表示风雅。商务印书馆出版之中国《人名大辞典》不注明出处，是一大缺点。但附有“别署索隐”，却极有用处，也即是研究假名与别署的初步。[欧文中假名索隐一类的工具书，我所知道即有以下几种：1. 魏勒儿（Emil Weller）《假名辞典》（*Lexicon Pseudonymorum*, *Wörterbuch der Pseudonymen aller Zeiten und Volker*），第二版，1886；2. 候耳慈曼（M. Holzmann）与鲍哈塔（H. Bohatta）《德意志隐名与假名辞典》（*Deutsches Anonymenlexikon einschl. Pseudony-men*）六册，自 1501 到 1910、1911 年出版。此类辞典，各国皆有，英国如 Halkett 与 Laing 的 *Dictionary of Anonymous and Pseudonymous English Literature*，出版在 1881—1888 年，共四本。法国有 Barbier 的 *Dictionnaire des Ouvrages Anonymes et Pseudonymes*，1872—1879，也有四本。]

5. 史料原形的确定

利用科学的考证方法，证明各种史料，如古物、古文书、记载、传说等，那一种是他们最早的原形，那些是模制仿造，那些是原本，那些是副本或抄袭，那些是故事的雏形，那些是后来的编造。这种考证史料原形的研究，在史料批评中叫做“史料原形的确定”，这一种就记载说最主要的工作是“原本”的确定。

从多种副本中确定原本，是史料外部批评的重要工作。记载在史料上的价值，也从原本、副本上区别高下。原本的记载，在史料上的价值高，副本次之。一切记事达意，统以原本为主。原本已亡，仅存副本，副本因罕见为贵，价值方可增高。但在史料上仍不如原本的真实，引用时也须说明"这些史料只是现存的副料"，不能因原本不存在，即拿副本当作原本。原本仍存，副本很多，则副本即没有什么价值。

应用比较法确定史料是不是原物，当持严整不苟的"精细的态度"。若为记载，当先注意记事内容与外表之墨色、纸张、字体、笔法等；若为绘画，纸质、墨色外，当详察作者用笔的特点，布局的格式，以及接处有无模制的痕迹。这种批评法，又叫做"史料的分析法"。史料分析法，分观史料，将史料分析为各部分，如就外表上，分观墨色、字体、纸质、笔锋等，内容上分析"文体"、"文意"与"特用名辞"等。从外形与内容上分别审察史料，以便从各方面考得，那些是原来的，那些是转抄的，那些是原物，那些是仿造。

十九世纪以后，"史料分析"在史学研究上应用更广。应用时，以有"健全的常识"与"敏锐的思想"为准，此地只能举些浅显易见的原则作为举例。比方，多种史料同叙一件史事，内容相类，即可断定这些多种叙事相类的史料，彼此有因袭或转抄的关系。欧洲中世纪，大家对于一种著作，尚不知道什么叫做著作权或版权。社会上也不知道尊重他人所有权，大家以传抄流布为美谈，辗转抄袭视为当然。于是史料同本的很多，一事的记载往往有几种传抄本，因此彼此互相依赖的关系也更为复杂。比方，一事的记述有 ABCD 四种传本，A 本子、B 本子、C 本子都抄自 D 本；或者是 A 本抄自 B 本，B 本又抄自 C 本，C 本又抄自 D 本；或者是 A 本合抄自 B 本、C 本、D 本。打算辨别那个本子是原本，或这些版本互相沿袭的关系，只有用两种以上相同的异刊本互相比较与互相校勘的方法。这种方法，就叫做版本（或原本）校证法。

版本校证法，用两种以上内容相同的本子，互相比较，互相校勘，以判断某种本子为最早的原本。最普通的方法有下列几点。

一、从错字误笔上推求转抄的痕迹。A 与 B 两本相同，但 B 本较 A 有若干错字。若是抄本，我们即断定 A 本是原本，或较古的本，B 本是转抄本，或晚成的本。若是刊本，我们也可推定，错字少而没有注明经过校勘的本是古本或原刻本，错字多的本是翻刻本。以为有错字的 B 本抄写手或刻字匠认错原本，或没将原本看明因而写错刻错，留下转抄或翻刻的痕迹，这是很粗浅的例。上边只就没有经过校勘的本子说，若是经过学者校勘过的晚刊本，则有时与上边所说恰恰相反，错字越少，越是晚出的本子。

二、由直接语气变成间接的语气时，普通用直接语气的本子为原本，用间接语气的本子多为副本。

三、原始的记载，措辞布布，往往简略，不甚修饰。因此我们可以从文体与措辞的难易上，判断某为原本，某为仿本。比方AB两本，体裁上A本与B本不适合，A本古拙，B本比较明畅，则B本即是采用A本的。如《史记》五帝本纪、夏本纪，改《尚书》“允厘百工，庶绩咸熙”，为“信饬百官，众功皆兴”之类，即可知被改的本子，较《史记》为古（见朱希祖先生一九二七年《寒假讲学记》所讲两汉文艺概论）。

四、原本简略，后起的改本比较详明。批评史料，正可从简略详明上，判断谁是原本，谁是抄袭。比方，简而短的A本，变成详而长的B本，则A本是古本，B本是抄袭本。

辨别版本，不一定都像上边所说那样简易。若有两种以上，或四五种相似的版本，批评比较更为复杂。比方，ABC三种史料，内容相同，可用以下的方法，确定他们间正副因袭的关系。A本和B本对于第三种的C本，时而A与C一致，时而B又与C一致，则A与B是直接从C抄袭而来的。若A和B同时与C有些地方互相矛盾，A与B也互相差异，则是B抄自C，A又抄自B。又若A史料与B和C部分的相同，但是B与C并没有亲属的关系，则A是合抄自B和C的。在史料研究上叫A本为B和C的“拓本”或“模制本”。从多种相同的抄本，比较他们的主从的关系，确定那一种是原形或比较接近原形，那一种是模制，或模制的模制。从许多不同本子之中选定一种比较可信的原本，从两个以上不同的本子中，选定一种比较合理的字句或合理的读法。这种方法就是校勘法。

以上是确定史料原形的几条大纲，班海穆教授在《历史研究法与历史哲学》四一〇到四四七面，斐德儿教授在《历史研究法》一四八到一六八面，都举有很详的实例，用作上述纲领的证明。因为都是评论中世纪的古书，不详加说明，难期明白，详加说明，则过于冗长，故只得从略。欧洲中世纪所留下的史料，多为抄本，与我国印书术在第十世纪早已通行，刻书日盛，因而抄本日稀，彼此情形各别。所以他们的校勘法，偏重校勘抄本，注重古文字学。我国抄本罕存，校古书多注重版本。他们的依据广，又多半是同时代的抄本。有古本可据，所以校勘的结论，多是归纳的，必然的；我们的依据窄，又没有较古的抄本可依据，所以校勘的结论，多是推理的，想当然的。这是欧洲学者审定史料时所用“外表的批评方法”，与我们的校勘法根本不同的地方。

二　内容的批评(Innere Kritik)

史料外表的批评，是就史料的外形评定一种记载，或一种古物，自身是否是原物。史料内容的批评，是从一种记载或一种古物的内容上，评定他们所表现的事情，对于客观的事实，是否符合。内容的批评，就记载而论，大致又分为两种：一从史料记述人的个性方面着眼批评，一从记载内容的本身上着眼批评。从记述人个性方面着眼批评，又要问：第一，记述人在当时可否据实记述；第二，又要注意记述人愿否据实记述。约归纳为以下几点：

1. 记载人信用的确定

即是记述人的信用与身份，可信与不可信的确定。史料批评，第一当注意史料的种类。照上章所举各种史料(传说、记载与古物)，若是真的古物，为无意的史料，是原物(或原事件)自身的遗留，自然可信。至于记载，大部分是有意的史料，必须经过严格的批评，方可相信。

记载既是大部分是有意的史料，又多半是记载者有意的记述下来，若从记载的内容，批评一种记载可信或不可信，第一当注意记载者的信用可靠不可靠。因此必须考察记载人的个性，对于他的生平，他的职业，他的党见(parteistellung)，他所受的教育，治学或工作的方法，道德上的品性或素养，记事时的主旨或兴趣，都应当加以注意。这些都属于个性的一部，是不能单从记载者私人的传记上看出的。传记以外，更须从他的著作，及他的平日的表见中，互相比较，方能明白认识。明白了作者的个性，方才可以看出他的记载，有无轻重倒置，或是否有意详略失均。总括一句，是“他是否有诚意记载事实”。

此外还有一个先决问题，即是：记载者所记史事，是否是亲见亲闻，或这种记载是否是同时人的记载。这就是说要问记事人对于事变自处的身份或地位如何。若是同时人的记载，所记史事又都是记载者亲身的见闻，亲身的经历，自然比较上可以相信；若不是记载者亲身的见闻，甚且并不是同时人的记载，只是重述古书的陈辞，只是述旧，并无新发见。对于这一类的记载，应当严加批评，不当因文辞优良，或罕见稀少，即加轻信。对于述旧的记载，当进一步要问作者的取材怎么样，叙事的根据怎么样，史料的来源是否确实。

至于批评一种记载引用的史料是否可信，应当注意史料自身所属的时代或地域，以免陷于主观的错误。批评一种记载，最忌用现代流行的意见，去评定古事的是非，或拿甲地人的思想，去推测乙地人的见解。“时代的特质”(精神)和“文化演进的阶段”，批评史料或史事时最不应忘记。东方人同时可以信两种宗教(神道教与佛教，或儒教与佛教)，欧洲基督教徒以为大奇。法兰西革命杀路易十六，全欧震动，一九一七年俄国革命，杀尼古拉第二，同是弑君，欧洲人即不大特别惊奇了。时间和空间可以改变人的见解。时间与空间一有错误，即可以影响到记事的真实，或批评陷于错误。还有一点，记载者选材记事，是“从他的观察”，“表现到他所计划的著作”；我们批评一种记载，是“从记载者的著作上”，去“看他对这种记事，曾有过怎么样的观察”，程序上是恰恰相反的。

2. 记载真实程度的确定

信用的确定，是“确定记载者对于记事的态度是否忠实”。再进一步的批评，即是记载者记事的态度我们相信是忠实的，但是事实的记载与客观的事实，是否完全符合呢？确定记载是否与事实相合，必须和审判官审判案件一样。审判官审问案件时，必须设法让证人尽量说出意见，然后就案件的种种经过，参对证人的口供，互相比较，从里边找出事实的真象。批评一种记载与事实是否完全符合也是这样，先将有关系的记载详加搜集，与已审定可信的记载互相比较。环境许可，应再将从比较所得的要点，与有关系的古物(物证)互相对证。比较过了，对证好了，各方面都没有漏洞或疑点了，这样的记载即是可信的记载。再退一步说，若是没有可信的古物供我们对证，即是将记载比较所得的结果，再较量作者的身世、地位、个性，也可得到事实的真象。一种记载与另一种有关系的记载互相比较，可得以下的确定：

第一，两种以上不相抄袭的记载，所记事实相符。这种记事，一定可信。

第二，比较正反两方面的记载，代表反对方面的记载，对某事大加非难，代表正面的（或另一面的）记载，寂然默认，不加辩护。这种反面非难的记事，大部分可信，或竟完全可信。

第三，单独的记载，若确有可信的价值，又与当时已考定可信的记载不相抵牾，也可相信。

第四，当注意隐避及颂扬，或有意辩护的地方。

第五，注意反证。——其他……

反证在考证史事上，用处很大。在我国这一类的例证也很多，兹略加申说，以当举例。反证又可分为"消极的证明"与"反证"两种。一件史事，在甲方应详而反缺略，处反对地位的乙方，即说这种缺略是如何如何。甲方的略而不详，即变成乙方的反证。这种足以在消极方面证明反对者记事之真，所以叫做"消极的证明"。例如元初蒙古人除工艺技术人员外，轻视南人儒士，当时反蒙古的南宋，有九儒十丐之说。旧《元史》记世祖以前，多儒生流为奴隶之事。至世祖即位以后，方极力铺扬爱护儒士。这种先不铺扬爱敬儒士，即是证明南宋九儒十丐说可信的一例，即可以证明元朝忽必烈以前，对于儒士确实是很轻视的。甲书说是如此，乙书说不是如此，以此反彼，叫做反证。比方鱼豢《魏略》说："诸葛亮先见刘备。刘备以他年少，以诸生待之。亮说以荆州人少，当令客户皆著籍以益众。备由此知亮。"（引见《三国志・蜀志・诸葛亮传注》，裴松之已辨及之。）陈寿《三国志・蜀志・诸葛亮传》说："由是先主遂诣亮，凡三往乃见。"《魏略》与《三国志》时代相当，究竟那一种记事可信？但《出师表》中有一句说："先帝不以臣卑鄙，三顾臣于草庐之中。"我们若不能证明出师表是假的，或证明有人将这一段改过，即可证实备先见亮，《三国志》所记可信，《魏略》所记不可信。（参看梁任公先生《历史研究法》第五章一五二面以下）

有力的反证在史料中不常遇见，所以反证的用处虽大，而实际则多属偶然。消极的证明，则与之相反，用处更大。比方如同时的记载，应详而反缺略，即可知道这种意为详略，不是为偏见所囿，不自觉的使记事忽略，即是有所避嫌，立意使记载有所详略。现在多国比邻，著作流行，利害相反，各主一是，消极的证明更是数见不鲜。论事，要虚心听反对党的议论，看新闻记事，要看反对派的报纸，从政尚应力求民隐，治史自然要注意反证了。

消极的证明和反证，对后起故事一类的传说，用处甚大。比方说一个传说发生在某时代，那时候的记载完全没有提到，又没有忌讳的必要，因此从消极方面可证明这个传说，虽是假定在某一时代，实在某时代并没有这桩事体。

两种记载记一事彼此矛盾，应选择最可靠者。若不能决定，证据不足，没有消极的证明或反证在手头时，只有让他阙疑，将不能解决的问题仍旧保留，以待后人。“知之为知之，不知为不知”方是科学的态度。有时两书同记一事，因为观点不同，所记互异。这种矛盾的发生，或因为看法不同，见解因而各异，或因为两方记载者信仰不同，各有各人的是非，所以对于同一事实判断不同，记载各异。如耶律楚材在他著的《西游录》中，大骂丘长春重道教轻佛儒，即是信仰不同的实例。这样的例，在两民族初相接触的时候，彼此毁誉杂出，少见多怪，更不胜列举。

两方面记载一事，各执一辞。遇到这样事例，真象常在双方争执点的中间。历史上矛盾的记事很多，批评时不应有所偏袒，也不应强加调和，勉为解释。真不能找得可靠证据的时候，应当暂时存疑，尤应举出暂时不能解决的理由，听取他人的意见，或与同感兴趣的同好共同努力。

三　史料的编次

史料批评除了外表的批评和内容的批评以外，最后的职务，即是按照问题、时间或地域，将已考定的史料，综合贯穿，加以归类，使各归应归的次第。一种记载，一件古物，经过上述批评审定之后，再按照他们的发生及演化的次第，分别为“已定”、“待定”、“未定”，或“史源”、“副料”与“参考”三大类，使工作者易于下手，史料有次第可寻，批评的责任方算终了。事实有年月不明，或前后差参，不易确定或归类的，应运用上述的比较方法，或分析方法，或实物旁证方法，找出他们间统属的关系，使事实各得其序。这一步的工作，又可叫做“批评的编次工作”。

事实的分别次第，不仅将各种单一的事实，依时代、题目、地域加以排列，又必须研究是否一种事实在一地而屡次复现，如古代希腊的“运动节”，和中国皇帝之祭祀昊天上帝，是否一事而同时数地发见，像我国的排斥日货，往往上海一呼，而各省照例影响。此外或集各部现象，构成一段历史，或贯串各局部的关系，发为事实，而统于一名。比方合民族生活、习惯、信仰、语言各种部分，在历史上方构成一个民族，集合各种法律条文、制度、实例而成为一种法制史，集各种文学派别而组成一种文学史，都是一种史料的合理的编次。

批评的编次，约言之，可有以下的几个方式：

(1) 或按史料的性质，而统于一名(如排货的史料、练兵的史料、兴学的史料等)。

(2) 依民族为单位，而组织成各民族的历史(如犹太民族史料、回教民族史料等)。

(3) 或依地域分组(如欧洲史料、中国史料、百灵庙战役史料等)。

(4) 或依时代分组(如文艺复兴史料、欧战期的史料等)。

(5) 或依人分组(如李鸿章的史料、拿破仑的史料等)。

总之，史料的批评，外表的批评在辨识史料自身的真伪，内容的批评在确定记事真实的程度，这两种都很重要。至于史料的如何编次，则为第一与第二的附带工作，所以仅连带着提示几句。

第五章　史料的解释

史料的解释(Interpretation)即是依照史源的种类与性质，说明他的含义，认识它所代表“实事真象”的程度，以便得到一种正确的了解。解释史料的学问，希腊字叫做“Hermeneutik”，意即“解诂学”[①]。近代史学发达，史料的解说不专限于记载，并且包括口传(歌谣)与古物。因此这里所说的解诂学，也不专是解释古书的字义和通晓古训。为免除误会计，取名史料的解释。

班海穆教授在《历史学概论》(pp.157-161)所说“史料的解释”过于简略，不如他在《历史研究法与历史哲学(教科书)》(pp.566-613)所说的详细。他在《历史研究法与历史哲学(教科书)》中，分史料的解释为以下的几类：

第一，古物的解释(Interpretation der Überreste)。要能利用各种补助科学，如下边所说的印章学、古文字学、年代学、美术史等。

第二，传说[口头的传说(歌谣)、文字的传说(记载)与绘画的传说(历史的图画)]的解释。要注意：1. 从语言文字上建立解释；2. 从性质与形体上建立解释；3. 从成立的时代与成立的地点上建立解释；4. 从著作人的个性上建立解释；5. 从错误或反证上建立解释。

第三，从多种史料中彼此比较互相解释。1. 从各种史料彼此间的关系上，用比较与演绎法，或归纳法，求得解释；2. 以传说证古物，或以古物证传说；3. 从全部的关系中，比证单一的史料；4. 从史料全

---

① 希腊字“Hermeneutik”，德文译为“Lehrer von der Quellen deutung”，或“Auslegung”。希老道特(Herodotus)诸人，引用此字，原有“翻译”(Verdolmetschung)与“意译”(Dolmetschkunst)的意思。后来方转为“古书解诂学”或“古书的解释”(Deutung Auslegung, Verstandlich-Machen eines Schriftwerkes)。详见斐德儿《历史研究法教科书》一九四面。

部关系中，彼此互相比证；5. 利用矛盾、错误与反证。（以上详原书 pp.566-613）

史料的解释，换一句话说，也就是怎么样了解史料。因此斐德儿教授除承认解释史料，因性质不同，应用的方法各异以外，又概括的归纳为下列四点，认为是解释史料时下手的方法：

a. 语言的解释(Die Sprachliche Deutung)。从文字的文法语义上，求史料意义的正确解释。

b. 逻辑的解释(Die Logische Deutung)。从记述人的措辞、命意与“思想的统一”上，求史料意义的正确解释。

c. 心理学的解释(Die Psychologische Deutung)。从记述人的性格、地位、出身等心理的方面，求史料意义的正确解释。

d. 技术的解释(Die technische Deutung)。从史料内所含专门术语与特点等技术方面，推求史料的正确解释。这一种对于古物及公文、档案一类的史料，尤为重要。欧洲教皇的教旨与帝王及各级贵族的公文，除印章、徽章以外，都有特定的格式。从这一类的技术方面，都可更使人认识原物的意义与真象。（《历史研究法教科书》一九三到一九四面）

据一种史料说明它对于史事的关系，不致错误，似易实难。比方据一座铜像推知某时代某地方工艺制造的情形，据一种法庭案卷推知某时代某处审判案件的手续，这是很浅的举例。据若干留存的古钱币推知一个时代通行的“货币本位制度”，据现有各种皇帝的诏令想推知某时代内阁颁布诏旨的情形，据废墙遗址想推知当年房舍建筑的形式及建筑的目的，就有些不容易了。历史学者解释史料目的在对史料得到正确的了解，希望在真能说明由史料所知事实的真象，和史料与事实的关系。上述四项也只是斐氏所说怎样下手的方法。这些方法以外，第一还须常识丰富，运用的得当；第二须兼通必要的补助科学。比方想从古物、铜像、建筑上，说明某时代工艺发达的情形，自然必须通达美术史或建筑史；想根据法庭案卷，说明某种法律实行时，要有些什么手续，即须通达法律学与法制史。简单说，凡是与所解释的史料有关系的科目，史学家都须有够用的基本知识。

史料若属记载，解释说明自然须精通与史料有关连的各种语言和文字。历史学者对于记载一类的史料，不仅在明白文意，必须精通这种文字叙事达意中语法构造的关系。语言是达意的工具。语言中辞句，是由习惯自由配合，渐渐演成的。正因为他们是由习惯而成，所以才能表达人类各种浓淡不同，或亲疏各异的“神情”。因此有所谓“语言的感觉”(Sprachgefühl)，与各不相同的土语方言。历史学者对于必用的文字，通晓了所谓俗语方言，具有了所谓语言的感觉，方能对这种记载有完全的了解。对于记载有了完全的了解，方能对于这种记载类的史料建立正确的解释与正确的说明。

历史事实不是孤立的，往往彼此有连环的因果关系。所以想说明一种史料，须贯穿这种史料所记事实前后演化的情形。比方中世纪一一二二年日耳曼皇帝亨利第五(Kaiser Heinrich Ⅴ，1081—1125)与教皇喀立可士斯第二(Calixtus Ⅱ，1119—1124，当教皇年限)所定的《窝儿母斯条约》(*Wormser Konkordats*)，规定属于教会的“僧正署”与属于皇帝的“僧正署”彼此分立，僧正以下的官吏分别任免，并于“窝儿母斯城”召集“国会”(Reichstag)，评议此事。从此皇帝与教皇对僧正任免权的争执告一段落，德意志的“联邦国会”也从那时候立下根基。所以我们想明白《窝儿母斯条约》的意义，必须兼明白当时教皇与皇帝间为僧正任免权争执的经过，立约前后磋商进行的情形，以及对后来德国国会的关系。既到一八六一年费克儿(Julius Ficker)著《论德国王侯的身份》(*Vom Reichsfürstenstande*)，申说国家正名的关系，藉《窝母斯条约》，说明德国宪法进化的历史，《窝母斯条约》的意义方更明白。又如想明白日耳曼民族间的关系，须说到与日耳曼族有关连的各民族；想明白一民族文化初次开化的情形，须借鉴于现代未开化的各民族；想明白甲国宪法与选举进化的历史，不可不比较有关系的，和邻近的乙国制定宪法、选举推行的经过。这种集合一种史事前后因果，彼此因袭的关系，以求说明一种史料的含意与价值等，简单说全赖于“比较的研究”，需要专门知识，更需要常识。

不过应用“比较研究法”说明历史事实时，第一不要忘记历史上的事实，只有类似，没有全同。只能说现在未开化民族的生活状况，与古代社会在进化程序中的某阶段应彼此类似，却不能说两种社会的演化完全相同，肯定的说现在未开化民族的社会，将来一定是会变成现在某民族的样子。一八七七年摩根（L. H. Morgan）著《古代的社会》（*Ancient Society*，德文名 *Urgesellschaft*，1891 年由 W. Eichhoff 与 U. K. Kautzky 译成德文，第四版，1921）书中有一段曾这样的说："就现在未开化民族的婚姻制度看起来，现在未开化民族为'群婚'，甲群与乙群互相配合，无一定的婚姻制度。由此推知欧洲人古代的社会也曾如此，后来进化，创立婚姻制度，母系制即是由此成立，最后方进为一夫一妻制。"（大意）

照班海穆的意见，摩根的定律因为便于德国社会民主党的理论，所以昂格耳思、北贝耳（A. Bebel）、考次基（K. Kautsky）等大加崇信，著书阐扬。昂格耳思著《家庭、私有财产与国家的起源》（*Der Ursprung der Familie*，*des Privateigenthums und des Staates*，1884）、考次基著《婚姻与家族的由来》（*Die Entstehung der Ehe und Familie*，1882）、北贝耳著《妇女与社会主义》（*Die Frau und der Sozialismus*，1883），大为摩根张目。实则自一八九一年威斯特马克（W. Westermark）发表《人类婚姻的历史》（*The History of Human Marriage*，德文由 L. Katscher 与 R. Grazer 翻译，1893 初版）以后，已证明摩根氏的推测不免错误，所得结论与事实不尽符合，不免以局部代表全体，实际上我们没有方法知道古代的人群到底是什么样子。这是应用比较法易陷于错误的一个好例。

第六章　史料关系的会通

从上边所说史源的分类，可以使我们知道，史料不限于记载，记载以外又有古物与传说。单就记载说，又有许多种类。从史料的批评，可以使我们知道，怎样去分析史料，审定史料。现在再进一步讨论“怎样会通已审定的史料”。

怎样明白或会通各种史料对某一史事的关系，德文叫做“史料关系的会通”，或“综合的理解”（Auffassung des Zusammenhanges）。胡适之先生在他的《国学季刊·发刊宣言》里曾说：

> 学问的进步，有两个重要方面：一是材料的积聚与剖解；一是材料的组织与贯通。前者须靠精勤的功力，后者全靠综合的理解。

胡先生又拿绣鸳鸯作比方说：“清朝的学者，只是天天一针一针的学绣，始终不肯绣鸳鸯。”（见北大第一期《国学季刊·发刊宣言》）这是很确切的诊断。史料关系的会通即是：不仅是第一篇是“某考”，第二篇还是“某某考”的考证单体的史料或史事，而是怎样理解一种历史史迹的彼此关系。换句话说，即是“搜辑史料，组成一部科学的历史”。一种科学的历史著作，不仅单靠有“片断的精勤的功力”，尤靠有“系统的综合的贯通与组织”。有了有系统的发挥，才能将研究时建立的假说，用事实证明，才能将已证明的假说更求精密，变成信史。这样逐步推求，精益求精，历史学的研究才能是科学的。我国学者往往把考证史料代替全部的历史学，不知道历史学者固然要用精勤的功力，搜辑零星的史料，考证史料的真伪，但主要目的却在能跟着世界学术潮流共进，能利用已搜辑或已考证的史料，组成一种立体的系统的历史。历史家要本与世界学术潮流共进的精神与眼光，将自己对于一种历史搜辑考证的结果，会通贯穿起来，成为自己的著述，供他人的采用或修改。单有精勤的搜辑，精密的考证，没有会通与贯穿，对于历史只算有零星的推搞，不能算有系统的研究，只算片段的刺绣，不能算是在绣整个的鸳鸯。

再具体些说，比方研究匈奴的历史，考证"冒顿"的字源自然是一种研究，但只是匈奴史中千百问题的一个问题。对全部的匈奴史，更应拿世界史作标尺，说明匈奴族在东亚史上或世界史上应占的地位。综合他们的文化、疆域，及在当时与汉族争斗的经过，组成一种比较完备的匈奴史。至于实际工作，应当是先着手搜辑关于匈奴史现存的史料，自《史记》到《晋书》，以及近人在蒙古关于匈奴的发掘及考证，都在搜辑之列。记载与古物以外，更应兼及欧洲史料中关于匈人的记述与传说；其次自然是将已搜辑的材料，加以分析与审定，分别出那些是可信的，那些是不可信的，那些是尚待证明的；再其次依考定的材料，会通贯穿，依世界学者治匈奴史已达到的阶段，作综合研究的标准，组成一部匈奴史。这样的研究匈奴史，方是正当的研究。注重部分的分析，正是因为要作综合的研究。精勤的研究片段的匈奴史料，也正在想求得一部综合的系统的匈奴通史。这样的著述因为材料分散，又是转手的记载，关系的方面又多，初下手不一定即能著成一部好的匈奴史。但若功不妄用，工作由步骤而成，由此供他人的批评与改正，继续增长，将来自可著成一种好的匈奴史。比方绣鸳鸯，必须有心绣鸳鸯，方能由不好的绣花鸳鸯，绣成好的绣花鸳鸯。对匈奴史是这样，推而研究汉史、唐史、蒙古史……或各史中的某一问题，都是这样。历史学者想使自己的研究有实际的成就，都须于搜辑、考证以外，注重综合与会通的工作。"史料关系的会通"，在历史研究法的步骤上，也和史料的分析，与史料的批评，同样重要。

想明白一种史料，在一般进化程序上，是一种怎样的关系，很须要一种博观的通识。有了博观的通识，才容易看清一种史事与各方面的关系。所以史料关系的会通，又可说是"综合的理解"。利用综合的理解，不但可以明了史事因果起伏的关系，并容易求得研究的结论。有博观的通识，也易于有比较客观的见解。通常都说，历史家观察史料或史事的时候，所持的见解应当是客观的见解，不应当杂有主观，因为主观的见解是非科学的。但是什么是客观的见解呢？简单说，人类的见解绝对的客观是不可能的。因为人类的知识是从客观的世界，经过主观方面的经验与认识得来的。知识既由主观的经验得来，对于外界的事物，既不能像照像机一样，照什么是什么，所以总不免杂有多少主观的成分，没有纯粹的客观，或绝对的客观。这里所说客观的见解，只是持客观的态度，去认识历史的因果关系。对于自己研究的某种历史，必须在可能范围以内，周知已经具有的现象，必须在可能范围以内，使我们从各种现象上认识的知识，与各种现象的真象比较符合。由经验得到的知识，常常不能与客观真象符合。不仅历史学是这样，即具有客观性的他种科学，在程度上也都有若干的差异。知识与客观真象符合的程度，要看科学家研究的对象，和应用的方法怎样，才能决定。

历史学所研究的对象，和研究时应用的方法，使所得结论与客观的真象完全符合，更觉特别困难。历史学研究的材料，不像其他物理、化学一类的自然科学，用同样的材料同样的方法，可以求到同样的结论，不会差讹。历史学的对象，直接是记载与遗物，间接是人类有社会意义的活动。人类有社会意义的活动，复杂万状，由记载与遗物保存下来成为一种史料，只不过保存人类社会行动的极小的一部分。而且这种极小的一部分，又大半是经过别人主观的选择，才保留下来。所以照理论上讲，历史家求得的结论，很难是客观的。

历史家的心肠，也和普通人一样，不是木石一般的死东西。历史家对于历史上人类的活动，执笔记述，也不能像摄影机，对外界的景物一样，全然无所动于心。所以历史家的天职，虽在努力认识史事客观的真象，实际上却不能不夹杂私人的感情，也很难丝毫不迁就个人的私见。通常都承认，记事家对于近代史事，往往为个人的恩怨、党见的偏私，不能下公平的判断，必须等到“时过境迁”，“恩怨俱消”，才能有比较客观的记载。所以现在的“欧洲大战史”，仍然是在史料滋生时代，当事人正在那里作“回忆录”（如法国的 Clemenceou、Poincaér 等），各国政府也正在那里“选印”已往的公文，彼此推诿着不当祸首，所以时过十余年，尚无善本。法兰西革命史，近代出版的却有后胜于前的趋势，就是时过境迁，恩怨已消，著作人易于不杂偏见的原故。

见解不杂偏私，不仅历史家记述同时、同地的事实，不易免避，即是记述古代过去的事迹，别国或远地异族的历史，也容易羼杂感情，迁就私见。人是富于感情的动物，因一时利害关系，或个人注意兴味的不同，同是一事，判断与观察，即未免发生赞否的差异。因此近人对于古史的态度，甲地人对乙地人的行动，总不免合意则为之曲解，不合意则过事吹求。比方同是一种中古的基督教史，自由思想派对旧教排斥异教则大报不平，守教派则竭力替教会辩护。同是一种习俗，对本国的习俗则认为合理，对异国远族的习俗则表示鄙弃或忽视的态度。

历史家想免除"论事滥用成见"的危险，须时时保持自己科学的自觉，和忠于学问的态度，时时拿科学的理智提醒自己，时时认清自己在学问上的责任。有时遇到违犯自己原意，或反面的判断，尤须特别留意，以免为意气所乘，感情所蔽。这里所说的"意气"与"感情"，不专指党见或偏见(parteilichkeit, oder Einseitigkeit)。比方宗教的偏信、伦理的成见、政见的好恶、社会上的恩怨，凡是能左右人的思想，能影响到他对于史事价值判断的感情，在判断史事时都应当自加省察，尽力排除。对于一桩史事，须能从各方面看史事自身的演化，就事实自身上建立判断批评的标准。又须时时提醒自己，时时念到什么是学者对一种科学应持的态度。历史学家若能抱定这种态度，作研究史事的基础，对于"会通史事的关系"，当可没有重大的过错了。

价值的判断，因"时"因"地"因"势"不同，是相对的，不是绝对的。因此历史家综合一种史事，下一种判断，甲以为应如此，乙或以为应如彼，甲时代有这样的判断，乙时代就许另有别种的判断。同是一个拿破仑第一，十九世纪上半纪大家骂他是专制魔王，十九世纪后半纪却又说他是历史上的大人物，现代民治发达，又有人说他是"私心自用的旧式英雄"。这是会通一种史事，易受时代思潮影响的一例。还有一层，从前的历史家不知道利用科学的方法，虽想免除偏见，却不能用客观的证据，证明自己的判断是公平的。因此最好的记事，只是良史的记事，而不是科学的历史家的记事，所下的判断，也只有主观的，或自以为是公平的"公平"，没有客观的或综合的实证的"公平"。比方十八世纪初年鲍维尔斯(Archibald Bowers)作了一部教皇史，自名为《无党见的教皇史》(*Unparteiische Geschichte der Päpste*),十八世纪中叶很受人欢迎。全书只是剪裁旧文,议论流畅,并没有表现教皇在历史上应站的地位。我们若拿《无党见的教皇史》和栾克(L. v. Ranke)一八七四年著的《近四世纪的罗马教皇》(*Die Romischen Päpste in der Letzten vier Jahihunderten*)相比较,更了然教皇在十五、六、七世纪对教会和各国王侯的关系。再和1855—1895年格赛布瑞希特(W. Giesebrecht)所著《德意志皇帝时代的历史》(*Geschichte der Deutschen Kaiser zeit*)比较,更可看出教皇所抱世界统治者的传统观念与帝权消长的情形。两相比较,就觉的鲍维尔斯不知道利用证据,不知道会通各方面的关系,组成一种科学的历史。栾克与格赛布瑞希特能利用证据,能用客观的态度,去研究教皇在历史上的关系。"无党见"本是历史家的本分,倘若用"无党见"命史,不但滑稽,反足证自己心虚,或自己的言论是诚心有所避忌。历史家只有努力用客观的态度去研究历史,只问责任尽了没尽,不应存心想在书名上讨便宜。

会通一种史事材料的关系,具体说,应对下列几点特别加以注意:

第一,应注意"各种单体事实如何连贯"。在一种史事的集团内,各种单体实事,在历史进化的线锁上,都各有因果的关系。历史家须将他们的先后次第加以类归,以表现史迹进化的脉络。这种事实结构法,最忌如诗人与词客随兴虚构,必须依历史家忠于事实的态度,事事依据证据推求结论,找出事实的脉络,明白他们间结构的关系。就有关系各书中的同类单体事实加以连贯,考出一种史事的前后关系有时甚易。比方中世纪武儿次堡城有一种《普鲁士编年史》曾说:"普鲁士王与后某年二月六日,驾到武儿次堡城(Würzburg)。"同时"努恩堡城"也有一种编年史说:"同年二月九日普王与后在努恩堡(Nürnberg)大受当地人民的欢迎。"武儿次堡与努恩堡两城中间有驿站大道,约当由北京到保定。这两种记事虽是各不相关,但是我们即可从这两条记载上,推知普王、普后某年二月是从"武儿次堡"游幸到"努恩堡"。但历史上各种单体事实,彼此脉络连贯,决不尽是像上举例子那样容易。因此历史家须运用想像力,与创造的观察力,推究史事贯通的关系。越是演进线索不容易找到,结论难以推求的事实,历史家对于这种工作更当细心推求,"兼顾”与“综合”同时并重。纵然有时史料在联络关系上，证据并不十分充足，但若各个事实性质相同的，衔接符合，不相矛盾，会通的假定即能成立。

单体史事编次排比，若能依照时代、地域与性质类归起来，则会通贯穿即易为力。不过史料间的因果关系，不尽以“时代”、“地域”和“性质”为限。有时各种事实骤看起来，好像彼此各别，实在关系密切。炯眼的历史家，即在能从种种不同的地域、不同的性质，默察详审，发见他们内部因果起伏的关系。德国史学家栾克就是具有这一类特识的历史家，比方他作的《教皇史》，能丢开流俗沿误的见解与当时教皇的官样文章的公文，另从他种史料中指出教皇与皇帝、诸侯争权的种种事实，证明甲地与乙地的教争原属一事，某几年前与某几年后的政教冲突事同一理。

第二，应注意“就事实自身的因果关系叙述事实”。第二就是叙述事实的关系时要忠于事实。我们曾一再申说，历史的叙述应严格与文学的叙述有分别。虽然历史家的叙述与诗人的叙述，同样需用想像（phantasie），但诗人可以随兴意造，历史家须处处依据实事，只能从已审定的史料上推知事实，却不能拿自己理想的英雄去描写自己阿谀的人物，或拿一时的玄想形容自己所喜欢的事情。历史家不仅应与诗人两样，也须与美术家、道学家严格分别。历史家应拿证据定史料的去取，不应因记事优美把史料的价值看的过高，也不当因为袒护美术，改削事实。至于卫道的思想，拿“习惯”和沿袭的“道德”作事实的辩护，更无一顾的价值。研究历史必须用审慎的态度，运用科学的研究方法，必须有实事求是的精神。总括一句话，历史家的叙事必须是历史的，不是美术的，也不是道德的。历史家虽不可不知道美术、文学与伦理学，但历史家只是历史家，不是文学家、美术家，也更不是道德家。

有人说，叙述史事只能描写各个不同的个人，不能笼统描写群体。如说法兰西革命，须拿路易十六、皇后“马利安陶内”等代表王室贵族的淫奢腐败，须拿弥拉报（Mirabeau）和雅各宾党首领罗伯士比（Robespiere）、丹敦（Danton）、马拉（Marat）诸人，代表革命派。这种见解自然也有很充分的理由，我们从这些人物的行动上，去认识法国革命的关系，也比较易于窥得要害。不过群众运动和他种自然现象一样，可以从各种史料上直接观察、直接认识。群众的表示，虽是个人表示的集合，但决不应专拿分子笼罩全体。时势可以制造领袖人物，领袖人物却不能违反时势，强造成一种群众运动。雅各宾党人罗伯士比、丹敦、马拉诸人的行动，固可以代表当时革命派的行动，和当时巴黎的混乱，但他们几个人终究只是当时法国社会的产儿，不是法兰西革命。现在欧美民治思想发达，选举权日见扩大，人智进步，群众运动也日益盛行，有时竟把示威游行开会化、游艺化，当作迎神赛会，目的只在表示公意，百分之九十都不是聚众暴动。因为人民知识的增进，示威运动也一部分成为政治、文化的表演，好像红花与绿叶相得益彰。比方十九世纪末叶以后的德意志，人民因知识已高，且有相当的选择判断能力。帝制时代，国势兴盛，科学发达。欧战后改行共和，仍是国势兴盛，科学发达。不合理的宣传与煽动，一经人民的判断，皆失去效力。其他英、法、比、瑞士等国，国势稳定，也多赖人民知识丰富，上下齐一，较之从前更觉进步。所以论十九世纪下半纪的西欧各国，更不应侧重个人，忽略社会，拿一二人代表人民全体。

第三，明白史事的关系须注意“心理方面的因子”。人类行动多基于心理的因子，因此研究个体心理学与社会心理学，从心理作用方面下手，进而了解史事关系，用处甚大。见解成于思想，心理上的好恶，常能影响个人的见解。历史家一方面须屏除个人心理上的偏见，使自己对史事的理解不致偏私，他方面又须了解他人的心理，以便从通达人情中得到了解史事因果起伏的真象。因此历史学者应知道各种心理学与精神病学，且须知道人类有天生的弱点与偏见。

现代人智进步，仅知道个人心理学，判断人事记载，并不敷用。个人心理学以外，必须知道“社会心理学”。人类的思想、感觉、意志，在各社会各时代，各自形成一种“水准”，彼此并不相同。历史上的大人物的行动，及各种大事变，都与当时当地的社会心理有连带的关系。领袖人物的行动与社会事变的暴发，都是一时代、一地域社会心理的反映，不是受社会心理的拥护，即是得社会心理的默认。我们有时对古代的事变，往往结论出乎意料之外，应当反抗的事件，反没有人出头反抗，不应当反抗的事件，反闹得波涛汹涌，这都是社会心理作用在那里主动。我们不留意古时代人的心理和我们的见解不同，所以我们有时不了解历史上大事变。比方中世纪的时候，教皇葛利高儿第七（Päpst Gregor Ⅶ，任教皇时期 1073—1085），因为与德意志皇帝享利第四（Kaiser Heinrich Ⅳ，1050—1106）争权，即利用当时社会心理，借“不虔敬上帝”为名，将享利第四宣布除门，贬削帝号。直到享利第四跣足露立教皇宫院三日，向教皇悔罪，教籍才被恢复。我们看了凯撒、拿破仑的尊严，自然要怀疑为什么享利第四偏能受教皇葛利高儿第七的欺服？想了解这段公案，即须知道中世纪教权超过帝权。享利第四的时代，与罗马的凯撒和法兰西革命后的拿破仑的时代，完全不同。中世纪所谓“傲慢（Superia）上帝”，等于我国帝制时代的“大逆不道”，社会心理公认是一种罪恶。教皇葛利高儿第七借故利用当时社会心理，制服皇帝，争得特权。享利第四也知道这种争执，是两种权势的冲突，拗不过当时社会心理，结果只有屈服。

我国史书上曾有“曹操挟天子以令诸侯”，和楚汉时项梁假立义帝，借人心一类的往事，由现在看起来，并不是曹操爱挟天子，和项梁愿立义帝，都是想藉此迎合一时社会的心理。历史上这一类的事件，都和当时的群众心理有关系。时候过了，人民的心理变了，这一类的事件就不容易了解。我们会通史事的关系，对于这些前人有意或不得已造成的粉饰行为，即须于上述他种解释以外，藉助于现代的各种心理学。社会心理对于了解历史上的大事变，如聚众倡乱等事，用处很大。但也不可过于重视“社会”，太轻视“个性”。个人的思想行动，也是社会心理部分的表现。古今中外的大事变，没有一次不是由特出的领袖主动的，单有人民的愤怒，没有主动的人物，这种事变是不会暴发的。苏子瞻在他的《任侠论》中所说的“虽欲怨叛而莫为之先”，即可知道领袖对一种运动的重要。我们应当认识社会心理的特征，与个人的个性，二者彼此间的区别，什么是个性影响群体的地方，什么是社会心理支配个人的所在，一时代人们所承认的“是非水准”或“兴论”是些什么。通常个人对家庭、宗族、宗教、国家、其他社团等，心理方面的服从或独立，迁就或反抗，往往差异甚大。特别是在各种不同的时代，和各种不同的民族间，这种差异的表现更觉显著。[班海穆《历史学概论》一七三面以下，列举参考书很多，现在选举一两种社会心理学对于历史研究有关系的书作例如下：1. 翁德(W. Wundt)《民众心理学》(*Voeckerpsychologie*)十册，1905—1920；2. 色费耳(A. E. Schäffle)《社会形体的组织与生命》(*Bau und Leben des Sozialen Körpers*)第一册"社会心理学"，1875；3. 习梅耳(G. Semmel)《论社会的差别》("Über Soziale Differienzierung")载《政治科学与社会科学研究》杂志，1891；4. 蓝浦瑞喜提(K. Lamprecht)《什么是文化史?》(*Was ist Kultur Geschichte*，1897)，《近代的历史学》(*Modeme Geschichtswissenschaft*)，1920。]

第四，明白一种史事的关系须注意物质方面的因子。会通一种史事的关系，须注意物质方面的各种因子(naturliche oder physische faktoren)。物质环境可以转变人类的思想和习惯，社会制度与风俗也因受外界环境和物质方面的推动与影响转变进化。不过物质方面的因子，对事变的影响确切很大，我们不承认人类的行动完全是受物质的支配，与心理方面毫无关系罢了。人类行动既受物质的影响有所转移，因而这些影响又辗转影响到人类观察外物时所持的态度。主张唯物史观的人更是推崇物质，把物质生产的关系当作人类历史进化的原动力。物质环境对于一种史事的构成有重大的关系，但不是唯一的关系。种族与自然、自然界与人类的关系，本各有专科，如人类学与地理学等，均为历史学重要的补助科学。此外研究"种族的由来"和"种性遗传"的，则有遗传学(Vererbungslehre)、种族生物学(Rassenbiologie)、社会生物学(Gesellschaftsbiologie)、政治人类学(Politische Anthropologie)。研究人地互相关系互相影响的，又有"人类地理学"(Anthropologeographie)与"文化地理学"(Kultur-geographie)，这些科目对于历史(或了解历史的关系)直接间接辅助甚大。若我们太偏于一方面，硬说物质环境对人类的活动是机械的，人与物质实在的关系反不能明白，甚或因使我们观察人事与了解史事所持的见解陷于错误。近代生物学家已经自己承认植物与动物各有自然发展的理由，不采旧日机械的发展说，人类社会的演进又那能全是受机械的支配呢？所以人类进化是"根于自发性"的学说，仍可成立。"人"实在是"心物混合的动物"(Der mensch ist ein psychophysische Wesen),他的行动同时受心理原因与外界环境的支配。外物为因,内在的感觉、冲动与欲情为缘,互相影响,而思想与行动由之而生,所以人与环境的关系是相对的。若说,人类的行动纯为被动的,对外物的反应如摄影机摄影、穿衣镜照容一样,实不尽然。镜子虽可照人的面貌,但面貌的喜怒则仍由心理主持;环境可以改变人的思想,思想丰富的人也能创造环境,改变环境。我们试看在同样的环境中,有种种不同的人类,同样的人种可以应付种种不同的环境,这样的例在历史上真是举不胜举了。[关于第四的参考书,班海穆所举主要者如下:1. 海尔次(Fr. Herz)《文化与种族》(*Kultur und Rasse*,1924);2. 齐葛来(H. E. Ziegler)《社会学与生物学的遗传学》(*Die vererbungslehre in der Biologie und in der Soziologie*,1918);3. 拉才耳(Fr. Ratzel)《人类地理学或地理学对历史学应用的大纲》(*Anthropo-geographie oder Grundzüge der Anwendung der Erdkunde auf die Geschichte*),3 Aufl.,1909。]

第五,明白一种史事的关系须注意文化方面的因子。会通史事更当注意"文化的因子"(Kultur faktoren)。人类受心理与物质的支配,成为种种社会活动,历史事变即由这些人类的社会活动而成。草昧初期,文化未成,人类的行动只听受心理与物质的驱迫,渴饮、饥食,随自然环境维持生存。后来团结分化,形成为家族、社会、国家。同时由民族智慧心理创造的文化也跟着发达,因此文化的势力超越个人的道德、习惯和经验,渐渐可以左右人心,成为制服人性,约束私欲的工具。同时又由心与物的刺激与启示,智识日进,所谓科学、美术、工艺、宗教、政体、教育等,次第发生,直接间接助成人类社会的发达。未发生的东西逐渐发生,已发生的东西又能传守勿失,渐渐形成一民族的特有性质,或特有的习惯。这种特性与习惯,更一代传演一代,成为一民族的公有物,因而支配一民族的行动。这种特性与习惯,就叫做"文化的元素"(Kultur elemente),或者说"某民族特有的文化"。这种文化元素能支配人类的思想、行动和判断事情的见解。通常所说的"国俗"或者"国民性",就是历史学上所说的文化元素,或者说就是由这些元素发生出来的。文化凝结的成分不同,因而影响也各异。比方政体与宪法、习惯与礼节，对一民族的效力比较普遍，文学、美术只限于一民族中的智识阶级与赏鉴分子。再详细分别，政体、法律、习惯、礼节亦因种族与时代的不同，影响各异。我们拿现代的民主政治和古代东方的暴君专制两相比较，即可看见同是文化元素，他们间彼此差异的悬殊了。文化的元素是构成人类历史的主因，我们应从分析一民族的文化着手，去认识一民族的历史。所以会通一种史迹的关系，应注意文化方面的影响。又有拿一个文化的主要元素，代替文化的全体，认为是历史构成的主因。比方信经济唯物史观的人，拿生产关系当作历史构成的主因；信文化史观的人，拿文化与科学进步当作历史构成的主因；信自然科学与工艺技术的人，说人类历史的进化完全由于机械的进步。笃守一说，偏见即生。这些偏见既都是构成文化的重要元素之一，由此也可想见文化因子左右人类见解的实力了。

第七章　历史的叙述

斐德儿教授就历史叙述的性质，分历史的叙述为三类：一、历史叙述的方式；二、一种科学的著作应具备的形式；三，历史叙述的方法。

一　历史叙述的方式

就历史叙述的性质，或历史家叙述历史所持的态度说，可分为四类：

第一，专门著作(Untersuchung oder Abhandlung)，以研究为主，注重在作，取严格的研究与批评的方式。凡是专门的研究，无论是专门考证一个问题，或综合一时代，或一题目，著成一种专史，都属此类。这一类的叙述，重在报告研究，不重修饰，著作的人也没有修辞的意思。

第二，描写式的叙述或狭义的叙述(Darstellung in engeren Sinne)，注重在写，取记述的、报告的方式。凡是不注重高深的研究，仅用描写的、说明的态度，叙述一时代或一种史事，供普通人欣赏的著作，都属于这一类。这一类叙述大都文辞优美，布局整饰。

第三，教科书(Lehrbuch)与手头本或实用本著作(Handbuch)，注重在作研究的引导，为研究一种专门学问的初步。教科书与实用本著作的分别：教科书提纲撮要，便于讲授，目的在教授一种学问；手头本或实用本著作，重在撮述一种学问的概要。前者是教授一种专门的学问，后者是指导一种专门的学问。

第四，评论(Besprechung, Rezension)类的叙述，注重发表意见，介绍一种著作或史事的研究于阅者，并说出个人的批评。所以第一要力求忠实,第二要说话负责任。

二　一种科学的历史著作应具备的形式

近代一种科学的历史书或历史的叙述,除选择材料,上边已分别述说外,就外形说,斐德儿教授曾指出应具备以下各条件。这些条件在形式上技术上都是很能帮助原书,使原书的叙述更能表现所含意义的。

1. 注意全书的布局(Disposition)。全书的布局应当是系统分明,提纲絜领,与层次清楚。应当是分配力求适宜,排列力求相称,分章分节力求明白简当。叙述不分段,一直写下去,易使读者感觉单调(Einformig)。为醒目与引人注意起见,将内容要点用针体字排印,或离开排印(如中文旁加连圈等)一类的技术,也都是必要的。

2. 注意注释的安置。注解的用处,或者是注明引用史料的出处,或者是解说人名、地名、事物名一类的专门含意,或者是辨正异同,申说自己的意见,目的均在帮助本文,使本文的叙述更加明白或真实。除一二辩难析异以外,均应力求简洁。若为长篇,宜汇集为附录,附在原书后面。注解的安置法,应用阿拉伯字母 1、2、3 等作记号,附在每页之下。若照从前的办法,附在书后,或每篇之下,与本书隔离太远,则容易使读者感觉厌倦和减少阅读兴趣。

3. 注意命题。命题有三个要点:第一要"题目与讨论的内容一致"(Ubereinstimmung),第二要"正确、清楚"(Bestimmtheit und Klarkeit),第三要"简短、明白"(Kürze und Einfachbeit)。一种著作除刊入丛书或总集以外,不应有两个题目(Doppeltitel),或者说重复的副题目(Schmutztited)。有时必须用两个题目时,应以简明为主。

4. 一种叙述,除出版时应详举出版年月、出版地点以外,对于叙述结束的年月,应特别注明。注明结束年月和引用书籍的年月,不但是便于图书馆目录室的登记,并可以使人知道所采的参考书已达到何种程度。

5. 书眉标题应左右两页各异,最好左页标一篇的题目,右页标一节的题目,均以简明为主。

6. 书的页数,宜在角端。数小册合为一书,如季刊、杂志合三册或四册为一卷时,应一卷为单位,一直数下去。

7. 书后或每章前面,列举参考书目录,自然便于读者。惟应详列全书的原名、作者姓氏、出版年月、第几版、共有几页。书名用简写时,应另行说明。参考书目若为附录,应于每书下略述原书的优点和劣点,或注明某事宜参用某某页,便人查考。未看过的书,不宜列举。若必须列举时,应声明转据某人或某书,以明责任。

8. 书后索隐。通常多分为人名或事物名两类,依需要可另加著作者索隐,或专名索隐。翻译的书应另加"外国书名辞解说"一项,以期增加读者的理解与兴趣。

9. 序文。通常多用以说明本书的旨趣。若为改版,当叙明第二版与第一版不同的原故。受人资助或友朋指示者,亦可在序文中,表示感谢。序文外,又有另作导言和引论(Einführung oder Einleitung)的,大致在总括全书纲要,说出著述的本旨,或指示关涉本书的其他先决问题。

这些都未免太烦琐了。但斐德儿教授曾特别声明说:现在各科学术发达,事多时少,一切日趋合理化。所以现代的著作家也不应当忽略一种著作形式方面的技术,与一种出版物外貌的种种新进步。

三 叙述的方法(Die Darstellungsmittel)

这里所说叙述的方法,不是拘泥的说,历史应当怎样叙述,只是说历史的叙述应当具备些什么样的条件。具备了这些条件,再加上其他主要的条件如个性、天才、功力等,对于一种历史方能作到合理的科学的境界。历史的著作不是一种由想像构成的诗歌或小说,也不是谈玄说理的哲学书,只是一种人类社会活动事实经过的记录。这种经过是人类社会不断的一短片演化,不断创造的一部分,同时也是我们知识构成的分子。但是历史的真实只是建筑在我们的"共信"和"客观的合理"的上面。这种共信是比较的,相对的,不是绝对的。历史的叙述只能依据科学的方法,将在可能范围内已找到的证据(史料),据实加以叙述,使自己相信,别人也能相信,由此建立一种共信,却不像算学,求得的得数一样，使人无可怀疑只有相信。因为这种共信既不是绝对的，也许后人在同一题目之下另找到更完备的证据，发现更合理的结论，将从前历史家建立的共信加以改善。但这种改善只是将前人建立的共信，改变成更可信的共信，不应是另创一种新的共信；其次，历史家怀疑古书、古事，不轻信前人，也只是以"合理"为标准。史料百分之九十不是著作人亲眼看见的记载，即是亲眼看见的记载，一时一人的见闻也不一定全部可信。因此历史家将已经考证过的史料，叙述成一种历史书，作为自己研究结论的报告，这种报告可信也只是有证据的或合理的"可信"。有证据的或合理的可信，有时也就是真的共信。历史叙述的方法，就是怎样叙述研究的结果，保持这种有证据的可信，怎样可以使叙述表现出这种可信，不妨害这种可信。

历史叙述的方法，据斐德儿（原书 pp. 354－360）与班海穆的意思，应注意以下的几个要点：

a. 须注意历史叙述与文学描写的差别。因为一种历史的叙述没有定型，又常常与文学相混，所以直到现在还有人相信，历史的叙述是艺术的，不是科学的。德国著名的文化史家蓝浦瑞喜提、义大利的大哲学家柯娄西（B. Croce）、德国的社会学家巴特儿，都有这样的主张。蓝浦瑞喜提在他著的《毕娄先生的历史方法》（*Die historischen Methode des Herrn von Belew*, 1899, p. 14）中说：

> 这里必须决绝的一再声明，个性（Das Individuelle）在我们现在的见解看起来，常常是不能确定的。所以可以说凡是由个性的，都不是科学的对象，只是艺术家的事体。①

巴特儿说得更明白，他说：

> 历史的述作（Geschichts beschreibung）不是科学，是一种艺术。……科学在寻找公例，公例成于物的概念与事的定律。……凡是找不到概念与定律的，都不是科学的。②

历史学不是纯粹的科学，像物理、数学一样，我们已一再声明。现在略

---

① 引见斐德儿《历史研究法教科书》三五七面。
② 见巴特儿所著《把历史哲学当作社会学》四面与五面，1922 年版。引见斐德儿原书三五七面。

申说历史叙述与文学(艺术)的重要区别。照班海穆的意见,文学的描写与体裁,只是历史叙述的手段,不是历史叙述的目的。历史学也和他种科学一样,研究的自身,即是求得知识的目的。历史家对于一种史事,忠实的将研究所得的结果,叙述成一种历史,即是历史叙述的职务。最忌忽略事实,与迁就文学。偏重文学的描写,叙述时将一种事情放大或缩小,这样的叙述,爽快些说,只是一种文学或历史小说,不是历史。文学的描写,是历史家应知道的技术,但不是历史家应具备唯一的技术。历史家除知道文学描写的技术以外,尚须具备语言文字的了解史料的技术,判断史料真伪的技术,发见史料客观价值的技术。通常具有精深功力的历史学者,大概都能将自己研究的结果叙述出来,成为一种历史。研究历史的人偶然没有文学的天才,不能将自己研究的结果叙述的更能动人,但他仍不失为一位历史学者;反之,若仅仅具有文学家的技术,对于一种史事并没有正确的认识和系统的研究,他只是一位历史小说家或文学家,不是历史家。诚然历史家若能于科学的研究以外,又具有文学的技术,"笔锋带有浓厚的感情",能将一种历史据实事叙述的更能动人,自然更是我们所希望的了。

b. 须注意不令心理的作用妨害事实的叙述。即是说历史家叙述事实,所持的态度,应当是客观的。普通访员采访一种新闻,作成报告,心理作用,对于外界所采访的对象,依自然进行的程序,要经过观察、选择、描写等几个步骤。历史家选择史料,叙述成一种历史,也是这样。对于史料观察,须求其精细,选择须求其公允,描写须求其据实达意。又要常常自己提醒自己,不让心理的好恶,对于事实的叙述有所妨害。又因叙述时对于所有已知的史料,不能无所遗漏,也不能无所去取,史料当被遗漏或去取时,最易受心理作用的影响,所以应特别注意。

c. 要能融会贯通已选定的题材。叙述一种史事,须融会史事的全体,方能另组成一种新的著作,方能对于材料有所选择,将精华抽出,糟粕弃去。叙述若没有选择,只凭抄袭,即不成为一种独立的著作。选择时易犯的毛病,是判断易失公允。这种错误惟有常常保持冷静的批评态度,方可免避。

d. 历史的叙述应当是"明白的"、"立体的"或"塑像式的"叙述

(Plastische Darstellung),不应当是“平淡无味的平铺直叙”。斐德儿特别重视此点,并且指明立体的叙述应备的条件有下列几点:

1. 叙事切合(Anpassung)事实,能从切合事实中,表现出叙事活泼的精神。切合事实的反面,第一是不切合。比方,中世纪末几世纪的历史家,用已不通行的拉丁文,记述当时民间状况及政教的争执,无疑是将当时的时事翻成古文。这种用文字记述史事,科学的历史家认为大忌,应当免避;第二是过甚其辞,或者误以少数笼盖全体,或者固执己见,看见一个白羊,误认所有的羊全是白的。

2. 能达到用比喻的好处。用比喻或举例的叙事,好处可以使人易于明了,坏处是易于用例外代表全体,或拿事实迁就比喻。所以用比喻要用的恰到好处。

3. 立体的叙事,可以使要记述的事或人各别化或个性化(Individualizierung)。叙一事,见一事的真象;叙一人,能表现一人的特性。立体叙述的反面是堆积。堆积不但单调重复,也实在呆笨无味。

e. 须注意材料的分配。著作人叙述一种历史,若能将关涉这种历史的材料分配得当,自然更可表现这种历史演化的真象。一种史事彼此因果起伏的关系,赖有史料为之证明。但史料自身的存留,不尽前后相称,或中间无所缺略。因此排列与分配,对选择题目与叙述史事时表现因果的关系,极为重要。比方传记,目的在叙述一人的生平,若采日记或编年的叙述,将被叙述的人的事业、言行、思想、著作等都一一按天或按年排出,一定繁琐冗长。若改作分期叙述,将被叙述的人的言行、事业,分为若干时期,叙述时将每时期的要点依次揭出,比较按天或按年排出,自然醒目多了。

f. 注意提纲揭要。用举一反三的手段,拿一部分的事实,代表同类的事实,惟须切合真象叙述时所举示的部分,真能代表其他同类的部分。提纲,要所提的真是大纲;揭要,要所揭的真能扼要。

(采自斐德儿《历史研究法教科书》pp. 347-360,班海穆教科书 pp. 777-798,《历史学概论》pp. 178-182)

第三编　欧洲近代通行的几种历史观

一　近代历史观的缘起

照班海穆教授(Prof. E. Bernheim)在《历史学概论》与鲍瓦教授(Prof. W. Bauer)在《历史研究入门》中的意见①,现代是科学的历史的时代,所以也有各种不同的科学的历史观(Geschichtsanschauung)。科学的历史和从前旧历史不同的要点,即是"科学的历史是用进化的眼光,去观察人类社会","用客观的证据,去限制主观的偏见"。进化的意义,本是多方面的,所以大家由认识进化意义的不同,对于人类历史的看法(历史观),也有种种不相统属的意见。

简单说,历史观就是各派历史哲学家对历史的一种抽象的认识,也就是他们统观"人类历史事变的原因与结果,和人类社会进化"的各种见解。再简单些说,历史观也可以说就是历史哲学。

历史哲学这个名辞,是法国学者福耳特(F. Voltaire,1694—1778)创立的。福耳特一七六五年著论,推究"各民族间的民族精神"和"风俗的由来",自称他这种的观察是一种"历史哲学"(La philosophie de l'histoire)。他的用意只是想打破旧日神学的见解,另用一种历史哲学的见解去观察人类的文化,抬出历史哲学的大帽子,与当时的神学见解相对抗,说他所根据或凭藉的是历史哲学的。后来德国学者海德儿(J. G. Herder, 1744—1803)首先在德文中采用"历史哲学"(Geschichtsphilosophie)这个名辞,并且指明:"历史哲学是研究历史内部种种因果关系的原理和历史的定律的。"海德儿所著的《人类历史哲学的观念》(*Ideen zur Philosophie der Geschichte der Menschheit*,一七八四年第一次出版)可以说是德文中专门讨论历史哲学的创作。自

---

① 此篇大要采自班海穆的《近代历史观的主要派别》(Die Hauptrichtungen der Geschichtsanschauung inder Gegenwart),见《历史学概论》一九二六年改正本,pp. 16-46。兼参考鲍瓦的《历史研究入门》pp. 42-44,60-62,69-76 等。德文中专门讨论历史哲学的书,详下节小注。

福耳特、海德儿以后，学者对历史哲学渐渐注意，专门讨论历史哲学的著作也日益增多。孔德(Aug. Comte，1798—1857)、海格耳(Friedrich Hegel，1770—1831)的名著出世以后，历史哲学即变成一种独立的研究，与宗教哲学、政治哲学、法律哲学等并立，前人研究历史专述死事，不察演变的缺陷，得此补充，为之改变。

二　近代历史观的主要派别

近代历史观的派别不胜详举[①]，单就巴儿特教授(Prof. P. Barth)所著的《把历史哲学当作社会学》(*Phiosophie der Geschichte als Soziologie*，1922)第二编“偏见的历史观”(Die eisetigen Geschichtsanschauungen，pp. 511-856)、图来耳赤教授(Prof. Ernst Troeltsch，1865—1925)所著《历史主义与他的问题》(*Der Historismus und Seine Probleme*，一九二二年初版，p. 772)、梅立思教授(Prof. G. Menlis)所著《历史哲学教科书》(*Lehrbuch der Geschichtsphilosophie*，一九一五年本，专研究黎卡特的历史哲学)、史奈德教授(Prof. Herm. Schneider)所著《历史哲学》(*Philosophie der Geschichte*，1923，2 Bändchen “Jedermanns Bücherei”)等书，所举已不下十数派。同属一派，各家见仁见智此轻彼重的小小出入，更不胜指数，此处势难专详。历史哲学自成一科，虽介居历史与哲学之间，然终属接近哲学。所以一般哲学家如海格耳、黎卡特等，多喜欢兼谈历史哲学。而志在记述事实的历史家，对于历史哲学，虽各有已见，实际上反少有长篇著述。现在也只就班海穆教授在《历史学概论》中所举各派，参考他书，撮述梗概。若想对全部的历史哲学，或历史哲学的派别，有一个明白的概念，须待专书论述，并且这是专家的责任。

---

① 本节所举各书外，通论历史哲学的书，尚有布劳恩(O. Braun)的《历史哲学》，1913，见迈斯特《历史学纲领》；林德奈(Th. Lindner)的《历史哲学》，1921，为所著《世界史》(十厚册)的导言；萨维奇(F. Sawicki)的《历史哲学》，1922，见鲍木克(Baeumker)出版的《哲学丛书》；黎卡特、西梅耳(G. Simmel)与昂得立斯(J. Endres)各著有《历史哲学的问题》(*Die Probleme der Geschichtsphilosophie*，黎书第三版1924，西梅耳书第五版1923，萨书1922)，已近于独伸己见。余详各段中所举各参考书。

第一章　二元论或神权政治的历史观 (Die dualistische oder theokratische Geschichtsanschauung)

这一派的历史观，仍以从前天主教（Katholik，旧教）与耶稣教（Protestant，新教）的传统思想为根据，由这派论据去观察人类历史的成因。他们主张"天国"与"尘世"对峙，所以被称为二元论的历史观。又因为他们的目的在宣扬宗教完全神权政治的理想，所以又叫做神权政治的历史观。同是宣扬宗教，又有天主教与耶稣教的区别，故又可称为天主教的或耶稣教的世界观。欧洲旧有的思想系统，旧日的传统思想，在现代思想界还有相当势力的，要推此派。

欧洲"二元论历史观"的创立人，是圣僧奥古斯丁（St. Augustinus，原名 Aurelius Augustinus，353—430）。奥古斯丁为耶教著名"教父"之一，名著《天国二十二篇》（*Zweiundzwanzig Bücher vom Gottesstaat* = *De Civitate Dei*），作于西历四一三年到四二六年之间，可以说是这一派历史观的创立和存在的根据。原书的大意是说，世界的构成，由两种东西互相对峙，"善"与"恶"对峙，"魔鬼"与"天使"对峙，尘世与天堂对峙，由此区分一切有情，一切存在为两个世界，就是"上帝的世界"（神灵的天下，das Gottesreich），与"魔鬼的世界"（恶魔的天下，das Teufelsreich）。恶是善的死对头，魔鬼是上帝的死对头。魔鬼世界的由来：由于全美而庄严的天使鲁西斐（Lucifer）离开上帝，坠入魔道。由于罪恶横流，和该隐（Kain）杀了他的弟弟亚伯（Abel）（见《创世纪》第四章），因此罪恶蔓延，流布人世。耶稣基督在人世宣扬福音，创立天国（教会），救济世人。从此善恶决斗，至天国战胜魔鬼的世界为止。

照奥古斯丁的见解，善即是信仰基督，归心耶教。凡是信仰基督，经过基督教教义训导过的，就是善的。反之即是眷恋魔道，即是怙恶。世界本身不是恶的，但是世界若不受基督教教义的光明照临，即是恶的。依据这种公式，即形成中世纪的国家观。国家本身没有罪恶，国家有了威权，滥用威权，不遵从上帝的意旨，即造成种种的罪恶。

奥古斯丁的历史观，简单说就是归纳人事界的历史事实，建立一种一贯的理论，而归结于个人宗教救世的世界观。善恶争斗的历史，是人类的历史，这是他的理论。结果善的战胜恶的，这是他的历史哲学，也是他的世界观，这一点是神权政治历史观一派的中心思想。他们认定人事界所有一切的历史关系，都是善恶争斗，结果善的战胜恶的。奥古斯丁一派的学说，在欧洲历史上很有势力，曾支配欧洲自中世纪以后，直到近代的思想界。到进化论发生，适者生存一类的学说推行，才渐渐打破宗教独善的偏见。

奥古斯丁理想中的善，即是基督。所以他所说的“善是主宰者”，自然就等于“基督教是主宰者”，“善战胜一切罪恶”，自然也就是想拿基督教义去感化全世界。后来基督教势力澎涨，教皇位在君主皇帝之上，即由于奥古斯丁一派的主张。中古期教皇与皇帝争权，也以这一派的思想为发动的枢纽。

还有一点，奥古斯丁幼年曾习摩尼教，他的善恶二元论，既和其他一切二元论，如光明与黑暗、善与恶之类，貌异神似，与近东光明与黑暗的二元哲学尤有密切的关系。

耶稣教(新教)的历史观，对于奥古斯丁的历史见解，更是全盘承受，一致尊崇。因为倡言改教的马丁·路德(Martin Luther，1483—1546)反对旧教的口号，即是复古，主张恢复到奥古斯丁时代的状态。他反对的目标是教会中自奥古斯丁以后，种种违背古制的变更。新教不承认教皇，不认教皇是人世间上帝威权的代表者。他们的主旨是教皇是代上帝教化人民，不是来治理人民。教与政应当分离，君主应当握有国家政权，为一国的统治者。因此自马丁·路德倡言以后，旧日“政权应归君主”，“君主是人间代表上帝的统治者”的学说，顿见重要，中世纪君主与教皇的争执至此完全告终。教皇退出政治以外，因而才有欧洲近代各国对峙的新形势。

新教拥护国家(君王),旧教服从教会(教皇),在历史上看起来,新教的政治见解,比旧教的神学理论,对历史的演进,意义更为重大。但是就理论上看起来,都仍是二元论,都主张魔鬼与上帝对峙,善与恶对峙,天国与尘世对峙,尘世间的罪恶只有宗教可以救济。

欧洲通行的历史观,上古期希腊、罗马时代,历史学者像杜屈底得斯(Thucydides)、塔西土斯(Tacitus)等,没有浓厚的宗教色彩,可以说有些近于启明时代的人本主义。到基督教兴起以后,日耳曼人的罗马时代,即开始变为神权政治。历经中世纪,直到近代,遂演成一种传统的神权政治的历史观。这一派虽经启明时代启明派的哲学家(Aufklärungsphilasophen)痛加攻击,但根深蒂固,到现在,在欧洲史学界犹有势力。因为欧洲中世纪的历史,是一部教皇与君主争权的消长和演变的历史,想了解中世纪的历史,即须先了解当时君主与教皇争权的种种理论,和彼此钩心斗角的内幕关系。所以神权政治的历史观,对欧洲的历史极为重要,特别是中古史和中古以后的政治的历史。

这一派的历史观,志在"救世济人",承认善恶争斗,善的战胜恶的,历史的终极,是"善"的(合理的)主宰世界。因此这一派不但在欧洲,即在世界上还拥有一部分雄厚的势力,罗马瓦梯坎(Vatikan)的教皇仍能指挥世界上的天主教徒。学者像德国著述宏富的哲学家神学家高迦顿(F. Gogarten,1887—)仍持"上帝"与"人世"、"理想的善"(上帝,即信仰)与"实际的不善"(魔鬼,即人欲)互相冲突的理论。一九二六年高迦顿著成一部《我仍相信三位一体的上帝》(*Ich glaube an den dreieinigen Gott*, 1926,S. 211),仍大替这一派张目,大有继续繁荣的趋势。

第二章　人本主义哲学的历史观

欧洲中世纪与近世纪，精神方面最显著的分野，即是：中世纪宗教当道，一切以“神”为中心。近世纪，自十四世纪文艺复兴，希腊入世思想复活，一切以“人”为中心。因此历史家称当时这般复古维新的学者为人本主义者，称这种运动为人本主义的运动，称这种主张为人本主义(Humanismus)。以“人”为主，不但是欧洲中世纪与近代的分野，也是人类世界史上一种重大的发见。

人本主义哲学(Humanitaets Philosophie)比较更属后起。班海穆教授在《历史学概论》所举的人本主义哲学的历史观，则始于十八世纪下半纪，德国的学者海德儿(J. G. Herder, 1744—1804)，一七八四到一七八七年之间，海德儿发表一书，名《人类历史哲学的观念》(*Ideen zur Philosophie der Geschichte der Menschheit*)，表示他所怀抱的人本哲学的历史观，大旨如下：

人类的进化，与自然的进化，和地球、天体、植物等的进化一样，遵循同样的定律和同样的条件，各秉自然的赋与，进化不息。因为人类为万物之灵，是“上帝的助理人”(Gehilfe Gottes)，受自然的赋与特别丰厚，具有精密的创造力。因此进化的速度更超越一切，为他物所不能及。人类能与自然的环境相适应，假若内部所秉受的能力与外部的发展可能(环境)能继续演进，所有的理想都可如愿相偿。不过自然赋与人类进化的可能性，不是各个人各民族彼此相同，或同时都可一样做到的。因此各民族即不免各本自然的赋予，在可能之下，分道扬镳，各自向前发展。因此各有各的特性，各有各的文化。但是人种所有的天赋和本性彼此共通，无论是黑人或他种最聪明的人，在人种上虽各不相同,但是就各种不同的文化上,或是体质上看起来,仍有共同的特征,共有的通性。这种共通的特征与通性,即是人类天赋一致、精神一致的表现。海德儿叫这种"共通性"为"人本"(Humanitaet)。他的这种观察为人本哲学。照海德儿的推测,人类历史进化的目的,即是逐渐扩大这种共通性,逐渐完成这种人本精神的①。

此外海德儿又注意到破坏是进步的过渡,进化即是从两种东西的互相对抗而生的,不但推翻上边所说的神权政治的历史观,并否认其他文化衰落和民族衰老的议论。海德儿曾推论人本精神的终极,是真理、真善、自由和亲爱的实现②。这一点也仍是现在欧洲自由主义的学者所当常想望的。因此人本哲学的历史观,在现代的欧洲史学界仍有一部分的努力。

海德儿以外,属于人本主义哲学历史观的学者,据班海穆《历史学概论》(四十四面以下)所引,尚有两大家:一是德国十九世纪初期政治家而兼学者胡保耳提(Wilhelm von Humboldt,1767—1835),一个是十九世纪下半纪的哲学家劳慈(R. Herman Lotze,1817—1881)。

胡保耳提把历史看作是"人类最高观念的实现",代表他的历史观的名著,为《论历史家的职务》(*Über die Aufgaben des Geschichtsschreibers*, Abh. d. Ak. 1820/1821,单印本,1920)。劳慈本海德儿的学说,略加修正。他的历史观是说人类本着天赋的知能,进化不息,是多方面的,不仅受自然环境的影响,也接受各时代文化关系的影响。劳慈的主张欲兼容"观念主义"与"唯物主义",打算取长补短,另成一种折衷的学说。在他的心目中,观念主义与唯物主义都是各有偏见的。代表他的历史观的名著是《小的宇宙:自然史与人类史的观念》(*Mikrokosmus, Ideen zur Naturgeschichte und Geschichte der Menschheit*, 1856—1865)。我们若是可以拿《历史学概论》讨论历史观的态度,代表班海穆教授的历史观,班海穆即是赞成劳慈的主张的。

---

① 采自《历史学概论》,1926,p. 44,兼参考海德儿氏原书。

② 引见布劳恩(Otto Braun)的《历史哲学》(*Geschichtsphilosophie*),一九二三年。见迈斯特《历史学的纲领》,Band Ⅰ,Abtlg. 6,p. 48,兼参用海德儿氏原书。

第三章　唯物的历史观(Die materialistische Geschichtsanschauung)

十八世纪以后,西欧各国,无论是对于哲学,对于自然科学,和对于政治与社会,各方面的见解,都集中于"宇宙间自然现象因果关系统一"的说明,一时风气所趋,大家都侈言物质文明,盛称机械的进步。大家过于倾向物质了,结果即不免生出极端的偏见。因此就有人倡议说:"人事界的现象,也和无机物的世界一样,同一受机械定律的支配。"人类也不过是由"一种机械的力量"造成,自然也像机械一般,对外界的影响起反应作用。首倡这种学说的是法国的哲学家拉梅特立(Julien de Lamettrie,1709—1751)曾著《机械的人》(*L'homme la Machine*, Leiden,1748初版)一书,阐明这种道理,说"人"也不过就是一种变象的机械。

其次还有一种风气,就是大家都不再相信世界归上帝主宰了,都以为人类初期天性良善,上天赋予自由,因此择邻聚处,相辅共居,大家联结起来,结成良善的社会,以便共生共荣。这种见解的代表人,是法国的学者卢梭(J. J. Rousseau,1712—1778)。他的名著《民约论》(*Le Contract Social*),就是代表当时这种思潮的。

将这两种学说(机械论与民约论)合笼起来,应用到解释人类历史的演进,即发生一种唯物的历史哲学。因此唯物的历史哲学,派别虽有不同,却独能保持下边的两种特点:

a. 综合的,以"群体"与"共同性"为人类社会演进的主体。所以"民族"、"职业"、"阶级"、"身份"(Stand)等,在注重唯物历史观的学者看起来,都是历史演化的重心。

b. 机械的，相信机械支配人类的思想。以为人类历史的演进，同样受机械式的定律的驱使，和无机界的自然现象相似。

班海穆教授与斐德儿教授（原书 p.326 以下）又分唯物的历史观为两大派：一为生物学的唯物史观（Der biologische Materialismus，即生物的唯物主义），一为经济的唯物史观（Der Ökonomische Materialismus，即经济的唯物主义）。

A. 生物学的唯物史观

这一派以达尔文的进化论（Entwicklungslehre）为主，应用达尔文的生物进化学说，说明人类社会的进化。比方说，“竞争生存”（kampf ums dasein = struggle for life）、“天然淘汰”（der natuerlichen auslese = natural selection）、“精神与体质两方面特性的遗传”（Vererbung koerperlicher und geistiger Eigenschaften）和“环境的适应”……等定律，是解释生物进化的法则，也是解释人类历史、政治、社会进化的法则。代表这一派的学者，有下列诸家：

1. 海耳瓦十德（Friedrich v. Hellwald，1842—1892），他的名著为《文化史到现代之自然的进化》（*Kulturgeschichte in Ihrer Natuerlichen Entwicklung bis Gegenwart*，1875）。

2. 锡克（Otto Seeck，1850——1920），代表的著作为《旧世界衰落的历史》（*Geschichte des Untergangs der Antiken Welt*，6 Bde.，1894—1920）。

照锡克的见解，罗马的衰落，全为物质的关系。具体说，即是因为日耳曼人生理方面、体质方面，都比罗马人强悍壮大的原故，两种民族相遇，疲弱的罗马民族，是不能与强悍新起的日耳曼民族竞争的。

B. 经济的唯物史观

这一派学说创始于德人喀尔·马克思（Karl Marx，1818—1883）和昂格耳斯（Friedrich Engels，1820—1895）。后来更由德、法社会民主党诸领袖北贝耳（A. Bebel，1840—1913）、拉法克（P. Lafarque，1840—1913）、考次基（Karl Kautsky，1854—　）等的扩大和宣传，而盛行于欧战前后的德、奥、法、比等国。他们的推理方法（Denkmethode）采自大哲学家海格耳（F. Hegel，1770—1831）氏的“辩证法”

(Dialektik,或译对演法),大旨:由"正"(These)"反"(Antithese)"合"(Synthese)两种矛盾的内在的运动,起伏推动,递相推演。由正生反,由反生合。合变为正,正后引反。……作为万事并进和演变的公式。经济的唯物史观的要点,是把物质的生产关系,看作一切社会现象、历史事变变动的主因。物质生产关系,好比算学的公式,在这种公式之下,人类用机械的方法,将自然的原料制成物品。在这种公式之下,将生产的物品加以分配,加以消费。总括一句,一切人事,皆由生产关系决定。人类的生存,及其他科学、宗教、哲学、法律、政治、社会的关系,都受生产关系的支配。生产关系的改变(如昔为手工,今用机器之类),一切关系都跟着改变。所以"用手磨麦的社会,它的风俗、制度是封建的、宗法的;用机器磨麦的社会,它的风俗、制度是资本主义的。"生产的关系变了,文化与社会的关系仍然照旧,这种文化与社会的关系一定崩溃,直到它们演变到适合新的生产关系时为止。经济是一切文化的创造者,历史的演变全以经济的生产关系为转移。由生产关系而生阶级的争斗,所以人类的历史只不过是阶级争斗的历史。

主张经济的唯物史观的学者,因为相信物质,相信阶级争斗,所以拿阶级为历史演进的扮演者,而常常轻视英雄与大人物。照他们的见解,惟时势能造英雄,英雄却不能违反时势。普通历史上所说的大人物,是一般唯物史观者所不承认的。

简单的批评:经济的唯物史观派过于重视物质,把人事间一切关系看的太过简单,所以推理与预言不但不符,而且有时相反。比方,工人只注意改善自身的地位,不尽想掌握政权。唱阶级争斗的人,自身却大部分不是无产阶级。工业落后的国家,工人与农人间利害冲突无法调协等等,都是最明显的事实。学说本是时代的产物。因此自马克思死后,不久即发生班史太因(Ed. Bernstein,1850—1932)一般人的修正论。同时德国的经济学者像施毛勒(G. V. Schmoller,1828—1917)、狄耳,历史哲学家像巴儿特、布来济喜,历史家像得耳布吕克(H. Delbrüch,1848—1929)等,也都有很具体很详尽的批评。[以上采自《历史学概论》pp. 24-26,《历史研究入门》pp. 71-76。关于经济唯物史观的名著,除马克思的《资本论》(*Das Kapital*, *volksausg be*, 1914—

1929，4 Bde.)等以外，以昂格耳斯、考次基诸人的著作为较佳。考次基新著《唯物的历史观》(*Die Materialistische Geschichtsauffassung*，2 Bde.，1929，2 Aufli 或《唯物的历史解释》)，更是这一派的巨作。批评这一派的著作，据所知当推图来耳赤的《历史主义与他的问题》(1924，pp. 372 - 375)、巴儿特的《把历史哲学当作社会学》(pp. 622 - 668)，和狄耳教授(Prof. Kare Diehl)的《评社会主义共产主义与无政府主义》(*Über Sozialismus*，*Kommunismus und Anarchismus*，5 A.，1926)诸书。自莫索里尼执政，唱自尊、复兴、爱国的法西斯主义以后，评击唯物史观的著作，更不胜枚举。1933 正月，德国自赫忒勒(Adolf Hitler，1889—)当国以后，取消一切政党，唯物史观在它的发祥地盛极而衰，竟被根本铲除，反对的著作更如雨后春笋。但学理方面的反对论，仍以上列诸书为透彻合理。]

第四章　实证主义的历史观(Die Geschichtsanschauung des Positivismus)

这一派的历史观，以法国学者孔德(Auguste Comte，1798—1857)的实证哲学为出发点，所以也可说这一派是孔德建立的。孔德著《实证哲学讲义》(*Cour de Philosophie Positive*)，成于一八三七年到四二年，共六厚册，包罗宏富，为孔氏最要的著作，实证主义也即以此书为建立的根据。简单说，“实证主义与唯物主义相近，但原则上却不是唯物主义”(《历史学概论》p. 26)。

A. 实证哲学的要点，大致如下：

上帝与超世间的玄学，都不是用实证的方法可以了解的。反之世界上的实物仅用哲学的想像与观念，也不能立满意的说明。因此人类必须亲知实证，再用精确的科学方法作补助，才可对世界上的实物，和实物的定律，有所真知。所以班海穆又说：“实证主义不是空想的哲学，而是一种精确的科学(exakte wissenschaft)。”

因此孔德用亲知实证，及精确的科学方法研究的结果，将人类的思想方式，在历史进化的历程上，区分为下列三个阶段：

第一期：神权时代。在这个时代的人类，思想及思想的方式是神学的，一切以神权为主，用超自然的神权，去解释宇宙间的一切自然现象。社会中以巫、祝、卜为指导者，奉天承运的君主支配一切。

第二期：玄学时代。在这个时代的人类思想，及思想的方式是玄学的或抽象的，一切以玄想为宗，用观念的或玄学的方法去解释宇宙，阐明真理。这时期社会上的指导人是教主、玄学博士、理学大家。

第三期：实证时代。一切以实证为主，用实验的方法去认识真理，去解释人类社会（历史包括在内）演进的现象。这时期历史的扮演者为技士、科学家、银行老板、工业家。

B. 孔德实证哲学对史学界的影响。孔德的实证哲学发表以后，经英、法学者像穆勒（John Stuart Mill）、斯宾塞（Herbert Spencer）、戴恩（Hippolyte Taine）等的称扬，风行一时，史学界亦大受其影响。自十九世纪下半纪，直到现在的文化史家与社会史家者，都喜欢拿实证主义作论据，解释人类文化和社会的演化。又因为他们中间有一派喜欢把人类文化的演化，分为各种时期，如神权时期、玄学时期、实证时期，或神治时代、人治时代、法治时代等等。他们喜欢分人类的文化为各种“阶段”（Stufe），因此又得“阶段说”（Stufenbau）的称号。

C. 属于实证哲学历史观一派的史学家，有下列几派：

a. 巴客来（H. Th. Buckle，1822—1862）。巴客来的名著，为《英国文明史》（*History of Civilization in England*，1857—1861，出版不全，德文有 A. Rueg 等的翻译）。照巴客来的见解，想知道某一时代的特点，唯一的方法是从某一时代的哲学下手，知道了某时代的思想方式，方可认识那一个时代。巴客来的主旨，即在从观察社会现象，与社会的统计报告，以求得历史进化的定律。巴客来认统计数目字所指示人类生活的真确，和自然科学上的数目字一样，而自以为是可以从这些有规律的指示，求得历史进化的定律的。

b. 戴恩（H. Taine，1828—1893）。戴恩是法国著名的历史家和哲学家，初以哲学、文学名家，一八七一年普法战后乃发愤著述历史。他的名著有《英国的文学史》（*Histoire De La Littérature Anglaise*，1874. 德文译本，1877—1878）、《艺术的哲学》（*Philosophie de l'art*，1895）、《现代法国的由来》（*Les Origines de la France Contemporaine*，第一本 1875，未全）等。照戴恩的意思，种族、时间、环境三者是历史构成的主因，将这三者每刹那间的演进合起来，即可以说明每个民族的活动与历史进化的程序。

c. 鲍斗（Henri Bourdeau）名著为《历史与历史家》（*L'Histoire Et Les Historiens*，1888），也主张拿统计的数目字，用统计的格式，表示一

切历史的实事。

d. 蓝浦瑞喜提(Karl Lamprecht，1856—1915)是近代德国著名的文化史家，名著为《德意志史》(*Deutsche Geschichte*，19 Bde.，1891—1903)，和多种关于文化史的论文与专著。他既是孔德实证哲学的信徒，又很受德国心理学大家翁特(W. Wundt，1832—1920)民众心理学说的影响，因此拿社会心理(Sozial Psychologic)的转变，作为历史演进的重心。划分人类文化演进的经过为六个时期，他以为每个时代在进化的过程中，能特别令人感到甲时代与乙时代的不同。这种不同的感觉的发生，即是因为甲乙两个时代，一般社会心理有特异的和不同的表现的缘故。历史学者应从社会心理表现的不同去认识时代。他的时代区分论，是由德意志的历史归纳而来，也即是他著《德意志史》的根据。照他的推论，一切民族的历史都是可以这样区分的。因为蓝浦瑞喜提和他的门徒，注重拿社会心理去解释历史，鲍瓦教授就叫他们的历史观为"社会心理的历史观"(Sozialpsychologische Geschichtsauffassuug)(《历史研究入门》pp. 61－62)，称蓝浦瑞喜提代表的这一派，为"社会心理的历史观派"。

蓝浦瑞喜提又说：每一时代中，"精神"与"物质"两方面演变的起伏彼此一致。比方第一期草昧时期，精神方面为"灵魂主义"，物质方面即为"群体占有经济时代"。思想方面是迷信混沌，财产物品方面为一部分人公有，个人间的界限彼此不清。到了第六期，"主观的个人主义"发达，物质方面即成为"个人货币经济时代"。他划分德国史的时期如下：

	精神方面的表现	物质方面的表现
第一期	灵魂主义(草昧时期)	群体占有经济时代
第二期	象征主义(自草昧时期到900)	个人占有经济时代
第三期	模型主义(900—1200)	乡社自然经济(以物交易)时代
第四期	传袭主义(1200—1400)	地主自然经济时代
第五期	个人主义(1400—1750)	公司货币经济时代
第六期	主观的个人主义(1750—1900)	个人货币经济时代

照蓝浦瑞喜提的意思，德国历史可划分这些时代，其他民族的历史也可分为这些时代。虽然各民族的进化有迟有速，开化有先有后，彼此各异，但变迁演进之迹大致应是如此。

蓝浦瑞喜提的历史观侧重文化方面，因此很受普鲁士正统派侧重政治方面的历史家的攻击。历史以政治的具体因革为重心呢？抑以宽泛被动的文化为重心呢？双方争辩，各持一说，成了二十世纪左右二十年间(1891—1912)辩论的焦点。代表普鲁士学派攻击蓝氏的有色费尔(D. Schaefer)、毕娄(G. v. Below)、欣彩(O. Hinze)诸人，帮助蓝浦瑞喜提和调和观战的人也不在少数。赛费提博士(Dr. F. Seifert)曾汇集各方意见，著成一书，名《关于蓝浦瑞喜提历史哲学的争议》(*Der Streit um Karl Lamprechts Geschichtsphilosophie*, p. 78，1925)，详述此事。

此外同以讲“阶段说”(Stufenbau)受现代欧洲史学界称道的，又有两人：一个是义大利的哲学家维考(Giambattista Vico，1668—1744)，一个是现在柏林大学史学系的历史哲学教授布莱济喜(K. Breysig)。

e. 维考。维考也分各民族进化的过程为三个时期：第一神权时期(die göttliche Zeit)，第二英雄时期(die herolsche Zeit)，第三人本时期(die humanische Zeit)。因为这个缘故，人类的感情，初期是勉强，后来由勉强变为习惯，由习惯而感到安逸，可是由安逸而奢侈、放荡，趋于衰败。人类的性质也是这样，草昧时期是生野刚强，进而为和善柔顺，终至怯弱萎靡。在这三个时期中，不但人的感情性质各异，即是社会间的道德标准、权利义务的认识，也都彼此不同。

维考的著作、学说，据布莱济喜教授所说，欧洲一般学者，除少数人外，研究尚未精密。因此他曾帮助培太尔斯博士(Dr. Richard Peters，布莱济喜的学生)专往义大利尼雅浦耳(Neapel，维考生地，文稿等藏该城图书馆)，详加研究，著成一书，名《维考氏世界的构造》(*Die Aufbau der Weltgeschichte bei Giambattlista Vico*，1929，S. 232)，对于维考的历史哲学叙述的很详细。

f. 布莱济喜。柏林大学历史系的主任、正教授和普鲁士的档案馆馆长等，向来是普鲁士正统历史派的大本营。自栾克（L. v. Ranke, 1795—1886）大师起，历任的正教授、主任、馆长，像杜瑞荪（J. G. Droysen，1808—1884）、徐贝耳（H. v. Sybel，1817—1895）、图来赤克（H. v. Treitschke，1834—1896），一直到近年刚死的色费儿（D. Schaefer，1845—1929）及现在的三位主任迈乃克（F. Meinecke）、哈同（F. Hartung）与布拉克曼（A. Brackmann），都是普鲁士派的中坚人物。他们的历史观，简单说，集中在政治的演变，以政治为主，以文化与社会为辅。他们在史学界向来所受的批评，是工作审密，而见解则不甚高明。他们对于文化的认识，和蓝浦瑞喜提一派立于反对的地位。柏林大学史学系的正教授，唯有讲文化史与历史哲学的布莱济喜教授接近蓝浦瑞喜提派。

布莱济喜区分各民族历史演化时过程也为六个时期，即草昧时期、上古时期、前中古期、后中古期、近世时期、最近世时期。从前的希腊、罗马，和现在日耳曼民族的历史，都有过这样的六个时期。布莱济喜又从六个时期中，归纳成三十五条历史定律。各民族间彼此发育与成熟，虽各不相同，但这些“三十五条历史定律”，在历史上是常常复现的。教授著作丰富，曾著《人类文化史》（已出四册，尚未完）与《论历史的演变》（*Vom geschichtlichen Werden*，1926—1929，已出三册）。[关于上述学说，详见他所著的《世界史的结构与定律》（*Der Stufenbau und Gesetze der Weltgeschichte*），1905 初版，1927 再版。历史定律见原书 pp. 158-189。]

文化史在历史研究中发达较迟，近五十年来欧洲文化史运动的扩大，考古研今，更是普通史（政治史）发达以后的现象。第一期的历史家，大都注意在辨别真伪，努力事实的记载，自然先注意到政治的因革、政权的转移。后来研究进步，记载详明，大家才感觉到政治制度的因革和政权的转移也不是孤立的，对于经济的盈绌、民生的厚薄、社会心理的好恶，都有直接的关系。因为这个缘故，有些历史家才更进一步，丢开局部的或个人的事实（政府的、君主的），去研究全部的或群体的事实（文化的、社会的）。

第五章　康德以后德国正统派哲学的历史观

德国大哲学家康德（Immanuel Kant，1724—1804）在哲学界的贡献，可比天文学界的哥白尼（Kopernikus），影响远大，直有决定后来哲学发达趋向的力量。名著三大批评：《纯粹理性批评》、《实践理性批评》与《判断力批评》，尤为传世不朽的著作。就中《纯粹理性批评》一书，推翻弥漫哲学界的形而上学，使后来哲学界从探想实体转而为知识的研究。这是康德伟大的所在，也是后来康德派繁荣的根基。因为康德的伟大，使康德派的哲学成为德国哲学的正统派。自康德以后，德国正统哲学家的历史观，也成为德国普鲁士正统历史派的历史哲学。

康德以后，德国正统哲学的历史观，大致以裴希特（J. G. Fichte，1762—1814）、先令（F. G. J. Schelling，1775—1854）、海格耳（F. Hegel，1770—1831）诸大家的哲学思想为基础，势力雄厚，不但在哲学方面据有正统的地位，且进而左右德国的史学界。关于这派的历史哲学，名家既多，名著更不胜详举。单就普鲁士历史派所常常讨论辩难的问题，像"观念论"（Ideenlehre）、"国家的评价"（Bewertung des Staats，国家观）、"个性的评价"（Bewertung der Individuen，个性观）等，是哲学上的问题，也是历史哲学方面的问题；其次"进化原理的统一"问题、"个人对国家的关系"问题、"一民族对全人类进化的关系"问题、历史上所说的"自由"（Freiheit）和"必然性"（Notwendigkeit）的意义等问题，也都在考究之列。关于这些问题，都不是三言两语所可概括说明的。现在只就班海穆教授《历史学概论》（pp. 30 - 32）与鲍瓦教授《历史研究入门》（p. 60 以下）所说康德、海格耳、栾克三家的历史观，参考布劳恩（Prof. Otto

Braun)所著《历史哲学》(*Geschichtsphilosophie*)[①],稍提示一二,以见这一派观察历史的大概。

A. 康德

据门才儿教授(Prof. P. Menzer)所说,康德在中年以后,即已有了一种固定的历史哲学[②]。康德专讲历史哲学的著作,除散见于他的重要著作以外,据布劳恩的意见,即有下列几种:

1.《世界公民见解的一种历史观念》(*Idee zu einer allgemeinen Geschichte in Weltbürgerlicher Absicht*),作于一七八四年。

2.《评海德儿人类历史的观念》(*Rezensionen von J. G. Herders Ideen zur Philosophie der Geschichte der Menschheit*),作于一七八五年。

3.《人类历史开始的臆测》(*Mutmasslicher Anfang der Menschen Geschichte*),作于一八七六年。

4.《永久和平论》(*Zum ewigen Frieden*),作于一七九八年。

康德的历史观大意是说:人类自出世以后,即与自然分离,立于对峙的地位。因为天性是二元(Dualität),所以不能保持原始一致的状态。又因秉赋智慧,所以能创造文化。但由此快乐与忧患,竞争不已。人类必须运用理智,减除忧患。所以历史最终的目的,须是由世界各地秉正谊与自由,实行一种公正美满的宪法,各不争斗,由国际间的盟好,达到久平的和平。布劳恩与班海穆的原书中即详细指示康德的这种思想。

历史的立脚点在什么地方呢?(Wie ist Geschichtemoeglich?),康德的答案是:有规律的现象,我们叫做历史。他的立脚点只有这样是可能的,即是他的最后的目的不在个体而在全体,由本能的彼此对抗,到本能的互相调和,更进而彼此独立,进步即由此而生。人类想望

---

① 布劳恩为 Münster 大学教授,所著《历史哲学》为迈斯特主编的《历史学纲领》的一种(Band Ⅰ, Abteilung 6),一九二三年第三版,大版小字,共三十一页,原书与迈斯特的《历史方法纲领》合为一本。

② 见门才儿所著《康德的学说在自然与历史方面的进化》(*Kants Lehre von der Entwicklung in Natur und Geschichte*),一九一一年,p. 301。引见布劳恩的《历史哲学》p. 48,此段兼参用上述康德的原著作。

的是一致，但是自然主宰其间，若有成算，所安排的却常常是互相矛盾。自然对于现象，早已蕴藏了一种潜在的计划。这种计划安排停当，使人类照着这个计划向前进化①。这是布劳恩在他的《历史哲学》中所指出的康德的历史观。

所谓意欲的自由与个人的行为，在全体上能不能使世界史成为一种有规律的演进呢？康德的答案：世界史成为一种有规律的演进，只有这样是可能的，即是人类要自动的遵守秩序，奉行维持国家秩序的法律。因为人类自动的遵守秩序，奉行法律，同时个人才有最大自由的可能，必要的全体的规律才可以建立②。这又是班海穆在《历史学概论》所指出的"康德的历史观"。

傅兰德教授(Prof. K. Vorländer)说的好："康德不是历史家，也没有当历史家的念头。所以他对历史所问的问题，都是关于认识的、批评的、哲学方面的问题。他所注意的，可以说只是'历史对于人类关系的最初开始，和最终的目的'。"③总之，康德的历史观，很受当时天赋人权论(naturrechtliche Theorie)的影响。但康德是特出的哲学家，有许多见解已超过他所生的时代。他并不是近代历史观的大师，像孔德、马克思一样。德国史学家推崇康德，说康德如何观察历史，实因为康德在全部的哲学上有伟大的贡献的缘故。

B. 海格耳

海格耳的世界观与历史观，统以历史上的"客观的合理"(Objektive Vernunft)为主。他的主要的结论，即是用进化的理论作论据，去判断所有的事实。照他的说法：凡是已有的，都是"对"的。历史上的事迹，无一件没有发生的原因，也无一件没有背影。史事的发动于外，各有理由。"对的"，简单说即是有道理的。他的历史观，详见他所著的《世界历史哲学讲义》(*Vorlesungen über die Philosophie der Weltgeschichte*)，大致运用他的辩证法(dialektischen Methode，对演

① 采自布劳恩的《历史哲学》第九"观念主义、古典主义与浪漫主义"，《历史学纲领》pp. 48-49.

② 《历史学概论》，1926，pp. 30-31.

③ 见傅兰德的《通俗哲学史》(*Volkstuemliche Geschichte der Philosophie*)，2A.，1922，p. 222.

法），去推究世界史的进化。照他的辩证法推论的结果，“世界史最终的目的，在完成自由的实现”。所以他说“世界史是自由的觉悟的进步”(bie Weltgeschichte ist der Fortschritt in Bewussein der Freiheit)。就完成自由的实现这一点，去观察世界史，古代的东方只有“一人”有自由（君主），希腊、罗马只有少数人（贵族）得到自由，到耶稣教兴起后，才第一次确定一种原则“一切人都应得到自由”(alle frei sein ollen)。这种原则，是从日耳曼民族起，才渐渐实现的[①]。

海格耳的世界进化的系统，是“观念(Idee)自身的进化”，从不自由的天然状态，进化到自由的觉悟的状态。这种进化的过程，照上边所说，在世界史上曾经过三个主要的时代(drei Haupt epochen)：

第一，“民族的精神”与“个性的意志”，对于“自由”没有觉悟。在这样时代，这种状态下的民族，比方东方的各民族。

第二，“民族的精神”与“个性的意志”，对于“自由”部分的逐渐的觉悟。在这样时代，在这种状态下的民族，比方从前的希腊人与罗马人。

第三，“民族的精神”与“个性的意志”，对于“自由”完全觉悟。在这样时代，这种状态下的民族，比方信耶教的日耳曼民族。（详班海穆《历史学概论》，1926 年，p.31 以下）

C. 栾克

历史学大家栾克，承袭德国观念主义(Idealismus)的哲学思想，曾建立一种观念论的历史观，他与杜瑞荪是普鲁士历史派的创始人。他的著作和学说，即以德国正统派“观念主义的历史哲学”为根据，传诸门徒和门徒的门徒，辗转皈依，即渐渐笼罩德国的史学界。因此德国各大学或专门学校的历史教授，凡是不另树他帜，以实际历史家(praktischer Historiker)自命的，差不多全是属于观念主义派。

栾克的历史观，除散见于各种历史名著以外，大致表现于他所著的《论新历史的时代》(*Über die Epochen der neueren Geschichte*)。栾克的历史观虽属观念主义派，自然也有他自己的卓见，所以费特儿(Ed. Fueter)说：栾克的观念论(Ideenlehre)，以观察现在的时代为出发点，

---

① 见布劳恩《历史哲学》pp. 54-55，此段兼采用 G. Lasson 本海格耳的《历史哲学》。

从观察现时代，认识观念。他以为各种观念（Ideen），是蕴含在实物中间的，只有从观察实物作起，方能对各种观念有所认识。比方历史上的大人物，大人物自身既是代表一种观念，并且能使一种观念见诸实行。所以打算认识一种观念，也有一个统一的表现。但栾克推求这种统一的表现，不仅运用哲学的想像，而根据研究历史的经验。从历史的经验上，注意观念的表现。所以他曾说：

> 我以为领导时代的观念，无他，即是每个世纪流行的各种思潮（Tendenzen，趋势）。这些思潮只可说明，不是仅用名辞所可概括的。历史家只分析这些各世纪的主要的思潮，并且从记述人类历史中，表现什么是这些思潮。

栾克虽受德国正统派观念主义哲学的影响，但仍注意观察现在的时代，而不至离开历史家忠于事实的本分。所以布劳恩说："栾克虽是个观念论者，也是一个实在论者（Realist）和经验论者（Empiriker）。"①

D. 新康德派（Neukantianer）

新康德派人材济济，名家甚多。据一般学者的评论，新康德派又可分为四例支系：

1. 心理学派（psychologische Schule），以海木好耳次（H. Helmholtz，1831—1894）、黎耳（A. Riehl，1844—1925）、翁德（W. Wundt，1832—1920）诸人为代表。

2. 超越学派（transcerdentale Schule），以寇痕（H. Cohen，1842—1918）、那陶朴（P. Natorp）、喀西儿（E. Cassiper）诸人为代表，又称马堡哥派（Marburger Schule）。

3. 新传立斯派（Neufrisianer），以奈而逊（L. Nelson）为代表。

4. 价值论派（Wertphilosophie），以温得耳般德（W. Windelband）为代表，亦称西南学派。

他们都以"复归于康德"为口号，所以统称新康德派。他们观察人事演变的原因结果，虽将政治方面的偏见渐渐减少，但终于都是德国的观念

---

① 见布劳恩《历史哲学》第七节，《历史学纲领》，Bde. I，第 9，p. 55.

论者，都喜欢附会形而上学。他们所说“历史的论理”（Geschichtslogik）一类的话，尤是引人入迷。

此外著名的新康德派，不仅班海穆教授曾加称道，也是布拉克曼教授在柏林大学历史研究所常常说及的，尚有底耳泰（W. Dilthey）和底耳泰的同派哲学家柔塔开（E. Rothacker）、施普郎格（Ed. Spranger）诸氏。

第六章　表象派的历史观 (Die expressionistische Geschichtsanschauung)

表象派的历史观和近代的新派哲学，如柏格森(H. Bergson)的直观哲学，胡塞儿提(Ed. Hussert)的“现象论的哲学”等，同时并起，彼此提携，形成一种时代思想(Zeitanschauung)。这种时代思想，这种新运动，在美术方面表示的更为显露。二十世纪初年，法国的新画家海儿维(Jul. A. Hervé)，为表现他的图画的精神，与旧派印象主义(Impressionismus)的不同起见，自命为“表象主义”(Expressionismus)。因此一般人即用“表象派”，代表这种新的时代思想。班海穆教授将这个口号引用到历史哲学方面，就叫这一派的历史观为“表象派的历史观”。

表象派的历史观，在各派历史哲学中为新进。巴儿特教授(Prof. P. Barth)在他著的《把历史哲学当作社会学》(*Die Philosophie der Geschichte als Sozialogie*)第二编“各种偏见的历史观”(见前面此章叙论)中，举了差不多十几种不同的历史观，没有标准表象派。表象派的历史观，在班海穆教授的《历史学概论》中，也是一九二六年改版时才加进去的。他为使人明了起见，对加入的这一派，叙说的特加详细(见 pp. 33－43)。我们为节省篇幅，与各派均等起见，举要如下：

A. 什么是表象主义？表象主义是对印象主义而言。印象主义是将感受外界的印象，尽量加以表现。因为志在给人一个深刻的印象，所以重修饰，而轻忽实体的真象；表象主义目的在尽量表现由外界引起的“内在的意象”。因为重在表现“内在的含意”，所以重表象而不修饰外界的物体。比方一段风景图，可以引起愉快的意象。画这段风景时，就照这段风景所含蕴的意义，尽量表现，不加修饰，即有一树身歪，一片干草，也照样写出。简单说，目的重在表出这段风景令人愉快的意象，树身不正，草色不绿，都没有关系。

布尔格尔（E. Burger）在他著的《现代美术概说》（*Einleitung in die Modere Kunst*，1915/1917）说：

> 表象主义的美术，纯粹在表现一种精神的内容，不在描写物体，也不在配景添色。他的精神，即在表现"自然的自己"。[1]

浩森史太因（W. Hausenstein）在《绘画中的表象主义》（*Über Expressionismus in der Malerei*，1920）也说：

> 由玄想的过量表现朴素与物体而言，表象派的美术实与初民的美术（表自然）和哥特式的美术（表宗教情感）有亲属类似的关系。

美术史家维奥令格（W. Worringer）以研究哥特派美术的特质见称。他在所著《哥特派的形证问题》（*Formprobleme der Gotik*，1911）中所说的话，也与浩森史太因的议论完全符合。

表象派这个名称，先由美术家用起，后来才推广到他种社会科学。美术家以外，鼓吹表象主义最热烈的又有楷塞令男爵（Graf H. Keyserling）、班斯（Ewald Banse）诸人。楷塞令著有《一个哲学家的游历日记》（*Das Reisetagebuch eines Philosophen*，1919），大唱赞成印度人直观的见解。他说：

> "意义"才是真的，"事实"不过只是意义印下来的影像（Abbild）吧了！故事要比一切历史更具体一点。因为生活的意义，在故事中表现的，比历史更为直接。（同上，34 面）

文化地理学家佛劳本牛斯（Leo Frobennius）在一九一八年以后，即发表许多论文，主张用直观的方法，去说明人类文化与地理的关系。班斯于一九二〇年更进一步，著一书名《表象主义与地理学》（*Expressionismus und Geographie*），专研究"人与地内在的精神"，和

---

① 采自班海穆原书 p. 33，略译大意，下同。

地域与人类特性的关系，而轻视交通物产一类地面现状的描写。他以为这些都是人为的，或后起的问题。

B. 历史学方面的表象主义。同时表象主义在历史学方面，也有两部代表的著作：一部是雷星哥（Th. Lessing）的《历史为无意义的意义》（*Geschichteals Sinngebung des Sinnlosen*，1999，3 Aufl.，第三版，1922）；一部是施盘格勒（Oswald Spengler）著的《欧罗巴的衰落》（*Der Untergang des Adendlandes*，2 Bde.，1918/1922）。

1. 雷星哥

照雷星哥的意思，所谓历史，实际上不过只是已往人事的遗迹，偶然集合成的，无所谓意义，也没有相互的关系。意义与相互的关系，是后人将这些人事遗迹，作成历史的时候才想出来的。作历史的人所指出历史的意义，与历史的相互的关系，全由作者个人推想或假定而成，历史学者并没方法能将“事实的发生经过的真象”确实记载下来。历史的记载不过是些偶然留存下来的事迹。

雷星哥又说：历史上的大人物，在历史记载上是看不出来的。历史记载中只有大人物的轶事，或大人物的神话，因为历史家各有成见，成见又各代不同。片段的记述与传闻又不能表现生动的人物，所以他们对历史上的人物不能有真实正确的表现。比方同是一个拿破仑，在十九世纪上半纪，众口一辞说他是专制魔王，现在成见改变，又都众口一辞说他是大人物了。

那末，历史的本体是什么呢？照雷星哥著的《历史为无意义的意义》总括一句：历史只是主观的，是由历史家主观的企求，与主观的理想合凑成的。所以历史所表现的，不是客观的事实，只是随着各种主观转变的记述，藉它去表现已往的事迹吧了！

以上是雷星哥教授历史观的大意。因为他偏信主观，班海穆教授即认他为历史观中的表象派。班海穆在《历史学概论》中曾反驳雷星哥，说他一方面太忽略现在科学的历史研究方法，一方面忘记了记载的史料以外，尚有直接从古人留传下来的古迹、遗物，与现代史学家利用古迹遗物探寻事实真象的方法。对于雷星哥所说历史中只有大人物的轶事与神话，班海穆教授尤不赞同。因为大人物自身也有他的遗物，如

"亲笔书牍"、"著作手稿"笔迹之类,留传下来。我们至少可从这些实物上补证记载,确定他们的个性。这种确定,无论何时,不会更易。总之,历史学接受科学的洗礼之后,自身已成确实的社会科学之一支。历史经过科学的研究方法严格审定批评之后,记述往事是很可凭信的。过于重视主观的感情,说感情独能支配历史,或历史是转变无常的,那就未免惑疑太过,带有印度玄学的流弊。

2. 施盘格勒

施盘格勒的《欧罗巴的衰落》,分上下两册。第一册一九一八年出版,到一九二一年已销售五万三千余部。第二册一九二二年出版。第一版即印一万五千部,一种哲学书在短时间内销行这样之多,实在很少匹敌。同时杂志、报纸、教授学者的批评称道,也一时风动欧洲大陆。施盘格勒的历史观,就大体说犹能依据历史事实作立认的准绳,比雷星哥积极多了。他的学说以两物对待作出发点,以"存在"(Dasein)与"良知"(Wachssein)为对待,历史与自然对待,时间与空间对待,天命与因果关系,男与女,政治经济与宗教相对待……他以为已成的物品(天然物),可以用科学的分析加以认识,演变的事件(人事)则只能利用直观,由观察方能亲知。因此天然物是已成的,可以用科学方法去研究,历史是演变的人事,只宜用诗人播讴外界景色的方法,根据观察加以描写。

历史是人群活动的综合,非藉主观的观察不能窥见真象,片面的记载适足增加隔膜,使历史的全象消失。所以照施盘格勒的主张,应当"从观察上去认识历史,不应当由记载上去推想历史"。他的书《欧罗巴的衰落》,是一种诗人式的咏歌,不是一种追忆的记述。用诗人咏诗的态度作历史,方能表现历史的真象。在历史上证例也甚多,比方我们看了杜甫的《兵车行》,和白乐天的《新丰折臂翁》,对于唐代战乱的全景,自比看《通鉴》、《唐书》记述的战争,所得的印象深刻的多了。

施盘格勒轻视历史家所谓事实,欲专凭直观认识历史的本体,自是表象派的本色。但是事实,也是由"存在"来的。施盘格勒在《欧罗巴的衰落》(第二册,456 面)也曾说:

> 历史的真实,正在没有理想,只有实事。世界上没有真理,也只有实事。(引见班海穆《历史学概论》,38 面)

这一类的话，在《欧罗巴的衰落》中不止一见。所以班海穆说，这一点是施盘格勒常常自相矛盾的地方，也是他比雷星哥积极的地方。

在《欧罗巴的衰落》中，施盘格勒分世界史上的文化为“八个大文化系统”：1. 埃及文化，2. 希腊文化，3. 罗马文化，4. 日耳曼文化，5. 阿拉伯文化，6. 伊兰文化（波斯文化），7. 印度文化，8. 中国文化。在这个八大文化系统之下的民族，各有各的民族精神，各在可能情形之下向前发展，至衰落为止。人类已往的世界史，即由上述各文化系统而成[①]。八大文化的成立，纯由偶然，并没有历史上的启示或引导。初期由部族中的一部分人，在一种共同的意志方面得到自觉。后来滋长扩大，成为一种共同的民族意识，因之形成一种共同特有的文化。一种文化的发生滋长，蔓延衰落，和植物与他种生物一样，各秉天赋，各自生长，彼此不相统属（原注，卷二，p. 63 以下）。只有一种例外，就是两种文化当新旧代谢，一凋一生的时候，旧文化当常妨害新文化的发展，在这个中间往往另成一种介居新旧之间的“第三种文化”。这种夹在中间的文化，虽是联结新旧，却不是旧文化，也不是新文化，施盘格勒叫这种例外的文化为“假矿形的文化”（假矿形 Pseudomorphose）。比方罗马文化已衰，日耳曼文化尚未成熟时代的基督教，俄皇彼得大帝实行西欧化后的俄国，和东方的罗马帝国，都是这一类的假矿形文化。

一种文化的生长衰落，既和他种植物一样，各不相续，自然各有它的意义，各有它的目的。因此人类历史上的文化，各自独立，或彼伏此起，或并行不悖，却不是前承后继，继续发展。所以一种文化遇到根本改变的时机，旧有精神即归于衰落。所谓衰落，不全是像古代希腊、罗马的形质俱亡。凡是一种文化发展到自身的意义消失，或已丧失旧有精神的时候，都是衰落的朕兆。

施盘格勒分文化（Kultur）与文明（Civilization）为两种东西，各不相同。大意由民族思想创造出来的文学、美术、音乐、生活、礼节……为之文化。由现代工业、机械产生的有定型的工业交通、经济关系、生活规律……为之文明。前者是民族精神的结晶，表现的方式各依固有的

---

① 班海穆《历史学概论》原注，见《欧罗巴的衰落》卷一 p. 80，152，149 以下；卷二 p. 408 以下。原书卷一附表四，表上边详列文化系统及发展的情形。第一到第八次第，则由著者因便自排。

精神，所以又可说是“精神化的文化”；后者是近代物质和机械发达的结果，表现的方式遵照机械式的公式，所以又可说是“机械化的文明”。因此施盘格勒阴纳欧洲日耳曼民族创造的文化，叫做“浮士德式的文化”或“浮士德的精神”(Die Faustische Seele)[①]。这种精神，自十九世纪大文豪葛德(W. Goethe，1749—1832)死后，受物质方面的逼迫，逐渐消灭，变成机械化的文明。欧洲近代绘画与戏剧的机械化，德国文豪葛德以后，日耳曼民族不复再有代表民族精神的大文学家，都是固有文化衰落的事实。简单一句话，《欧罗巴的衰落》即是反复说明浮士德式的日耳曼文化，被机械式的文明代替的种种道理。

上边所说只是施盘格勒和极少数学者的意见。这种意见在欧洲大战以后，曾流行一时，后人叫持这种意见的人为悲观派。《欧罗巴的衰落》第一本出版在一九一八年，就命名上也可相见大战后人心惶惑的情形。现在欧罗巴已经恢复原状了，大家又在摩掌擦拳，努力备战。施盘格勒的话，大家早又置之脑后，不再作此想了！施盘格勒自己的态度也改变了！

此外继表象派历史观而起的新学派，又有所谓“格奥儿格学派”(Stephan George Schule)的历史观、民族的历史观，《历史学概论》中均没有言及。这两派中的前一派，仅由一部分文人集会讨论关涉历史的著作，也只有康脱老维赤(E. Kantorowicz)的《服立德立希皇帝第二》(*Kaiser Friedrich*，1927)属于此派，尚未达极盛时期，容他日另文专述。后一派是1930年以后才新兴的。

上边所说六大派的历史观，虽不及巴儿特教授在他所著的《把历史哲学当作社会学》、图来耳赤教授所著的《历史主义与他的问题》等所说的详尽，也可略知德国学者在理论方面观察历史异说纷纭的概况。大的派别既如是之多，小有出入的枝派，更不胜殚述。历史哲学应归述于哲学，不是归史学的正宇。历史观只是告诉人曾有些学者怎样观察历史，他自身并不是历史。

---

① 浮士德(Doktor Joham Faust)相传为日耳曼中世纪末叶钻研真理、博学多闻的人。葛德所著名剧《浮士德》即是由这个传说，说变而出。施盘格勒拿浮士德寻求真理，孳孳不厌的精神，代表日耳曼民族的文化。用 Apollinische 这个字代表希腊人的文化，Magische 代表东方的文化，为全书重要间架。(详原书卷Ⅰp. 254，285 以下；卷Ⅱp. 241 等)

第四编　历史学的辅助科学和历史学与其他科学的关系

第一章　历史学的辅助科学

与历史学有深切关系的诸学科中，又有几种科学是专以辅助历史的研究为职务的，因此又被人叫做历史的辅助科学。班海穆分历史的辅助科学为下列九种：1. 语言学，2. 古文字学，3. 古文书学，4. 印章学，5. 泉币学，6. 族谱学或家世学，7. 徽章学（或纹章学），8. 年代学，与9. 地理学。语言学，班海穆原也列在本编第二章“历史学与其他科学”以内，专讲语言学的原则与性质，这里所述则偏于语言的应用。现在为免除重复计，合而为一。地理学亦然，地理与历史的关系初不限于“历史的地理”，但是历史辅助科学中的地理，即是专指历史的地理的。其他的几种历史辅助科学，研究的对象大都附属在历史学的某一部分（如纹章学、我国的避讳学等），或自身即是历史学的支派（如历史的地理，或疆域沿革史等），或一部分属于他种科学，一部分属于历史学（如年代学）。他们大部分并不能自成一种独立的科学，他们得称为一种科学，正因为能辅助历史研究的缘故。

一　语言学（Sprachenkunde 或 Philologie）

语言、文字，按最早的含意说，有时与“历史”是一而二，二而一的，特别是在古代。古代的文字，也往往就是古代的“历史”。所以博克

(A. Boeckh,1785—1867)氏说:“研究语言文字学可以知道人类在精神方面创造的成绩。”近代学术进步,研究日精,历史与语言、文字日益分离。语言、文字只有“记述人类社会行为而又有进化意义”的,才属于历史。否则,即属于语言学或文学。

但是语言学与历史学研究的对象虽不尽同,而两种科学彼此间则有不可分离的密切关系。语言、文字为历史家的基本知识,想研究某代的历史,即须先有关于某代语言、文字的知识,否则研究即无从说起。研究某代的语言、文字,须通达某代的历史,更属当然的事情。所以语言学家常常即是历史家,历史家也往往是对于语言、文字极有研究的学者。(以上“历史与语言学的关系”)

至于说到应用,把“语言学”当作历史的辅助科学也同样的重要。对于现代以进化为主的历史学者,一切注重“原史料”。多通语言,运用原料,更属研究历史的先决条件。所以历史学者除本国语言以外,对于所研究的史料,凡属有关系的语言、文字,必须兼通。否则,文字方面既有阻碍,则应当用的记载不能应用,史料的来源既有隔阂,自然对于要研究的问题也不能了解贯澈。还有一点,除非原有史料散佚破败,不能再得,更戒取材转录,忌用翻译。因为史经转钞,面目多有失真。文经翻译,原意不免改变。最紧要最具有特殊性的地方,往往经转手和翻译将真意失去。

语言学往往因时代的绵延,种族的迁徙,转变甚大。即以研究德国史而言,仅以德国原有史料为限,现行德文之外,即须兼通各种古代德文(Althochdeutsche, Mittelhochdeutsche)和拉丁文。拉丁文直到十三世纪,犹近德国人唯一的著述文字。十三世纪以后,著书作文的守旧学者,还喜欢使用拉丁文。不过自罗马灭亡以后,各地使用的拉丁文也只是罗马各省通行的拉丁文。因地域与习用已久的关系,羼杂有各省土著的方言,早已不是纯粹罗马人的拉丁文了。至于十三世纪以后,一部分牧师学者所用的拉丁文,更是一种形存神亡的文字。

历史学者当然不能尽通各种文化民族的语言,但语言实是研究历史最要的工具。本国语言以外,与研究范围有关系的语言,当尽量兼习,且应当把它当作选择题目,划分研究范围时的先决问题。维也纳大学史学研究法教授鲍瓦（W. Bauer）在他所著《历史研究入门》（*Einführung in das Studium der Geschichte*，1921/1927）引诺外曼（K. J. Neumann）教授一九一〇年就职施查斯堡大学校长的演说辞曾说：

> 没有完全运用如意的语言工具而治上古史，将终是假充内行而已！（上文见 Neumann 教授施查斯堡大学校长演辞 Strassburger Rektoratsrede《上古史的进化与问题》Entwichlung und Aufgaben der alten Geschichte，引见《历史研究入门》165 面，原书二面）

鲍瓦教授接着说："岂但上古史？对一切的历史皆是如此。"（同上）所以他给研究历史的德奥人，关于语言问题定了两个标准：

> 第一，多识外国文，不但能用外国文的史料，并可享用外国学者在各种著作中发表的意见。因此除古代语言（拉丁文、希腊文）外，学历史的人至少应能随时互译现代几种通行世界的语言，如英文、法文、义大利文的历史著作。（注意：奥国人因与义大利为邻，故很重视义大利文。）
>
> 第二，须通达研究范围内有关系的各种语言，能运用所需要的语言作史料研究的补助，以便解决有关联的问题。（以上原书 166 面）

鲍瓦教授又说：

> 语言是研究历史的工具。……学者应先预备要应用的工具。……再就研究德国史说，也因时代与地域的关系，需用各种不同的外国语言。……比方研究"土耳其战争"与"三十年战争"，若想不以德文史料自足，即须能读土耳其文、瑞典文、法文、西班牙文与义大利文关于此类史事的报告与记载。……若想研究"德意志商业同盟"（Deutsche Hansa）的历史，即须兼通"北方文字"（Nordisch，即瑞典、挪威文）。研究"新地发见的时代"，即须兼通葡萄牙文。（原书 5-6 面）

若将鲍瓦教授对德、奥学生说的话，引用到对我国的青年学者，即是：我们应当兼习英文、法文、德文、俄文一类的世界语言，我们应兼习研究范围内有关系的语言，期能帮助解决史料上的问题。再详细点说，我们若欲研究唐代的历史，即不可不兼通土耳其文、阿拉伯文、西藏文；若欲研究南北宋的历史，即不可不兼通阿拉伯文、女真文、西夏文……；若欲研究元代的历史，即不可不兼通波斯文、畏兀儿文、蒙古文、土耳其文、拉丁文；若欲研究明代史，即不可不兼通土耳其文、拉丁文；清代的历史除满文、蒙文、西藏文、回文以外，关涉的外国语言更多。康熙以前，须兼通拉丁文、法文……。乾隆以后，与欧洲接触日繁，向日唯我独尊的古国，变成国际列强的殖民地，一切反客为主，则又不得兼通英文、法文、日文、俄文、德文、义大利文。若分门别类，各尽其用，则应学的语言更多。这些不仅是我们的辅助科学，简直是我们不可缺少的工具。

二　古文字学(Schriftkunde 或 Paläographie)

历史辅助科学的语言学，在兼通关于历史研究范围内的他种语言；历史辅助科学的古文字学，在辨认关涉历史研究范围内史料中的古文字。欧洲通常所说古文字学(Paläographie)，偏重字形及认识古字，不是形、声、义三者兼重，目的在帮助研究历史，不专在考证文字源流。欧洲各国现行文字与十五世纪以前已大不相同，各国文字即与拉丁文分家后的演变也昭然可见。古代史料中的文字，因时代变迁，种族混合，不惟与现代通行文字面目各别，即同一时期，因书法与习惯，也互相差异。历史家若想读古文书，直接运用古史料，免除误解或转译的错误，即不能不直接学习古文字学。因此古文字学变成研究历史的一种重要工具，为治中古史、上古史的重要辅助科学。

古文字学的任务，约分为两种：第一，研究古文字的字体、书法以及书写用品、行款格式等，从外部的形式判断古文书是否真实；第二，研究文字的字形、字义。由字形、字义，得知一种文字的含意与解释。一重外表，一究内容。难解的古文字除古文书外，又散见于金石文字、古印板书、各种手抄本之中。因书法、习惯或讹讹的关系，很重要的文书往往数字不通，致使全部研究半途停止，或数字错讹误解，丧失史料原意。这些都是古文字学对历史学特别重要的地方。

同时古文字学不仅是历史学的主要辅助科学，对于语言学与文学史等也有密切的关系。就欧洲而言，不但语言学家、文学史家须通古文字学，美术史家、法律家也应当通习古文字学。再具体些说，凡是历史方面与古代日耳曼（或罗马）语言变迁上有关系的科目，都不可不通古文字学。所以鲍瓦教授说："古文字学是各支历史科学的天然连锁。"（《历史研究入门》p. 169）

欧洲古文字学的创立人为法国著名学者兼名僧马比央（Dan Mabillon，1632—1767）。马比央是法国香槟（Champagne）人，一六五八年入班尼底可亭僧社（Benediktiner Orden），一六六三年为巴黎城外圣丹尼（St. Denis）僧院古物保管会会长。一六六四年以后，工作于巴黎 St. Yermain-despres 僧院（Abtei），重要著作皆成于此时。当时因旧日公文无人能读，反对班尼底可亭僧社的修士、僧官藉此大兴诽谤，说班尼底可亭僧社所有的公文都是伪造的。马比央本是博学负时望的人，因受同社的委托，研究社中所藏各种公文，发表著述，驳斥谣言，据实为同社辩护。名著《古文书学》（*De re diplomatica*）一六八一年出版，大受欢迎，遂创立后来的古文书学（Urkundenlehre）。

后来古文书学日益发达，一般学者（特别是研究历史的人）渐渐觉得认识古字，由识字通晓古文书，应用古史料，有分科研究的必要，古文字学遂与古文书学脱离，自成一科。古文字学与古文书学起于同时，还源寻本，自然首推马比央。至古文字学（Paläographie）一辞在科学上最早采用，则始于一七〇八年马比央的社友孟夫康（Bernarde de Montfaucon，1655—1741）氏。

自马比央、孟夫康以后，欧洲各国古文字学发展极速。一八二一年巴黎即已设立古文书学学校（Urkundenschule＝Ecole des Chartes），专从事研究古代文字。一八二四年以后，德国古文字学者也有中世纪德意志史料分类编辑的进行，《日耳曼史部大典》（*Momumenta Germaniae Historica*）即正式成立于此时。此外一八〇二年与一八四五年为葛娄提芬（G. F. Grotefend，1775—1853）与莱牙得（A. H. Layard，1817—1894）亚叙利楔形文字（Assyrische Keilschrift）解释成功时期。一八〇二年到一八二九年为 Thomas Young（1773—1829）埃及象形文字(埃及古文,Hieroglyphies);一八〇七年以后为考普(von Ko-pp)罗马简字(Romische Stenographie, Tironische Noten)解释成功时期。近四十年来埃及与中央亚细亚、土耳其斯坦,发掘古物,日出月增,从前未知名的古文字又复大量增加,虽结果尚未详细公布,但历史研究的领域更加扩大,则无可置疑。

三　古文书学或公文学(Urkundenlehre 或 Diplomatik)

古文书学一辞,由"公文"(文凭,Diplom, Diploma)一字沿用而来,统指各种公文、凭证而言,或由皇帝、国王、教皇、有自主权的诸侯、僧正,颁发给臣属,作为特权获得的凭证,或系公私间交聘往来用为信守与公证的一切文书。因为性质均属已往的文书,故名古文书。

欧洲的古文书依性质可区分为三种:1. 皇家的文书(Königs-und Kaiser-Urkunden),2. 教皇的文书(Papsturkunden),3. 私家的文书(Privaturkunden)。就意义上说,又可分为三类:

a. 狭义的,在法定形式之下,用文字记述一种事实,或事实的经过,足为法律上证据的文书。——即是合法的公文。

b. 广义的,合法公文以外,其他曾经发生过效力的文件,如草案、底稿、膳写本、案卷、公务员名册、税则表等。

c. 历史的,诏令、公文、表册以外,凡是依一定的格式记一定的事实,无论是抄本或刻石,而可为历史上记事证物上的文书,都属于这一类,如议事录、集会报告与边界碑、记事刻石等。

欧洲古文书学最早发祥地,第一为巴黎(详上节古文字学),次为维也纳。巴黎古文书学校创立于一八二一年,维也纳的古文书研究机关,名"奥大利历史研究所"(Institut für Österreichische Geschichtsforschuung),建立于一八五四年。

古文书学的任务,在研究档案的种类,各种公牍的形式,文书的内容,秘书厅(文案)的组织与制度。"秘书厅"是制造公文的地方。研究秘书厅的组织,可以知道一种文书成立的手续。研究公文的形式和内容,可以确定一种公文在法律上效力与公文自身的真实。

四　印章学(Siegelkunde od. Sphragistik)

研究古文书上所钤各种印章,由印章的种类、字体、款式、文字、质料、刻工、钤印的手续、地位、印色等,以期证明古文书之是否真实。历史辅助科学的印章学,目的在由印章的研究,而得史料真实上的客观的证据。美术上的价值与趣味,在美术史上虽有关系,在史学家看起来,却居次要的地位。

此外欧洲中世纪的公文,所钤印章,不尽钤于公文之上。印章多为长圆形,中为人像,环以文字。用时,印成印模,盛以金属小盒,用革带、丝带或铜练等系于公文下方。因此花纹与系印的带子,也为研究的材料。印章连盒有重一磅以上,系练有长逾数尺,且有一种公文连系印章甚多,接连系至数十枚者。(1926年我曾于柏林"机密档案馆"Geheimes Staatsarchiv,见拿破仑亲笔签字的诏令,最后n字向上撇,封筴为蓝绒金字,极尊贵,长一尺四寸,宽约七寸半,下方系印章,罩以金盒,重逾一磅。)

德文中讲印章学最佳的书,为埃瓦耳德(W. Ewald)氏的《印章学》(*Siegelkunde*),一九一四年初版,收入迈乃克(F. Meinecke)与毕娄(G. V. Below)两教授主编的《中世纪与近代史丛书》(*Handbuch der Mittleren und neueren Geschichte*)中。印谱以海夫纳(K. Heffner, 1875—　)与匏思(O. Posse, 1871—1913)两家收辑的比较完备。

五　泉币学(Muenzkunde 或 Numismatik)

泉币学很显明的是指古代泉币而言,所以也可叫做"古泉币学"。古代泉币对于历史的研究也极关重要:第一,从泉币上的文字、图画(肖像、花纹等)、泉币的样式、轻重,可以作为史料实物的证据;第二,从泉币的价值上,可推知各时代生活程度的演进;第三,从泉币的制造、工艺、成色上,可以考证各时期艺术演变的概况。泉币学是普通历史的辅助科学，也是经济史、美术史重要的史源。

鲍瓦教授以泉币为无意的史料，从泉币上可窥见各种历史事实的真象，不仅可以辅助历史的研究。《历史研究入门》(二一七面到二二二面)叙述欧洲用钱的起源，研究泉币的方法以及泉币在史料上的价值，比班海穆《历史学概论》较详数倍。兹选择几点，作为补充。

泉币的研究分为外部的研究与内部的研究。

第一，外部的研究：

1. 从材料上观察泉币的成分，研究泉币性质的美恶；

2. 从形式、大小、轻重上确定泉币的分量与物价的关系；

3. 从花纹、肖像、文字上研究泉币的时代，与当时的艺术。

第二，内部的研究：

研究泉币上肖像与文字的意义，与其他由花纹内容等所表现的时代精神。比方泉币上的肖像，是原形的呢？或仿制的呢？本国固有的呢？或仿照外国的呢？

就泉币的文字图画论，在史料上略等于古文书。泉币的流通，又是买卖交易的媒介，故仿制假造极多。以泉币为历史史料，须应用批评古文书的方法，详加审定。

泉币对于历史，不仅指示经济方面的关系，并指示文化方面的种种关系。比方从价值方面，可以知道当时生活情状与法律方面的关系；从肖像、花纹上又可知道当时美术与宗教(欧洲钱币有铸宗教圣像者)观念的表现。

六　族谱学与家世学(Genealogie und Personalnachweis)

族谱学是研究姓氏起源与家族世系传袭的学问。一民族得姓的由来，往往即为民族历史构成的重心。从世系上我们可以知道历史上大人物家世的由来与历代父子世系，亲属间互相遗传的种种关系。古时贵族间缔结婚姻，常常被当作互相利用的手段，希望从联姻或和亲上改变政治或国际间关系。这种例子历史上很多，中西相同。至到近代，欧洲皇室间姻亲的关系，对政治的影响，犹有相当的势力。

由家世上可以知道历史上人物个性受遗传的影响，和个人特性的表现对于政治的关系。由遗传的关系，可帮助解答历史上特异的事迹与特异的问题。此外更可由系谱学上，考证民族间同化、血族混合与特性遗传的情形。

族谱与家世的研究，在欧洲盛行于十九世纪末叶，与二十世纪的初期。到劳伦斯（Ottokar Lorenz）一八九八年《科学的族谱学教科书》（*Lehrbuch Der Gesamten Missenschaftlichen Genealogie*）出版，族谱的研究在德国才成为一种专门的研究。

七 纹章学或徽章学（Wappenkunde 或 Heraldik）

欧洲中古时候，邦国封邑，互相对立，各贵族皆有家徽，各有固定的样式、颜色、固定的品质、形状为代表本部或本族的表帜，以别于他部他族。纹章的花样有鸟形、兽形，颜色有三色、五色、七色，形状有直线、横线的不同。这样的徽章，战时作为行军的表帜，用以指麾部队，平时用于公文印章，作为本族传世与信守的凭据。贵族如此，皇帝国王、僧正也如此。推之各城市、各会所、各团体，也各有各的徽章，作对外表示的符号。例如德国的国徽为独鹰，奥国为双头鹰，即和前清的龙旗、民国以前的龙凤一样。徽章颜色各异，也类似我国昔日尚黄、地赤的各代不同。

纹章学研究各贵族所用徽章花纹演变的状况，辨别各时代各贵族、王侯所用徽章的差异。这些徽章既用于旗饰文牍，作对外对内的表示，因此也可从这些差异分别、沿革演进上，作考证史料真伪的辅助。欧洲人系好战的民族，国徽纹章素所重视，利用纹章学辨伪决疑，在欧洲历史上极有关系。

国徽章与后来的勋章、品服，就性质说彼此各异。前者在表示本国本族的信守，后者在奖励勋劳，激励战士。

八　年代学(Chronologie oder Zeitrechnung)

年代学分实用的年代学与理论的年代学两类。理论的年代学以天文学、数学为基础，目的在研究怎样去推算年代，和应当怎样规定一年的起讫，应当怎样分配时节；实用的年代学，以实用为主，研究各民族各时代已有若干纪年的种类，各民族曾有过若干年的历史，曾用过些什么样的历法和纪年。一是研究应当怎样纪年，一是研究已有了些什么样的纪年。前者接近天文学，故又名天文学的年代学(Astronomische Chronologie)；后者帮助计算史事，可以由固定的日历，考证记事的是否真实，故又名历史的年代学或技术的年代学(Historischte oder Technische Chronologie)。

九　地　理　学

历史与地理，最初本属一体，不可分离。欧洲(德国)自胡保耳提(Alexander v. Humboldt，1769—1859，上述 Wilhelm v. Humboldt 之弟)、培色耳(Oskar Peschel，1826—1875)以后，地理学方与历史学分家，自成一科，逐渐接近地质学、海洋学、地理物理学(Geophysik)、气象学(Meteorologie)、古生物学(Paläontologie)等，变成一种自然科学。

但时间与空间终是并行而且是互相联接的，历史与地理旧有的关系也仍是藕断丝连。既有胡保耳提一般学者代表自然科学的地理学，同时也有黎特(Karl Ritter，1779—1858)一般人专治人文地理，代表历史的地理学。历史派的地理学注重记述地面各种现象，既述山水物产、政情，也述及社会情状、人情风俗。当时虽是地理，时过境迁，成为陈迹，即变成历史。他们在当时是地理家，后来与研究自然地理学的人相较，则又觉近于历史家。故统称叙述地面现状的地理家为历史派，考证地理在文书上的沿革为历史的地理。

人类是依赖地理生存的。就人类对空间的关系说，寒带与热带的人，因居处不同，性情习惯也彼此各异。再就文化对自然的关系说，自然环境各异，文化的表现也跟着改变。我们若再详察各地各民族，各有各的特性，就感觉自然环境对人生仍是极有威权。因此历史派的地理学对于历史仍是极有关系。

现代"在发展中的地理学"：

1. 人地学(Anthropographie)
   1. 人生地理学
   2. 气候与文化
   研究地理与民族文化和历史的关系。

2. 地理经济学(Geoekonomie)
   1. 经济地理学(Wirtschaftsgeographie)
   2. 交通地理学(Verkehrsgeographie)
   3. 居住地理学(Siedlungsgeographie)
   大致均在研究地势、物产、交易与文化发达的种种关系。

3. 生物地理学(Biogeographie)
   1. 动物地理学
   2. 植物地理学
   研究地面动植物的分布，和它们对于人类文化的关系。

4. 地理政治学(Geopolitik)
   1. 地理资源与立国要素
   2. 历史的地理(疆域沿革论)
   3. 形势要塞论
   研究地理与立国的关系，国家疆域的扩张，边界的沿革，行政区域的分布，即广义的历史的地理学。

特别有辅助于历史研究的历史的地理，又有下例两种：

第一，地名溯源学(Geographische Ethymologie，或地名学，Ortsnamenforschung)，研究地名、山名、水名……的起源与意义，追溯名称的沿革与历史记载的关系。就是考释历史中的地名起于何人？成立在什么时候？经过何种变迁？何时确定？今为何地？今与昔的异同如何？一方使人明白史事在空间的关系，一方可帮助考证史料的真伪。

第二，历史地图学(Historisch-Geographische Kartographie)，用地图表示水道的迁徙，道路交通的兴废，土地的垦殖，疆域的沿革，边界、界壕的变迁，都邑的兴替，战争行军的路线，居住的发展……都应依据新测精图，证以记载，绘成专图，供历史研究参考的使用。

研究地名，须兼精语言学。根据史事作地图，考证而外，尤须长于测绘的技术。现代欧洲地图学日精，历史地图也利用颜色的深淡表示地势的高下、人种语言、物产的分布，城市依居民多少定大小，河流依水量分粗细。像我国普通用图，草草模制，北京与通县同大，黄河与沁水共细，都是应当加以改正的。

上边的九种，是班海穆所说的"历史的辅助科学"。若与鲍瓦的《历史研究入门》(1921 年本，159 面以下)、斐德儿的《历史研究法教科书》(1924 年本，46 到 53 面)相对照，则各有出入。照鲍瓦的意见，应加金石学(Inschriftenkunde Epigraphik)、版本学(Inkunabelkunde)；若照斐德儿所说，应加"埃及文书学"(Papyruskunde)、古物学、新闻学、图书馆、档案馆与博物馆学。

斐德儿又分历史的辅助科学为"物质的辅助科学"(Materielle Hilfswissenschaften)与工具的辅助科学(Instrumentale Hilfswissenschaften)。物质辅助科学等于班海穆所说的广义的历史辅助科学，如社会学、政治学、经济学、人种学、哲学等属之；工具的辅助科学等于班海穆所说的九种历史辅助科学，如印章学、年代学、徽章学等属之。

总之，欧洲学者所说狭义的历史辅助科学，如上述印章、古文字等目，证以我国历史，大致都有类似部门。但我国历史久长，记载繁多，又有许多特别的风俗，如"避讳"及"甲子纪年"、"闰朔"、"纪元"之类，排比起来，名目尚繁，都可算作工具类的历史辅助科学。比方陈援庵先生著的《避讳学》、《二十史闰朔表》、《中西回史日历》等，都是我国近十年来新出研究历史的工具书，当然也都是最好的历史辅助科学。若有人将王国维先生们已着手考定的"历代度量衡"，再加放大，拿我国现在规定及通行的度量作基础，考定汉朝有什么尺、什么秤，唐朝有些什么尺、什么秤……他们等于现行的官尺若干，通行的某尺若干，西汉的一石等于现在的几斗……绘成图表，制成"自汉至清成套的尺秤"或"对照的拆算表"。再能于西洋各国通行的度量衡附带比较，也是一种很有用的研究历史的工具书。商务印书馆的《人名大字典》，检阅不便，又不注明出处，及某人有无专传，及是否见于廿四史，他的生卒年月如何？有什么专门研究，及已成、未存、现存、已亡的著作？庞大一册，不便检查，查到了也没有什么用处，急须重新改作。前人的“纪元编”、“纪元考”等，若能先列一表，后附字典式的解说，以类相从，像“永乐”有三个人用作纪元，“绍兴”有南宋与西辽用作纪元。自汉到现代无论“正统”、“僭号”，一共有多少纪元，我国以外，如日本、高丽等，作为附录，也是一种有用的工具书。其他如目录、官名、谥号，都有整理成为研究历史工具的必要。至于“虎符”、“金牌”，可归入徽章，疆域沿革图表、地名辞典可归入历史地理，书写品沿革可归入古文书学……可以无须专举。这些科目若能善为编制，都是极有用的研究历史的工具书，也都是我们特有的历史辅助科学。

第二章　历史学与其他科学的关系

I　历史学与其他社会科学

近代学者往往把世界上的学问，照研究对象的不同，区分为两大类：即是(一)以“物”(有生命的或无生命的)或“人以外的自然现象”为研究的对象的，为自然科学；(二)以“人”或“人群的活动”为研究的对象的，为社会科学，德文叫做“精神科学”(Geisteswissensehaft)。历史学的目的，照我们在第一编中所说的，在“研究与叙述人类有社会性的行为及这些行为在空间时间之进化的因果关系”。所以历史学就性质说，是一种社会科学，不是自然科学。历史学与自然科学有直接亲属关系的，则只有人地学，或人类地理学(Anthrogeographie)、气候学及属于自然科学的物理地理学(数理地理学)(人文地理学、历史的地理，班海穆列入历史的辅助科学，见上)，与介于自然科学与社会科学中间的人种学与人类学。

社会科学中也有许多科目，研究的对象不仅是“人”，而且取材也以“人群的活动”(社会现象)为主体，与历史学相类。比方像社会学、经济学、政治学等等，但皆自成一科，与历史学并立，他们都与历史学有密切的关系。就性质说，社会进化，经济演变，政治因革，……都是历史构成的小部分。为明了这些构成分子的演进真象，不得不注意讨论专以研究这些各个小部分的专门科学，如社会学、经济学与政治学。

不过历史和上述几种社会科学，有若干显然不同地方，应当特别提出来略加说明。

第一，其他社会科学，如政治学(特别是政治因革史)、经济学(特别是泉币、赋税、财政制度的演变等等），分观人类社会现象。历史学兼顾各部分，是合观人类社会现象。其他社会科学是专治人类社会现象的一部，历史学是统观人类社会现象的全体。

第二，其他社会科学注重讨论社会现象各部门的原则原理，而历史学则注重认识社会现象全部中的重要“事实”，及这些事实间的因果关系。

第三，其他社会科学偏重研究现状，由现状中比较推求，假定这种科学应有如何如何的进步，对人群有指示及领导的意义，目的在由已然而推求未然，由现状去打算将来；历史学侧重研究“已往”，由已往叙述到“现状的由来”，对人群在供给对往事实际演进的知识，目的在就已然而明了现在。由现状中去认识我所生的社会与民族，在过去曾遭遇过何种的困难，和曾有过何种的进步。各种科学的进步，即赖有一方面温习已往，一方面向前追求。温习已往，可以明白现状的由来，所以各种社会科学，都注意他们自身发达的历史。因此历史学就应用上说是一切科学的辅助科学；向前追求，可以察验往事演进的公例，而时时提示改进的标准，可以促事实认识的进步。所以历史学也需要其他科学的启示与指导，因此多种社会科学也都是研究历史学者所不可不知道的辅助科学。各种社会科学能将各科分观社会现象所得的结果，贡献给历史学者，使历史学者得到亲切的指示，更能认识人类已往在政治、社会、经济各部门活动进步的真象。所以政治学、社会学、经济学一类的社会科学，和历史学有很密切的辅助关系。

关于说明历史学与其他社会科学关系的参考书，为便利计，仅举以下四种，一与二取其易得，三与四明其重要。

一、李璜著：《历史学与社会科学》，民国十七年（1928）上海东南书店出版。惜太简略。

二、班兹（Harry Elmer Barnes，1889—　）：《新史学与社会科学》（*The New History and the Social Studies*，1928）已由董之学翻译成中文，商务印书馆民国二十二年十月初版，列入大学丛书。惟译文不免错误，能看原本者，可迳看原本。

三、Paul Barth，*Die Philosophie der Geschichte als Soziologie*，1922.

四、Heinrich Rickert, *Die Grenzen der Naturwissenschaftlichen Begriffsbildung*, 1929.

一　历史学与政治学

1. 政治与历史

政治与历史的关系，异常密切。人类也可以说是一种“政治的动物”，所以从前主张政治史观的人，都把政治与历史看作一而二二而一的东西，说“政治是现在的历史，历史是过去的政治”。这不仅是英国历史家佛瑞曼一个人的见解，德国的历史家像色费儿、奥国的历史家像芬伦次等都有同样的主张。照他们的意思，人类已往的历史，也不过是一部政治史（见第一编“历史的误解”，以政治史代替历史条）。我国的历史家如司马光、朱熹等，也都有上说诸人的见解，所以竟把历史当作“资治”的工具。实在政治史不等于历史。政治学是研究政治的演进组织，与效用的原则原理的；历史学者知道政治学，只是想引用政治学者观察政治、分析政治所得的原则原理，帮助他了解历史上的种种与政治有关的事实。

2. 什么是政治学？

现代政治学研究的主旨，概括的说不外下列各点：

a. 说明国家的性质。要点有四：(1) 土地。一个国家须占有一定的土地，就是说须有一个物质方面建国的基础；(2) 人民。就是说须有一群为公共目的而生活的人民；(3) 主权。须有一个以全民族利益为宗旨的支配最高统治权的机关；(4) 组织。须具有代表民族利益和执行公共意见的种种组织。

b. 说明国家的起源与进化。就国家的起源说，有“君权神授说”，也有“主权在民说”。就国家的建立说，甲说：国家是君王建立的，有了建国的君主，才有被建立的国家；乙说：国家的建立，是“适应人民的需要”，政体如何是照着人民的意思决定的。就政权的运用说，有所谓贵族政治、专制政治、独裁政治，也有所谓联邦政治与立宪政治。

c. 研究政治的原理原则，通常叫做理论的政治学。

d. 研究国家应当怎样组织怎样管理，通常叫做实用的政治学。

3. 政治学对于研究历史的辅助与启示

上述各点，对于历史学者了解历史事实，都是有重大的帮助与启示的。比方“土地”，在政治学上是立国的要素之一，土地不能保持，即要丧失独立国的资格。因此可以知道汉初匈奴冒顿单于所说“地者，国之本也，奈何予人！诸言予者（主张以弃地予东胡者）皆斩之”，这一段话的重要。匈奴在冒顿单于时代，实已具有立国的规模。更因此可以知道，石敬瑭一般人把燕云十六州送给契丹，五代中晋汉两朝已没有与契丹平等对峙的资格。这是政治学帮助了解历史的一例。

又如就政治学上说，行政、司法、立法三权是应当分立的。三权分立了，行政权才不至于破坏司法权。司法不被干涉或破坏，法律终有效力，刑狱才可以相当的公平。这是由于自然的要求，现代有分立的需要，古代也有这样的需要。《史记》卷一〇二《张释之传》载有几个张释之争立司法独立的故事，很受当时人的称道。这些司法官不受行政干涉的故事，其中的一个是这样的。《史记》卷一〇二《张释之传》说：“……释之为廷尉。上（文帝）行，出中渭桥（程大昌《雍录》：在咸阳东南二十二里，秦始皇时造），有一人从桥下走[出]，乘舆马惊。于是使骑捕之，属之廷尉。释之治问。曰：‘县人来，闻跸，匿桥下。久之，以为行已过，[即]出，见乘舆车骑，即走耳！’廷尉奏当（处罪，即裁判书），一人犯跸，当罚金。文帝怒曰：‘此人亲惊吾马，吾马赖柔和，令他马，固不败伤我乎？而廷尉乃当之罚金！’释之曰：‘法者，天子所与天下公共也。今法如此而更重之，是法不信于民也。且方其时，上使[立]诛之则已。今既下廷尉，廷尉天下之平也，一倾而天下用法皆为轻重，民安所措其手足？唯陛下察之。’良久，上曰：‘廷尉当是也。’……由此天下称之。”（《汉书》卷五十张释之同。凡加[　]号之字，《汉书》皆为另一字，如即《汉书》作“既”、“立”，《汉书》作“使”之类）从现在政治学上的三权分立说，更令我们了解张释之的话的重要与张释之得名的有道理。这是政治学可以帮助了解历史的又一例。

此外就主权在民说所得到的启示说，可以使我们知道，《孟子》中“民为贵，社稷次之，君为轻”及“君有大过则谏，反复之而不听则易位”一类反对王权神授、“奉天承运”的议论的可贵。就国家应当有合理的组织,与合理的管理所得的启示说,可以使我们知道商鞅的变法、赵武灵王的改用胡服骑射、王安石的实行新法的真价值。这是政治学可以帮助了解历史的第三例。

二　历史学与社会学

1. 现代的社会学

现代的社会学创始于法国的孔德(Ang. Comte,1798—1857),完成于英国的斯宾塞(Herbert Spencer,1820—1903)。斯宾塞以后社会学发达进步,各国专门以社会学名家的学者甚多,著名的著作也美不胜举。就中最著名的社会学家,在德国则有童尼斯(Ferdinand Tönnies,1855—　)、西梅耳(Georg Simmel,1858—1918),及斐儿康提(Alfred Vierkendt,1867—　)诸家;在美国则有华德(Ward)、吉丁斯(Giddings)、斯毛耳(Small)、顾利(Cooley)及劳斯(Rose)诸氏;在奥国则有古模普劳维赤(Ludwig Gumplowicz,1838—1909)及拉秦浩发(Gustav Ratzenhofer,1842—1904);在法国,孔德以后,则有塔得(Tarde)、杜儿海木(Durkheim)及沃儿木斯(Worms);在英国,斯宾塞以后,则有塔吞(S. N. Patten)、霍布豪斯(Hobhouse)诸人,而霍布豪斯最为有名。

孔德、斯宾塞以后的社会学家对于社会学的研究,都注重以下的几个问题:(一)社会学是研究人和人关系的科学;(二)社会学是科学,也是哲学;(三)主张从人类发展的普通情况中,认识社会进化的原则及趋势;(四)如何应用进化论中所说生物进化的原则,去解释人类社会的进化;和(五)对于各种社会制度作比较的研究。

关于社会学是科学也是哲学的说法,照霍布豪斯的见解,理由是这样的。科学的使命,是描写事实;哲学的使命,是估量价值。科学家势不能专门描写事实,而不顾及事实的价值;哲学家也不能凭空估量价值,而不顾及社会制度或社会的现象(事实)。思想及价值与社会现象,有时是不可分离的。社会学从科学的观点看起来,注重研究社会性质的发展;从哲学的和伦理学的观点看起来,注重实现社会的理性化。二者应互相提携,不可偏废。所以社会学就社会现象的描写说是科学,就社会的善化或理性化说是哲学。

2. 社会学研究的内容和社会学与历史学的关系

a. 社会学的内容

霍布豪斯在一九二〇年 Hasting 的 *Dictionary of Religion and Ethics* 中发表了一篇论文,讨论社会学应包括的部门,可以说是他的社会学的纲领。照他的意见,社会学是可以分做下列的五个部分的:

(1) 社会学的范围

(2) 社会科学及社会哲学

(3) 社会的构造

(4) 团体的发展

(5) 社会完备的发展及社会的理性化

通常一群人联合起来,组织成一种社会,往往持有一种特殊结合的关系,因而目的相同,利害一致,可以保持着一种向前进步的精神。这种由特殊结合的方式而成的社会,约可归为下列三类:

(1) 血统的社会:以血统为结合的中心,例如家庭、宗族、种族等。

(2) 团体的社会:以共同利害为结合的中心,拥有多数的民众,占据一定的地方,如部落、国家、独立的自治团体等。

(3) 职业的社会:以职业为结合的中心,凡在同一性质的职业生活之下,即结成共同行动的会社,如工会、商会、职业联合会等。

社会的发展,可以说就是人类心理的动力的发展,它的趋向是统一的与协和的,它的表现是非个人的,而是社会的。社会的进化与伦理的进化,有连带的关系。个人的理性化的善的扩大,成为社会理性化的善,社会理性化的善的扩大,可以成为世界理性化的善。人类理性化的善的进步,也就是社会的进步。社会学的使命,不外使人们了解他们在社会中的地位,个体与群体的关系,促进人类理性化的善的进步。(以上参用陈序经先生著的《霍布豪斯的社会学》,《留德学志》第二期,民国十九年出版)

b. 社会学与历史学的关系

社会学研究人与人的关系,而归本于社会的理性(善)化。历史学是研究和叙述人类社会性的行为,及这些行为间的因果关系。一重分析现状，从现状说到社会的将来。换句话说，就是现状的社会打算如何改良；一重追溯既往，从已往说到社会的现在。换句话说，就是从往事中明白现状的由来。历史学专重事实，社会学兼重理论。社会学专重社会现象，历史学则于社会现象以外，兼重政治与文化。这些都是社会学与历史学不同的地方。但是社会学是很能帮助历史学者解释历史、认识历史的：（一）研究社会的构造，可以启示历史学者了解民族、部落与国家的起源；（二）知道血统关系是结合社会的要件，可以帮助历史家了解历史上贵族互婚与和亲政策的价值；（三）知道共同利害是团体社会成立的要件，可以帮助历史家了解历史上"毁家纾难"和"天下兴亡，匹夫有责"，不仅为公，实亦利己。这些是历史学的问题，也是社会学的问题。

三　历史学与经济学

社会科学和历史学最有关系的，除了上述政治学与社会学以外，其次就是经济学。历史上的重要事变，除了关涉政治的、社会的（伦常与信仰的问题，也是社会问题）以外，最多最重要的是关涉经济的事体。依据经济学的指示，可以得到种种说明经济现象，和经济关系的知识，使历史学者由此明了经济因素对于历史的重要。所以经济学对于历史有密切的关系。

1. 现代的经济学

经济学和上边所说的社会学一样，也是一种内容极丰富的学问。简单说，经济学是研究人与人在社会上彼此间供给与需要的种种关系的科学。通常讨论的问题，可归纳以下几点：（1）生产（又分为 a. 生产的要素，b. 天然富源，与 c. 资本三部），讨论物品的生产与供给；（2）消费，讨论物品的使用与需要；（3）分配，简单说就是上边二者调剂的理论与方法；（4）流通，关于货币的使用、运输的组织、信用的巩固，与价值和价钱（市价）的确定，均属于这一部；（5）进款，讨论生利的理论与关系；（6）国民财富，讨论如何发达国民的财富、生活安定的标准和生活安定所需要的种种条件。这些是经济学上的几个要目，广义的经济学的内容尚不止此。概括的说，又可分为三大部门：第一实用的经济学，第二理论的经济学，与第三经济演进的分类与分期。兹依次列一简表如下：

第一，实用的经济学。又可分为财政学、社会政策、农业经济学、商业经济学、职业经济学、交通经济学等。关于国际或世界者，又有所谓世界经济学或国际经济学。

第二，理论的经济学。亦可说现代经济学的主要学派：

(1) 正统派。创立人为英国的亚当·斯密(Adam Smith，1723—1790)，继起的大师为英人 David Ricardo(1772—1823)与德人 F. List(1789—1846)。这一派的要旨：以工作为增进财富之本，以分工制度为增进工作效率之本。主张自由贸易，以干涉为无益，所以这一派后来又被称为自由贸易派。这也只以那时候的英国的几位大师为限，德国的 F. List 因当时德国工业尚未发达，即是主张保护贸易的。

(2) 历史学派。从经济在历史的演进上，建立解释或说明的经济学说。注重实践，不尚空论，盛行于德奥诸国。旧派以德国的经济学者 W. Roscher(1817—1894)为代表，新派以德人 G. Schmoller(1837—1917)为代表。

(3) 主观价值学派。这一派以物品的价值为经济学的出发点，最著名的“利用限制说”(如耕地须休息，机器工人都不能过度使用等)，就是这一派所极力主张的。代表人为德国的经济学者 Hermman Gossen(1810—1859)与 Karl Menger(1840—1921)等。

(4) 社会主义学派。主张保护工人，重新估定资本的价值，以生产供给社会公用为原则，以利润应归劳工为号召。代表这一派的学者，除上编(见上经济的唯物史观)所说 Karl Marx(1818—1883)与 Friedrich Engels(1820—1913)以外，尚有德国工人运动的领袖 Ferd. Lassalle(1825—1864)。

(5) 新“浪漫主义”学派。这一派以现在奥国的经济学家兼社会学家 Othmar Spann(生于 1878，现仍为维也纳大学经济学教授)为代表。他提倡经济的大同主义(Universalismus)，反对经济的个人主义和独利主义。照他的见解，家庭行会、经济组织、国家，都是为公利才存在的，不是为个人的快乐，更不是为分子的独利。

(6) 危机说与景气学。这两说是经济学上最新的学说。一九三〇年以后,世界经济衰敝,到处都闹恐慌,因此这两种学说更引起世界人士的注意。所谓危机说,简单说就是生产过剩的结果。机器进步,管理合法,大家拼命生产,物品制造过多,堆积不能流通,市场饱和了,到处无人购买。需要与供给不相平衡,结果经济的流通完全停止,而危机无法免避。为免除危机计,故需要生产统制,或实行国与国以物易物的交易。至于景气学,亦称市况学,目的在研究如何维持市价的平衡与稳定,也是经济学上最新的学说。(参用 F. Bülow 在 1931 年出版的《国民经济学》*Volkswirtschaftslehre*)

第三,各家对于经济演进的分类与分期。美国史学家班兹(H. E. Barnes)在他著的《新史学与社会科学》(*The New History and the Social Studies*)第七章"经济学与动进的历史学"第三节中,把各家对于经济演进的分类与分期的方法排列一起,很可以帮助历史的研究,转录如下:

a. W. Boscher 分经济生活的演进为以下三期:

1. 天然经济时代:在此时代,生产品为天所赐,可以随便取用;
2. 劳动经济时代:在此时代,劳动兴起,使用手工技术;
3. 资本主义时代:使用机械技术,为大规模的生产。

b. Bruno Hildbrand(1812—1878)的分期:

1. 自然经济时代
2. 货币经济时代
3. 信用经济时代

c. Friedrich Engels 的分期:

1. 第一期个人生产,主旨所以满足自己的需要;
2. 交换经济时代:a. 交换为偶然的现象,b. 交换为经常的现象,c. 交换为重大的现象;
3. 资本主义经济时代,依供给与需要的定律,以生产品为商品。

d. G. Schmoller 的分类,以地域单位为重心:

1. 部落、农村或市场经济时代
2. 市镇经济时代

3. 省区经济时代

4. 国家经济时代

e. Karl Bücher(1847—1930)的分类：

1. 自足阶段经济时代：生产者直接消费，不以物物作交换；

2. 城市阶段经济时代：生产者与消费者直接用物物交换；

3. 国家经济时代：生产者与消费者由中间人举行间接交换。

f. Werner Sombart(1863—)的分类法：

1. 个人自足的经济

2. 单位的经济：经济单位彼此合作，每一单位多半仍能自足；

3. 社会经济：生产单位分化，诸单位组成一个适应体。

g. R. T. Ely的分类，以职业与技术的进步为基础：

1. 渔猎阶段

2. 畜牧阶段

3. 农业阶段

4. 手工阶段

5. 工业阶段：a. 普遍竞争，b. 集中，c. 总合

h. F. Müller-Lyer的分期：

1. 部落组织时代：a. 初期部落阶段，b. 中期部落阶段；

2. 工业组织时代：a. 初期工业阶段，b. 中期工业阶段；

3. 资本主义组织时代：a. 初期资本主义，b. 中期资本主义，c. 近期资本主义；

4. 社会主义组织时代：初期社会主义阶段。

i. N. S. B. Gras的分期：

1. 群的经济

2. 游牧经济

3. 固定农村经济：a. 自由农村经济，b. 倚赖农村经济

4. 城市经济：a. 初期或商业城市经济，b. 后期或商工城市经济；

5. 大城市经济：a. 市场的组织，b. 工业的发展，c. 交通的发展，d. 财政组织的生长。

j. F. H. Giddings的分类，包罗极广，如下：

1. 有机体的经济(以动物为限)

2. 本能经济(动物与最早的人类)

3. 仪式经济：a. 幸运，b. 魔术，c. 牺牲；

4. 营业经济：a. 奴隶劳动，b. 贸易，c. 资本主义、机械技术、工厂、城市生活。(董之学译本，pp. 436－446)

2. 经济学对于历史学的关系

上边所说都是现代经济学供给历史学者的知识。历史学者知道了经济学，可以得到帮助，由经济学的启示，进而客观的了解历史上的种种经济问题。解释以前的历史，固然需要经济学的帮助，明了现代的历史，对于经济学的需要更为迫切。人类的活动，可以说大部分是经济的活动，所以历史上的事变，自然一大部分是经济的事变。现在举几个实例，作为历史与经济学关系的说明。

例一：比方我国历史上的流寇问题(即民变的问题)，大部分是经济的问题，一小部分是政治的问题。

我国历代流寇的发生，大致不外以下的几个原因：一，人口繁殖过多，家庭手工业的生产量，不敷新增人口的消费，于是聚而为乱；二，天灾流行，农产削减，大家没有饭吃；三，社会上苦乐不均，兼并过盛，引起一部分有领袖欲的人号召暴动；四，政治不良，地方官有剥削小民的虐政。其他如迷信、报仇等，有时也占一小部分，但大部分都是起于经济的问题。从经济的原因去寻求解释，头头是道。若丢开经济学的帮助，去求助于"天命"或迷信，不但不能解释，反而成了笑话。比方，明末(崇祯时代，1628—1644)的流贼李自成、张献忠的作乱，《明史》卷三〇九《李自成传》，明明说是崇祯元年(1628)陕西大饥，延绥缺饷，驻兵与饥民王大梁劫州库作乱；又说："以给事中刘懋议，裁驿站，山陕游民仰驿糈者无所得食，俱从贼，贼转盛。"有人说，李自成就是因裁驿失了业才去从贼的。这不是纯粹经济的原因么？但是当时的士大夫像米脂县的县长任邱边大绶(字长白)却硬说是风水的关系。他意谓把李自成的祖墓扒了，乱事即可消灭，李自成应当立刻失败。他不惜历尽艰难去毁坏李自成的坟墓，并且著了一部《虎口余生记》(见《知不足斋丛书》与《龙威丛书》)，追叙他如何去扒李家坟墓的事迹。墓虽扒了，李自成仍然把崇祯逼死，亡了明朝。现在经济学发达，科学昌明，我们自然看不起边大绥扒墓的可笑举动了。

例二：比方十三世纪初年蒙古灭金，窝阔台汗（元太宗）听信耶律楚材，采用汉化，是由于耶律楚材的言利得君。大原因是经济问题，不是“感化”的问题。

《元史》卷一四六《耶律楚材传》说：“太祖之时，岁有事西域，未暇经理中原，官吏多聚敛自私，资至巨万，而官无储备。近臣别迭等言：‘汉人无补于国，可悉空其人，以为牧地。’楚材曰：‘陛下将南伐，军需宜有所资，诚能均定中原地税、商税，盐酒山泽之利，岁可得银五十万两，帛八万匹，粟四十余万石，足以付给，何谓无补哉！’帝曰：‘卿试为朕行之。’乃奏立燕京等十路征收课税使，凡长贰悉用士人，极天下之选。辛卯（1231）秋帝至云中，十路咸进廪籍及金帛，陈于廷中。帝笑谓楚材曰：‘汝不去朕左右，而能使国用足，南国之臣，有复如卿者乎？’对曰：‘在彼者皆贤于臣，臣不材故留燕为陛下用。’帝嘉之，赐之酒，即日拜中书令，事无巨细，皆先白之。”（《元文类》宋子贞《神道碑》同）。这其中并无他种神秘，从经济上去解释耶律楚材博得大汗亲信的原因，实在是一个很容易求得共信的解释。

例三：如《史记·平准书》（卷三十）、桓宽《盐铁论》、《汉书·食货志》（卷二十四）都很详细的说到孔仅、桑弘羊置均输以通货物，及其他平准理财的良法。《旧唐书》卷一二三、《唐书》卷一四九《刘晏传》，也说到：刘晏于诸道巡院皆募驶足，置驿相望，四方货殖低昂及利害，虽甚远，不数日即知，由是“能权万货重轻，使天下无甚贵贱，而物（价）常平，自言如见钱流于地上”。孔仅、桑弘羊、刘晏从前都被骂为言利之臣，现在受现代经济学的指示，我们即应当再重新估量孔、桑、刘诸氏经济见解，和财政学说的价值了。

例四：没有经济知识的人不但误国，也不能应付现代世界的事变。如我国关税自主权的丧失，都是由于当时的王公大臣没有经济的常识，因此海关营理权落于外人之手。当时言明由百分之二五的税以后，不再抽税。这种制度在欧洲早已通行，不过西太后和一般贵族、大臣不知道吧了。这些都可以见经济学和历史学的关系，通达经济学对于历史事变解释的重要。

四　历史学与统计学

将同一时代、同一地域内，多数同类的人或事，集于一处，用算式求得数目字，列为一表或一图，而可以从这些图表上，看出这些人或事一般状态的数量或原因者，叫做统计。研究怎样从学理、方法上说明统计的任务的学问，叫做统计学。统计学就性质说，又可分为理论的统计学与应用的统计学。前者以讨论统计的性质、原理与方法等为主；后者以说明各种统计材料所得的意见，及提示应注意的事项为主。

由统计求得的数目字，是比较精确的、具体的，所以由统计求得的知识，也是归纳的、可靠的，因此统计学有时也叫做“精确的社会学”(Exakte Gesellschaftslehre)。

历史学与统计学的关系是很密切的。我们可以由下列的三方面，表明两者间的关系。

第一，统计学可以用作研究史料的方法，它可以供给更确定历史事实。

历史的史料就记事内容的性质说，常见的事情多，不常见的事情少，例行的文件多，特殊的文件少。不常见的事情，与特殊的文件，可以应用普通所说的研究方法，加以处理；常见的事情，与例行的文件，普通研究方法以外，必须再应用统计的方法，才能表现出它们在史料上的价值。比方我们廿四史中的《五行志》，往往分类的把每代的灾异排列的记述下来，说某地某时有如何的地震，某地某时有如何的旱灾或水灾。这些记事在当时是另有作用的(如借灾异批评政治之类)。现在我们可以用统计的方法，就地域时代把地震列为一表，即可以知道地震与其地民生荣枯的关系，把旱灾、水灾、蝗灾列成一表，即可以知道政府对防旱、水利、防蝗的功罪与态度。从《春秋》上所说“弑君三十六，亡国五十二”，可以知道，当时弑君立君并不是了不得的事体，可以使我们了解春秋时代是贵族专政时代，从亡国数量的众多，可以使我们知道，我国自春秋起，国家的演变在渐渐趋于统一。这些都是统计学对于整理史料的贡献。其次就近代史说，统计学还可以供给确定的事实，使历史家对所记述的事实,更加具体更加真实。兹举下列四事为例:(一)现代有所谓国势的调查,或人口的统计,将国内的人口加以普遍的统计,确定全国人口总数有几,其中男子有几,女子有几,每年增加若干,五十万或百万以上人口的大城市共有若干。从人口的统计,可以指示历史家对人口消长的注意;(二)其次又有所谓教育的统计:a. 指示全国人民识字的百分比如何;b. 指示全国有若干学校,平均多少人口,或某某方里的区域有若干学校;c. 指示失学儿童的总数目,和他们与儿童总数的百分比;d. 指示国内某年到某年出版事业的数量。从这些教育的统计上,可以使历史家明了本国国民在智力上的地位,可以知道国内学术与世界学术的关系;(三)经济的统计:a. 如用统计的数目字,指示某年出口多少,入口多少,各项的百分比如何;b. 用数目字指示国内的生产如何,某种过多,某种过少,应如何筹划补救;c. 用数目字指示工业进步的情形,全国共有若干工厂,共有百分之几的人口是工人,工人与工厂的比例如何。从经济的统计,可以使历史家明了国际间外交政策的关系;(四)又有所谓社会的统计,或者说风化的统计:a. 统计国内犯罪的人数,与犯罪种类的百分比;b. 统计人民结婚的年龄,离婚的数目,与这些结婚与未结婚、离婚与年岁等的种种比例;c. 生殖率或死亡率的统计;d. 疾病与康健设备的统计等。从这些社会统计的指示,可以使历史家知道,凡是一种社会的现象,都各有各的复杂关系,都不是可以任意批评或忽略的。

第二,统计方法可以帮助历史家记述的不足。

历史对于历史上类似的史事、类似的人物、类似的事件,不能一切都平铺直叙的(或重复的)记载下来,必须利用统计的方法,作为种种图表,以补助文字叙述的不足。图表的功用,所以表现这些史事,或人物,或事件的关系。例如国际间的外交关系,重大的交涉自应特别加以叙述。例行的往来,即应当另立一个交聘表,或属国表,容纳一般类似的史事。又如一代执政的宰相、开国平边的功臣,专传叙述以外,也应当另立专表,作为归纳的提示。其他如皇帝的嫡亲子弟,和由外戚恩泽而得封的贵族,事少可记,弃之可惜,都应当用图表把他们概括的记述下来。这些都是从前史书所常有的。此外如战争次数、军队数目、官吏数目、每岁财政的收支等,都应当利用图表归纳为简明的指示。

第三,从统计数目字的启示,可以求得史事正确的解释。

关于此点,举以下数例,以著梗概。第一,如《元史·太祖本纪》,篇终叙述成吉思汗的武功说:“帝深沉有大略,用兵如神,故能灭国四十。”这是不能使我们了解成吉思汗在十三世纪初年取威定霸的武功的。《元朝秘史》(叶德辉刊本和《四部丛刊》三集本)卷八,说成吉思汗在一二〇六年即大汗位的时候,大封功臣,即有了三个万户,和九十五个千户。当时的九十五个千户,略等于现在的九十五个混成团。成吉思汗和他的嗣子在十三世纪初年,拥有这样雄厚的兵力,自然可以西征西辽、花拉子模与波斯,东灭金朝与西夏了。九十五位千户的列举,自然盛于千百字的空文赞美。这是统计数目字帮助解释历史事实的一例;第二,《宋史》卷三六六《刘锜传》叙述刘锜一一四〇年“顺昌之捷”,说他初次夜袭金营时才有五百人,后来与兀术大战,他的军队总数不足两万,而参加的人数才只有五千人。《宋史》以为顺昌之捷是一个大胜,反观《金史》卷七十一《兀术(宗弼)传》竟不载此战。《金史》卷七十一与《宋史》卷三六六,谁对呢?从数目字上看起来,刘锜的兵最多不过两万,参战的才有五千,当时金宋战争,金兵动辄数十万。由此可知,顺昌之捷虽是真的,也只是一种侧面的战争,不是金宋两国分胜负的大决战。《宋史》卷三六六的自夸,与《金史》卷七十一的自讳,虽都有片面的理由,但都是不符事实。

五　历史学与民俗学

民俗学(Volkskunde, Folklore),在德国是一八五八年以后,经文化史家黎耳(W. H. Riehl,1832—1897)的提倡,才成为一种独立的研究的。一八五八年黎耳公开演说,讲题是《把民俗学看作一种科学》(Die Volkskunde als Wissenschaft)。演辞中一再申说民俗学的性质、内容及研究的方法等,从此民俗学才渐渐独立。照黎耳的意见,民俗学是以研究一个民族的生活现象为对象的,民族生活的种种表现,凡是不是个人特有的,而是多数人共有的,都在民俗学研究的范围以内。因此,游戏、迷信、衣饰、用具、玩物、歌谣、俗语、迎神赛会等,凡是于习惯、风俗有关系的东西，可以说都是属于民俗学的。民俗是一个民族生活表现于外的种种样子，民俗不是大众合起来创造的，而是由于个人偶然的创造，大众有意的仿效，久而久之，仿效的多了，这种创造就变成了一种民俗。

我们从前曾说文化是生活的样子，现在又说民俗是生活的种种表现，两者的分别是什么呢？简单说，生活样子属于一般者，或模仿者，就叫做民俗；属于精神方面者，或理智方面者，就叫做文化。

民俗学对于历史学的关系，可归纳为以下的几点：第一，扩大历史学的研究。从前历史学者研究历史，都主张从有记载的时候开始，研究的史料也只以记载为限，没有记载或无文字的史料，则属之考古学。自民俗学发达以后，民族史前期的生活状况，以及不见于记载的种种民俗，也都有人注意研究，成为专门的科学。历史家也不得不利用民俗学研究的结果，以补助文字研究的不足，因此把历史学研究的对象逐渐放大。凡是有历史意义的民俗，也都为历史学者所注意；第二，改正历史学者的偏见。比方《史记》、《汉书》"匈奴传"说，匈奴人"父死妻其后母，兄弟死娶其妻妻之"；《周书·异域传》说，突厥人有父死以刀剺面，表示哀悼的行为。这些与内地人"寡妇守节"、"身体发肤，受之父母，不敢毁伤"一样，都是一种民俗。这些民俗的成立，都有地理环境、经济条件等等为之主因，没有绝对的善恶可言，从前的鄙视讥笑都是无的放矢；第三，可以帮助了解历史上的奇异风俗。少见多怪，自古即是一般人的通病。历史家对于不常见的奇异风俗，往往喜欢作过当的批评。由民俗学的指示，知道风俗是从模仿得来的。其他民族有许多奇异的风俗，反观我国我民族，也有许多奇异的风俗。见怪不怪，其怪自败，自然即可以对这些风俗作一种寻源的研究，或寻求一种比较合理的解释。

Ⅱ 历史学和与他接近的几种自然科学

照班海穆教授的意见，历史与自然是对待的。历史学是一种社会科学，研究的对象是人的社会活动，和自然科学又全然不同，两者是没有直接的关系的。历史家可以利用自然科学的定律（如生物学的定律等）去解释历史，可以利用科学家研究学问的方法与精神去研究历史，但自然科学与历史学的关系是间接的，不是直接的。用显微镜察验墨水，可以断定羊革文书的真假，用化学分析古铜（钟鼎），可以确定古物年代的先后，这是用自然科学帮助研究历史的例子，但这是不需要历史家自己动手的。因此显微镜与化学对历史学的帮助，即是间接的，偶然的，不是直接的。

一、**历史学与人类学**（Anthropologie）。人类学有两种含意：一是研究人的学问，凡是研究人类身体各部的学问，都包括在内；二、是研究人类自然发达的历史。前者是人的通论，后者是专门讨论人类在体质方面、生理方面、遗传方面的种种关系。人类学就研究的范围说有（一）人类起源的研究、（二）人类哲学的研究、（三）人类神学的研究三大支。而第一支又可分为以下的四部：一、普通人类学（Allgemeine Anthropologie），偏重人类由来的研究（Anthropogenie，如说人类是从一种动物或多种动物进化来的）与人类生物学（Anthropobiologie）；二、系统的人类学（Systematische Anthropologie），偏重人类的解剖（Anatomie）、人类的生理（Physiologie）与人类的病理（Pathologie）等；三、人类的描写（Anthropographie），偏重种族的研究与分析（Rassenlehre）；四、社会的人类学（Sozialanthropologie），偏重种族卫生（Rassenhygiene）与种族的优生学（Eugenik）。人类学的起源远在一七六四与一七七五年间，数十年后方有人类学学会的组织（法国巴黎在一八三九年，伦敦一八四三年，柏林一八六九年）。在此数十年间，大家均集中于人类头盖骨比较的研究。迨达尔文（1809—1882）《种源论》、《人类的祖先》诸书出，进化论异军特起，影响于人的研究者至巨，人类学亦一转而兼注意遗传与种族演变的讨论。

人类学对历史学的关系，提要言之，则有以下诸点：一、可以利用人类学的原则原理，帮助解释历史的人种神话，及其他种族的问题；二、从遗传方面可以更使我们相信前人“明代后妃多出身贫贱，故皇帝多愚”的推断。（赵翼《二十二史札记》卷三十二有“明代选秀女之制”，及“明正后所生太子”诸条，可为推论的根据。明朝只有成祖仁孝皇后，是徐中山王的女儿。）另一方面对古语，如“男女同性，其生不蕃”，也觉着更有价值；三、就人种说，我国似乎没有人种的单位，而只有文化的单位。“夷狄进于中国者，则中国之”，现在所说的汉人，也只是以“汉人”为主的混合种；四、从人类的骨骼、体质上可以考见，我国诸大种族同化与结合的关系。

二、**历史学与人种学**（Ethnologie，Völkerkunde）。亦称民族学，因为“ethnos”意思就是民族（Volk）的缘故。人种学研究的重心有二：一、研究民族与民族间形体的差别与关系；二、研究民族间文化的样式与特质。前者以生理学与遗传学为主，后者以思想与地理环境为主。这些都和史前史、文化史的解种史事，有密切的关系的。

三、**历史学与地质学和古生物学**（Geologie und Paläontologie）。地质学研究地层的构造、地壳的成立，以及地球上各种物质分布的关系。古生物学研究“前世纪”生物分布的情形，和生物凝结与组成的关系。一重地层，一重化石。由研究地层与化石而知地质的构造，由此人类所居地下面所蕴蓄的宝藏，如五金、煤炭、诸矿、石油、盐铁诸物，均可由研究地层与古生物而知之。自地质学发达以后，各国皆利用之，内作国家资力的调查，外事拓疆辟土的探视。因争煤铁、石油等，而历史上发生的战争与交涉，不胜指数。普法之争阿尔萨斯、罗兰，日俄之库页岛，英荷之努力保持爪哇等地煤油，日本之夺我抚顺等煤矿、东北四省，英国之夺我开滦、焦作等，莫不先施一地质的调查，后定军事的去取。总之，依地质调查，可以知本国的富源，可以知地下的宝藏，可以决定立国的方针，可以知努力保守本国的重要地域。富源所在地，也就是敌人的侵略的目的。国民对于这些富源，须具有利用的智识，又须有自保的力量。

四、**历史学与地理学**（见第四编第一章）。

Ⅲ　历史学与心理学

心理学简单说是研究人类心理现象的法则，心理现象的演进与变化的学问。近来发达进步，支派繁多，约而举之，可以分为以下诸科目，如群众心理学、社会心理学、个人心理学、动物心理学、儿童心理学等。

就学派说，名目更繁，则有实验主义者的心理学、行为派的心理学等等。心理学与历史有直接关系的，当推社会心理学、群众心理学、个人的心理学。兹择要略述如下：第一，就社会心理说，例如个人对于社会的关系，有人说，个人的才智是可以克服社会环境而独立的。也有人说，个人才智的表现，完全决定于社会的条件，或时代的关系。心理学者 W. James(1842—1910)在他著的《伟人与他的环境》中说，上面的两种说法都不对。照他的意见，“个人与社会，各有其固有之重量。社会进化是两个原素交互作用的结果。个人是一个原素，社会环境是另一个原素。个人之才智，操一切进取与创造之权；社会环境也有接受或排斥个人才智之权。这两个原素对于社会的进化，均关重要。使无个人的创造，则社会将有停滞的危险；使无社会之同情，则个人的创造即转而消沉。”(节取班兹书 pp. 90－93)；第二，说群众心理学，历史上有许多事变，如每朝将亡时的民变，多起于民间的谣言，和民间的舆论与朝廷政策对峙时，常演成政治紊乱的状态。(如东汉的党锢之狱、明末东林复社之争，朝野变成对立的局面，即大部分受了群众心理的影响)。群众心理一部分人倡之，千万人从而和之，可以造成一种运动，拥有一时的势力。但这种运动往往是盲目的、冲动的，不一定是合理的。(挪威诗人易卜生的《国民的公敌》与《群鬼》等作品，对群众心理的不合理，有很深刻的说明。)第三，社会心理，外受时代的刺激，常常转变，因此历史上的大人物与大事变也随着时代心理的转变反应各异。如同是一个秦始皇、汉武帝、王安石，有时被人斥为好大喜功，变乱旧章；有时也许被尊为新时代的开创者、民族的英雄、维新革命的杰士。这些史事的了解与说明，都是要借助于心理的指示的。

Ⅳ　历史与文学

历史与文学的关系，我们在第二编第七章“历史的叙述”(见第二编第七章第三节“叙述的方法”)已经说过了。现在再略说文学创作与科学研究的区别，作为补充。

第一，科学家所负的使命，在叙述事实与寻求定律；文学家所负的使命，在发挥情感与描写个性。

第二，文学家要描写的对象，以“独”为主。所以文学家所注意的对象，无论是人或物，总是注意他们独有的特点，用文学的技术，去表现某人或某事独一无二的特性，因此常常是单一的、独有的。同是游记，柳宗元的《永州八记》，不同于苏东坡的《赤壁赋》。同是写秋景的文学作品，欧阳修的《秋声赋》，不同于杜甫的《秋兴诗》；科学家注意的对象，无论是自然现象，或人类社会，大部分是以“类”为主。对象是自然现象，就是自然科学，对象是人类社会，就是社会科学。着眼点在从“类”中找共通性，所以常常是归纳的、综合的。研究的对象相类，即是时代、地域不同，而求得的结果仍是相同。历史虽是社会科学，实介于文学与科学之间。就文化的外形说（如生活的方式、制度的通性等），是以“类”为主。但是就社会中的分子说（天才、英雄等），则有时又是以“独”为主。不过历史家所说的“类”，不像其他科学家所说的类那样确定；历史家所说的“独”，也不像一般文学家所描写的“独”那样想象吧了。比方唐诗、晋字、汉文章、宋词、元曲、明清的长篇小说，这是文化方面的现象，由类得名。唐人的诗，上不同于魏晋，下不同于宋明。汉朝的散文、元朝的戏曲，也是和它的前后时代不相似的。但这只是大体上的区别，用以分别文学、体裁在各时代演进的大势，不是自然科学上所说的类的性质。再就历史家记述历史上的大人物说，同是开国的皇帝，宋太祖与唐高祖有别，明太祖与汉高祖也不相同。但历史家叙述宋太祖、唐高祖、明太祖与汉高祖的不同，须依史料为凭，不能任意独造。班固在《汉书》中所叙述的汉高祖与《史记》中所叙述的汉高祖，应当是相类的。这是文学与历史不同的地方。

第三，科学家对于一切事物，只想去说明它，解释它，目的在揭发事物的神秘，在神秘中找出它们的普遍性，归纳成若干定律，用简单的辞句，作明了的说明。一种事或物，既到可以说明，可以用定律解释了，即已没有神秘可言。所以科学的功用，常常是将不容易知道的，使人知道，不容易说明的，引用归纳的定律予以浅显的、系统的说明。简单说，科学的功用，在于化神秘为平易。文学的功用，与科学的功用相反。文学家对于一事一物，只想去描写它发挥它，目的在借题目发抒感情，在从极平常的一事或一物中，发现它们不可思议的地方。或者借题发挥，从一件不相干的事或物中，发出一篇大议论。或者从小见大，从一件小事中，表明这件事有如何如何的关系。使一种平凡的事情，无中生有，臆造成一个动听的故事。或者使一件平常的东西，烘托、修饰成为一种有趣的作品。简单说，文学的功用，在于化事物的平易为神秘。

我们在第二编中已说过："文学的描写与体裁，只是历史叙述的手段，不是历史叙述的目的。历史学也和他种科学一样，研究的自身，即是求得知识的目的。历史家对于一种史事，忠实的将研究所得的结果，叙述成一种可读的历史，就算尽了历史家的职务。最忌忽略事实，凭空臆造，文学的描写是历史家应具备的技术，但不是历史家应具备的唯一的技术。"

V　历史与美术

历史与美术的关系，兹就下列三点，略加说明：一历史与美术品，二历史与美术史，三历史与美术的区别。凡是由天才与技术创造的东西，而可以引起人的美感的，都可以叫做美术。美术简单说就是美的技术，通常包括图画、雕刻、塑像、音乐、戏剧等。有时为语言的便利，也称精致的、纯美的美术品为美术品（如图画等），现实的、实用的美术品为艺术品。

一、历史与美术品。凡是前人遗留的物品，通称之为古物。古物之有美术的价值，或能引起人的美感者，为美术品。古物范围较大，美术品范围较小。凡是美术品都可以说是古物，而古物则不尽是美术品。史料的来源分记载、传说、古物三大类。所以有历史价值的美术品，如古衣饰、古人物、古印、古画、古用具、古钱币、古宫室等，都可以用作记事的重要史料。美术品之有年月、时代、地域可寻者，对于历史尤有价值。不但它自身是可贵的史料，因为它是一种实体物，不容易转变成伪造，并可用以帮助解释其他史料或史事。

二、历史与美术史。这一点就文化史说，更见重要，美术是文化史的一部分。美术的派别、款式、花纹，对宗教、政治的关系异常亲密。从画风上可以看甲民族所受乙民族的影响；从装饰上可以知某时代有何种风尚;从建筑的款式上,可以知某文化在宗教或政治上的势力。如十三世纪(1241)蒙古拔都的西征中欧,兵力远至东普鲁士、捷克等地,上述各地至今尚有若干教堂、修道院,如 Wahlsfslt 的教堂、捷克 Hortein 山上的修道院教堂,都保存有蒙古战争的壁画。画中绘蒙古人怕雷败北的情形。这种带有东方故事的美术品,绝不是偶然的,凡此都可以从美术上认识美术史与历史的关系。此外,美术史对于画派的分析、作品的鉴定、作者的叙述,都是可以帮助历史家对美术品的认识考定的。历史家叙述一时代的文化,应当具备丰富的美术史的知识。

三、历史与美术的区别:(1) 美术在发挥情感,在能将现状或想象具体化、美化,以引起时人的注意。历史在叙述往事,供给对往事的知识,就性质说二者完全不同;(2) 美术偏重个性,注重想像,历史则偏重客观,注重证据;(3) 美术在表现事物的一片或一段,历史在说明事实整个的因果关系;(4) 就再就工作的方法说,历史家搜辑材料,证明各种事实进化的因果关系,所用的方法是归纳的、比较的。美术家刻画事物,使想象具体化,所用的方法是推想的、演绎的;(5) 历史家的记事在求得共信,工作的对象以事实为限。美术家的作品在求得共好,因为要引人注意,自不免创造意境,加重修饰。这些都是历史与美术不同的地方,因此历史家了解一种事实的记载与美术史家了解一时代的美术作品,注意与说明都有很大的差别。

其他如历史与哲学,已略见于第三编"欧洲近代通行的几种历史观"历史与宗教,我们在第三编"二元论的历史观"中也略有述说。历史与伦理,详见班兹的《新史学与社会科学》(原书第九章 pp. 515-559)。此外各科学中与历史学有关系的科目尚多,因为多是特殊的,或部分的,此地不能尽详,容有机会再专文论述。(完)

附录一　释　史

王国维

作为第一编“历史学的性质与任务”章“历史字义的说明”的参考。录自《海宁王忠悫公遗书》内编《观堂集林》第六。王先生的文中，引了许多经文的成语，特加新式标点，为浏览时的帮助。

考证我国“史”字的由来与演变，应当也是一种烦重的工作。“说史”至少和“说儒”一样，方可使人得到一个明白的概念。王先生的说法，大体很好。可惜行文太简奥一点，现在将他研究的结论，提示如下：

1. 他先承认清人说“史”字是“象手执简形”，又说“中”是“官府簿书”，犹今之案卷。比较《说文》：“史从又，持中。中，正也。”好得又进而推究“簿书何以叫作中”？他得到的结论是：“中”是盛筭的器具。筭与筴（简策）原是一物。盛筭之“中”，也用以盛节。故断定“史”字从又持中，义思即是指“持书之人”。

2. “古者书筴，皆史掌之”。“史之职专以藏书、读书、作书为事”。所以史字从中，氏象盛筴之器，由此可知史是以职掌得名的。

3. “史为掌书之官，自古为要职”。史之本义为持书之人，引申而为太官、庶官之称，又引申而为议事之称。照王先生的意思，古时候“史”、“吏”、“事”三个字彼此通用，到了小篆才截然有别。秦汉之际，才分“持书者谓史”，“治人者谓之吏”，“职事谓之事”。至于在古时候的《诗经》和《书经》中，这三个字是没有很大的分别的。

4. 推论“史”在古代的地位，作为本文的结论。

《说文解字》:“史,记事者也,从又持中。中,正也。其字古文、篆文并作、从。”秦泰山刻石御史大夫之史,《说文》大、小徐二本皆如此作。案:古文“中正”之字作、、、、、诸形,而“伯仲”之“仲”作,无作者,唯篆文始作。且“中正”,无形之物德,非可手持。然则“史”所从之“中”,果何物乎?吴氏大澂曰:“史象手执简形。”然与简形殊不类。江氏永《周礼疑义举要》云:“凡官府簿书谓之‘中’,故诸官言‘治中’、‘受中’,《小司寇》‘断庶民狱讼之中’,皆谓簿书,犹今之案卷也。此‘中’字之本义,故掌文书者谓之史,其字从又从中。‘又’者,右手,以手持簿书也。‘吏’字、‘事’字皆有中字。天有‘司中星’,后世有‘治中’之官,皆取此义。”江氏以“中”为簿书,较吴氏以“中”为简者得之。简为一简,簿书则需众简。顾簿书何以云“中”,亦不能得其说。案:《周礼·大史职》:“凡射事,饰中,舍筭”《大射仪》:“司射命释获者设中,大史释获。小臣师执中,先首坐设之,东面退。大史实八筭于中,横委其余于中西。”又“释获者坐取中之八筭,改实八筭,兴执而俟。乃射,若中,则释获者每一个释一筭,上射于右,下射于左。若有余筭,则反委之。又取中之八筭,改实八筭于中,兴执而俟”云云。此即《大史职》所云“饰中舍筭”之事。是“中”者,盛筭之器也。中之制度,《乡射记》云:“鹿中髹,前足跪,凿背容八筭。释获者奉之,先首。”又云:“君国中射,则皮树中,于郊则闾中,于竟则虎中,大夫兕中,士鹿中。”是周时中制皆作兽形,有首有足,凿背容八筭,亦与字形不类。余疑中作兽形者,乃周末弥文之制,其初当如形,而于之上横凿空以立筭,达于下横,其中央一直,乃所以持之,且可建之于他器者也。考古者简与筭为一物。古之简策,最长者二尺四寸,其次二分取一为一尺二寸,其次三分取一为八寸,其次四分取一为六寸。详见余《简牍检署考》。筭之制,亦有一尺二寸与六寸二种。射时所释之筭长尺二寸,投壶筭长尺有二寸。《乡射记》“箭筹八十,长尺有握,握素。”注:“箭,篠也。筹,筭也。握,本所持处也。素,谓刊之也。刊本一肤。”贾疏:“云长尺复云有握,则握在一尺之外,则此筹尺四寸矣。云‘刊本一肤’者,《公羊传》僖三十一年:‘肤寸而合。’何休云:‘侧手为肤。’又《投壶》‘室中五扶’注云:‘铺四指曰扶。案:《文选·应休琏与从弟君苗君胄书》注引《尚书大传》曰:“扶寸而合,不崇朝而雨

天下。”郑玄曰：“四指为扶。”是“扶”、“肤”一字。一指案寸。’皆谓布四指，一指一寸，四指则四寸。引之者，证‘握’、‘肤’为一，谓刊四寸也。”所纪筭之长短，与《投壶》不同。疑《乡射记》以周八寸尺言，故为尺四寸。《投壶》以周十寸尺言，故为尺有二寸。犹《盐铁论》言“二尺四寸之律”，而《史记·酷吏传》言“三尺法”，《汉书·朱博传》言“三尺律令”，皆由于八寸尺与十寸尺之不同，其实一也。计历数之算，则长六寸。《汉书·律历志》：“筭法用竹，径一分，长六寸。”《说文解字》：“筭，长六寸。”计历数者尺二寸与六寸，皆与简策同制。故古筭、筴二字往往互相。《既夕礼》：“主人之史请读赗，执筭，从柩东。”注：“古文筭皆作筴。”《老子》：“善计者不用筹策。”意谓不用筹筭也。《史记·五帝本纪》“迎日推筴”，《集解》引晋灼曰：“筴，数也。迎，数之也。”案：筴无数义，惟《说文解字》云：“算，数也。”则晋灼时本当作“迎日推筭”，又假筭为算也。汉荡阴令张迁碑：“八月筴民。”案：《后汉书·皇后纪》：“汉法常以八月算人。”是“八月筴民”即“八月算民”，亦以筴为算，是古筭、筴同物之证也。射时舍筭，既为史事，而他事用筭者，亦史之所掌。《周礼》冯相氏、保章氏皆大史属官。《月令》乃命大史守典奉法、司天日月星辰之行，是计历数者史之事也。又古者筮多用筴以代蓍。《易·系辞传》言“乾之策，坤之策”，《士冠礼》“筮人执筴”。又周秦诸书多言龟策，罕言蓍龟，筴、筭实一字。而古者卜筮亦史掌之。《少牢馈食礼》“筮者为史”，《左氏传》亦有“筮史”，是筮亦史事。筭与简策本是一物，又皆为史之所执，则盛筭之中，盖亦用以盛简。简之多者，自当编之为篇。若数在十简左右者，盛之于中，其用较便。《逸周书·尝麦解》：“宰乃承王中，升自客阶，作筴、执筴，从中，宰坐，尊中于大正之前。”是中、筴二物相将，其为盛筴之器无疑。故当时簿书亦谓之“中”。《周礼·天府》：“凡官府、乡、州及都鄙之治中，受而藏之。”《小司寇》：“以三刺断庶民狱讼之中”，又“登中于天府，乡士、遂士、方士狱讼成，士师受中。”《楚语》“左执鬼中”，盖均谓此物也。然则史字从又持中，义为持书之人，与“尹”之从又持丨象笔形。者同意矣。

然则谓中为盛筴之器，史之义不取诸持筭而取诸持筴，亦有说乎？曰：有。持筭为史事者，正由持筴为史事故也。古者书筴皆史掌之，《书·金縢》“史乃册祝”，《洛诰》“王命作册逸祝册”，又“作册逸诰”，《顾命》“大史秉书，由宾阶脐，御王册命”。《周礼·大史》：“掌建邦之六典，掌法掌则，凡邦国都鄙及万民之有约剂者藏之，以贰六官。六官之所登，大祭祀，戒及宿之日，与群执事读礼书而协事。祭之日，执书以次位常。大会同、朝觐，以书协礼事。及将币之日，执书以诏王。大师抱天时，与大师同车。大迁国抱法以前，大丧执法以莅劝防。遣之日读诔。”《小史》：“掌邦国之志，奠系世，辨昭穆。若有事，则诏王之忌讳。大祭读礼法，史以书辨昭穆之俎簋。卿大夫之丧，赐谥，读诔。”《内史》：“掌王之八枋之法，以诏王治。执国法及国令之贰，以考政事，以逆会计。凡命诸侯及公卿大夫则册命之。凡四方之事书，内史读之。王制禄，则赞为之，以方出之。”内史：“掌书王命，遂贰之。”外史：“掌书外令，掌四方之志，掌三皇五帝之书，掌达书名于四方。若以书使于四方，则书其令。”御史：“掌赞书。”女史：“掌书内令。”《聘礼》：“夕币，史读书展币”，又：“誓于其竟，史读书。”《觐礼》：“诸公奉箧服，加命书于其上，升自西阶，东面。大史是右，侯氏升，西面立，大史述命。”注：读王命书也。《既夕礼》：“主人之史请读赗”，又：“公史自西方东面，读遣卒命。”《曲礼》：“史载笔。”《王制》：“大史典礼，执简记，奉讳恶。”《玉藻》：“动则左史书之，言则右史书之。”《祭统》：“史由君右执策命之。”《毛诗·静女传》：“古者后夫人必有女史彤管之法，史不记过，其罪杀之。”又周六官之属，掌文书者，亦皆谓之史。则史之职，专以藏书、读书、作书为事。其字所从之“中”，自当为盛筴之器，此得由其职掌证之也。

史为掌书之官，自古为要职。殷商以前，其官之尊卑虽不可知，然大小官名及职事之名，多由史出，则史之位尊地要可知矣。《说文解字》：“事，职也。从史，㞢省声。”又：“吏，治人者也。从一从史，史亦声。”然殷人卜辞皆以“史”为“事”，是尚无“事”字。周初之器，如毛公鼎、番生敦二器，卿事作事，大史作史，始别为二字。然毛公鼎之事作，小子师敦之卿事作，师寰敦之啬事作，从中，上有斿，又持之，亦史之繁文，或省作，皆所以微与史之本字相别，其实犹是一字也。古之官名多由史出，殷周间王室执政之官，经传作“卿士”，《书·牧誓》：“是以为大夫卿士”，《洪范》：“谋及卿士”，又“卿士惟月”，《顾命》：“卿士邦君”，《诗·商颂》：“降予卿士”，是殷周间已有卿士之称。而毛公鼎、小子师敦、番生敦作“卿事”，殷虚卜辞作“卿史”，《殷虚书契前编》卷二第二十三叶，又卷四第二十一叶。是

卿士本名史也。又天子、诸侯之执政通称“御事”，《书·牧誓》：“我友邦冢君御事。”《大诰》：“大诰猷尔多邦，越尔御事。”又：“肆余告我友邦君、越尹氏、庶士、御事。”《酒诰》：“厥诰毖庶邦庶士、越少正、御事。”又：“我西土棐，徂邦君御事、小子。”《梓材》：“王其效邦君越御事。”《召诰》：“诰告庶殷越，自乃御事。”又：“王先服殷御事，比介于我有周御事。”《洛诰》：“予旦以多子越御事。”《文侯之命》：“即我御事，罔或耆寿，俊在厥服。”多以邦君、御事并称，盖谓诸侯之执政者也。而殷虚卜辞则称御史，《殷虚书契前编》卷四第二十八叶。是御事亦名史也。又古之六卿，《书·甘誓》谓之“六事”。司徒、司马、司空，《诗·小雅》谓之“三事”，又谓之“三有事”，《春秋左氏传》谓之“三吏”，此皆大官之称事，若吏即称史者也。《书·酒诰》：“有正、有事”，又：“兹乃允惟王正事之臣”，《立政》：“立政、立事”，“正”与“事”对文。长官谓之正，若政；庶官谓之事，此庶官之称事，即称史者也。史之本义为持书之人，引申而为大官及庶官之称，又引申而为职事之称。其后，三者各需专字，于是史、吏、事三字于小篆中截然有别，持书者谓之史，治人者谓之吏，职事谓之事。此盖出于秦汉之际，而《诗》、《书》之文尚不甚区别，由上文所征引者知之矣。

殷以前，史之尊卑虽不可考，然卿事、御事均以史名，则史官之秩亦略可知。《曲礼》：“天子建天官，先六大，曰：大宰、大宗、大史、大祝、大士、大卜，典司六典。”注：“此盖殷时制。”大史与大宰同掌天官，固当在卿位矣。《左传》桓十七年：“天子有日官，诸侯有日御，日官居卿以底日。”以日官为卿，或亦殷制。周则据《春官·序官》：“大史，下大夫二人，上士四人。小史，中士八人，下士十有六人。内史，中大夫一人，下大夫二人，上士四人，中士八人，下士十有六人。外史，上士四人，中士八人，下士十有六人。御史，中士八人，下士十有六人。”其中官以大史为长。郑注：“大史，史官之长。”或疑《书·酒诰》称大史友、内史友，《大戴礼记·盛德》篇云：“大史、内史，左右手也。”似大史、内史，各自为寮，不相统属。且内史官在大史上，尤不得为大史之属。然毛公鼎云御事寮、大史寮；番生敦云御事大史寮，不言内史。盖析言之，则大史、内史为二寮；合言之，则为大史一寮。又周官长贰不问官之尊卑，如乡老以公、乡大夫以卿，而为大司徒之属；世妇以卿，而为大宗伯之属，皆是。则内史为大史之属，亦不嫌也。秩以内史为尊，内史之官虽在卿下，然其职之机要，除冢宰外，实为他卿所不及。自《诗》、《书》、彝器观之，内史实执政之一人，其职与后汉以后之尚书令、唐宋之中书舍人、翰林学士、明之大学士相当，盖枢要之任也。此官周初谓之作册，其长谓之尹氏。尹字从又持丨象笔形。《说文》所载“尹”之古文作，虽传写讹舛，未可尽信，然其下犹为聿形，可互证也。持中为史，持笔为尹，作册之名亦与此意相会，试详证之。《书·洛诰》：“王命作册逸祝册”，又“作册逸告”。“作册”二字，伪《孔传》以“王为册书”释之。《顾命》：“命作册度”，传亦以“命史为册书法度”释之。孙氏诒让《周官正义》始云“尹逸，盖为内史，以其所掌职事言之，谓之作册。”《古籀拾遗·宂卣跋》略同。始以“作册”为内史之异名。余以古书及古器证之，孙说是也。案：《书·毕命序》：“康王命作册毕，分居里，成周东郊，作《毕命》。”《史记·周本纪》作“康王命作册毕公”，盖不知作册为官名，毕为人名，而以毕公当之，为伪古文《毕命》之所本。《汉书·律历志》引逸《毕命丰刑》曰：“王命作册丰刑。”《逸周书·尝麦解》亦有“作筴”，此皆作册一官之见于古书者。其见于古器者，则癸亥父己鼎云：“王赏作册丰贝”，睘卣云：“王姜命作册睘安夷”，伯吴尊盖云：“宰朏右作册吴入门”，皆以作册二字冠于人名上，与《书》同例。而吴尊盖之“作册吴”，虎敦、牧敦皆作“内史吴”，是作册即内史之明证也。亦称“作册内史”，师艅敦：“王呼作册内史册命师艅”，宂盉：“王在周，命作册内史锡宂卤□□。”亦称“作命内史”，剌鼎：“王呼作命内史册命剌”是也。内史之长曰“内史尹”，亦曰“作册尹”，师兑敦：“王呼内史尹册命师兑”，师晨鼎：“王呼作册尹册命师晨”，宂敦：“王受作册尹者假为诸字。俾册命宂”是也。亦单称“尹氏”，《诗·大雅》：“王谓尹氏，命程伯休父”，颂鼎、寰盘：“尹氏受王命书”，克鼎：“王呼尹氏册命克”，师嫠敦：“王呼尹氏册命师嫠”是也。或称“命尹”，古命、令同字，命尹即令尹。楚正卿令尹之名盖出于此。伊敦：“王呼命尹玐册命伊”是也。作册、尹氏皆《周礼》内史之职，而尹氏为其长，其职在书王命与制禄、命官，与大师同秉国政，故《诗·小雅》曰：“赫赫师、尹，民具尔瞻。”又曰：“赫赫师、尹，不平谓何”，又曰：“尹氏、大师，维周之氐，秉国之钧。”诗人不欲斥王，故呼二执政者而告之。师与尹乃二官，与《洪范》之“师尹惟日”，《鲁语》“百官之政事师尹同”，非谓一人，而师其官、尹其氏也。《书·大诰》：“肆予告我友邦君、越尹氏、庶士御事。”《多方》：“诰尔四国，多方越尔殷侯、尹民。”“民”当为“氏”字之误也。尹氏在邦君、殷侯之次，乃侯国之正卿，殷周之间已有此语。

说《诗》者乃以《诗》之尹氏为大师之氏，以《春秋》之尹氏当之，不亦过乎！且《春秋》之尹氏亦世掌其官，因以为氏耳。然则尹氏之号，本于内史，《书》之庶尹、百尹，盖推内史之名以名之，与卿事、御事之推史之名以名之者同，然则前古官名多从史出，可以觇古时史之地位矣。

附录二　我国旧日历史家的垂训的历史观

我国史书中这一类的佳作甚多，现在先选下面的四篇，以示举例，作为第一编第二章“历史记事的进化”第二节“垂训的历史”的参考。

一 司马迁《史记自序》(节录)

二 司马光《进资治通鉴表》

三 宋神宗《资治通鉴序》

四 胡三省《新注资治通鉴序》(节录)

一　司马迁的《史记自序》

太史公曰：“先人(指他的父亲)有言：‘自周公卒五百岁而有孔子。孔子卒后至于今五百岁，有能绍明世，正《易传》，继《春秋》，本《诗》、《书》、《礼》、《乐》之际?’意在斯乎！意在斯乎！小子何敢让焉。”

上大夫壶遂曰：“昔孔子何为而作《春秋》(历史)哉?”太史公曰：“余闻董生(董仲舒)曰：‘周道衰废，孔子为(鲁)司寇，诸侯害之，大夫壅之。孔子知言之不用，道之不行也，是非二百四十二年之中，以为天下仪表，贬天子，退诸侯，讨大夫，以达王事而已矣。’子曰：‘我欲载之空言，不如见之于行事之深切著明也。’夫《春秋》(历史)，上明三王之道，下辨人事之纪，别嫌疑，明是非，定犹豫，善善恶恶，贤贤贱不肖，存亡国，继绝世，补敝起废，王道之大者也。《易》著天地、阴阳、四时、五行，故长于变；《礼》经纪人伦，故长于行；《书》记先王之事，故长于政；《诗》记山川、溪谷、禽兽、草木、牝牡、雌雄，故长于风；《乐》乐所以立，故长于和；《春秋》

辨是非，故长于治人。是故《礼》以节人，《乐》以发和，《书》以道事，《诗》以达意，《易》以道化，《春秋》以道义。拨乱世反之正，莫近于《春秋》。《春秋》文成数万，其指数千。万物之散聚，皆在《春秋》。《春秋》之中，弑君三十六，亡国五十二，诸侯奔走不得保其社稷者，不可胜数。察其所以，皆失其本已。故《易》曰：'失之毫厘，差以千里。'故曰：'臣弑君，子弑父，非一旦一夕之故也，其渐久矣。'故有国者，不可以不知《春秋》（历史），前有谗而弗见，后有贼而不知；为人臣者，不可以不知《春秋》，守经事而不知其宜，遭变事而不知其权；为人君父，而不通于《春秋》之义者，必蒙首恶之名；为人臣子，而不通于《春秋》之义者，必陷篡弑之诛，死罪之名。其实皆以为善，为之不知其义，被之空言而不敢辞。夫不通礼义之旨，至于君不君，臣不臣，父不父，子不子。夫君不君则犯，臣不臣则诛，父不父则无道，子不子则不孝。此四行者，天下之大过也。以天下之大过予之，则受而弗敢辞。故《春秋》者，礼义之大宗也。夫礼禁未然之前，法施已然之后；法之所为用者易见，而礼之所为禁者难知。"

壶遂曰："孔子之时，上无明君，下不得任用，故作《春秋》，垂空文以断礼义，当一王之法。今夫子上遇明天子，下得守职，万事既具，咸各序其宜。夫子所论，欲以何明？"

太史公曰："唯唯，否否，不然。余闻之先人曰：'伏羲至纯厚，作《易》、《八卦》；尧、舜之盛，《尚书》载之，礼乐作焉；汤、武之隆，诗人歌之。《春秋》采善贬恶，推三代之德，褒周室，非独刺讥而已也。'汉兴以来，至明天子，获符瑞，建封禅，改正朔，易服色，受命于穆清，泽流罔极，海外殊俗，重译款塞，请来献见者，不可胜道。臣下百官，力诵圣德，犹不能宣尽其意。且士贤能而不用，有国者之耻；主上明圣而德不布闻，有司之过也。且余（尝）掌其官，废明圣盛德不载，灭功臣、世家、贤大夫之业不述，堕先人所言，罪莫大焉。余所谓述故事，整齐其世传，非所谓作也，而君比之于《春秋》，谬矣！"

于是论次其文。七年，而太史公遭李陵之祸，幽于缧绁。乃喟然而叹曰："是余之罪也夫！是余之罪也夫！身毁不用矣！"退而深惟曰："夫《诗》、《书》隐约者，欲遂其志之思也。昔西伯拘羑里，演《周易》；孔子厄陈、蔡，作《春秋》；屈原放逐，著《离骚》；左丘失明，厥有《国语》；孙子膑脚，而论兵法；不韦迁蜀，世传《吕览》；韩非囚秦，《说难》、《孤愤》；《诗》三百篇，大抵贤圣发愤之所为作也。此人皆意有所郁结，不得通其道也，故述往事，思来者。”于是卒述陶唐以来，至于麟止，自黄帝始。

二　司马光《进资治通鉴表》

伏念臣性识愚鲁，学术荒疏，凡百事为，皆出人下。独于前史，粗尝尽心，自幼至老，嗜之不厌。每患迁、固以来，文字繁多，自布衣之士，读之不遍，况于人主，日有万机，何暇周览！臣常不自揆，欲删削冗长，举撮机要，专取关国家盛衰，系生民休戚，善可为法，恶可为戒者，为编年一书，使先后有伦，精粗不杂，私家力薄，无由可成。

伏遇英宗皇帝(1064—1067)，资睿智之性，敷文明之治，思历览古事，用恢张大猷，爰诏下臣，俾之编集。臣夙昔所愿，一朝获伸，踊跃奉承，惟惧不称。先帝仍命自选辟官属，于崇文院置局，许借龙图、天章阁、三馆、秘阁书籍，赐以御府笔墨缯帛及御前钱以供果饵，以内臣为承受，眷遇之荣，近臣莫及。不幸书未进御，先帝违弃群臣。陛下绍膺大统，钦承先志，宠以冠序，锡之嘉名，每开经筵，常令进读。臣虽顽愚，荷两朝知待如此其厚，陨身丧元，未足报塞，苟智力所及，岂敢有遗！会差知永兴军，以衰疾不任治剧，乞就冗官。陛下俯从所欲，曲赐容养，差判西京留司御史台及提举嵩山崇福宫，前后六任，仍听以书局自随，给之禄秩，不责职业。臣既无他事，得以研精极虑，穷竭所有，日力不足，继之以夜。遍阅旧史，旁采小说，简牍盈积，浩如烟海，抉擿幽隐，校计豪厘。上起战国，下终五代，凡一千三百六十二年(403B. C.—958)，修成二百九十四卷。又略举事目，年经国纬，以备检寻，为《目录》三十卷。又参考群书，评其同异，俾归一涂，为《考异》三十卷。合三百五十四卷。自治平(1064—1067)开局，迨今(1084)始成，岁月淹久，其间抵牾，不敢自保，罪负之重，固无所逃。臣光诚惶诚惧，顿首顿首。

重念臣违离阙庭，十有五年，虽身处于外，区区之心，朝夕寤寐，何尝不在陛下之左右！顾以驽蹇，无施而可，是以专事铅椠，用酬大恩，庶竭涓尘，少裨海岳。臣今骸骨癯瘁，目视昏近，齿牙无几，神识衰耗，目前所为，旋踵遗忘，臣之精力，尽于此书。伏望陛下宽其妄作之诛，察其愿忠之意，以清闲之宴，时赐省览，监前世之兴衰，考当今之得失，嘉善矜恶，取得舍非，足以懋稽古之盛德，跻无前之至治，俾四海群生，咸蒙其福，则臣虽委骨九泉，志愿永毕矣！

谨奉表陈进以闻。臣光诚惶诚惧，顿首顿首，谨言。臣司马光上表。元丰七年(1084)十一月进呈。

三　宋神宗《资治通鉴序》

御　制

朕惟君子多识前言往行之以畜其德，故能刚健笃实，辉光日新。《书》亦曰："王，人求多闻，时惟建事。"《诗》、《书》、《春秋》，皆所以明乎得失之迹，存王道之正，垂鉴戒于后世者也。

汉司马迁紬石室金匮之书，据左氏《国语》，推《世本》、《战国策》、《楚汉春秋》，采经摭传，罔罗天下放失旧闻，考之行事，驰骋上下数千载间，首记轩辕，至于获麟止，作为纪、表、世家、书、传，后之述者，不能易此体也。惟其是非不谬于圣人，褒贬出于至当，则良史之才矣。

若稽古英考，留神载籍，万机之暇，未尝废卷。尝命龙图阁直学士司马光，论次历代君臣事迹，俾就秘阁翻阅，给吏史笔札，起周威烈王，讫于五代。光之志以为周积衰，王室微，礼乐征伐自诸侯出。平王东迁，齐、楚、秦、晋始大，桓、文更霸，犹托尊王为辞，以服天下；威烈王自陪臣命韩、赵、魏为诸侯，周虽未灭，王制尽矣！此亦古人述作造端立意之所繇也。其所载明君、良臣，切摩治道，议论之精语，德刑之善制，天人相与之际，休咎庶征之原，威福盛衰之本，规模利害之效，良将之方略，循吏之条教，断之以邪正，要之于治忽，辞令渊厚之体，箴谏深切之义，良谓备焉。凡十六代，勒成二百九十六卷，列于户牖之间，而尽古今之统，博而得其要，简而周于事，是亦典刑之总会、册牍之渊林矣。

荀卿有言："欲观圣人之迹，则于其粲然者矣，后王是也。"若夫汉之文、宣，唐之太宗，孔子所谓"吾无间焉"者。自余治世盛王，有惨怛之爱，有忠利之教，或知人善任，恭俭勤畏，亦各得圣贤之一体，孟轲所谓“吾于《武成》，取二三策而已。”至于荒坠颠危，可鉴前车之失；乱贼奸宄，厥有履霜之渐。《诗》云：“殷鉴不远，在夏后之世。”故赐其书名曰《资治通鉴》，以著朕之志焉耳。

四　胡三省《新注资治通鉴序》(节录)

……宋朝英宗皇帝命司马光论次历代君臣事迹，为编年一书。神宗皇帝以鉴于往事，有资于治道，赐名曰《资治通鉴》，且为序其造端立意之由。温公之意，专取关国家盛衰，系生民休戚，善可为法，恶可为戒者，以为是书。治平(1064—1067)、熙宁(1068—1077)间，公与诸人议国事相是非之日也。萧、曹画一之辩，不足以胜变法者之口，分司西京，不豫国论，专以书局为事。其忠愤感慨不能自已于言者，则智伯才德之论，樊英名实之说，唐太宗君臣之议乐，李德裕、牛僧孺争维州事之类是也。至于黄幡绰、石野猪俳谐之语，犹书与局官，欲存之以示警，此其微意，后人不能尽知也。编年岂徒哉！

世之论者率曰：“经以载道，史以记事，史与经不可同日语也。”夫道无不在，散于事为之间。因事之得失成败，可以知道之万世亡弊，史可少欤！为人君而不知《通鉴》，则欲治而不知自治之源，恶乱而不知防乱之术。为人臣而不知《通鉴》，则上无以事君，下无以治民。为人子而不知《通鉴》，则谋身必至于辱先，作事不足以垂后。乃如用兵行师，创法立制，而不知迹古人之所以得，鉴古人之所以失，则求胜而败，图利而害，此必然者也。

孔子序《书》，断自唐、虞，讫《文候之命》，而系之秦，鲁《春秋》则始于平王之四十九年，左丘明传《春秋》，止哀之二十七年赵襄子惎智伯事，《通鉴》则书赵兴智灭以先事。以此见孔子定《书》而作《春秋》，《通鉴》之作，实接《春秋》、《左氏》后也。

温公遍阅旧史，旁采小说，抉擿幽隐，荟稡为书，劳矣！而修书分属，汉则刘攽，三国讫于南北朝则刘恕，唐则范祖禹，各因其所长属之，皆天下选也，历十九年(1064—1083)而成。则合十六代一千三百六十二年行事为一书，岂一人心思耳目之力哉！

公自言："修《通鉴》成，惟王胜之借一读。他人读未尽一纸，已欠伸思睡。"是正文二百九十四卷，有未能遍观者矣。若《考异》三十卷，所以参订群书之异同，俾归于一。《目录》三十卷，年经国纬，不特使诸国事杂然并录者粲然有别而已，前代历法之更造，天文之失行，实著于《目录》上方，是可以凡书目录观邪！……

附记：上边的四篇文章，就发挥历史垂训的意义说，当以司马迁的《自序》为最佳。括弧中的字(除附注公历以便在时代上表现文章的价值及一二小注以外)，是依拟《汉书》卷六十二《司马迁传》添加的。司马光作《通鉴》的动机，自然只是想使读他的书的人(皇帝也在内)，善法恶戒。不过他是努力研究历史的人，工作久了，方法自见。遇到一事而有不同记载的时候，自然不得不"评其同异，俾归一途"。这就有科学研究的意味了。所以就性质说，《通鉴》是司马光依照垂训的看法写成的历史，《通鉴考异》是他批评史料的举例。前者可以看他的历史观，后者可以看他的选材方法。

附录三　《国学季刊》发刊宣言

胡适之

这是一篇史学革新的宣言，在本校十三年以前创刊的《国学季刊》第一卷第一期初次发表，后又收在《胡适文存》二集卷一。谨选作附录三，作为《历史研究法》第一编"历史学的性质与任务"的参考。

近年来，古学的大师渐渐死完了，新起的学者还不曾有什么大成绩表现出来。在这个青黄不接的时期，只有三五个老辈在那里支撑门面。古学界表面上的寂寞，遂使许多人发生无限的悲观。所以有许多老辈遂说，"古学要沦亡了！""古书不久要无人能读了！"

在这个悲观呼声里，很自然的发出一种没气力的反动的运动来。有些人还以为西洋学术思想的输入是古学沦亡的原因，所以他们至今还在那里抗拒那他们自己也莫名其妙的西洋学术；有些人还以为孔教可以完全代表中国的古文化，所以他们至今还梦想孔教的复兴；甚至于有人竟想抄袭基督教的制度来光复孔教（案指陈焕章们所办的孔教会）。有些人还以为古文古诗的保存就是古学的保存了，所以他们至今还想压语体文字的提倡与传播。至于那些静坐扶乩，逃向迷信里去自寻安慰的，更不用说了。

在我们看起来，这些反动都只是旧式学者破产的铁证。这些行为，不但不能挽救他们所忧虑的国学之沦亡，反可以增加国中少年人对于古学的藐视。如果这些举动可以代表国学，国学还是沦亡了更好！

我们平心静气的观察这三百年的古学发达史，再观察眼前国内和国外的学者研究中国学术的现状，我们不但不抱悲观，并且还抱无穷的乐观。我们深信，国学的将来，定能远胜国学的过去；过去的成绩虽然未可厚非，但将来的成绩一定还要更好无数倍。

自从明末到于今，这三百年，诚然可算是古学昌明时代。总括这三百年的成绩，可分这些方面：

（一）整理古书。在这方面，又可分三门。第一，本子的校勘；第二，文字的训诂；第三，真伪的考订。考订真伪一层，乾嘉的大师（除了极少数学者如崔述等之外）都不很注意；只有清初与晚清的学者还肯做这种研究，但方法还不很精密，考订的范围也不大。因此，这一方面的整理，成绩比较的就最少了。然而校勘与训诂两方面的成绩实在不少。戴震、段玉裁、王念孙、阮元、王引之们的治"经"；钱大昕、赵翼、王鸣盛、洪亮吉们的治"史"；王念孙、俞樾、孙诒让们的治"子"；戴震、王念孙、段玉裁、邵晋涵、郝懿行、钱绎、王筠、朱骏声们的治古词典，都有相当的成绩。重要的古书，经过这许多大师的整理，比三百年前就容易看的多了。我们试拿明刻本的《墨子》来比孙诒让的《墨子间诂》，或拿二徐的《说文》来比清儒的各种《说文注》，就可以量度这几百年整理古书的成绩了。

（二）发现古书。清朝一代所以能称为古学复兴时期，不单因为训诂、校勘的发达，还因为古书发现和翻刻之多。清代中央政府，各省书局，都提倡刻本。私家刻的书更是重要，丛书与单行本，重刊本，精校本，摹刻本，近来的影印本。我们且举一个最微细的例。近三十年内发现与刻行的宋元词集，给文学史家添了多少材料？清初朱彝尊们固然见着不少的词集，但我们今日购买词集之便易，却是清初词人没有享过的福气了。翻刻古书孤本之外，还有辑佚书一项，如《古经解钩沉》、《小学钩沉》、《玉函山房辑佚书》和《四库全书》里那几百种从《永乐大典》辑出的佚书，都是国学史上极重要的贡献。

（三）发现古物。清朝学者好古的风气，不限于古书一项，风气所被，遂使古物的发现、记载、收藏，都成了时髦的嗜好。鼎彝、泉币、碑版、壁画、雕塑、古陶器之类，虽缺乏系统的整理，材料确是不少了。最近三十年来，甲骨文字的发现，竟使殷商一代的历史有了地底下的证据，并且给文字学添了无数的最古材料。最近辽阳、河南等处石器时代的文化的发现，也是一件极重要的事。

但这三百年的古学的研究，在今日估计起来，实在还有许多缺点。三百年的第一流学者的心思精力都用在这一方面，而究竟还只有这一点点结果，也正是因为有这些缺点的缘故。那些缺点，分开来说，也有三层：

（一）研究的范围太狭窄了。这三百年的古学，虽然也有整治史书的，虽然也有研究子书的，但大家的眼光与心力注射的焦点，究竟只在儒家的几部经书。古韵的研究，古词典的研究，古书旧注的研究，子书的研究，都不是为这些材料的本身价值而研究的。一切古学都只是经学的丫头！内中固然也有婢作夫人的，如古韵学之自成一种专门学问，如子书的研究之渐渐脱离经学的羁绊而独立，但学者的聪明才力被几部经书笼罩了三百年，那是不可讳的事实。况且在这个狭小的范围里，还有许多更狭小的门户界限。有汉学和宋学的分家，有今文和古文的分家；甚至于治一部《诗经》还要舍弃东汉的郑笺，而专取西汉的毛传。专攻本是学术进步的一个条件，但清儒狭小研究的范围，却不是没有成见的分功。他们脱不了“儒书一尊”的成见，故用全力治经学，而只用余力去治他书。他们又脱不了“汉儒去古未远”的成见，故迷信汉人，而排除晚代的学者。他们不知道材料固是愈古愈可信，而见解则后人往往胜过前人，所以他们力排郑樵、朱熹，而迷信毛公、郑玄。今文家稍稍能有独立的见解了，但他们打倒了东汉，只落得回到西汉的圈子里去。研究的范围的狭小是清代学术所以不能大发展的一个绝大原因。三五部古书，无论怎样绞来挤去，只有那点精华和糟粕。打倒宋朝的“道士《易》”固然是好事，但打倒了“道士《易》”，跳过了魏晋人的“道家《易》”，却回到两汉的“方士《易》”，那就是很不幸的了。《易》的故事如此，《诗》、《书》、《春秋》、《三礼》的故事也是如此。三百年的心思才力，始终不曾跳出这个狭小的圈子外去！

（二）太注重功力而忽略了理解。学问的进步有两个重要方面：一是材料的积聚与剖解；一是材料的组织与贯通。前者须靠精勤的功力，后者全靠综合的理解。清儒有鉴于宋明学者专靠理解的危险，所以努力做朴实的功力而力避主观的见解。这三百年之中，几乎只有经师，而无思想家；只有校史者，而无史家；只有校注，而无著作。这三句话虽然很重，但我们试除去戴震、章学诚、崔述几个人，就不能不承认这三句话的真实了。章学诚生当乾隆盛时（乾隆，一七三六——一七九五；章学诚，一七三八——一八〇〇），大声疾呼的警告当日的学术界道：

> 今之博雅君子，疲精劳神于经传子史，而终身无得于学者，正坐……误执求知之功力，以为学即在是尔。学与功力实相似而不同。学不可以骤几，人当致攻乎功力，则可耳。指功力以为学，是犹指秫黍以为酒也。（《文史通义·博约篇》）

他又说：

> 近日学者风气，征实太多，发挥太少，有如蚕食叶而不能抽丝。（《章氏遗书·与汪辉祖书》）

古人说："鸳鸯绣取从君看，不把金针度与人。"单把绣成的鸳鸯给人看，而不肯把金针教人，那是不大度的行为。然而天下的人不是人人都能学绣鸳鸯的，多数人只爱看鸳鸯，而不想自己动手去学绣。清朝的学者只是天天一针一针的学绣，始终不肯绣鸳鸯。所以他们尽管辛苦殷勤的做去，而在社会的生活思想上几乎全不发生影响。他们自以为打倒了宋学，然而全国的学校里读的书仍旧是朱熹的《四书集注》、《诗集传》、《易本义》等书。他们自以为打倒了《伪古文尚书》，然而全国村学堂里的学究仍旧继续用蔡沈的《书集传》。三百年第一流的精力，二千四百三十卷的《经解》，仍旧不能替换朱熹一个人的几部启蒙的小书！这也可见单靠功力而不重理解的失败了。

（三）缺乏参考比较的材料。我们试问，这三百年的学者何以这样缺乏理解呢？我们推求这种现象的原因，不能不回到第一层缺点——研究的范围的过于狭小。宋明的理学家所以富于理解，全因为六朝唐以后佛家与道士的学说弥漫空气中，宋明的理学家全都受了他们的影响，用他们的学说作一种参考比较的资料。宋明的理学家，有了这种比较研究的材料，就像一个近视眼的人戴了近视眼镜一样，从前看不见的，现在都看见了，从前不明白的，现在都明白了。同是一篇《大学》，汉魏的人不很注意他，宋明的人忽然十分尊崇他，把他从《礼记》里抬出来，尊为《四书》之一，推为“初学入德之门”。《中庸》也是如此的。宋明的人戴了佛书的眼镜，望着《大学》、《中庸》，便觉得“明明德”、“诚”、“正心诚意”、“率性之谓道”等等话头都有哲学的意义了。清朝的学者深知戴眼镜的流弊，决意不配眼镜，却不知道近视而不戴眼镜，同瞎子相差有限。说《诗》的回到《诗序》，说《易》的回到“方士《易》”，说《春秋》的回到《公羊》，可谓“陋”之至了。然而我们试想这一班第一流才士，何以陋到这步田地，可不是因为他们没有高明的参考资料吗？他们排斥“异端”，他们得着一部《一切经音义》，只认得他有保存古韵书、古词典的用处；他们拿着一部子书，也只认得他有旁证经文古义的功用。他们只向那几部儒书里兜圈子：兜来兜去，始终脱不了一个“陋”字！打破这个“陋”字，没有别的法子，只有旁搜博采，多寻参考比较的材料。

以上指出的这三百年的古学研究的缺点，不过是随便挑出了几桩重要的。我们的意思并不要菲薄这三百年的成绩，我们只想指出他们的成绩所以不过如此的原因。前人上了当，后人应该学点乖。我们借鉴于前辈学者的成功与失败，然后可以决定我们现在和将来研究国学（尤其历史）的方针。我们不研究古学则已，如要想提倡古学的研究，应该注意这几点：

(1) 扩大研究的范围

(2) 注意系统的整理

(3) 博采参考比较的资料

（一）怎样扩大研究的范围呢？“国学”在我们的心眼里，只是“国故学”的缩写。中国的一切过去的文化历史，都是我们的“国故”。研究这一切过去的历史文化的学问，就是“国故学”，省称为“国学”。“国故”这个名词，最为妥当，因为他是一个中立的名词，不含褒贬的意义。“国故”包含“国粹”，但他又包含“国渣”。我们若不了解“国渣”，如何懂得“国粹”？所以我们现在要扩充国学的领域，包括上下三四千年的过去文化，打破一切的门户成见，拿历史的眼光来整统一切，认清了“国故学”的使命是整理中国一切文化历史，便可以把一切狭陋的门户之见都扫空了。例如治经，郑玄、王肃在历史上固然占一个位置，王弼、何晏也占一个位置，王安石、朱熹也占一个位置，戴震、惠栋也占一个位置，刘逢禄、康有为也占一个位置。段玉裁曾说：

> 校经之法，必以贾还贾，以孔还孔，以陆还陆，以杜还杜，以郑还郑，各得其底本，而后判其理义之是非。……不先正《注》、《疏》、《释文》之底本，则多诬古人。不断其立说之是非，则多误今人。……（《经韵楼集·与诸同志书论校书之难》）

我们可借他论校书的话来总论国学，我们也可以说：

> 整治国故，必须以汉还汉，以魏晋还魏晋，以唐还唐，以宋还宋，以明还明，以清还清；以古文还古文家，以今文还今文家；以程朱还程朱，以陆王还陆王，……各还他一个本来面目，然后评判各代各家各人的义理的是非。不还他们的本来面目，则多诬古人。不评判他们的是非，则多误今人。但不先弄明白了他们的本来面目，我们决不配评判他们的是非。

这还是专为经学、哲学说法。在文学的方面，也有同样的需要。庙堂的文学固可以研究，但草野的文学也应该研究。在历史的眼光里，今日民间小儿女唱的歌谣，和《诗》三百篇有同等的位置；民间流传的小说，和高文典册有同等的位置，吴敬梓、曹霑和关汉卿、马东篱和杜甫、韩愈有同等的位置。故在文学方面，也应该把《三百篇》还给西周东周之间的无名诗人，把《古乐府》还给汉魏六朝的无名诗人，把唐诗还给唐，把词还给五代、两宋，把小曲杂剧还给元朝，把明清的小说还给明清。每一个时代，还他那个时代的特长的文学，然后评判他们的文学的价值。不认明每一个时代的特殊文学，则多诬古人而多误今人。近来颇有人注意戏曲和小说了，但他们的注意仍不能脱离古董家的习气。他们只看得起宋人的小说，而不知道在历史的眼光里，一本石印小字的《平妖传》和一部精刻的残本《五代史平（评）话》有同样的价值，正如《道藏》里极荒谬的道教经典和《尚书》、《周易》有同等的研究价值。

总之，我们所谓“用历史的眼光，来扩大国学研究的范围”，只是要我们大家认清国学是国故学，而国故学包括一切过去的文化历史。历史是多方面的，单记朝代兴亡，固不是历史，单有一宗一派，也不成历史。过去种种，上自思想学术之大，下至一个字，一只山歌之细，都是历史，都属国学研究的范围。

（二）怎样才是“注意系统的整理”呢？学问的进步不单靠积聚材料，还须有系统的整理。系统的整理可分三部说：

（甲）索引式的整理。不曾整理的材料，没有条理，不容易检寻，最能消磨学者有用的精神才力，最足阻碍学术的进步。若想学问进步增加速度，我们须想出法子来解放学者的精力，使他们的精力用在最经济的方面。例如一部《说文解字》，是最没有条理系统的，向来的学者差不多全靠记忆的苦工夫，方才能用这部书。但这种苦工夫是最不经济的，如果有人能把《说文》重新编制一番（部首依笔画，每部的字也依笔画），再加上一个检字的索引（略如《说文通检》或《说文易检》），那就可省许多无谓的时间与记忆力了。又如一部《二十四史》，有了一部《史姓韵编》，可以省多少精力与时间？清代的学者也有见到这一层的，如章学诚说：

> 窃以典籍浩繁，闻见有限；在博雅者且不能悉究无遗，况其下乎？校雠之先，宜尽取四库之藏，中外之籍，择其中之人名地名官阶书目，凡一切有名可治有数可稽者，略仿《佩文韵府》之例，悉编为韵；乃于本韵之下，注明原书出处及先后篇第；自一见再见，以至数千百，皆详注之；藏之馆中，以为群书之总类。至校书之时，遇有疑似之处，即名而求其编韵，因韵而检其本书，参互错综，即可得其至是。此则渊博之儒穷毕生年力而不可究殚者，今即中才校勘可坐收于几席之间，非校雠之良法欤？（《校雠通义》）

当日的学者如朱筠、戴震等，都有这个见解，但这件事不容易做到，直到阮元得势力的时候，方才集合许多学者，合力做成一部空前的《经籍纂诂》，“展一韵而众字毕备，检一字而诸训皆存，寻一训而原书可识”（王引之序）；“即字而审其义，依韵而类其字，有本训，有转训，次叙布列，若网在纲”（钱大昕序）。这种书的功用，在于节省学者的功力，使学者不疲于功力之细碎，而省出精力来做更有用的事业。后来这一类的书被科场士子用作夹带的东西，用作钞窃的工具，所以有许多学者竟以用这种书为可耻的事。这是大错的。这一类“索引”式的整理，乃是系统的整理的最低而最不可少的一步。没有这一步的预备，国学止限于少数有天才而又有闲空工夫的少数人，并且这些少数人也要因功力的拖累而减少他们的成绩。若大的事业，应该有许多人分担去做的，却落在少数人的肩膀上。这是国学所以不能发达的一个重要原因。所以我们主张，国学的系统的整理的第一步要提倡这种“索引”式的整理，把一切大部的书或不容易检查的书，一概编成索引，使人人能用古书。人人能用古书，是提倡国学的第一步。

（乙）结账式的整理。商人开店，到了年底，总要把这一年的账结算一次，要晓得前一年的盈亏和年底的存货，然后继续进行，做明年的生意。一种学术到了一个时期，也有总结账的必要。学术上结账的用处有两层：一是把这一种学术里已经不成问题的部分整理出来，交给社会；二是把那不能解决的部分特别提出来，引起学者的注意，使学者知道何处有隙可乘，有功可立，有困难可以征服。结账是：(1) 结束从前的成绩，(2) 预备将来努力的新方向。前者是预备普及的，后者是预备继长增高的。古代结账的书，如李鼎祚的《周易集解》，如陆德明的《经典释文》，如唐宋的《十三经注疏》，如朱熹的《四书》、《诗集传》、《易本义》等，所以都在后世发生很大的影响，全是这个道理。三百年来，学者都不肯轻易做这种结账的事业。二千四百多卷的《清经解》，除了极少数之外，都只是一堆“流水”烂账，没有条理，没有系统。人人从“粤若稽古”、“关关雎鸠”说起，人人做的都是杂记式的稿本！怪不得学者看了要“望洋兴叹”了，怪不得国学有沦亡之忧了。我们试看科举时代投机的书坊肯费整年的工夫来编一部《皇清经解》缩本编目，便可以明白索引式的整理的需要。我们又看那时代的书坊肯费几年的工夫来编一部“《皇清经解》分经汇纂”，便又可以明白结账式的整理的需要了。现在学问的途径多了，学者的时间与精力更有经济的必要了。例如《诗经》，二千年研究的结果，究竟到了什么田地，很少人说得出的，只因为二千年的《诗经》烂账至今不曾有一次的总结算。宋人驳了汉人，清人推翻了宋人，自以为回到汉人。至今《诗经》的研究，音韵自音韵，训诂自训诂，异文自异文，序说自序说，各不相关连。少年的学者想要研究《诗经》的，伸头望一望，只看见一屋子的烂账簿，吓得吐舌缩不进去，只好叹口气，“算了罢！”《诗经》在今日所以渐渐无人过问，是少年人的罪过呢？还是《诗经》的专家的罪过呢？我们以为，我们若想少年学者研究《诗经》，我们应该把《诗经》这笔烂账结算一遍，造成一笔总账。《诗经》的总账里应该包括这四大项：

(a) 异文的校勘：总结王应麟以来，直到陈乔枞、李富孙等校勘异文的账。

(b) 古韵的考究：总结吴棫、朱熹、陈第、顾炎武以来考证古音的账。

(c) 训诂：总结毛公、郑玄以来直到胡承珙、马瑞辰、陈奂、二千多年训诂的账。

(d) 见解(序说)：总结《诗序》、《诗辨妄》、《诗集传》、《伪诗传》、姚际恒、崔述、龚橙、方玉润……等二千年猜迷的账。

有了这一本总账，然后可以使大多数的学子容易踏进"《诗经》研究"之门，这是普及。入门之后，方才可以希望他们之中有些人出来继续研究那总账里未曾解决的悬账，这是提高。《诗经》如此，一切古书、古学都是如此。我们试看前清用全力治经学，而经学的书不能流传于社会，倒是那几部用余力做的《墨子间诂》、《荀子集解》、《庄子集释》一类结账式的书流传最广。这不可以使我们觉悟结账式的整理的重要吗？

(丙) 专史式的整理。索引式的整理是要使古书人人能用，结账式的整理是要使古书人人能读，这两项都只是提倡国学的设备。但我们在上文曾主张，国学的使用是要使大家懂得中国的过去的文化史，国学的方法是要用历史的眼光来整理一切过去文化的历史，国学的目的是要做成中国文化史。国学的系统的研究，要以此为归宿，一切国学的研究，无论时代古今，无论问题大小，都要朝着这一个大方向走。只有这个目的可以整统一切材料，只有这个任务可以容纳一切努力，只有这种眼光可以破除一切门户畛域。

我们理想中的国学研究，至少有这样的一个系统：

中国文化史：

(一) 民族史

(二) 语言文字史

（三）经济史

（四）政治史

（五）国际交通史

（六）思想学术史

（七）宗教史

（八）文艺史

（九）风俗史

（十）制度史

这是一个总系统。历史不是一件人人能做的事，历史家须要有两种必不可少的能力：一是精密的功力，一是高远的想象力。没有精密的功力，不能做搜求和评判史料的工夫；没有高远的想象力，不能构造历史的系统。况且中国这么大，历史这么长，材料这么多，除了分工合作之外，更无他种方法可以达到这个大目的。但我们又觉得，国故的材料太纷繁了，若不先做一番历史的整理工夫，初学的人实在无从下手，无从入门。后来的材料也无所统属。材料无所统属，是国学纷乱烦碎的重要原因。所以我们主张，应该分这几个步骤：

第一，用现在力所能搜集考定的材料，因陋就简的先做成各种专史，如经济史、文学史、哲学史、数学史、宗教史……之类。这是一些大间架，他们的用处只是要使现在和将来的材料有一个附丽的地方。

第二，专史之中，自然还可分子目，如经济史可分时代，又可分区域，如文学史、哲学史可分时代，又可分宗派，又可专治一人；如宗教史可分时代，可专治一教，或一宗派，或一派中的一人。这种子目的研究是学问进步必不可少的条件。治国学的人应该各就"性之所近而力之所能勉者"，用历史的方法与眼光担任一部分的研究。子目的研究是专史修正的唯一源头，也是通史修正的唯一源头。

（三）怎样"博采参考比较的资料"呢？向来的学者误认"国学"的"国"字是国界的表示，所以不承认"比较的研究"的功用。最浅陋的是用"附会"来代替"比较"。他们说基督教是墨教的绪余，墨家的"巨子"即是"矩子"。而"矩子"即是十字架！……附会是我们应该排斥的，但比较的研究是我们应该提倡的。有许多现象，孤立的说来说去，总说不通，总说不明白，一有了比较，竟不须解释，自然明白了。例如一个“之”字，古人说来说去，总不明白；现在我们懂得西洋文法学上的术语，只须说某种“之”字是内动词(由是而之焉)，某种是介词(贼夫人之子)，某种是指物形容词(之子于归)，某种是代名词的第三身用在目的位(爱之能勿劳乎)，就都明白分明了。又如封建制度，向来被那方块头的分封说欺骗了，所以说来说去，总不明白；现在我们用欧洲中古的封建制度和日本的封建制度来比较，就容易明白了。音韵学上，比较的研究最有功效。用广东音可以考“侵”、“覃”各韵的古音，可以考古代入声各韵的区别。近时西洋学者如 B. Karlgren(案即瑞典人高本汉)，如 Baron von Staël-Holstein(案即钢和泰)，用梵文原本来对照汉文译音的文字，很可以帮助我们解决古音学上的许多困难问题。不但如此，日本语里，朝鲜语里，安南语里，都保存有中国古音可以供我们的参考比较。西藏文自唐朝以来，音读虽变了，而文字的拼法不曾变，更可以供我们的参考比较，也许可以帮助我们发现中国古音里有许多奇怪的复辅音呢。制度史上，这种比较的材料也极重要。懂得了西洋的议会制度史，我们更可以了解中国御史制度的性质与价值；懂得了欧美高等教育制度史，我们更能了解中国近一千年来的书院制度的性质与价值。哲学史上，这种比较的材料已发生很大的助力了。《墨子》里的《经上下》诸篇，若没有印度因明学和欧洲哲学作参考，恐怕至今还是几篇无人能解的奇书。韩非、王莽、王安石、李贽……一班人，若没有西洋思想作比较，恐怕至今还是沉冤莫白。看惯了近世国家注重财政的趋势，自然不觉得李觏、王安石的政治思想的可怪了。懂得了近世社会主义的政策，自然不能不佩服王莽、王安石的见解和魄力了。《易系辞传》里“易者，象也”的理论，得柏拉图的“法象论”的比较而更明白；荀卿书里“类不悖，虽久同理”的理论，得亚里士多德的“类不变论”的参考而更易懂。这都是明显的例。至于文学史上，小说戏曲近年忽然受学者的看重，民间俗歌近年渐渐引起学者的注意，都是和西洋文学接触比较的功效更不消说了。此外，如宗教的研究，民俗的研究，美术的研究，也都是不能不利用参考比较的材料的。

以上随便举的例，只是要说明比较参考的重要。我们现在治国学，必须要打破闭关孤立的态度，要存比较研究的虚心。第一，方法上，西洋学者研究古学的方法早已影响日本的学术界了，而我们还在冥行索途的时期。我们此时应该虚心采用他们的科学的方法，补救我们没有条理系统的习惯；第二，材料上，欧美日本学术界有无数的成绩可以供我们的参考比较，可以给我们开无数新法门，可以给我们添无数借鉴的镜子。学术的大仇敌是孤陋寡闻，孤陋寡闻的唯一良药是博采参考比较的材料。

我们观察这三百年的古学史，研究这三百年的学者的缺陷，知道他们的缺陷都是可以补救的；我们又反观现在古学研究的趋势，明白了世界学者供给我们参考比较的好机会，所以我们对于国学的前途，不但不抱悲观，并且还抱无穷的乐观。我们认清了国学前途的黑暗与光明全靠我们努力的方向对不对。因此，我们提出这三个方向来做我们一班同志互相督责勉励的条件：

第一，用历史的眼光来扩大国学研究的范围。

第二，用系统的整理来部勒国学研究的资料。

第三，用比较的研究来帮助国学的材料的整理与解释。

十二，一月

附录四　评论近人考据《老子》年代的方法

胡适之

作为第二编第四“史料的批评”的参考。录自本校哲学会二十二年出版的《哲学论丛》第一集（三—三八）。为便利计，将后几段删去。想读全文的人，请看原书（北平宣外后河浴，著者书店出版）。

（一）

近十年来，有好几位我最敬爱的学者很怀疑老子这个人和那部名为《老子》的书的时代。我并不反对这种怀疑的态度，我只盼望怀疑的人能举出充分的证据来，使我们心悦诚服的把老子移后，或把《老子》书移后。但至今日，我还不能承认他们提出了什么充分的证据。冯友兰先生说的最明白：

> 不过我的主要的意思是要指明一点：就是现在所有的以《老子》之书是晚出之诸证据，若只举其一，则皆不免有逻辑上所谓“丐辞”之嫌。但合而观之，则《老子》一书之文体、学说，及各方面之旁证，皆可以说《老子》是晚出，此则必非偶然也。（二十年六月八日《大公报》）

这就是等于一个法官对阶下的被告说：

> 现在所有原告方面举出的诸证据，若逐件分开来看，都“不免有逻辑上所谓‘丐辞’之嫌”，但是“合而观之”，这许多证据都说你是有罪的，“此则必非偶然也。”所以本法庭现在判决你是有罪的。

积聚了许多“逻辑上所谓‘丐辞’”，居然可以成为定案的证据，这种考据方法，我不能不替老子和《老子》书喊一声“青天大老爷，小的有冤枉上诉！”聚蚊可以成雷，但究竟是蚊不是雷。证人自己已承认的“丐辞”，究竟是“丐辞”，不是证据。

（二）

我现在先要看看冯友兰先生说的那些“丐辞”是不是“丐辞”。在论理学上，往往有人把尚待证明的结论预先包含在前提之中，只要你承认了那前提，你自然不能不承认那结论了：这种论证叫做丐辞。譬如有人说：“灵魂是不灭的，因为灵魂是一种不可分析的简单物质。”这是一种丐辞，因为他还没有证明：(1) 凡不可分析的简单物质都是不灭的；(2) 灵魂确是一种不可分析的简单物质。

又如我的朋友钱玄同先生曾说过：“凡过了四十岁的人都该杀”。假如有人来对我说：“你今年四十一岁了，你该自杀了”。这也就成了一种丐辞，因为那人得先证明：(1) 凡过了四十岁的人在社会上都无益而有害；(2) 凡于社会无益而有害的人都该杀。

丐辞只是丐求你先承认那前提；你若接受那丐求的前提，就不能不接受他的结论了。

冯友兰先生提出了三个证据，没有一个不是这样的丐辞。

(一)“孔子以前无私人著述之事”，所以《老子》书是孔子以后的作品。你若承认孔子以前果然无私人著述之事，自然不能不承认《老子》书是晚出的了。但是冯先生应该先证明《老子》确是出于孔子之后，然后可以得“孔子以前无私人著述”的前提。不然，我就可以说：“孔子以前无私人著述，《老子》之书是什么呢？”

(二)“《老子》非问答体，故应在《论语》、《孟子》后”。这更是丐辞了。这里所丐求的是我们应该先承认“凡一切非问答体的书都应在《论语》、《孟子》之后”一个大前提。《左传》所引的史佚、周任、军志的话，《论语》所引周任的话，是不是问答体呢？《论语》本身的大部分，是不是问答体呢？(《论语》第一篇共十六章，问答只有两章；第四篇共二十六章，问答只有一章；第七篇共三十七章，问答只有七章。其余各篇，也是非问答体居多数。)《周易》与《诗》三百篇似乎也得改在《论语》、《孟子》之后了。

（三）“《老子》之文为简明之‘经’体，可见其为战国时之作品”。这更是丐辞了。这里所丐求的是我们先得承认“凡一切简明之‘经’体都是战国时的作品”一个大前提。至于什么是简明的“经”体，更不容易说了。“道可道，非常道；名可名，非常名”是“经”体。那么，“道之以政，齐之以刑，民免而无耻；道之以德，齐之以礼，有耻且格”，这就不是“简明之经体”了吗？所以这里还有一个丐辞，就是我们还得先承认，“《论语》虽简明而不是‘经’体，《左传》所引军志、周任的话虽简明而也不是‘经’体；只有《老子》一类的简明文体是战国时产生的‘经’体”。我们能不能承认呢？

（三）

还有许多所谓证据，在逻辑上看来，他们的地位也和上文所引的几条差不多。我现在把他们总括作几个大组。

第一组是从“思想系统”上，或“思想线索”上，证明《老子》之书不能出于春秋时代，应该移在战国晚期。梁启超、钱穆、顾颉刚诸先生都曾有这种论证。这种方法可以说是我自己“始作俑”的，所以我自己应该负一部分的责任。我现在很诚恳的对我的朋友们说：这个方法是很有危险性的，是不能免除主观的成见的，是一把两面锋的剑可以两边割的。你的成见偏向东，这个方法可以帮助你向东；你的成见偏向西，这个方法可以帮助你向西。如果没有严格的自觉的批评，这个方法的使用决不会有证据的价值。

我举一个最明显的例。《论语》里有孔子颂赞“无为而治”的话，最明白无疑的是：

> 无为而治者，其舜也欤？夫何为哉？恭己正南面而已矣。（《论语》十五）

这段话大概是梁、钱、顾诸先生和我一致承认为可靠的。用这段话作出发点，可以得这样相反的两种结论：

（1）《论语》书中这样推崇“无为而治”，可以证明孔子受了老子的影响——这就是说，老子和《老子》书在孔子之前。（胡适《中国哲学史大纲》，页七九注）

(2) 顾颉刚先生却得着恰相反的结论:“《论语》的话尽有甚似《老子》的。如《颜渊》篇中季康子的三问(适按,远不如引《卫灵公》篇的“无为而治”一章),这与《老子》上的‘以正治国’……‘我无为而民自化’……‘民之难治,以其上之有为,是以难治’何等相像! ……若不是《老子》的作者承袭孔子的见解,就是他们的思想偶然相合。”(《史学年报》第四期,页二八)同样的用孔子说“无为”和《老子》说“无为”相比较,可以证《老子》在孔子之前,也可以证《老子》的作者在三百年后承袭孔子! 所以我说,这种所谓“思想线索”的论证法是一把两面锋的剑,可以两边割的。……

思想线索是最不容易捉摸的。如王充在一千八百多年前,已有了很有力的无鬼之论;而一千八百年来,信有鬼论者何其多也! 如荀卿已说“天行有常,不为尧存,不为桀亡”,而西汉的儒家大师斤斤争说灾异,举世风靡,不以为妄。又如《诗经》的小序,经宋儒的攻击,久已失其信用;而几百年后的清朝经学大师又都信奉毛传及序,不复怀疑。这种史事,以思想线索来看,岂不都是奇事? 说的更大一点,中国古代的先秦思想已达到很开明的境界,而西汉一代忽然又陷入幼稚迷信的状态;希腊的思想已达到了很高明的境界,而中古的欧洲忽然又长期陷入黑暗的状态;印度佛教也达到了很高明的境界,而大乘的末流居然沦入很黑暗的迷雾里。我们不可以用后来的幼稚来怀疑古代的高明,也不可以用古代的高明来怀疑后世的堕落。

最奇怪的是一个人自身的思想也往往不一致,不能依一定的线索去寻求。十余年前,我自己曾说,《老子》书里不应有“天地相合以降甘露”一类的话,因为这种思想“不合老子的哲学!”(《哲学史》,页六一注)我也曾怀疑《论语》里不应有“凤鸟不至,河不出图,吾已矣夫!”一类的话。十几年来,我稍稍阅历世事,深知天下事不是这样简单。现代科学大家如洛箕(Sir Oliver Lodge)也会深信有鬼,哲学大家如詹姆士(W. James)也会深信宗教。人各有最明白的地方,也各有最懵懂的地方,在甲点上他是新时代的先驱者,在乙点上他也许还是旧思想的产儿。所以梭格拉底(Socrates)一生因怀疑旧信仰而受死刑,他临死时最后一句话却是托他的弟子向医药之神厄斯克勒比(Asclepius)还一只鸡的许愿。

我们明白了这点很浅近的世故，就应该对于这种思想线索的论证稍稍存一点谨慎的态度。寻一个人的思想线索，尚且不容易，何况用思想线索来考证时代的先后呢？

（四）

第二组是用文字、术语、文体等等来证明《老子》是战国晚期的作品。这个方法，自然是很有用的，孔子时代的采桑女子不应该会做七言绝句，关羽不应该会吟七言律诗，这自然是无可疑的。又如《关尹子》里有些语句太像佛经了，决不是佛教输入以前的作品。但这个方法也是很危险的，因为：（1）我们不容易确定某种文体或术语起于何时；（2）一种文体往往经过很长期的历史，而我们也许只知道这历史的某一部分；（3）文体的评判往往不免夹有主观的成见，容易错误。试举例子说明如下：

梁启超先生曾辨《牟子·理惑论》为伪书，他说：

> 此书文体，一望而知为两晋、六朝乡曲人不善属文者所作，汉贤决无此手笔，稍明文章流别者自能辨之。（《梁任公近著》第一辑，中卷，页二二）

然而《牟子》一书，经周叔迦先生（《牟子丛残》）和我（《论牟子书》，《北平图书馆馆刊》五卷四号）的考证，证明是汉末的作品，决无可疑。即以文体而论，我没有梁先生的聪明，不能"一望而知"；但我细读此书，才知道此书的"文字甚明畅谨严，时时作有韵之文，也都没有俗气。此书在汉、魏之间可算是好文字。"同是一篇文字，梁启超先生和我两人可以得这样绝相反的结论，这一件事不应该使我们对于文体的考证价值稍稍存一点敬慎的态度吗？

梁先生论《牟子》的话，最可以表明一般学者轻易用文体作考证标准的危险。他们预先存了一种主观的谬见，以为"汉贤"应该有何种"手笔"，两晋人应该作何种佳文，六朝人应该有何种文体，都可以预先定出标准来。这是根本的错误。我们同一时代的人可以有百十等级的"手笔"，同作古文，同作白话，其中都可以有能文不能文的绝大等差。每一个时代，各有同样的百十等级的手笔。班固与王充同时代，然而《论衡》

与《汉书》何等不同！《论衡》里面也偶有有韵之文，比起《两都赋》，又何等不同！所谓"汉贤手笔"，究竟用什么作标准呢？老实说来，这种标准完全是主观的，完全是梁先生或胡某人读了某个作家而悬想的标准。这种标准是没有多大可靠性的。

假如我举出这两句诗：

历览前贤国与家，成由勤俭败由奢。

你们试猜，这是什么时代的诗？多数人一定猜是明末的历史演义小说里的开场诗，不知道此诗的人，决不会猜这是李商隐的诗句。又如寒山、拾得的白话诗，向来都说是初唐的作品，我在十年前不信此说，以为这种诗体应该出在晚唐。但后来发现了王梵志的白话诗，又考出了王梵志是隋、唐间人，我才不敢坚持把寒山、拾得移到晚唐的主张了(《白话文学史》上，页二四二—二四九)。近年敦煌石窟所藏的古写本书的出现，使我们对于文体的观念起一个根本的变化。有好些俗文体，平常认为后起的，敦煌的写本里都有很早出的铁证。如敦煌残本《季布歌》中有这样的句子：

季布惊忧而问曰：只今天使是何人？
周氏报言官御史，姓朱名解受皇恩。

如敦煌残本《昭君出塞》有这样的句子：

昭军(君)昨夜子时亡，突厥今朝发使忙。
三边走马传胡命，万里非(飞)书奏汉王。

这种文体，若无敦煌写本作证，谁不"一望而知"决不是"唐贤手笔"。

总而言之，同一个时代的作者有巧拙的不同，有雅俗的不同，有拘谨与豪放的不同，还有地方环境(如方言之类)的不同，决不能由我们单凭个人所见材料，悬想某一个时代的文体是应该怎样的。同时记梭格拉底的死，而柏拉图记的何等生动细致，齐诺芬(Xenophon)记的何等朴素简拙！我们不能拿柏拉图来疑齐诺芬，也不能拿齐诺芬来疑柏拉图。

闲话少说，言归《老子》。冯友兰先生说《老子》的文体是"简明之经体"，故应该是战国时作品。(说见上)但顾颉刚先生说"《老子》一书是用赋体写出的；然而赋体固是战国之末的新兴文体呵！"(《史学年报》第四期，页二四，参看页一九）同是一部书，冯先生侧重那些格言式的简明语句，就说他是“经体”；顾先生侧重那些有韵的描写形容的文字，就可以说他是“用赋体写出的”。单看这两种不同的看法，我们就可以明白这种文体标准的危险性了。

至于摭拾一二个名词或术语来做考证年代的标准，那种方法更多漏洞，更多危险。顾颉刚先生与梁启超先生都曾用此法。如顾先生说：

> 更就其所用名词及仂语观之：“公”这一个字，古书中只用作制度的名词（如公侯、公田等），没有用作道德的名词的（如公忠、公义等）。《吕氏春秋》有《贵公》篇，又有“清净以公”等句，足见这是战国时新成立的道德名词。《荀子》与吕书同其时代，故书中言“公”的也很多。可见此种道德在荀子时最重视。《老子》言“容乃公，公乃王”（十六章），正与此同。（《史学年报》四页二五）

然而《论语》里确曾把“公”字作道德名词用：

> 宽则得众，信则民任焉，敏则有功，公则悦。（《论语》二十）

《老子》书中有“公”字，就应该减寿三百年。《论语》也有“公”字，也应该减寿三百年，贬在荀卿与吕不韦的时代了。

任公曾指出“仁义”对举仿佛是孟子的专卖品，然而他忘了《左传》里用仁义对举已不止一次了（如庄二十二年，如僖十四年）。任公又曾说老子在春秋时不应该说“侯王”、“王公”、“王侯”、“取天下”、“万乘之主”等等名词，然而《周易》蛊卦已有“不事王侯”，坎卦彖辞与离卦彖辞都有“王公”了。《论语》常用“天下”字样，如“管仲一匡天下”，如“禹稷躬稼而有天下”，如“泰伯三以天下让”。其实稷何尝有天下？泰伯又那有“天下”可让？《老子》书中有“取天下”，也不过此种泛称，有何可怪？“天下”、“王”等名词既可用，为什么独不可用“万乘之主”？《论语》可以泛说“道千乘之国”，《老子》何以独不可泛说“万乘之主”呢？（河上公注：“万乘之主谓王。”）凡持此种论证者，胸中往往先有一个“时代意识”的成见。此种成见最为害事。孔子时代正是诸侯力征之时，岂可以高谈“无为”？然而孔子竟歌颂“无为而治”，提倡“居敬而行简”之政治。时代意识又在那里呢？……

我已说过，我不反对把《老子》移后，也不反对其他怀疑《老子》之说，但我总觉得这些怀疑的学者都不曾举出充分的证据。我这篇文字只是讨论他们的证据的价值，并且评论他们的方法的危险性。中古基督教会的神学者，每立一论，必须另请一人提出驳论，要使所立之论因反驳而更完备。这个反驳的人就叫做“魔的辩护士”（Advocatus-diaboli）。我今天的责任就是要给我所最敬爱的几个学者做一个“魔的辩护士”。魔高一尺，希望道高一丈。我攻击他们的方法，是希望他们的方法更精密；我批评他们的证据，是希望他们提出更有力的证据来。

至于我自己对于《老子》年代问题的主张，我今天不能细说了。我只能说：我至今还不曾寻得老子这个人或《老子》这部书有必须移到战国或战国后期的充分证据。在寻得这种证据之前，我们只能延长侦查的时期，展缓判决的日子。

怀疑的态度是值得提倡的，但在证据不充分时肯“展缓判断”（Suspension of Judgement）的气度是更值得提倡的。

一九三三年元旦改稿

附录五　同时人记载的举例

同时人的记载照现代科学的历史研究法(史料的分类),又可区别为三大类:就是(1)当事人直接的记载,指参加历史事变的当事人,遗留下来的记载;(2)当事人事后的追忆,它们的价值要看写成的迟早和对事变参加的疏密;(3)同时人对第三者的记载。这一类数量众多,它们的价值也全看记事人对所记事实的关系如何,才能决定。兹就上列三种,各举一文或两文作例,以资识别。

详目:

一　当事人直接的记载

1. 清光绪三十三年徐锡麟刺杀恩铭时端方的密电稿(选五月二十六日的半日)

二　当事人事后的追记

2. 刘祁的《录大梁事》

3. 归有光的《项脊轩记》

三　同时人对第三者的记载

4. 张溥的《五人墓碑记》

5. 袁宏道的《徐文长传》

一　当事人直接的记载

1. 清光绪三十三年(1907)徐锡麟刺杀恩铭时端方的密电稿

原电稿刊于故宫博物院《文献丛编》第三十辑以下诸册,题《徐锡麟案端方密电稿》(后五字小写)。据云文献馆购得端方密电稿五百余册，多为军机处档案所无。就中有徐锡麟案来往电稿三册。

徐锡麟是安徽巡警学堂的会办，恩铭（旗籍）是安徽的巡抚，刺杀案发生在光绪三十三年（一九〇七）五月二十六日，地点在当日的巡警学堂。徐锡麟蓄意排满，捐官为道员，分发到安徽候补，被委为巡警学堂的会办。五月二十六日借学堂大考为名，请恩铭莅校验看，遂开枪将恩铭打死。这时候端方任两江总督，安徽归他管辖。下边所选电稿，是他在五月二十六日半天中所发的密电，共计长短十九件，约三千字。

这些电稿就史料的分类说，属当事人直接的记载。端方当时只注意办理徐锡麟案件，无暇计较其他。我们从他这半天中所发的电报可以看到这个刺杀案在当时的严重情形，和当事人处理这件刺杀的办法。兹特将这半天的电稿，印为附录，供《历史研究法》第二编“史料的分类”的参考。

1. 致安徽巡抚恩铭电　光绪三十三年五月二十六日

安庆恩抚台：辰密，洪（宥）电悉，惊念之至。即派江元、南琛来。受伤轻重若何？盼复。

2. 致安徽巡抚恩铭电　光绪三十三年五月二十六日

安庆恩抚台：辰密，顷覆一电，想邀鉴察。兹派江宁盐巡道朱道恩绂，统带长江舰队四川试用道余大鸿，三十四标统带艾忠琦，率带南琛、江元兵轮两艘，步队两队，前来相机镇慑。一面严拏放枪匪徒，务获审办。仍乞随时指示机宜，俾资遵办。宥。

3. 致安徽藩台臬台学台电　光绪三十三年五月二十六日

安庆藩台，臬台，学台：辰密，顷覆一电，想已阅悉。兹派江宁盐巡道朱道恩绂，统带长江舰队四川试用道余大鸿，三十四标统带艾忠琦，率带南琛、江元两兵轮，步队两队，前来相机镇慑。一面严拏放枪匪徒，务获审办，仍望会督地方文武与朱道等，妥速筹商办理，务协机宜，并先将详细情形飞速电告，至盼。宥。

4. 致军机处电　光绪三十三年五月二十六日

北京军机处钧鉴：辰密，接安徽恩抚宥电：“巡警会办徐锡麟枪伤铭，请速派兵船来。”又接安徽藩学臬三司宥电：“今午巡警学堂验看，突有匪党持快枪将抚院轰伤，并伤员役。合即飞禀，详情续电。”各等语。查巡警学堂重地，乃有匪党枪伤巡抚，深堪骇异。惟电音（文）均极简略，究竟枪伤何处，轻重若何，放枪之人当时曾否就获，未及叙明。当由方电询细情，尚未据复。刻已飞派江宁盐巡道朱道恩绂，迅赴安庆，严密查办。并派统带长江舰队四川试用道余大鸿，三十四标统带艾忠琦，率带南琛、江元兵轮两艘，步队二队，赴安庆相机镇慑。一面严拏放枪匪党，务获审办，仍归朱恩绂节制调遣，俾协机宜。除俟查明详细情形，另行电奏外，所有安徽匪党枪伤巡抚缘由，谨请代奏。端叩。宥。

5. 致安徽藩台臬台学台电　光绪三十三年五月二十六日

安徽藩台，臬台，学台：辰密，顷接新帅电，为巡警会办徐锡麟枪伤。伤势如何？速将详细情形急电复。宥。

6. 致安庆知府于硕电　光绪三十三年五月二十六日

安庆天后宫于令硕：徐锡麟行凶细情，速急电详复。宥。

7. 致安庆府县电　光绪三十三年五月二十六日

安庆府县苞：密，闻徐锡麟枪伤新帅，伤势如何，务将详细情形，用急电详复。督院宥。

8. 致安庆藩臬学三司首道电　光绪三十三年五月二十六日

安庆藩臬学三司首道：辰宥电悉，新帅尚能安睡，稍慰。究竟伤在何处？枪子已未取出？凶犯系属何人？已否就获？当时轰击情形如何？员弁共伤几人？目前地方情形尚安静否？新帅已否电奏？速逐一电复。南琛、江元明晚可到，现又派得力兵队一标，饷械精足。趁商轮前来。望妥慎布置，并晓谕官民，勿涉惊惶为要。宥。

9. 致镇江荣道台电　光绪三十三年五月二十六日

镇江荣道台：洪速译出，探交程从周军门。今日午刻安庆恩中丞在巡警学堂为乱党枪伤。请公速折回，赴安庆镇抚一切。宥。

10. 致北洋大臣袁世凯电　光绪三十三年五月二十六日

天津袁宫保：辰密，今午忽接安庆电，有巡警会办徐锡麟，枪伤新帅事，奇极。已派员乘兵轮往查，先奉闻。俟得详情，再布。宥。

11. 致安庆许久香电　光绪三十三年五月二十六日

安庆局送许久香观察：赣密，闻新帅今午验看巡警学堂，突有匪党持快枪轰伤新帅，并伤及员役。究系如何情形？请详细电告。宥。

12. 致安庆藩台学台臬台电　光绪三十三年五月二十六日

安庆藩台，学台，臬台，安庆府，怀宁县：刻拟简明告示，速分缮多张，遍行张贴。文曰："督部堂端，抚部院恩示：革命逆党，徐道锡麟。枪伤抚院，罪恶贯盈。业经拏获，供认罪名。按律惩办，万难姑容。其余协从，一律从轻。专罪祸首，不牵旁人。军民人等，各宜安心。"

13. 致安庆藩台臬台学台电　光绪三十三年五月二十六日

安庆藩台，臬台，学台，道台：电悉，新帅因伤出缺，惊痛无似。望即妥为料理。此间已据情电奏。徐锡麟立予正法，办理甚为妥速。该犯有无详供？此事发端甚骤，若举事者仅徐及所带学生甘心作乱，并无他项人与之同谋，断不株连穷究。并将此意迅再出示宣布，以靖人心，而安反侧。切切。宥。

14. 致军机处电　光绪三十三年五月二十六日

北京军机处钧鉴：辰密，据安徽司道电称，恩抚今日赴巡警学堂大考，会办徐锡麟持枪对恩抚乱击，身受数伤，势甚沉重。余亦有伤。现徐带学生，围军械所，阖城惊惶。望派得力队伍，带枪械子弹，附轮速来，等语。查阅来电，匪势甚悍，深恐派往兵队，不敷拏办。加派管带孟平等，率带步队一营，两队，配齐枪械子弹，搭坐商轮赴皖。仍相度匪情缓急，加队前往。正核办间，复接该司等续电：徐锡麟已获。据供为排满事，蓄志十余年，为汉人复仇。先杀恩铭，后杀铁良、良弼等，以灭尽满人为宗旨等供。查徐锡麟系浙江山阴副贡，上年捐道员，引见，到安徽省，派充巡警学堂会办。胆敢蓄志谋叛，枪伤巡抚大员。核阅电叙犯供种种悖逆，实堪发指。现经方电饬朱恩绂，会同安徽藩臬两司，再提复审明确，即行明正典刑。一面责成派往营队，会同皖省文武，搜捕真正党羽。并将协从之人，设法解散。去后。讵又接该司等来电：恩抚未刻出缺，印信封存，省城罢市，人心惶惑。恐有余党劫犯，徐锡麟未便久稽显戮。公商将该犯立予正法，援张汶祥例，剖心致祭等语。此事变起仓卒，恩抚遽尔因伤出缺，深堪痛惜。兹幸匪首徐锡麟已经拏获，立正典刑，藉安反侧。惟该省巡抚伤亡，人心不靖，深虑别滋变故。现长江提督程文炳巡阅来宁，即商令速往安庆，妥为弹压。复切饬朱恩绂会商安徽司道相机镇抚，不得稍涉疏虞。至长江上下伏莽素多，大率以革命排满为煽惑之计。更恐各处闻风响应，并经密电沿江沿海各督抚，严密防范，俾可消患未萌。再安徽巡抚，伏祈迅赐简放，以重职守。藩司冯煦，临变措置尚属镇定，并请旨电派，先行护理，以靖人心。所有恩抚因伤出缺，并首犯徐锡麟业已拏获正法缘由，谨请代奏。端叩。宥。

15. 致上海电报督办电　光绪二十三年五月二十六日

上海电报督办杨彝卿兄：密，接安庆电，恩新帅今日被匪人枪伤，现已派朱道恩绂带江元、南琛前往查办。诚恐匪徒暗通消息，请飞饬沿江沿海各局，停收发寄安庆密码商报，并饬安庆局不得代发密电，至要。宥。

16. 致安庆电局电　光绪三十三年五月二十六日

安庆电局：该局暂时停收各处密码商报，如有他局传来密码商电，应一律停送，勿得疏忽。督院宥。

17. 致南京电局电　光绪三十三年五月二十六日

南京电局并转下关局：凡有密码商电，应暂停收，不得发递。督院宥。

18. 致北洋大臣袁世凯电　光绪三十三年五月二十六日

天津袁宫保：午密，新帅已出缺，逆犯徐锡麟已就获，司道公商先行正法。此间兵轮派往安庆，他船急难抽调，祈派海圻速来宁驻泊，至盼。宥。

19. 致湖广总督张之洞电　光绪三十三年五月二十六日

武昌张中堂钧鉴：辰密，今日安庆巡警学堂大考，恩新帅临堂，该堂会办道徐锡麟，持枪对新帅乱击，受伤数处于未刻出缺。徐亦拏获，供认蓄意排满，已十数年。由司道公议，先行正法。宁省现派朱道恩绂并带江元、南琛两船暨酌拔营队，即刻前往查办。诚恐合(各)省多有该匪党羽，亟须严防，特飞奉闻。宥。

附记：端方密电稿，对清末政治状况，所系甚大，应当影印。《文献丛编》校对不精，间有错字。上文加括弧的字，都是我打算拟改的，并希望改的不错。

二　当事人事后的追记

我国史书中这一类的好史料很多，兹选录刘祁的《录大梁事》(钞自《归潜志》)与归有光的《项脊轩论》两篇，作为举例。第一篇写成的时日，距事变的发生都很近，第二篇是当事人身世的自述都很可贵。反之时期相隔太远，则记忆模糊，即是当事人亲述见闻，也不一定都有可信的价值。

2. 刘祁的《录大梁事》

此文再正大八年(1231)十一月，到天兴二年(1233)五月，金哀宗守汴京的始末。选自刘祁(1263—1250)的《归潜志》卷十一。原文依旧刻本，校《知不足斋丛书》本及《金文最》卷六〇。这样的记事，在同时人的记载中叫做当事人事后的追记，因为时间甚近，所以最能将一种事实的真象报告给我们。

赵翼(1727—1814)的《二十二史札记》(卷二七)也说：

(金史)宣、哀以后，……多本元(好问)、刘(祁)二书(指《归潜志》与《壬辰杂编》)。二人身历南渡后，或游于京，或仕于朝。凡庙谋疆事，一一皆“耳闻”“目见”。其笔力老劲，又足卓然成家。修史者本之以成书，故能使当日事情，历历如是。

这是一百二十年以前，赵先生对《归潜志》的认识。《归潜志》中这一类的史料尚多，如“记崔立碑事”及论“金朝衰亡的原因”等，都很有价值。

金哀宗守汴始末，《金史》卷十七到十八《哀宗记》，卷一一三《白撒传》、《赤盏合喜传》，卷一一四《斜卯爱实传》，卷一一五《完颜奴申传》与《崔立传》，都有很详细的记述，可与这一篇参看。不过《金史》各传，多少都曾经过后人的删改，都是“转手记载”，远不如这一篇“原手记载”叙事的更亲切。

金正大八(1231)年辛卯冬十一月，余居淮阳，北兵由襄汉东下，时老祖母、老母在南京(开封)，趋往省焉。既至京师，边声益急，闻北兵阳荆江①,与平章政事完颜哈达等谋纵北兵东渡,将以劲骑蹴入江。北兵既渡,皆殊死战,哈达兵不能遏,遂帅八都尉退保钧州(今河南禹县)。北兵袭之,不进。时朝廷忧惧不知所为,然天下劲兵皆为二帅所统,倚以决存亡。又命参知政事徒单兀典、殿前都点检完颜重喜提兵扼潼关。

九年(1232)正月,下诏求言,于东华门接受陈言文字,日令一侍从官居门待,言者虽多,亦未闻有施行者。盖凡得士庶言章,先令诸朝贵如御史大夫裴满阿虎带、户部尚书完颜奴申等披详。可,然后进,多为诸人革睽,百无一达者。

余时亦愤然上书,且求见口陈。会翰林修撰李大节直于门,余付之,且与语时事。李曰:“今朝廷之力,全在平章副枢,看此一战如何?余无可奈何矣。”时正月十七日也。

翌日报闻:“十六日钧台与北兵酣战,会天大雪,没膝。我师皆冻,不能支。转战良久,北兵复自孟津南渡,与南来诸兵会,我师遂大败。移剌瓦被擒,完颜哈达窜于地穴中,为所发见。杀都尉苗英、高英、樊泽。郎将完颜陈和尚诸骁将,皆死。”京师大震,下诏罪己,改元开兴。为守御京城计,四面置帅府,置行户、工部。和速甲蒲速辇帅北面,李新帅东面,范正之帅南面,完颜习你阿不帅西面。富察君平、张俊民、张师鲁、石抹世绩分领户、工部事。

时平章政事兼枢密使完颜白撒、枢密院副使赤盏合喜用事,二人奸佞,无远略,士庶皆恶之,末帝信用,不能斥去,识者知其误国矣!

俄闻陷钧州,又陷许州(今许昌),许帅卜伦死之。

二月,陷陈州(淮阳县),陈帅粘割奴申死之。京畿诸邑,所至残毁。末帝在宫中,时聚后妃涕泣。尝自缢,为宫人救免。又将坠楼,亦为左右救免。御史大夫裴满阿虎带、吏部侍郎刘仲周等,诣北兵告和,不从。

三月,北兵迫南京,上下震恐。朝议封皇兄荆王守纯子肃国公某为曹王,命尚书右丞李蹊等,奉以为质子于军前。擢应奉翰林文字张本,为翰林侍讲学士,从以北。北兵留曹王营中,李蹊等回,具言彼虽受之,待北援,京师将不免攻。明日,北兵树砲攻城,大臣皆分主方面。时京城西南隅最急,完颜白撒主之。西北隅尤急,赤盏合喜主之。东北隅稍

① 荆江,据《元史》卷一一五《睿宗传》及《通鉴辑览》卷九十一,即汉水,《辑览》并明言“汉江”。

缓,丞相完颜塞不主之。独东南隅未尝攻。时人情汹汹,皆以为旦夕不支。末帝亲出宫巡,四面劳军,故士皆死战。

帝出从数骑,不张盖,纵路人观。余时在道左,欲诣陈便宜,忽见一士捧章以进,帝令左右受之,谕曰:“入宫看读,当候之。”余谓此时当马上览奏行事,今云“入宫”,又虚文也,遂趋去。已而其事竟无闻。

北兵攻城益急,砲飞如雨,用人“浑脱”[①],或半磨,或半碓,莫能当。城中大砲号“震天雷”应之,北兵遇之,火起,亦数人灰死。军士又自城根暗门突出,杀伤甚众。总领蒲察官奴、高显、刘奕皆以力战有功,众庶推之,皆擢为帅,使分守四面相接应。

时自朝士外,城中人皆为兵,号“防城丁壮”。下令,有一男子家居处死。太学诸生亦选为兵。诸生诉于官,请另作一军,号“太学丁壮”。已而朝议以书生辈尫羸不任役,将发为炮夫,诸生刘百熙、杨焕等数十人伺上出,诣马前,请自效。上慰谕,令分付四面户部工作委差官,由是免炮夫之苦。

平章白撒怒诸生之自见上也,趋召赴部[②],以缓期,杖户部主事田芝。又分令诸生监送军士饭食,视医药,书砲夫姓名。又令于城上放纸鸢,鸢书上语,招诱胁从之人,使自拔以归,受官赏,皆不免奔走矢石间。又,夜举灯球为令,使军士自暗门出劫战,令诸生执役,灯灭者死,诸生甚苦之。俄以灯球未具,杖刑部郎中石抹世绩,以前户部侍郎李涣代之。白撒本无守御才,但以严刻立威誉。

夏四月八日始辍攻,下诏改元天兴。

传闻北有朝命,令勿击。众谓攻三日不解,城将隳。已而城上人望见北兵焚砲车,众皆以相贺。俄闻北兵不退,四面驻兵逻之,由是知祸未艾也。士庶往纵酒肉歌呼,无久生心。

秋七月,北兵遣唐庆等来使,且曰:“欲和好成,金王当自来好议之。”末帝托疾,卧御榻上见,庆等掉臂上殿,不为礼。致来旨毕,仍有不

---

① 这里的“浑脱”,应解作“施放石炮时,多人用手用脚忙乱的姿势”。“浑脱”本为舞名,唐苏鹗《杜阳杂编》说:“有妓女石火胡,挈养女五人,才八九岁。火胡立于十重朱画床子上,令诸女迭踏,至半空。手中皆执五彩小帜,俄而手足齐举,谓之踏浑脱。歌呼抑扬,若履平地。”可为上边解释的注脚。《辞源》“浑脱”下的解说甚长,惜不明白。

② 部文应作都误。

逊言，近侍皆切齿。既归馆，饷劳。是夕，飞虎军数辈，愤庆等无礼，且以为和好终不能成，不若杀之快众心。夜中持兵入馆，大噪，杀庆等。馆伴使奥屯、按出虎二人，及画亦死。迟明宰执赴馆视之，军士露刃，诣马前请罪，宰执遑遽慰劳之，上因赦其罪，且加犒赏。京师细民皆欢呼踊跃，以为太平。识者知其祸不可解矣。

八月，恒山公武仙提兵自邓赴京师，上命副枢合喜出兵援之。至密县遇北兵，合喜遽退走。仙兵与北兵转战于郑州之西南，会徒单兀典亦提兵东来，相遇，战久之，由合喜兵不相接，皆败。仙引余兵南归，兀典亦西走。

合喜还京师，士庶罪其误国，上不得已，废为民。

时京师被围数月，仓廪空虚。尚书右丞李蹊坐粮不给下狱，已而免死除名。擢前户部侍郎张师鲁为户部，主粮储事。时民间皆言，官将搜百姓粮，人情汹汹，甚以为忧。

冬十月，果下令："自亲王宰相已下，皆存三月粮，计口留之，人三斗，余入官，隐匿者处死。"命御史大夫裴满阿虎带、总帅知开封府徒单百家主之，其余朝廷侍从官分领其事。凡主者所往，剑戟从焉，户阅人诘不少缓，用铁锥监之，石杵震之，恐藏城中。士庶不爨以待。或搜获隐匿者，械于街，虽皇兄、后妃家皆不免。军士突入，妃主惊逃，驱絷奴，使之指陈所匿。京师巨家著姓，被罪者甚多。总领蒲察定住尤酷甚，杖杀无辜数人，凶黠辈因之为奸利，由是百姓离心。识者知其必亡。

十二月，朝议以食尽无策，末帝亲出东征。丞相塞不、平章白撒、右丞完颜斡出、工部尚书权参知政事李蹊、枢密院判官白华、近侍局副使李大节、左右司郎中完颜进德、张衮、总帅徒单百家、蒲察官奴、高显、刘奕皆从。上与太后、皇后、诸妃别，大恸，誓以不破敌不归。仪卫萧然，见者悲怆。留参知政事完颜奴申、枢密副使完颜习你阿不权行尚书省兼枢密事。以余兵守南京。

上既出，遇巩州帅完颜胡斜虎提兵转战来赴援，因从以东。

初，上疑东面帅李新跋扈，有妄言，先罢为兵部侍郎。将出，密谕二守臣羁絷之，已而上出，二人者以事召新诣省。新疑其见擒，纵马突城门欲出。门者止之，新弃马逾城。二人者遽命将追及，堕湟水中，斩其首。

时末帝既出，人情愈不安，日夜颙望东征之捷。俄闻北渡，前锋方交战，有功，取蒲城，进取卫州。白撒等望见北兵，遽劝上登舟船南渡，从官多攀从不及，死于兵。而骁将徒单百家、高显、刘奕辈初不知上去，已而军士皆散没，上以余兵狼狈入归德，杜门。京民大恐，以为将不救矣。

二守臣素庸暗无谋，但知闭门自守。百姓食尽，无以自生，米升直银二两，贫民往往食人殍，死者相望，官日载数车出城，一夕皆剐食其肉净尽。缙绅士女多行丐于街，民间有食其子。锦衣、宝器不能易米数升。人朝出不敢夕归，惧为饥者杀而食。平日亲族交旧，以一饭相避于家。又日杀马牛乘骑自啖，至于箱箧、鞍鞯诸皮物，凡可食者皆煮而食之。其贵家第宅与夫市中楼馆木材皆撤以爨。城中触目皆瓦砾废区，无复向来繁侈矣。朝官士庶往往相结携妻子突出北归。众谓不久当大溃。

二年(1233)正月，末帝遣近侍局使徒单四喜等入南京，取皇太后、皇后、诸妃嫔赴归德。既出城，与北兵遇，复仓皇归宫。于后，四喜独携其族以去，末帝斩之。

时外围不解，上下如在陷阱中，且相继殍死，议者以为上既去国，推立皇兄荆王以城降，庶可救一城生灵，且望不绝完颜氏之祀，是以《春秋》纪侯大去其国，纪季以酅入于齐之义，不得已者。况北兵中有曹王也，朝士皆知，莫敢言。二守臣但曰："当以死守。"众愤二人无他策，思有一豪杰出而为之救士民。余夕见左司郎中杨居仁白其事[①]，杨云："是事固善，然孰敢倡者？彼二执政亦知之而不敢言，且不敢为也。"

二十一日，忽闻执政召在京父老、士庶计事，诣都堂，余同麻革潜众中以听。二执政立都堂檐外，杨居仁诸首领官从焉。省掾元好问宣执政所下令告谕，且问诸父老便宜。完颜奴申拱立无语，独完颜习你阿勃反复申谕："以国家至此，无可奈何，凡有可行，当共议。"且继以泣涕。诸禺叟或陈说细微，不足采。余语麻革，将出而白前事。革言："莫若以奏说密陈。子归草之，吾当共上也。"余以是退，明日同革献书。其夕，

① "余夕见左司郎中"，旧刻本余作于，误。其他异字尚多，意近者概从旧刊本。

颇闻民间称有一西南崔都尉、药招抚者将起事，众皆曰："事急矣，安得无人?"予既归，夜草书，备论其事。迟明，怀以诣省庭，且邀革往。自断此事系完颜氏存灭，且以救余民，虽死亦无愧矣。是旦，大阴晦，俄雨作，余姑避民闾。忽闻军马声，市人奔走相传曰："达靼入城矣。"余知事已不及，遂急归。路闻非北兵，盖西南兵变，已围尚书省矣。

时崔立为西面都尉，权元帅，同其党韩铎等举兵。药安国者北方人，素骁勇，为先锋以进，横刀入尚书省，崔立继之。二执政见而大骇曰："汝辈有事当好议。"安国先杀习你阿不，次杀奴申，又杀左司郎中纳合德晖，击右司郎中杨居仁、聂天骥，创甚。省掾皆四走，窜匿民家。

崔立既杀二人，提兵尚书省，号令众庶曰："吾为二执政闭门误众，将饿死，今杀之以救一城民。"且禁诸军士："取民一钱处死。"阖郡称快，以为有生路也。食时，忽阴雨开霁，日光烂然。立提兵入宫见太后，具陈其事，太后惶怖听命，拜立为左丞相、都元帅、寿国公。

立以太后令，释卫邸之囚，召卫王故太子梁王某监国，遂取卫族皆入宫。即遣使持二执政首诣军前纳降款。

明日，立坐都堂，召在京父老、僧道、百姓谕言，皆曰："谢丞相得生。"立又自诣军前投谒归附，命归，令在京士庶皆割发为北朝民。

初，立举事止三百人，杀二执政。当时诸女真将帅四面握兵者甚多，皆束手听命，无一人出而与抗者。人谓李新若在，决与立抗衡，新死，故立得志。立变之日，御史大夫裴满阿虎带，提点近侍局兼左右司郎中吾古孙纳申缢于台中，户部尚书完颜仲平亦自杀。

初，立以副元帅药安国首事难制，忌之。因其夜取故监军王守玉妻，旦坐都堂，以安国犯令，叱左右斩以徇。于是朝士震悚，无令不从。梁王虽监国，在宫中虚名而已。立以其弟某为平章政事，张颂为殿前都点检，韩铎为副元帅，知开封府，左司都事孛术鲁济之为御史中丞，皆其党也。又以吏部侍郎刘仲周、谏议大夫张正伦参议省事，盖立取仲周女为妻，正伦有人望也。又以前卫尉奥屯阿虎带为尚书右丞，前殿前都点检温迪罕二十为参知政事。仲周、正伦皆进参知政事，省令史元好问为左右司员外郎。又以刁壁为兵部尚书、元帅左监军。初，立起，与壁谋，及其期，壁不往，立颇怒之甚，故不得执政。一时人望与士大夫退闲者，皆以次迁擢台阁中，其除拜无虚日。

俄，立自为太师、尚书令、郑王。闻钧、汝间有众据西山不从命，立遣韩铎帅兵讨之。铎中箭死，以折彦颜知开封府。立又封诸内藏库，将以奉北兵，亦往往取归其第。又搜选民间寡妇、处女，亦将以奉北兵，然入其家者甚众。又括刷在京金银，命百官分坊陌穷治之，贵人、富家俱被害。陈国夫人王氏，末帝姨也，素富于财；平章白撒夫人亦富侈；右丞李蹊旧以取积闻，其妻子皆被搒掠拷讯死。

立又自诣军前，求免剽掠；又求纵百姓出城挑菜充饥，于是人得出近郊采蓬子窠、甜苣菜，杂米粒以食。又闻京西陈冈上有野麦甚丰，立请百姓往收之。立又聚皇族皆入宫，俄遣诣青城，皆为北兵所杀，如荆王、梁王辈皆预焉，独太后、皇后、诸妃嫔宫人北徙。百姓初闻皇族当北往，有窜其间者，亦被诛军前。又取壬辰诸宰执家属，治罪杀唐庆事。故相侯挚亦见杀。

四月二十日，使者发三教医匠人等出城，北兵纵人大掠。立时在城外营中，兵先入立家，取其妻妾、宝玉犖以出。立归，大恸，亦不敢谁何。大臣富家多被荼毒死者，而三教医匠人等，在青城侧亦被剽夺无遗。俄，复遣三教人入城，许百姓与北兵市易，城中人以所余金帛易北来米麦食之，然多为北兵劫取，莫敢语。

余时同诸生复入居八仙馆中。五月二十有二日，会使者召三教人从以北。嗟乎，此生何属亲见国亡？至于惊怖、劳苦万状，不可数。乃因暇日，记忆旧事，漫记于编。若夫所传不真及不见不闻者，皆不敢录。（《归潜志》卷十一终）

3. 归有光的《项脊轩记》

项脊轩，旧南阁子也。室仅方丈，可容一人。居百年老屋，尘泥渗漉，雨泽下注。每移案顾视，无可置者。又北向不能得日，日过午已昏。余稍为修葺，使不上漏，前辟四窗，垣墙周庭，以当南日。日影反照，室始洞然。又杂植兰桂竹木于庭，旧时栏楯，亦遂增胜。借书满架，偃仰啸歌，冥然兀坐，万籁有声。而庭阶寂寂，小鸟时来啄食，人至不去。三五之夜，明月午墙，桂影斑驳，风移影动，珊珊可爱。

然余居于此多可喜亦多可悲。先是庭中通南北为一，迨诸父异爨，内外多置小门墙，往往而是。东犬西吠，客逾庖而宴，鸡棲于厅庭中，始为篱，已为墙，凡再变矣！

家有老妪，尝居于此。妪先大母婢也，乳二世，先妣抚之甚厚。室西连于中闺，先妣尝一至。妪每谓余曰："某所，而母立于兹。"妪又曰："汝姊在吾怀呱呱而泣，娘以指扣门扉曰：'儿寒乎？欲食乎？'吾从板外相为应答。"语未毕，余泣，妪亦泣。

余自束发读书轩中，一日大母过余曰："吾儿久不见若影，何竟日默默在此，大类女郎也！"比去以手阖门自语曰："吾家读书久不效，儿之成则可待乎！"顷之持一象笏至，曰："此吾祖太常公宣德间执此以朝，他日汝当用之！"瞻顾远迹，如在昨日，令人长号不自禁。

轩东故尝为厨，人往从轩前过。余扃牖而居，久之能以足音辨人。轩凡四遭火得不焚，殆有神护者。

项脊生曰："蜀清守丹穴，利甲天下。其后秦皇帝筑女怀清台。刘玄德与曹操争天下，诸葛孔明起陇中。方二人之昧昧于一隅也，世何足以知之？余区区处败屋中，方扬眉瞬目，谓有奇景。人知之者，其谓与坎井之蛙何异？"余既为此志，后五年吾妻来归，时至轩中，从吾问古事，或凭几学书。吾妻归宁述诸小妹语曰："闻姊家有阁子，且何谓阁子也？"

其后六年，吾妻死，室坏不修。其后二年，余久卧病无聊，乃使人复葺南阁子，其制稍异于前。然自后余多在外，不常居。庭有枇杷树吾妻死之年所手植也，今已亭亭如盖矣。

三　同时人对第三者的记载

4. 张溥的《五人墓碑记》

这是一篇追述明熹宗天启七年(1627)吴中民间暴动的文字，写在暴动后的第一年，是一篇同时人对第三者的记载，但因为时近地近，要算这一类中最好的一种。

五人者，盖当蓼洲周公之被逮，激于义而死焉者也。至于今郡之贤士大夫，请于当道，即除魏阉废祠之址以葬之，且立石于其墓之门，以旌其所为。呜呼亦甚矣哉！

夫五人之死，今之墓而葬焉，其为时止十有一月耳。夫十有一月之中，凡富贵之子，慷慨得志之徒，其疾病而死，死而湮没不足道者，亦已众矣，况草野之无闻者欤？独五人之皦皦何也？予犹记周公之被逮，在丁卯(1267)三月之望。吾社之行为士先者，为之声义，敛赀财以送其行。哭声震动天地。骑按剑而前，问谁为哀者，众不能堪，抶(叱)而仆之。是时以大中丞抚吴者，为魏之私人，周公之逮所由使也，吴之民方痛心焉。于是乘其厉声以呵，则噪而相逐，中丞匿于溷藩以免。既而以吴民之乱请于朝，按诛五人，曰颜佩韦、杨念如、马杰、沈扬、周文元，即今之傫然在墓者也。

然五人之当刑也，意气扬扬，呼中丞之名而詈之，谈笑以死。断头置城上，颜色不少变。有贤士大夫发五十金，买五人之脰而函之，卒与尸合，故今之墓中全乎为五人也。

嗟夫！大阉之乱，缙绅而不能易其志者，四海之大，有几人欤？而五人生于编伍之间，素不闻《诗》、《书》之训，激昂大义，蹈死不顾，亦曷故哉？且矫诏纷出，钩党之捕，遍于天下，卒以吾郡之发愤一击，不敢复有株治。大阉亦逡巡畏义，非常之谋，难于猝发。待圣人之出，而投缳道路，不可谓非五人之力也。

由是观之，则今之高爵显位，一旦抵罪，或脱身以逃，不能容于远近。而又有剪发杜门，佯狂不知所之者，其辱身贱行，视五人之死，轻重固何如哉？是以蓼洲周公忠义暴于朝廷，赠谥美显，荣于身后。而五人亦得以加其土封，列其姓名于大隄之上，凡四方之士，无有不过而拜且泣者，斯固百世之遇也。不然令五人者保其首领，以老于户牖之下，则尽其天年，人皆得以隶使之，安能屈豪杰之流，扼腕墓道，发其志士之悲哉？故予与同社诸君子，哀斯墓之徒有其石也，而为之记，亦以明死生之大，匹夫之有重于社稷也。贤士大夫者，冏卿因之吴公，太史文起文公，孟长姚公也。

5. 袁宏道的《徐文长传》

徐渭字文长，为山阴诸生，声名籍甚。薛公蕙校越时，奇其才有国主之目，然数奇屡试辄蹶。

中丞胡公宗宪闻之，客诸幕。文长每见，则葛衣乌巾，纵谈天下事。胡公大喜。是时公督数边兵，威镇东南。介胄之士，膝语蛇行，不敢举头，而文长以部下诸生傲之。议者方之刘真长，杜少陵云。会得白鹿，属文长作表，表上，永陵（世宗）喜，公以是益奇之，一切疏计皆出其手。文长自负才略，好奇计，谈兵多中，视一世事无可当意者，然竟不偶！

文长既已不得志于有司，遂乃放浪曲蘖，恣情山水。走齐鲁燕赵之地，穷览朔漠，其所见山崩海立，沙起云行，雨鸣树偃，幽谷大都，人物鱼鸟，一切可惊可愕之状，一一皆达之于诗。其胸中又有勃然不可磨灭之气，英雄失路托足无门之悲。故其为诗，如嗔如笑，如水鸣峡，如神出土，如寡妇之夜哭，羁人之寒起。虽其体格时有卑者，然匠心独出，有王者气，非彼巾帼而事人者所敢望也。

文有卓识，气沈而法严。不以拟模损才，不以议论份格，韩曾之流亚也。文长既雅不与时调合，当时所谓骚坛主盟者，文长皆叱而怒之，故其名不出于越。悲夫！

喜作书，笔意奔放如其诗，苍劲中媚姿跃出。欧阳公所谓妖韶女老，自有余态者也。间以其余旁溢为花鸟，皆超逸有致。

卒以疑杀其继室，下狱论死，张太史元汴力解乃得出。晚年愤益深，佯狂益甚，显者至门，或拒不纳。时携钱至酒肆，呼下隶与饮。或自持斧击破其头，血流被面，头骨皆折，揉之有声。或以利锥锥其两耳，深入寸余，竟不得死。

周望言：晚岁诗文益奇，无刻本，集藏于家。余同年有官越者，托以钞录。今未至，余所见者，《徐文长集》、《阙编》二种而已。然文长竟以不得志于时，抱愤而卒！

石公曰：先生数奇不已，遂为狂疾。狂疾不已，遂为囹圄。古今文人牢骚困苦，未有若先生者也。虽然胡公间世豪杰，永陵英主。幕中礼数异等，是胡公知有先生矣。表上人主悦，是人主知有先生矣，独身未贵耳。先生诗文崛起，一扫近代芜秽之习，百世而下，自有定论，胡为不遇哉？梅客生尝寄予书曰：文长吾老友，病奇于人，人奇于诗。余谓文长无之而不奇者也，无之而不奇，斯无之而不奇也！悲夫！

附录六 《元典章校补释例》序

胡适之

录自二十三年十月二十日天津《大公报·图书副刊》第四十九期。作为第二编第四章“史料的批评”的参考。

陈援庵先生在这二十多年之中，搜集了几种很可宝贵的《元典章》抄本；民国十四年故宫发见了元刻本，他和他的门人曾在民国十九年夏天用元刻本对校沈家本刻本，后来又用诸本互校，前后费时半年多，校得沈刻本讹误衍脱颠倒之处凡一万二千余条，写成《元典章校补》六卷，又补阙文三卷，改订表格一卷（民国二十年北京大学研究所国学门刊行）。《校补》刊行之后，援庵先生又从这一万二千多条错误之中，挑出一千多条，各依其所以致误之由，分别类例，写成《元典章校补释例》六卷。我和援庵先生做了几年的邻居，得读《释例》最早，得益也最多。他知道我爱读他的书，所以要我写一篇《释例》的序。我也因为他这部书是中国校勘学的一部最重要的方法论，所以也不敢推辞。

校勘之学起于文件传写的不易避免错误。文件越古，传写的次数越多，错误的机会也越多。校勘学的任务是要改正这些传写的错误，恢复一个文件的本来面目，或使他和原本相差最微。校勘学的工作有三个主要的成分：一是发见错误，二是改正，三是证明所改不误。

发见错误有主观的，有客观的。我们读一个文件，到不可解之处，或可疑之处，因此认为文字有错误：这是主观的发见错误。因几种“本子”的异同，而发见某种本子有错误：这是客观的。主观的疑难往往可以引起“本子”的搜索与比较；但读者去作者的时代既远，偶然的不解也许是由于后人不能理会作者的原意，而未必真由于传本的错误。况且错误之处未必都可以引起疑难,若必待疑难而后发见错误,而后搜求善本,正误的机会就太少了。况且传写的本子,往往经"通人"整理过;若非重要经籍,往往经人凭己意增删改削,成为文从字顺的本子了。不学的写手的本子的错误是容易发见的,"通人"整理过的传本的错误是不容易发见的。试举一个例子为证。坊间石印《聊斋文集》附有张元所作"柳泉蒲先生墓表",其中记蒲松龄"卒年八十六。"这是"卒年七十六"之误,有《国朝山左诗钞》所引墓表及原刻碑文可证。但我们若单读"卒年八十六"之文,而无善本可比较,决不能引起疑难,也决不能发见错误。又《山左诗钞》引这篇墓表,字句多被删节,如云:

(先生)少与同邑李希梅及余从父历友结郢中诗社。

此处无可引起疑难,但清末国学扶轮社铅印本《聊斋文集》载墓表全文,此句乃作:

与同邑李希梅及余从伯父历视友,旋结为郢中诗社。(甲本)

依此文,"历视"为从父之名,"友"为动词,"旋"为"结"之副词,文理也可通。石印本《聊斋文集》即从扶轮社本出来,但此本的编校者熟知《聊斋志异》的掌故,知道"张历友"是当时诗人,故石印本墓表此句改成下式:

与同邑李希梅及余从伯父历友亲,旋结为郢中诗社。(乙本)

最近我得墓表的拓本,此句原文是:

与同邑李希梅及余从伯父历友视旋诸先生结为郢中诗社。(丙本)

视旋是张履庆,为张历友(笃庆)之弟,其诗见《山左诗钞》卷四十四。他的诗名不大,人多不知道"视旋"是他的表字;而"视旋"二字出于《周易·履卦》"视履考祥,其旋元吉",很少人用这样罕见的表字。甲本校者竟连张历友也不认得,就妄倒"友视"二字,而删"诸先生"三字,是为第一次的整理。乙本校者知识更高了,他认得"张历友",而不认得"视旋",所以他把"视友"二字倒回来,而妄改"视"为"亲",用作动词,是为第二次的整理。此两本文理都可通,虽少有疑难,都可用主观的论断来解决。倘我们终不得见此碑拓本，我们终不能发见甲乙两本的真错误。这个小例子可以说明校勘学的性质。校勘的需要起于发见错误，而错误的发见必须倚靠不同本子的比较。古人称此学为“校雠”，刘向《别录》说：“一人读书，校其上下得谬误，为校；一人持本，一人读书，若怨家相对，为雠。”其实单读一个本子，“校其上下”，所得谬误是很有限的；必须用不同的本子对勘，“若怨家相对”，一字不放过，然后可以“得谬误”。

改正错误是最难的工作。主观的改定，无论如何工巧，终不能完全服人之心。《大学》开端“在亲民”，朱子改“亲”为“新”，七百年来，虽有政府功令的主持，终不能塞反对者之口。校勘学所许可的改正，必须是在几个不同的本子之中，选定一个最可靠或最有理的读法。这是审查评判的工作。我所谓“最可靠”的读法，当然是最古底本的读法。如上文所引张元的聊斋墓表，乙本出于甲本，而甲本又出于丙本，丙本为原刻碑文，刻于作文之年，故最可靠。我所谓“最有理”的读法，问题就不能这样简单了。原底本既不可得，或所得原底本仍有某种无心之误（如韩非说的郢人写书而多写了“举烛”二字，如今日报馆编辑室每日收到的草稿），或所得本子都有传写之误，或竟无别本可供校勘——在这种情形之下，改正谬误没有万全的方法。约而言之，最好的方法是排比异同各本，考定其传写的先后，取其最古而又最近理的读法，标明各种异读，并揣测其所以致误的原因。其次是无异本可互勘，或有别本而无法定其传授的次第，不得已而假定一个校者认为最近理的读法，而标明原作某，一作某，今定作某是根据何种理由。如此校改，虽不能必定恢复原文，而保守传本的真相以待后人的论定，也可以无大过了。

改定一个文件的文字，无论如何有理，必须在可能的范围之内提出证实。凡未经证实的改读，都只是假定而已、臆测而已。证实之法，最可靠的是根据最初底本，其次是最古传本，其次是最古引用本文的书。万一这三项都不可得，而本书自有义例可寻，前后互证，往往也可以定其是非，这也可算是一种证实。此外，虽有巧妙可喜的改读，只是校者某人的改读，足备一说，而不足成为定论。例如上文所举张元墓表之两处误字的改正，有原刻碑文为证，这是第一等的证实。又如道藏本《淮南内篇·原道训》:“是故鞭噬狗,策蹄马,而欲教之,虽伊尹、造父弗能化。欲寅之心亡于中,则饥虎可尾,何况狗马之类乎?”这里“欲寅”各本皆作“欲害”。王念孙校改为“欲宍”。他因为明刘绩本注云“古肉字”,所以推知刘本原作“宍”字,只因草书“害”字与“宍”相似,世人多见“害”,少见“宍”,故误写为“害”。这是指出所以致误之由,还算不得证实。他又举二证:(1)《吴越春秋·勾践阴谋外传》“断竹续竹,飞土逐宍”,今本宍作害;(2)《论衡·感虚》篇“厨门木象牛肉足”,今本《风俗通义》肉作害,害亦宍之误。这都是类推的论证,因《论衡》与《吴越春秋》的“宍”误作“害”,可以类推《淮南书》也可以有同类的误写。类推之法由彼例此,可以推知某种致误的可能,而终不能断定此误必同于彼误。直到顾广圻校得宋本果作“欲宍”,然后王念孙得一古本作证,他的改读就更有力了。因为我们终不能得最初底本,又因为在义理上“欲害”之读并不逊于“欲肉”之读(《文子·道原》篇作“欲害之心忘乎中”),所以这种证实只是第二等的,不能得到十分之见。又如《淮南》同篇:“上游于霄雿之野,下出于无垠之门。”王念孙校,“无垠”下有“鄂”字。他举三证:(1)《文选·西京赋》“前后无有垠鄂”的李善注:“《淮南子》曰,出于无垠鄂之门。许慎曰,垠鄂,端崖也。”(2)《文选·七命》的李善注同。(3)《太平御览》地部二十:“《淮南子》曰,下出乎无垠鄂之门。高诱曰,无垠鄂,无形之貌也。”这种证实,虽不得西汉底本,而可以证明许慎、高诱的底本如此读,这就可算是第一等的证实了。

所以校勘之学无处不靠善本:必须有善本互校,方才可知谬误;必须依据善本,方才可以改正谬误;必须有古本的依据,方才可以证实所改的是非。凡没有古本的依据,而仅仅推测某字与某字“形似而误”,某字“涉上下文而误”的,都是不科学的校勘。以上三步工夫,是中国与西洋校勘学者共同遵守的方法,运用有精有疏,有巧有拙,校勘学的方法终不能跳出这三步工作的范围之外。援庵先生对我说,他这部书是用“土法”的。我对他说:在校勘学上,“土法”和海外新法并没有多大的分别。所不同者,西洋印书术起于十五世纪,比中国晚了六七百年,所以西洋古书的古写本保存的多,有古本可供校勘,是一长。欧洲名著往往译成各国文字,古译本也可供校勘,是二长。欧洲很早就有大学和图书馆，古本的保存比较容易，校书的人借用古本也比较容易，所以校勘之学比较普及，只算是治学的人一种不可少的工具，而不成为一二杰出的人的专门事业，这是三长。在中国则刻印书流行以后，写本多被抛弃了；四方邻国偶有古本的流传，而无古书的古译本；大学与公家藏书又都不发达，私家学者收藏有限，故工具不够用。所以一千年来，够得上科学的校勘学者，不过两三人而已。

中国校勘之学起原很早，而发达很迟。《吕氏春秋》所记“三豕涉河”的故事，已具有校勘学的基本成分。刘向、刘歆父子校书，能用政府所藏各种本子互勘，就开校雠学的风气。汉儒训注古书，往往注明异读，是一大进步。《经典释文》广收异本，遍举各家异读，可算是集古校勘学之大成。晚唐以后，刻印的书多了，古书有了定本，一般读书人往往过信刻板书，校勘之学几乎完全消灭了。十二世纪晚期，朱子斤斤争论《程氏遗书》刻本的是非；十三世纪之初，周必大校刻《文苑英华》一千卷，在自序中痛论“以印本易旧书，是非相乱”之失，又略论他校书的方法；彭叔夏作《文苑英华辨证》十卷，详举他们校雠的方法，清代校勘学者顾广圻称为“校雠之楷模”。彭叔夏在自序中引周必大的话：

> 校书之法，实事是正，多闻阙疑。

他自己也说：

> 叔夏年十二三时，手抄太祖皇帝实录，其间云：“兴衰治□之源”，阙一字，意谓必是“治乱”。后得善本，乃作“治忽”。三折肱为良医，信知书不可以意轻改。

这都是最扼要的校勘方法论。所以我们可以说，十二三世纪之间是校勘学的复兴时代。

但后世校书的人，多不能有周必大那样一个退休宰相的势力来“遍求别本”，也没有他那种“实事是正，多闻阙疑”的精神，所以十三世纪以后，校勘学又衰歇了。直到十七世纪方以智、顾炎武诸人起来，方才有考订古书的新风气。三百年中，校勘之学成为考证学的一个重要工具。然而治此学者虽多，其中真能有自觉的方法，把这门学问建筑在一个稳固的基础之上的，也不过寥寥几个人而已。

纵观中国古来的校勘学所以不如西洋，甚至于不如日本，其原因我已说过，都因为刻书太早，古写本保存太少；又因为藏书不公开，又多经劫火，连古刻本都不容易保存。古本太缺乏了，科学的校勘学自不易发达。王念孙、段玉裁用他们过人的天才与功力，其最大成就只是一种推理的校勘学而已。推理之最精者，往往也可以补版本的不足。但校雠的本义在于用本子互勘，离开本子的搜求而费精力于推敲，终不是校勘学的正轨。我们试看日本佛教徒所印的弘教书院的《大藏经》及近年的《大正新修大藏经》的校勘工作，就可以明白推理的校勘不过是校勘学的一个支流，其用力甚勤而所得终甚微细。

陈援庵先生校《元典章》的工作，可以说是中国校勘学的第一伟大工作，也可以说是中国校勘学的第一次走上科学的路。前乎此者，只有周必大、彭叔夏的校勘《文苑英华》差可比拟。我要指出援庵先生的《元典章校补》及《释例》有可以永久作校勘学的模范者三事：第一，他先搜求善本，最后得了元刻本，然后用元人的刻本来校元人的书；他拼得用极笨的死工夫，所以能有绝大的成绩。第二，他先用最古刻本对校，标出了所有的异文，然后用诸本互校，广求证据，定其是非，使我们得一个最好的，最近于祖本的定本。第三，他先求得了古本的根据，然后推求今本所以致误之由，作为“误例”四十二条，所以他的“例”都是已证实的通例：是校后归纳所得的说明，不是校前所假定的依据。此三事都足以前无古人，而下开来者，故我分开详说如下：

第一，援庵先生是依据同时代的刻本的校勘，所以是科学的校勘，而不是推理的校勘。沈刻《元典章》的底本，乃是间接的传抄本，沈家本跋原抄本说，“此本纸色分新旧：旧者每半页十五行，当是影抄元刻本；新者每半页十行，当是补抄者，盖别一本。”但他在跋尾又说：“吾友董绶金赴日本，见是书，据称从武林丁氏假抄者。”若是从丁氏假抄的，如何可说是“影抄元刻本”呢？这样一部大书，底本既是间接又间接的了，其中又往往有整几十页的阙文，校勘的工作必须从搜求古本入手。援庵先生在这许多年中，先后得见此书的各种本子，连沈刻共有六本。我依他的记载，参以沈家本原跋，作成此书底本源流表：

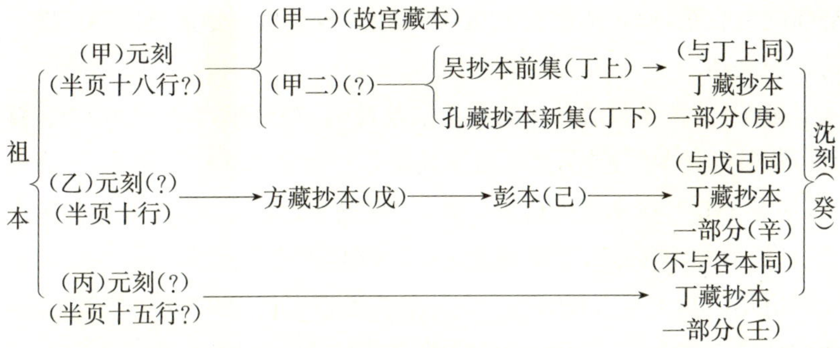

援庵先生的校补,全用故宫元刻本(甲一)作根据,用孔本(丁下)补其所阙祭祀门,又用各本互校,以补这两本的不足。因为他用一个最初的元刻本来校一部元朝的书,所以能校得一万二千条的错误,又能补得阙文一百零二页之多!试用这样伟大的成绩,比较他二十年前"无他本可校"时所"确知为讹误者若干条",其成绩的悬绝何止百倍?他在本书第四十三章里,称此法为"对校法",他很谦逊的说:

> 此法最简便,最稳当,纯属机械法;其主旨在校异同,不校是非,故其短处在不负责任:虽祖本或别本有讹,亦照式录之。而其长处则在不参己见;得此校本,可知祖本或别本之本来面目。故凡校一书,均须先用对校法,然后再用其他校法。

他又指出这个法子的两大功用:

> 一、有非对校不知其误者,以其表面上无误可疑也。例如:
> 元关本钱二十定　元刻作　二千定
> 大德三年三月　元刻作　五月
> 二、有知其误,非对校无以知为何误者。例如:
> 每月五十五日　元刻作　每五月十五日。

此外,这个对校法还有许多功用,如阙文,如错简,如倒叶,如不经见的人名、地名或不经见的古字、俗字,均非对校无从猜想。故用善本对校是校勘学的灵魂,是校勘学的唯一途径。向来学者无力求善本,又往往不屑作此种"机械"的笨工作,所以校勘学至今不曾走上科学的轨道。援庵先生和他的几位朋友费了八十日的苦工,从那机械的对校里得着空前的大收获，使人知道校书“必须先用对校法”，这是他奠定新校勘学的第一大功。

第二，他用无数最具体的例子来教我们一个校勘学的根本方法，就是：先求得底本的异同，然后考定其是非。是非是异文的是非，没有异文，那有是非？向来中国校勘学者，往往先举改读之文，次推想其致误之由，最后始举古本或古书引文为证。这是不很忠实的记载，并且可以迷误后学。其实真正校书的人往往是先见古书的异文，然后定其是非；他们偏要倒果为因，先列己说，然后引古本异文为证，好像是先有了巧妙的猜测，而忽得古本作印证似的！所以初学的人，看惯了这样的推理，也就以为校勘之事是应该先去猜想而后去求印证的了！所以我们可以说，古来许多校勘学者的著作，其最高者如王念孙、王引之的，也只是教人推理的法门，而不是校书的正轨；其下焉者，只能引学者走上舍版本而空谈校勘的迷途而已。校勘学的不发达，这种迷误至少要负一部分的责任。援庵先生的《校补》，完全不用这种方法，他只根据最古本，正其误，补其阙；其元刻误而沈刻不误者，一概不校；其有是非不易决定者，姑仍其旧。他的目的在于恢复这书的元刻本来面目，而不在于炫示他的推理的精巧。至于如何定其是非，那是无从说起的。他的一部《释例》，只是对我们说：要懂得元朝的书，必须多懂得元朝的特殊的制度、习俗、语言、文字。这就是说：要懂得一个时代的书，必须多懂得那个时代的制度、习俗、语言、文字。那是个人的学问知识的问题，不是校勘学本身的问题。校勘的工作只是严密的依据古本，充分的用我们所用的知识学问来决定那些偶有疑问的异文的是非，要使校定的新本子至少可以比得上原来的本子，甚至于比原来的刻本还更好一点。如此而已！援庵先生的工作，不但使我们得见《元典章》的元刻的本来面目，还参酌各本，用他的渊博的元史知识，使我们得着一部比元刻本更完好的《元典章》。这是新校勘学的第一大贡献。

第三，援庵先生的四十二条“例”，也是新校勘学的工具，而不是旧校勘学的校例。校勘学的“例”只是最普通的致误之由。校书所以能有通例，是因为文件的误写都由写人的无心之误，或有心之误；无心之误起于感官(尤其是视官)的错觉；有心之误起于有意改善一个本子而学识不够，就以不误为误。这都是心理的现象，都可以有心理的普通解释，所以往往可以归纳成一些普通致误的原因，如“形似而误”，“涉上文而误”，“两字误为一字”，“一字误分作两字”，“误收旁注文”等等。彭叔夏作《文苑英华辨证》，已开校例之端。王念孙《读淮南内篇》的第二十二卷，是他的自序，“推其致误之由”，列举普通误例四十四条，又因误而失韵之例十八条，逐条引《淮南子》的误文作例子。后来俞樾作《古书疑义举例》，其末三卷里也有三十多条校勘的误例，逐条引古书的误文作例子。俞樾在校勘学上的成绩本来不很高明，所以他的“误例”颇有些是靠不住的，而他举的例子也往往是很不可靠的。例如他的第一条“两字义同而衍例”，就不成一条通例，因为写者偶收旁注同义之字，因而误衍，或者有之；而无故误衍同义之字，是很少见的。他举的例子，如硬删《周易·履》六三“跛能履，不足以与行也”的“以”字；如硬删《左传》隐元年“有文在其手曰为鲁夫人”的“曰”字；如硬删《老子》六十八章“是谓配天古之极”的“天”字，都毫无底本的根据，硬断为“两字义同而衍”，都是臆改古书，不足为校勘学的误例。王念孙的六十多条“误例”，比俞樾的高明多了。他先校正了《淮南子》九百余条，然后从他们归纳出六十几条通例，故大体上都还站得住。但王念孙的误例，分类太细碎，是一可议；《淮南》是古书，古本太少，王氏所校颇多推理的校勘，而不全有古书引文的依据，是二可议；议字则草书、隶书、篆文杂用，论韵则所谓“古韵部”本不是严格的依据，是三可议。校勘的依据太薄弱了，归纳出来的“误例”也就不能完全得人的信仰。

所谓“误例”，不过是指出一些容易致误的路子，可以帮助解释某字何以讹成某字，而绝对不够证明某字必须改作某字。前人校书，往往引一个同类的例子，称为“例证”，是大错误。俞樾自序《古书疑义举例》，说：“使童蒙之子习知其例，有所据依，或亦读书之一助乎？”这正是旧日校勘家的大病。例不是证，不够用作“据依”。而浅人校书随意改字，全无版本的根据，开口即是“形似而误”，“声近而误”，“涉上文而误”，好像这些通常误例就可证实他们的臆改似的！中国校勘学所以不上轨道，多由于校勘学者不明“例”的性质，误认一个个体的事例为有普遍必然性的律例，所以他们不肯去搜求版本的真依据，而仅仅会滥用

“误例”的假依据。

援庵先生的《释例》所以超越前人，约有四端：第一，他的校改是依据最古刻本的，误是真误，故他的“误例”是已证实了的误例。第二，他是用最古本校书，而不是用“误例”校书；他的“误例”是用来“疏释”已校改的谬误的。第三，他明明白白的说他的校法只有四个，此外别无用何种“误例”来校书的懒法子。第四，他明说这些“误例”不过是用来指示“一代语言特例，并古籍窜乱通弊”。他所举的古书窜乱通弊不过那最普通的七条（十二至十八），而全书的绝大部分，自第十九例以下，全是元代语言特例，最可以提醒我们，使我们深刻的了解一代有一代的语言习惯，不可凭藉私见浅识来妄解或妄改古书。他这部书的教训，依我看来，只是要我们明白校勘学的最可靠的依据全在最古的底本；凡版本不能完全解决的疑难，只有最渊博的史识可以帮助解决。书中论“他校法”一条所举“纳失失”及“竹忽”两例是最可以供我们玩味的。

我们庆贺援庵先生校补《元典章》的大工作的完成，因为我们承认他这件工作是“土法”校书的最大成功，也就是新的中国校勘学的最大成功。

胡适，二十三，十，八

附录七　文人附会强解史文的一例

采自第十一卷第四十一期《国闻周报》,《凌霄一士随笔》。文中所举吴县沈休穆强释"阳雒僧鳞,莫稚角存"八字,附会妄解,实在可笑。兹特选用强解史文的举例,供第二编第五章"史料的解释"的参考。

梁章钜《浪迹丛谈》云:"往见收藏家于旧书画之首尾,或题'特健药'三字,亦有取为篆印者。考《法书要录》载,武平一《徐氏法书记》曰:驸马武延秀,阅二王之迹,强学宝重,乃呼薛稷郑愔及平一评其善恶。诸人随事答称,为上者题云'特健药',云是突厥语。其解甚明,乃《辍耕录》不喻其义,而《香祖笔记》又以字义穿凿解之,益误矣。"按王世禛《香祖笔记》云:"《辍耕录》言:'或题画曰特健药,不喻其义。'予因思昔人如秦少游观辋川图而疾愈,而黄大痴、曹云西、沈石田、文衡山辈皆工画,皆享大年,人谓是烟云供养,则特健药之名,不亦宜乎?"强作解人,颇为可笑。士禛之穿凿,不如陶宗仪之迳言不喻,为得阙疑之道也。

又见《鸥夷室杂碎》(著者署"烟桥")一则云:"冯敬亭宫允有遗章一方,文曰:'阳雒僧鳞,莫稚角存。'凡八字,分四行。藏其孙欣侯许,不知何义?问于吹万丈。丈以之刊《国学丛选》求海内鸿博之释文。吴县沈休穆,经学家也,每得奇书异文,不易索解,辄引申假借,旁搜博讨,以通其义。见此章文,即为诠解。以为章文错综,应读为:'僧鳞雒阳,莫角稚存。'意谓:'僧,曾也;鳞,比也;雒阳,贾生也;角,争也;稚存,北江也。'并云:'敬亭畜经世之志,其成《校邠庐抗议》,是远与贾生长治久安策相鳞比也,而其骈俪文深肖北江,既而悔之。'附会然费苦心。越数月，忽得华亭顾遁盦书，并《释印》一篇，则谓：出诸《后汉书·西南夷传》。白狼王唐菆等慕化归义，诗第一章远夷乐德歌，其结语有曰：'阳雒僧鳞，莫稚角存。'华言'愿主长寿，子孙昌炽'。盖夷人颂祷之本语也。敬亭特以之为吉羊文字耳。足见考据如理乱丝，不得其绪，牵强可笑也。"沈氏所诠，极穿凿附会之能事，视王氏之解"特健药"，尤足发噱矣。一物不知，何遽为儒者之耻？乃强不知以为知，支离割裂，漫为武断，从而为之辞，致力甚勤，其如妄何！考据家之喜穿凿附会者，每易类此，皆不免无补费工夫之诮耳。李岳瑞《春冰室野乘》录谜语，中有"'分明摩诘印章，为何颠倒残缺至此？'射毛诗一句：维王之印。"一则，沈氏之诠冯桂芬印章，殊与相肖，而一则成其为巧，一乃成其为拙，合看尤有趣。

林纾《畏庐琐记》云："余在杭州时，有伊藤贤道者，为本愿寺僧，一日饮余，座有歌者，能歌唐诗。听之一字不解，则以汉字读为和音也。诗为张继《枫桥》之作。歌者作势跳舞，无一类汉音者。余因忆刘贡父诗话：余请两使契丹，能以胡语为汉诗，曰：'夜筵设逻（厚盛也）臣拜洗（受赐也），两朝共荷（通好也）情斡勤（厚重也）。微臣雅鲁（拜舞也）祝若统（福祐也），圣寿铁摆（嵩高也）俱可忒（无极也）。'诗不过以汉人之语，易以辽字。想彼国东歌者，亦殆以汉字译为和文。实则天下文字无不同者，特音吐异耳。"余靖所作为中外合璧之诗，近人有以西语译音之汉字与汉文相间为诗者，每句中西缀集，盖此风旧矣。至林氏所论，未甚了了。……（录自民国二十三年第十一卷第四十一期《国闻周报》）

图书在版编目(CIP)数据

史学研究法未刊讲义四种／李孝迁编校．—上海：上海古籍出版社，2015.12
（中国近代史学文献丛刊）
ISBN 978-7-5325-7697-5

Ⅰ．①史… Ⅱ．①李… Ⅲ．①史学—研究方法 Ⅳ．①K061

中国版本图书馆 CIP 数据核字(2015)第 151470 号

中国近代史学文献丛刊
史学研究法未刊讲义四种
李孝迁 编校
上海世纪出版股份有限公司
上 海 古 籍 出 版 社 出版
（上海瑞金二路 272 号 邮政编码 200020）
(1)网址：www.guji.com.cn
(2)E-mail：guji1@guji.com.cn
(3)易文网网址：www.ewen.co
上海世纪出版股份有限公司发行中心发行经销
常熟文化印刷有限公司印刷
开本 635×965 1/16 印张 25 插页 2 字数 360,000
2015 年 12 月第 1 版 2015 年 12 月第 1 次印刷
印数：1—1,500
ISBN 978-7-5325-7697-5
K·2062 定价：78.00 元
如有质量问题，请与承印公司联系